U0894570

C. Sallustius Crispus
BELLUM CATILINAE
BELLUM IUGURTHINUM
据罗叶布古典丛书罗尔夫译，拉英对照本(初版 1921 年，
修订版 1931 年，1971 年第 5 次重印)译出

汉译世界学术名著丛书
（120年纪念版·珍藏本）
出版说明

2017年2月11日，商务印书馆迎来120岁的生日。120年前，商务印书馆前贤怀揣文化救国的理想，抱持“昌明教育，开启民智”的使命，立足本土，放眼寰宇，以出版为津梁，沟通中西，为中国、为世界提供最富智慧的思想文化成果。无论世事白云苍狗，潮流左右激荡，甚至战火硝烟弥漫，始终践行学术报国之志，无改初心。

迻译世界各国学术名著，即其一端。早在20世纪初年便出版《原富》《天演论》等影响至今的代表性著作，1950年代后更致力于外国哲学和社会科学经典的译介，及至1980年代，辑为“汉译世界学术名著丛书”，汇涓为流，蔚为大观。丛书自1981年开始出版，历时三十余年，迄今已推出七百种，是我国现代出版史上规模最大、最为重要的学术翻译工程。

丛书所选之书，立场观点不囿于一派，学科领域不限于一门，皆为文明开启以来，各时代、各国家、各民族的思想与文化精粹，代表着人类已经到达过的精神境界。丛书系统译介世界学术经典，引领时代思想，为本土原创学术的发展提供丰富的文化滋养，为推动中国现代学术和现代化进程做出了突出的贡献。

为纪念商务印书馆成立120周年，我们整体推出“汉译世界学术名著丛书”120年纪念版的珍藏本，寄望既利于文化积累，又便于研读查考，同时向长期支持丛书出版的译者、编者和读者致以敬意。

两甲子后的今天，商务印书馆又站在了一个新的历史时间节点上。我们不仅要铭记先辈的身影和足迹，更须让我们的步伐充满新的时代精神。这是商务人代代相传的事业，更是与国家和民族的命运始终紧密相连的事业。我们责无旁贷，必须做好我们这代人的传承与创造，让我们的努力和成果不仅凝聚成民族文化的记忆，还能成为后来人可以接续的事业。唯此，才能不负前贤，无愧来者。

商务印书馆编辑部

2017年10月

译者的说明

这个译本最初是五十年代崔妙因根据罗曼(J. Roman)的法译本翻译并由我校订的(不清楚的地方参考了原文)。译稿交商务编辑部后,编辑部对译稿进行了认真细致的加工,但由于大家都了解的原因,这部译稿未来得及付排就被搁置下来了。

这之后十余年我们曾同编辑部联系一次。编辑部为统一体例,要求我们再据罗叶布古典丛书(Loeb Classical Library)中罗尔夫译的拉英对照本重校一遍。我们把英译本和法译本对照了一部分,感到两个译本的差别很大。法译本文采较胜(有的地方过于俏皮,脱离了原文的风格),但是译法比较自由,接近于我们所理解的意译,其中颇多自由发挥之处。英译本因有拉丁原文在旁对照,而且也为了帮助理解原文,所以译文比较严谨,有个别地方当然有点生硬,但总的说来却接近于我们的翻译要求:宁肯牺牲文采也要保持准确,而在撒路斯提乌斯特殊文风的情况下,则是宁肯牺牲简洁(过分的简洁造成晦涩)也要做到清楚明白。如果一定要寻求对等的文字,那就非得用先秦的古文翻译不可,这当然是不现实的。

根据英译本校订自法译本转译的译文,要比直接自英译本转译要吃力得多。因此这个译本就是完全自英译本转译的,是一个全新的译本,但个别地方,特别是原文本来不大清楚的地方,也参

考了原文和罗曼的法译本。

注释有译者自己加的，也有采自英法译本的；对英法译本注释的态度是择善而从，但都经过译者的核对，有的则作了删节、合并、改写或订正，如有不当之处，责任均在译者。法译本另由葛尔策(M. Geolzer)加注，比英译本详细，但议论过多，近于述评，因此我们只采用其有助于说明事实的部分。

本书是古代罗马久负盛誉的史学名著，同时又是罗马文学中的杰作，它兼有文史两方面的重要性。它对于古代西方历史和古典文学的研究都有极高的参考价值，但另一方面我们也不能不看到，它对我国一般读者来说却还是一个陌生的名字。译序对作者和他的作品作了比较全面的介绍，目的在于帮助读者更好地理解和使用此书。我是在罗马共和国末期的整个历史背景上来探讨这个问题的，希望读者同时也能找一部罗马史来翻翻，以便了解书中所提到的事情的来龙去脉。

西塞罗的四篇《反喀提林演说》也是拉丁文献中脍炙人口之作，它们几乎被收入每一部拉丁文选之中，但它们只有和《喀提林阴谋》对读才能收到相得益彰之效。现在我根据收入罗叶布古典丛书的洛德(Louis E. Lord)译本译出(同时参考了三种原文)作为附录，俾成完璧。

作者的正面和侧面半身像是我从有关文献中搜集来的，因为译者的部分读书笔记在十年浩劫中散失，所以一时举不出图片的资料来源，请读者鉴谅。另外两幅(一幅是绞死朱古达的罗马地牢，一幅是描述西塞罗在元老院发表反喀提林第一篇演说时情景的壁画)则取自日本新光社《世界文化史大系第五卷·罗马之兴亡》，至于其他历史人物的图像因常见于一般史书画册中这里就不重复了。

这次译本的每一部分都由崔妙因复阅过并提出修改意见，有不少地方是在我们共同研究后确定译法的，法译本的注释也都先由她译出初稿最后由我删定。这是我们继塔西佗的《编年史》、《历史》之后合作的又一个译本。这三个译本都是拉丁文献中以高度简洁著称的绝无仅有的著作，我们有机会把它们介绍过来，当然感到欣慰。如有疏漏、错误之处，希望读者不吝教正。

此书最初着手翻译时我们都只是30岁刚出头的青年，而这次出版，我们都已经离休，抚今追昔，不禁感慨系之！

目　录

撒路斯提乌斯及其作品（王以铸）…………………………… 1

生平点滴（2）　历史学家撒路斯提乌斯（14）　关于喀提林阴谋（21）　克拉苏和喀提林阴谋的关系问题（41）　《喀提林阴谋》是否为恺撒辩护以及撒路斯提乌斯是否为西塞罗的私敌的问题（49）　关于朱古达战争（54）　撒路斯提乌斯笔下的罗马（67）　撒路斯提乌斯的文笔和他同希腊文化的关系（74）　撒路斯提乌斯对后世的影响（86）　《喀提林阴谋》和《朱古达战争》的结构（91）　撒路斯提乌斯著作的钞本和版本（103）

喀提林阴谋…………………………………………………… 107

附录

反喀提林第一演说（西塞罗）………………………… 179

反喀提林第二演说（西塞罗）………………………… 198

反喀提林第三演说（西塞罗）………………………… 215

反喀提林第四演说（西塞罗）………………………… 233

朱古达战争…………………………………………………… 249

参考年表…………………………………………………… 382

要目索引…………………………………………………… 392

撒路斯提乌斯及其作品

罗马史学有这么一个特点:传世的历史作品的作者,他们的身世大都不甚清楚。李维和塔西佗就是突出的例子。撒路斯提乌斯的情况稍好一些,但他的生平事迹也十分模糊。后人读其书,想了解其生平,也只能把其他作品里提到他的片言只语连缀起来,看一个轮廓而已。这些史料散见于狄奥·卡西乌斯(Dio Cassius)、塔西佗、奥路斯·盖利乌斯(Aulus Gellius)、苏埃托尼乌斯(Suetonius)、耶洛尼姆斯(Hieronymus,通称圣·吉罗姆 St. Jerome)以及阿斯科尼乌斯(Asconius)给西塞罗的演说所作的注释、塞尔维乌斯(Servius)给维吉尔的史诗《埃涅阿斯》(*Aeneas*)所作的注释。本来阿斯科尼乌斯有一篇《撒路斯提乌斯生平》(*Vita Sallustii*)[①],可惜失传了。

① 克温图斯·阿斯科尼乌斯·佩狄亚努斯(Quintus Asconius Pedianus,前9年—76年),他和李维一样,也是帕塔维乌姆(Patavium,今天的帕都亚,Padua)人,李维比他长50岁,应当是前辈,但他们仍算是同时代人。李维在当时已是大名鼎鼎的人物,有人竟从西班牙南部千里迢迢到罗马瞻仰他的风采这一点可以为证。所以阿斯科尼乌斯有"我们的李维"之称,表现了作为同乡的自豪感。保留下来的他给西塞罗的演说所作注释的片断在年代和背景方面都作了说明,而他写过撒路斯提乌斯的传记一事,见于他给贺拉斯(Horatius)的《讽刺诗》(I,Z,41)所作的注释。

生平点滴

盖乌斯·撒路斯提乌斯·克里斯普斯(Gaius Sallustius Crispus)公元前86年[①]即我国汉昭帝始元元年，生于罗马东北约90公里的小城镇阿米特尔努姆(Amiternum)。城镇位于意大利大岩壁(Gran Sasso d'Italia)之下，是萨宾人聚居之区。萨宾人可以说是罗马人与之最早打交道的一个部族，虽然罗马传说中罗慕路斯国王时代诱骗萨宾妇女做妻子的故事未必可信，但萨宾人很早便和罗马人融合，而且他们的文化后来成为罗马文化一个重要组成部分，这却是不容否认的事实。萨宾人是一个文化落后但是爱好自由的山区部族，自古以来便过着迁徙不定的牧民生活。他们的村落分布在山顶、山坡或山脚下，但筑城而居的情况极为少见。和萨宾人属于同一个部族集团的萨谟奈人则特别骁勇善战。据史书(李维、狄奥尼西乌斯)的记载，从王政时期开始直到公元前449年，罗马人和萨宾人之间不断发生冲突。公元前449年，罗马人对萨宾人取得了一次巨大的胜利[②]，这之后因史无明文，我们对萨宾人的活动不得其详。而我们在李维的《罗马史》提要(11)里再看到玛尔库斯·库里乌斯·丹塔图斯(Marcus Curius Dentatus)征服萨宾人的记载，那已是公元前290年的事情了。萨宾人被征服后，一部分人被变卖为奴隶，他们的一部分土地被没收，而其余的萨宾

① J.罗曼把撒路斯提乌斯的生年定为公元前87年，但公元前86年之说似乎更普遍。

② 李维：《罗马史》，第3卷，第38章。

人则成了没有选举权的公民(cives sine suffragio)[1]。萨宾人成为有充分公民权的公民是公元前268年的事情了。这时实际上他们已经和罗马人融合为一体了。

萨宾人又因其落后而保有浓厚的宗教气氛。罗马人吸收了他们很多宗教仪式。从撒路斯提乌斯的作品可以看到,当时预言者还几乎是清一色的萨宾人。了解萨宾人被征服、被融合的这个背景,可以理解为什么从这一地区的骑士等级的平民家族出身的撒路斯提乌斯始终对罗马的新旧权贵抱着十分敌视的态度。

当然,这一地区也产生过另一些在罗马历史上有过影响的人物,比如离阿米特尔努姆不远的列阿特(Reate)就产生过瓦罗和后来的皇帝韦伯芗(Vespasianus)这样一些大人物。阿米特尔努姆、列阿特和努尔西亚(Nursia)是萨宾人地区的主要城市。

骑士等级家庭出身的子弟只要经济条件允许,一般是要送到罗马来受教育的。西塞罗兄弟(玛尔库斯和克温图斯)是这样,撒路斯提乌斯当然也不例外。条件更好的还可以东渡到希腊和小亚细亚去从名师,到罗马来讲学的希腊名师也不少。西塞罗时期在罗马颇负盛名的希腊著名学者路奇乌斯·阿泰乌斯·普莱特克斯塔图斯·腓洛洛古斯(Lucius Ateius Praetextatus Philologus)也是撒路斯提乌斯的老师;而据苏埃托尼乌斯[2],他曾把全部罗马史的提要提供给撒路斯提乌斯。罗马这里固然有学习的方便,但共和末期罗马侈靡放荡的风习对青年人是很不利的。归在西塞罗名

① 维列乌斯·帕特尔库路斯:《罗马史》,第1卷,第14章。

② 苏埃托尼乌斯:《语法论》,第10章。

下的《对撒路斯提乌斯·克里斯普斯的抨击》(以下简称《抨击》，[M. Tullii Ciceronis] in Sallustium Crispum Oratio)现在在学术界已被一致确认为2世纪的修辞学习作，但其中反映的问题，比如撒路斯提乌斯当他父亲在世时便卖掉他父亲的房产，未必没有一定的事实依据(因为当时去古未远，可以看到我们已看不到的资料)。而证之以后来他因品德问题被开除出元老院这一情况，那么年轻时的撒路斯提乌斯有此等行径，便不是捕风捉影之谈了。但是我们不可忘记，除了极个别的人之外，当时罗马青年几乎都有道德败坏(用我们今天的标准来看)的记录，它和成年人的贪赃枉法可以说是同样普遍。在政治斗争中以这方面的事情作为攻击的借口，可以说是俯拾即是，不必过于认真对待。

罗马人的"仕途"(cursus honorum)一般是从财务官(quaestor)开始的，财务官从苏拉时期起定额增加到20人，顾名思义，应当是负责财政方面的事务，但实际上除管理国库(aerarium)之外，还有不少财务官充当统帅在外的助手，不仅管理财务，也负责军事指挥的责任，例如在对朱古达作战期间，苏拉便是以财务官的身份隶属于马略的部下，并分掌他的部分作战指挥权。由于财务官是仕途的开始，所以照例由青年人担任。撒路斯提乌斯自己说："当我个人还十分年轻的时候，起初我也像其他许多人那样投身于政治活动……"[1]但是他在哪一年担任财务官——从《抨击》的记述来看[2]，他担任过财务官是没有问题的——法译本译者J.罗曼定

① 《喀提林阴谋》，第3章。

② 《抨击》，第5章。

为公元前59年，英译本译者罗尔夫说无法确定。苏联的罗马文学专家格拉巴里—帕锡克则定为公元前54年。我还没有找到罗曼和格拉巴里—帕锡克所提出的年代的依据，也可能是根据担任财务官的法定年龄(30岁)推算出来的，所以只好都罗列在这里，供进一步的探索。不过这不是一个重要的问题，我们只要知道他在年轻时担任过财务官就够了。

公元前52年他因自己的骑士等级的出身而出任保民官。在这一年我们看到了他的有记载的第一个政治活动。这就是：在这一年的1月18日，深受民众欢迎的克劳狄乌斯在群殴中被杀死之后，撒路斯提乌斯和自己的同僚克温图斯·庞培(Quintus Pompeius)与提图斯·穆纳提乌斯(Titus Munatius)一道持反对西塞罗和杀害克劳狄乌斯的米洛的立场。克劳狄乌斯在公元前64年本来是极力反对喀提林的活动的，应当说是站在西塞罗的一面，不想两年后，却卷入了一场丑闻之中。原来在公元前62年12月，在当时担任最高司祭的优利乌斯·恺撒宅中举行纪念古意大利丰饶女神(Bona Dea)的节日时，这个克劳狄乌斯竟化装成妇女混到这只许妇女参加的活动中去。其原因只是作为恺撒的妻子庞培娅(Pompeia)的情夫，他想借机混进去幽会罢了。这一骇人听闻的渎神行为引起的轩然大波自然使克劳狄乌斯受到了指控，但是在一切都可以出卖的罗马，他仍然能用钱打点，大事化小，小事化了。偏偏西塞罗提出了克劳狄乌斯那天确实在场的证据，使他大失面子[①]。克劳狄乌斯这方面也千方百计为此向西塞罗进行报复。公

① 这一点可以证明西塞罗的正直，不包庇自己的熟人。

元前59年即恺撒任执政官的一年，克劳狄乌斯迂回作战，先是借恺撒的力量——恺撒竟容忍自己妻子的情夫，可见这是当时罗马的风气——使自己转入平民等级，然后当选为公元前58年度的保民官。继而他用讨好民众的办法在取消了埃利乌斯和富非乌斯法(Leges Aelia et Fufia)[①]之后又通过了一项法律，法律规定不经审判处死罗马公民的任何人的行为都是非法的。这样，西塞罗在对付喀提林的阴谋时处死罗马公民的做法便旧事重提，受到了制裁。西塞罗为此只好亡命而离开罗马，克劳狄乌斯除了赶走西塞罗之外。还和庞培作对，而从恺撒(在克拉苏的一派里)和庞培两种势力抗衡的背景上看，克劳狄乌斯显然是受到恺撒的支持的。一般史书说撒路斯提乌斯从公元前49年便站到了恺撒一面，其实他们的关系还要早得多。

另一方面，米洛则是站在庞培，因而也就是西塞罗一面的。米洛和克劳狄乌斯的斗争在恺撒和庞培的较量中表现为直接的、明火执仗的格斗，它在几年当中把罗马搅得乌烟瘴气。西塞罗被迫亡命后，米洛极力活动使西塞罗返回罗马。此人后来(公元前48年)因勾结玛尔库斯·凯利乌斯·茹福斯(Marcus Caelius Rufus)进行反恺撒的活动而被杀。

据苏埃托尼乌斯的记述[②]，撒路斯提乌斯由于批评了庞培而受到庞培的一名被释奴隶的还击，这个名叫列奈乌斯(Lenaeus)的被释奴隶在一篇措辞尖锐的讽刺文中对他进行了猛烈的抨击。

① 这两个法律大约是在公元前150年通过的，具体内容未详，大体上都对高级长官的职权作了规定。

② 《语法论》，第16章。

公元前50年撒路斯提乌斯由于监察官阿皮乌斯·克劳狄乌斯·普尔凯尔(Appius Claudius Pulcher)的活动而被开除出元老院。克劳狄乌斯·普尔凯尔是个有名的庞培派。公元前54年任执政官之后,他到奇利奇亚去任长官,公元前50年回来任监察官。他设法把恺撒派撒路斯提乌斯赶出元老院是顺理成章的事,而要从生活上找一些丑闻作借口并不困难,这也是当时罗马政治斗争的惯用手法。

至于这是怎样一件丑闻,有的历史学家把它同奥路斯·盖利乌斯(Aulus Gellius)根据瓦罗的材料提供的一件事联系起来[①]。原来撒路斯提乌斯在和米洛的妻子、独裁官苏拉的女儿法乌斯塔(Fausta)私通时,当场被米洛堵住,结果不仅挨了一顿鞭子,还狠狠地被惩罚一番。但是我们知道,瓦罗也是一个众所周知的庞培派,他的话的可信性是大可怀疑的。

不过,撒路斯提乌斯在《喀提林阴谋》(第3章)里所说的干了不光彩的事情云云可能就包括上面的那件。因为众所周知的事情一定要想回避或隐瞒是很不明智的做法。

公元前49年罗马成了恺撒的一统天下,也正是撒路斯提乌斯感到日子好过的时候。恺撒一下子把财务官从20人增加到40人,撒路斯提乌斯于是再度成了财务官,同时也就成了元老院的一员。庞培东渡时两位执政官路奇乌斯·科尔涅利乌斯·朗图路斯·克茹斯(Lucius Cornelius Lentulus Crus)和盖乌斯·克劳狄乌斯·玛尔凯路斯(Caius Claudius Marcellus)以及大部分元老也

① 《阿提卡之夜》,第17卷,第18章。

一道逃走了。恺撒正好把自己的人，甚至他的老兵和被释奴隶都补充进元老院，元老院一下子扩充到900人。反正这时的元老院已不同于过去，它已是恺撒个人的囊中之物，即使不说它是个点缀，顶多也不过是个咨询机构而已。

撒路斯提乌斯虽然后来在著述方面有所成就，但在军事方面是个不高明的指挥官，这是违反古罗马人的传统的。公元前48年他在伊利里库姆(Illyricum)统率着恺撒的一个军团，却败在屋大维和司克里波尼乌斯·利波(Scribonius Libo)(赛克斯图斯·庞培的岳父)的手下[①]。

公元前47年，撒路斯提乌斯任行政长官，也有人认为他担任这一职务是在公元前46年，但无论哪一年担任都取决于恺撒的“任命”，实际上区别不大。此时驻坎佩尼亚的军团奉调去西西里，但是传达这项命令给军团的普布利乌斯·科尔涅利乌斯·苏拉(Publius Cornelius Sulla)——独裁者苏拉的侄子，曾参加喀提林的阴谋，现在是恺撒的副帅。他在公元前65年担任过执政官——受到了士兵的凌辱。军团士兵对于不能得到土地和应有的赏赐，不能得到合法的退役显然极为不满，因而不听从调动的命令。撒路斯提乌斯继而被派去处理此事，不但未能成功，反而自己差点也送了性命。事实上已经有奉派到那里去的两位元老死在军团士兵的手里了。问题是军团士兵(第十军团)到罗马后由恺撒亲自出面才解决的[②]。

---

① 欧洛西乌斯，6，8，15。

② 狄奥·卡西乌斯，第42卷，第52章；阿庇安：《内战史》，第2卷，第92章以下。

但是在第二年即公元前46年年初，恺撒在阿非利加战争中正处于焦急等待支援的困境时，撒路斯提乌斯登上了和小叙尔提斯相对的凯尔奇那岛(Circina)，并把敌人在那里的大批粮食及时地运到茹斯皮那附近恺撒的营地里①。他的这一行动对于恺撒之取得最后胜利起了很大作用。所以为了酬谢他的服务，恺撒任命他担任新成立的新阿非利加行省(Africa Nova)的长官②。我们知道，共和国时期的罗马高级官吏都是没有薪金的，大致相当于薪金概念的拉丁词salarium(来自sal这个词，sal意为盐，象征生活中最必需之物，今天英语的salary即来自这个词)是到帝国时期才有的。官员一般靠什么生活，我们没有十分具体的材料，但到行省一次出任长官所得便可一生享用不尽则是千真万确的事实。平时人们以服务的酬劳的方式所得的也会远远超过后来法定的收入。否则人们就不会这样热衷于竞选高级官吏了。秦奇乌斯法(Lex Cincia)禁止人们在辩护方面收费，可见这以前是要花钱的，法律后来虽禁止取酬，但变相的酬谢可能费用更高。恺撒在公元前61年去远西班牙任长官(行政长官衔)之前在罗马因生活挥霍和搞政治活动负下了天文数字的债，赴任前若不是克拉苏的帮忙几乎不能脱身，但一任归来不但还清了债，而且成了大富豪，成了很多人的债主。最清廉的如西塞罗，一任奇利奇亚(在小亚细亚)那样一个穷苦地方的长官，仅分内所得用今天(90年代)的购买力加以计算至少也有上千万元人民币，更不用说富裕的行省了。行省居民

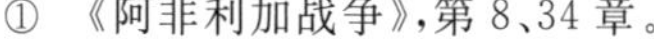

① 《阿非利加战争》，第8、34章。

② 《阿非利加战争》，第97章。

虽然可以到罗马元老院控诉长官贪赃枉法，但十之八九只是走个过场而已（有派别斗争背景者除外），行省居民是不会得到补偿的。罗马竞选官职，举办各种讨好民众的活动，豢养为自己奔走的门客，都要个人出钱，若非权贵出身或有权贵撑腰，一般人是绝对应付不了的，这一点和现代美国竞选总统要有财团支持有点相似。所以罗马的社会活动、政治活动、宗教活动往往造成了许多负债累累的人，成为社会上的一个不安定因素。了解这一点，才可以了解为什么喀提林如此不顾一切地要竞选执政官。说穿了也不过是为了将来外放时搜括财富，以便还债和供他继续挥霍而已。

撒路斯提乌斯这一任长官果然使他立刻成了巨富，因此可见此公尽管一直在进行着要人们蔑视财富的说教，但他自己依然是一位搜括的能手。当然，这也怪不得他，这已成了罗马当时的一种风气。搜括手段的残酷当然会使他因勒索（extorsio）的罪名受到追究，但在当时的情况下，恺撒只需打一个招呼他就可以过关了。据《抨击》的不十分可靠的说法[①]，撒路斯提乌斯为此曾贿赂了恺撒120万谢斯特尔提乌斯[②]。对于此事，一则事实的真伪尚难确定，只能姑妄听之。但按情理推度，拥有独裁权力并且一贯慷慨大度的恺撒绝不会把区区这样一点钱放到眼里。以这样一点点钱视为恺撒和撒路斯提乌斯之间达成的一笔交易，只能是作者的一种可怜的想象，不能说明任何问题。

撒路斯提乌斯的财富多到何等程度，从他在恺撒死后买下了

① 第7章。

② 罗马基本货币单位，用青铜铸造。

他的别墅和置办了一所闻名于后世的所谓撒路斯提乌斯园（Horti Sallustiani）可以看出。撒路斯提乌斯园在罗马北端科利努斯门附近，和路库路斯园邻接，位于今天的平西欧山（Monte Pincio）之上，再向西就是著名的玛尔斯广场了。这个地方后来成了尼禄、韦伯芗、涅尔瓦和奥勒略的皇家园林。

作为平民派，撒路斯提乌斯的政治生涯可以说是和恺撒相终始的。撒路斯提乌斯在恺撒的庇护下是个不折不扣的既得利益者，但另一方面他又看透了也恨透了罗马共和国末期元老权贵当权的社会，如果相信他写给恺撒的信和他对恺撒的演说的话[①]，那么他的恢复古罗马传统美德的理想的确是寄希望于雄才大略的恺撒身上，恺撒一死，他的理想随之破灭，从此退出政治舞台，生活在回忆和想象之中，不再参与后来的政治斗争，这也是理所当然的事。他的卒年一般定为公元前 35 年，那已经是罗马帝国的前夜了。

此外，据耶洛尼姆斯的记述[②]，撒路斯提乌斯娶了西塞罗的离婚的妻子特伦提娅（Terentia）。特伦提娅和西塞罗在公元前 46 年离婚，西塞罗已经 60 岁，这时他虽然得到恺撒的谅解返回意大利，但过的却是寄人篱下抑郁寡欢的日子。特伦提娅这时离开他等于是雪上加霜，对他是一个不小的打击。特伦提娅的生年史无明文，假定他们相差 10 岁，而她离婚后立即再嫁或在公元 45 年再嫁，她也至少比撒路斯提乌斯大 10 岁。富家出身的特伦提娅一直

① 在学术界一般承认这两篇文字是撒路斯提乌斯本人的作品。

② Adversus Iovinianum, 1.

苦于西塞罗经济方面的拮据[①]，这很可能是他们夫妻不和的原因之一，因此成为暴发户的撒路斯提乌斯会对她有较大的吸引力，就没有什么奇怪了。

撒路斯提乌斯退出政治活动以后的日子并不是无所事事，悠游林下。他拿起了笔从事著述，而最后这10年的著述活动反而使他不朽，成为罗马的著名历史学家和文学家。

撒路斯提乌斯在文字修养方面是有准备的，这一点从他的成果得到证明。在这将近10年中间，他写了两部专题的历史，一部通史，但完整地保存下来的只有《喀提林阴谋》和《朱古达战争》，片断保存下来的是他最后的力作《历史》。此外还有给恺撒的演说和书信各一篇也保存下来，但这是在公元前44年以前写的。如果给这些作品系年的话，那么情况大致是这样：

《对晚年的恺撒发表的演说。论共和国》（*AD CAESAREM，SENEM DE RE PUBLICA ORATIO*）写于公元前50年之前，也就是在恺撒与庞培对峙时期；《给晚年的恺撒的信。论共和国》（*AD CAESAREM SENEM DE RE PUBLICA EPISTULA*）写于公元前46年即恺撒基本上战败了庞培和庞培派的军队之后；《喀提林阴谋》（Bellum Catilinae 直译是《喀提林战争》）发表于公元前43年左右；《朱古达战争》（*Bellum Iugurthinum*）发表于公元前41年左右。似乎在《喀提林阴谋》问世后不久作者即着手写作此书。

---

① 恺撒和庞培摊牌之后，西塞罗把他在奇利奇亚一任长官所得送给了庞培。

《历史》(*Historiae*)记述从公元前78年到公元前67年大约12年间的事情,它们完全是作者亲自经历过的;西森纳的《历史》写到苏拉之死即公元前78年,此书可以视为它的一个续篇;但此书大部分已经失传,完整保存下来的有四篇演说,即《执政官雷比达对罗马人民的演说》(Oratio Lepidi cos. ad populum Romanum),演说发表于公元前78年,是抨击苏拉的统治的;《腓力普斯在元老院的演说》(Oratio Philippi in senatu),这是贵族派领袖路奇乌斯·玛尔奇乌斯·腓力普斯对前一演说的反驳,因为雷比达要求连任执政官并恢复保民官的权利;《盖乌斯·科塔对罗马人民的演说》(Oratio C. Cottae ad populum Romanum 科塔是公元前75年度执政官,鉴于民众在这一年对权贵的攻击日益激烈,科塔于是穿上表示不祥之兆的丧服对民众发表了这篇演说进行安抚,以免群众的情绪激化成为内乱);《保民官马凯尔对民众发表的演说》(Oratio Macri TR. PL. ad plebem),公元前73年在权贵和民众进行的斗争中,保民官盖乌斯·李奇尼乌斯·玛凯尔用这篇演说攻击权贵的统治。完整保存下来的还有两封书信,即《格涅乌斯·庞培给元老院的信》(Epistula Cn. Pompei ad senatum,赛尔托里乌斯在公元前75年秋天利用游击战术切断了庞培的粮食供应,所以庞培写信给元老院要求金钱、物资的支援);《米特拉达特斯的信》(Epistula Mithridatis,公元前69年被路库路斯打败的米特拉达特斯写信给帕提亚国王阿尔撒凯斯,希望同他结盟共同抗击罗马人)。这些演说和书信是因其文字精彩而被后世的修辞学家选入他们的教本,得以保存下来的。此外还有为后世作家征引过的一些片断保存下来。在它们的整理工作方面,德·布罗斯

(De Brosse)、克里茨(Kritz)、狄奇(Dietsch)和茂伦布莱舍尔(Maurenbrecher)都作出了可观的成绩。撒路斯提乌斯这部压卷之作,可能是在较早的时期便已开始准备了,说不定是和《喀提林阴谋》与《朱古达战争》交叉进行的。就篇幅而论,其写作不大可能在《朱古达战争》发表之后。可以认为前两种专题历史只是后来的《历史》的一种试笔,因为就文笔而论,《历史》的文字显然更完美,更成熟些。

历史学家撒路斯提乌斯

撒路斯提乌斯少年时在罗马从名师学习;青年时开始从政,也像当时一般罗马青年那样,干正经事也干荒唐事;发生战争时就随军出征,吃得了各种各样的苦头,退下来又能拿起笔来写文章,这就是共和时期中上层罗马人的写照。从《高卢战记》我们可以看到,即使恺撒那样出身高贵的人,也绝不是弱不禁风的贵公子,而能够进行艰苦卓绝的斗争。年轻时文静得像个女孩子似的屋大维(奥古斯都),一旦随舅祖父恺撒踏上征途,那就无论什么苦也经受得住,从而得到恺撒的赏识,认为他够得上罗马人的标准。要想养尊处优,克拉苏应当算是满有条件的了,但是他仍然渴望建功立业,挥师东征,虽然最后战死在外面,却不愧是古罗马人。恺撒对撒路斯提乌斯无疑是赏识的,撒路斯提乌斯当然也极力报效,你看他自公元前49年之后,为了恺撒的事业几乎是马不停蹄,东西南北四处奔走出现在各个关键的场合,那劳苦是不言而喻的。特别是奇尔奇那岛的战斗,更要冒很大的风险。可见以文笔见称的罗

马史家同时又是艰苦备尝的斗士，这和帝国时代专作皇帝侍从的文学之士是大不相同的。

撒路斯提乌斯从政治生活中退下来之后为什么要写历史？他在罗马史学中占什么地位，要了解这一点，就得先回顾一下撒路斯提乌斯以前罗马史学的情况。

罗马建城初期文字本身还很简陋，处于刚刚形成的过程之中，当然谈不上什么史书。不过大司祭出于宗教方面的需要，逐年把同宗教有关的事项记载下来，而纪年则是以执政官的名字或其他高级官吏的名字作为标志的，这就是所谓编年大事记（Annales）。据说从公元前5世纪以来的编年大事记已毁于公元前390年高卢人的入侵。后来在格拉古兄弟时期，大司祭普布利乌斯·穆奇乌斯·司凯沃拉（Publius Mucius Scaevola）补充整理了80卷的《大编年大事记》（*Annales maximi*）（已佚）。但这些记录都是零碎的，无系统性，至多只有史料的价值，不是真正的历史。

生于公元前270年左右的拉丁诗人格涅乌斯·奈维乌斯（Gnaeus Naevius）和号称"罗马诗歌之父"的克温图斯·恩尼乌斯（Quintus Ennius，前239年—前169年）虽都曾用诗体的文字记述罗马的历史，但他们都是把它作为诗歌（文艺）作品来写作的。当然，其中也肯定反映了部分历史的实际。这些作品在某种程度上可以称为史诗，它们可以为历史学家提供原始的史料，但它们本身还不是历史。有人因为诗人用历史题材写作便把他们说成是罗马最早的历史学家，这显然是不妥当的。

还有一些作家如克温图斯·法比乌斯（Quintus Fabius，公元前254年—?）、路奇乌斯·琴奇乌斯·阿利门图斯（Lucius Cincius Alimentus，活动时期和法比乌斯大略相当）、奥路斯·波斯图米乌斯·阿尔比努斯（Aulus Postumius Albinus，公元前151年度执政官）和盖乌斯·阿奇利乌斯〔Gaius Acilius，曾为公元前155年参加雅典哲学家使团的卡尔涅阿德斯（Carneades）作过翻译〕，他们都用希腊语撰写过罗马古代的历史，但是它们的读者对象更多是被罗马征服的希腊人，是一种为罗马的统治辩护，宣扬罗马声威的政治宣传品，而且由于作者所受的都是希腊教育，所以撰史时使用的也是那种偏重于讲故事的希腊化手法，这种作品不能被承认为真正的历史作品，因而不能把它们归入罗马史学的体系之中。

玛尔库斯·波尔奇乌斯·加图（Marcus Porcius Cato，前234年—前149年）即历史上所说的大加图或监察官加图是罗马的第一位用拉丁散文撰写罗马历史的人。他是一位正统的、保守的罗马人，对罗马文化中的希腊影响一向深恶痛绝，而宁肯保持罗马粗犷质朴的特色。在文化方面，重要的是他制定了散文的拉丁语；罗马人对希腊取得的胜利使他不能容忍罗马人继续用希腊语写作。他写了一部7卷的《罗马历史源流》（Origines），时间从意大利和罗马的早期历史一直到他当代。他的作品不是古老的编年体而是分成若干题目来叙述的，文字虽然朴拙，但是已经有了真正史书的规模，只是在取材方面，除了罗马的有关文献之外，仍然不能不借重于希腊人的作品。可惜全书已失传，只有片断保存下来。

在大加图的影响下，用拉丁散文撰史的他的同时代人还可以举出路奇乌斯·卡西乌斯·赫米那（Lucius Cassius Hemina）和格涅乌斯·盖利乌斯（Gnaeus Gellius）。这两位老编年体作家也都系统地记述了从早期到他们当时的罗马历史，这些作品本身虽然没有传下来，其内容却部分地保留在后来的历史作品里。

以上就是撒路斯提乌斯撰史时我们所能了解到的罗马史学情况。如果他也想写一部从古代以来的通史的话——他的老师阿泰乌斯·腓洛洛古斯已经为他提供了一份提纲——那么他所能依据的拉丁文献实在有限，而只能照抄希腊语作品里提供给他的大量“演义”。对于通晓希腊语的撒路斯提乌斯来说，这方面的材料当时不但很多，而且是很容易获得的。且不说这些材料大都没有什么依据，那些为贵族树碑立传的东西肯定是不合平民派撒路斯提乌斯的口味的。而且从他的著作我们可以看到，他不是为撰史而撰史，而是要通过这一活动施展他另一方面的抱负，尽管他说他已经完全退出了政治活动。

如何通过撰史表现自己的信念以及他对撰史的看法，他在《喀提林阴谋》的开头已经说得很清楚了：

“……我们的全部力量既在于精神，也在于肉体。我们使精神发号施令，肉体则俯首听命。精神是我们和诸神共有的，肉体则是我们和禽兽所共有的。因此我认为我们应当用精神的力量，而不是用肉体的暴力去寻求荣誉，这样我们才可以使自己尽可能长久地名垂后世（重点引者所加，下同），因为我们享受的一生是短促的。要知道，从财富和美貌得来的声名是转瞬即逝的和脆弱的。而只有崇高的德行才是光荣的和不朽的财富。”①

“……为国家干一番事业当然是光荣的，而以语言文字服务于国家也不是一件坏事；在和平时期与战争时期人们都可以使自己

① 第1章。

成名。不仅是建功立业的人，就是记述别人的功业的人往往也受到我们的称许。就我个人而论，虽然我十分清楚，撰写历史的人和创造历史的人绝不可能取得同样的荣誉，但是我仍认为撰写历史是极为困难的一件事。这首先是因为他的文笔必须配得上他所记述的事情；其次是因为，倘若你对别人的缺点进行批评，大多数人就会认为这样做是出于恶意和嫉妒。此外，如果你记述了杰出人物的丰功伟绩，则人们只有在他们认为你所说的事情他们自己也容易做到的时候，才愿意相信你，一旦超过这个限度，则他们便认为你的话即使不是荒谬的，也是凭空捏造的了。”①

但是要坚持自己的政治信念，又不致被人指为荒诞无稽，那么就以记述自己亲历的事情为好，而自己这时已经具备了这样的条件来实现自己的志愿：

“……在经历了许多困难和危险之后，我的心情归于平静并且我已决心从此再也不参与政治生活……我决心回到我过去向往的志愿上来，而不祥的野心曾使我偏离这一志愿；我决心撰述罗马人民的历史，把我认为值得后人追忆的那些事情挑选出来，笔之于书。而我之所以对这一工作抱有信心，是因为这时我个人已经不再有所希求，不再有所恐惧，不再有派系的偏见。”②

由于他本人受过希腊教育，接触过希腊的史书，对比之下，罗马人在撰史方面更有不可推卸的责任，正像他所说：

“依我看，雅典人的行迹确实是相当伟大而又光荣的，尽管如

① 《喀提林阴谋》，第 3 章。

② 同上，第 4 章。

此，它们实际上也不是像传闻中描写的那样出色。但是由于雅典产生过具有非凡才能的作家（如希罗多德、修昔底德、色诺芬——引者），所以雅典人的功业便被认为是世界上无与伦比的。这样看来，成就事业的人们的功绩所以被捧得如此之高，只不过是有伟大的作家能够用颂扬的文字对事业本身加以抬高而已。但是罗马人民从来不曾有过这样的有利之处，因为他们中间最有才能的人们总是从事于实际的事务，他们总是要在身体力行的情况下使用他们的头脑；最优秀的公民重视行动而不喜空谈，他认为他自己的英勇行动应当受到别人的称赞，而不应由他本人来记述别人的英勇行动。”①

前面我们已经指出，当时已有的大量用希腊语写的有关罗马历史的著作只起一种宣传作用，根本不能同希腊本身的伟大历史作品相提并论。那里面的不少捏造和模仿的劣品，根本不能当作历史来对待。至于早期诗体拉丁语的有关神话历史传说的记述，也还太原始、太简陋、太零碎，难以列入史书之林。难怪撒路斯提乌斯会发出罗马无史书的慨叹了。

几百年前的史料既然大半毁于高卢之劫，而抄录那些编造的故事又于心有所不安，撒路斯提乌斯只能从身边的历史来着墨。喀提林的阴谋是他亲眼目睹的，里面的不少当事人是他的朋友；朱古达的战争虽然早一些，但是他可以得到不少有关资料，许多亲历此事的老一辈人还有在世的，更何况他在北非担任过长官，熟知那里的风土人情，所以写起来也更觉亲切。《历史》各卷的内容也有

① 《喀提林阴谋》，第 8 章。

不少是他亲历的（前78年到前66年），得心应手当不在话下。

至于撒路斯提乌斯为什么先从记述喀提林的事件着手，据他自己说，“这是特别值得追忆的一个事件，因为那罪行和由此而产生的危险都具有非同寻常的性质”[①]。他写作这篇专题的历史著作时不但可以依据他可以看到的大量文献（如元老院的命令，西塞罗已发表的演说等等），还可以向有关人员查询，比如有关克拉苏是否参加了阴谋的问题，他就直接向克拉苏本人打听过。所以说，尽管他的作品仍然存在着许多这样那样的问题，但总的说来，无论作为历史，还是作为文章，撒路斯提乌斯的作品都是备受后代重视的重要文献。

作为用散文写作的历史学家，撒路斯提乌斯直接的源流应当说是老加图。观点不用说了，就是文字也有明显的继承关系，乃至攻击他的人竟说他抄袭监察官加图的作品[②]。比如拉奈乌斯就说他是“古人、特别是加图的语言的一个无知的抄袭者”[③]。但关于他在史学中的地位，罗曼却说：“……当撒路斯提乌斯不得不放弃一切政治活动的时候（即公元前45年），他决心从事撰述；这时罗马还没有一位历史学家配得上这个名称。”[④]这实际是把他说成是罗马的第一位真正的历史学家了。

另一方面，撒路斯提乌斯受希腊历史著作，特别是修昔底德著作的影响也是无可怀疑的。这一点我们在后面还要谈到。

① 《喀提林阴谋》，第4章。

② 苏埃托尼乌斯：《语法论》，第10、15章；《奥古斯都传》，第86章。

③ 苏埃托尼乌斯：《语法论》，第10章。

④ 《喀提林阴谋·朱古达战争》法译本序，第iii页。

关于喀提林阴谋

下面我们就简略介绍一下喀提林阴谋这一事件本身。

喀提林的阴谋是在共和国末期罗马表面上繁荣而内部动荡不安，即将发生巨大变革的前夕发生的。这时各种政治力量之间的关系呈现错综复杂的局面。代表保守力量的元老院和势力急速扩大的庞培，庞培和克拉苏，庞培和后来异军突起的恺撒，克拉苏与恺撒同元老院贵族乃至民主派，都存在着既相互依存又相互排斥的矛盾关系。所以出现了这样的现象：贵族出身的恺撒成了民主派，骑士等级出身的西塞罗却持正统的保守立场。

喀提林的阴谋就是这种错综复杂形势的一个爆发点。

路奇乌斯·塞尔吉乌斯·喀提林（Lucius Sergius Catilina）公元前108年出生在一个有广泛上层联系，但是破落的贵族之家。他在不久前的内战里站在苏拉一面，是一位卖力的打手。苏拉独裁进行大屠杀大没收（公敌宣告）时，喀提林又是他的一个急先锋，这期间他当然捞到了不少的油水，但总的说来没有受到苏拉的重用。他什么时候开始从政，史无明文，但公元前68年他已经是行政长官了；公元前67年他从阿非利加长官任上返回罗马后曾因勒索罪而被控于法庭，因此在公元前66年提出竞选公元前65年度的执政官时，他的诉讼问题因尚未了结而被取消了竞选资格。由于罗马当时外放者几乎无人不贪赃枉法，因而行省长官回来后被控乃是常见的情况，对这一问题本来是可松可紧的，偏偏主持此事的执政官沃尔卡奇乌斯·图利乌斯（Volcacius Tullius）对此毫无宽假之意，就和对待另两名候选人普布利乌斯·奥特洛尼乌斯·帕伊图斯(Publius Autronius Paetus)和普布利乌斯·科尔涅利乌斯·苏拉(Publius Cornelius Sulla)(独裁官苏拉的侄子)一样。后两个人也是在当选之后因发现有行贿行为而按照公元前67年的卡尔普尔尼乌斯法(Lex Calpurnia)被取消了执政官职位和元老资格的。这一点只反映出派别斗争的激烈而并不说明这个“可以出售的”罗马在政治上已经有了执法严明的迹象。但使他们极为恼火的却是，就在不久之前，公元前67年度的执政官、两个保守派盖乌斯·卡尔普尔尼乌斯·皮索(Caius Calpurnius Piso)和玛尔库斯·阿奇利乌斯·格拉布里欧(Marcus Acilius Glabrio)正是通过明目张胆的行贿而“当选”的。其实这些当选的执政官几乎都是权门子弟，高级官吏的职位照例是由他们包办了的。这些人就像在《朱古达战争》里马略的演说中所描写的那样：

“我个人就知道有这样一些人，他们在当选为执政官之后才开始首次诵读我们祖先的历史和希腊人的军事论文……

“他们的祖先把他们所能留给后人的东西全留给了他们——财富、胸像、关于他们自身的光荣的回忆；但是他们却没有给后人留下品德，而且他们也不可能做到这一点。只有品德是不能像礼品那样授受的。

“……他们那些人间最无耻的人用他们的罪行玷污了他们自己之后，竟还要夺取有道德的人们应得的报偿！”①

但这些权贵之间相互斗得也是十分凶狠的。两位落选的执政

① 第85章。

官竟想组织暴徒，让他们在通过补充选举当选的执政官路奇乌斯·奥列利乌斯·科塔(Lucius Aurelius Cotta)和路奇乌斯·曼利乌斯·托尔克瓦图斯(Lucius Manlius Torquatus)元旦就职并同元老院成员见面(在朱庇特神殿)时杀死他们，并夺取他们的棍束(执政官的权力标记)。他们的气焰极为嚣张，奥特洛尼乌斯本来就是个好惹是生非的人，负了一身债的喀提林更是干起坏事来百无禁忌，所以新任的执政官在元老院的关照下作了相应的防范。即使按照撒路斯提乌斯在《喀提林阴谋》里的说法，[①]这一暴力行动后来延期到元老院开会的2月5日，但终归还是失败了。

历史上这所谓的第一次喀提林的阴谋，其主角其实并不是喀提林，喀提林只是一个参加者，是苏拉出钱拉来的一名打手。其余的参加者我估计也都是那些破了产的贵族子弟。我甚至怀疑这甚至算不上阴谋，而是一种表示不满的武装威胁，只是想给新执政官一点颜色看看而已，因为不可能有这样明目张胆的“阴谋”。在奥特洛尼乌斯·帕伊图斯为行贿事受到审判时，他便有了利用自己的剑奴冲散法庭的打算。这时的选举没有一次不是刀光剑影、杀气腾腾的，受到政敌的武装威胁和人身伤害已经是家常便饭。这次许给喀提林的报偿是支持他竞选公元前64年度的执政官。许给另一个参加者格涅乌斯·卡尔普尔尼乌斯·皮索(Gnaeus Calpurnius Piso)的报偿是使他去两西班牙(远、近西班牙)任长官。

这场官司从公元前65年一直拖到第二年；对喀提林来说，竞选公元前65年度执政官的资格被取消后，竞选公元前64年度执

---

① 第18章。但这次延期在西塞罗的作品里找不到任何旁证。

政官的机会也随之成为泡影。当选公元前 64 年度执政官的是路奇乌斯·优利乌斯·恺撒(Lucius Julius Caesar)和盖乌斯·玛尔奇乌斯·费古路斯(Gaius Marcius Figulus)。路·优·恺撒就是盖乌斯·优利乌斯·恺撒在高卢作战时担任过他的副帅的那一位,也可称得是一位战将了。喀提林据说还是用金钱才摆脱了诉讼的困扰的。

一身是债的喀提林哪里有钱去竞选执政官,去贿赂别人?从个人来说,像喀提林那样的贵族家庭出身的人只要不挥霍、不放荡,要竞选执政官的钱和其他条件是会有的,做一任执政官也是不成问题的。现在他通过不正当的途径弄来的钱挥霍光了,就只好指望再以同执政官(proconsul)的身份外放再去搜括一笔钱。另一方面,从更高的层次来看,克拉苏为了同正在外面的庞培相抗衡,他也有必要在罗马拉拢一些闹得起来的帮手,所以看来克拉苏和苏拉都给过他经济上的支援是没有问题的。至于正在高级营造官任上的恺撒,他为了讨好民众,把自己的产业花光了之后自己还负了债,当然没有帮助喀提林的力量。

竞选公元前 63 年度执政官的有 7 人,除了喀提林之外,他们是玛尔库斯·图利乌斯·西塞罗、盖乌斯·安托尼乌斯·叙布里达(Gaius Antonius Hybrida)、普布利乌斯·苏尔皮奇乌斯·伽尔巴(Publius Sulpicius Galba)、路奇乌斯·卡西乌斯·隆吉努斯(Lucius Cassius Longinus)、克温图斯·科尔尼奇乌斯(Quintus Cornicius)和盖乌斯·李奇尼乌斯·撒凯尔多斯(Caius Licinius Sacerdos)。其中以喀提林、安托尼乌斯和西塞罗三人占较大优势。喀提林门第高贵、联系广泛、活动能力强,这一点连撒路斯提乌斯也不能不承认，再加上有后台在经济上给予支持，应当是一个热门。安托尼乌斯是死在马略的屠杀之手的那位大演说家玛尔库斯·安托尼乌斯(Marcus Antonius)的儿子，此人也有一掷千金的浪荡公子的一面，一度曾被元老院开除(公元前70年)，但他和喀提林气味相投，他们正是联合在一起竞选执政官的。安托尼乌斯的父亲是元老院权贵的代表人物，所以有元老院的后台，在选举中自然也占有优势。西塞罗因其学识与口才早已声名卓著，他虽然没有门第的有利条件，但是比起善于捣乱的喀提林来，人们认为这个“新人”却更保险一些。对于不久之前的血腥的动乱，人们是记忆犹新的。

可以说，正是喀提林的嚣张气焰促成了西塞罗的当选。

在《喀提林阴谋》中，西塞罗是和喀提林针锋相对的重要人物，而由于我们把西塞罗的四篇著名的反喀提林演说，作为配套的参考文献一并介绍过来，所以有必要对西塞罗略作介绍以帮助读者深入理解本书。

西塞罗公元前106年1月3日生于罗马东南，利里斯河(Liris)东岸的一个小市镇阿尔皮努姆(Arpinum，今天叫阿尔皮诺，Arpino)的一个骑士等级的家庭。阿尔皮努姆位于拉提乌姆界内，是沃尔斯奇人的住区。这个小城镇的居民自公元前188年以来便取得了充分的公民权。在西塞罗的青少年时代，它已经是一个自治市了。这个小城镇产生过在罗马史上起有举足轻重作用的两位大人物：马略(《朱古达战争》的主要人物之一)和西塞罗。有人说马略和西塞罗还有亲属关系，这样恺撒也和西塞罗有亲属关系了，这当然是可能的，但具体情况我们已不得其详了。西塞罗的家庭是那种比较富裕而且又有教养的骑士家庭，所以他们的爱好文学的父亲在罗马的卡里奈(Carinæ)购置了一所房子以便使西塞罗和比他小 4 岁的弟弟克温图斯能够受到良好的教育。著名的演说家玛尔库斯·安托尼乌斯(公元前 99 年度执政官)、路奇乌斯·克拉苏(公元前 95 年度执政官)和占卜官克温图斯·穆奇乌斯·斯凯沃拉(Quintus Mucius Scaevola, Augur，著名法学家，公元前 117 年度执政官)都是西塞罗的父亲的朋友，可见西塞罗在有高层次交往的家庭里从小便受到不寻常的熏陶。但是西塞罗在他的作品里很少提到他的母亲赫尔维娅，只是他的弟弟曾说过母亲持家有方。西塞罗的父亲据说死于公元前 64 年，即西塞罗任执政官的前一年[①]。西塞罗在学校时便显示出过人的天才，《西塞罗传》的作者普鲁塔克告诉我们："他们(西塞罗的同学的父亲——引者)就是为了看一看西塞罗并且了解一下他的敏悟和学习的能力而经常到学校来的。"[②]少年的西塞罗便已经出名到如此程度。

西塞罗才智过人，勤奋好学，在罗马的那个环境中又得到过希腊名师的指点，据我们所知就有伊壁鸠鲁派的哲学家斐德罗斯(Phaedrus，约前 140 年—前 70 年，西塞罗对他的学说虽并不完全同意，但对其人还是十分尊重的)、第四学园的创立者拉里撒人腓隆(Philon，前 160 年？—前 80 年，他是公元前 88 年因米特拉达特斯战争的爆发而逃到罗马来的)、斯多噶派哲学家狄奥多托斯

① 在西塞罗给他的好友阿提库斯的一封信(i,6)里，人们通常认为 pater a nobis discessit 指的正是他父亲的死亡。但这只是说"父亲离开了我们"，discedere 不一定就是"死别"的意思，写在这里供参考。

② 第 2 章。

(Diodotus,从前85年西塞罗便从他受业,两年后他被请到西塞罗家里来)、修辞学家阿波罗尼乌斯·摩隆[①](Apollonius Molon,此人前87年和前81年曾两次来罗马讲学,后来西塞罗又去罗德斯向他问学)、阿斯卡隆人安提奥库斯〔Antiochus,腓隆和斯多噶派姆涅撒尔库斯(Mnesarchus)的学生,公元前78年西塞罗因病东行时,曾在雅典听他讲课〕、修辞学家德米特里乌斯(Demetrius)等人。此外在青少年时期他还有机会听到诸如玛尔库斯·安托尼乌斯和路奇乌斯·克拉苏这样一些大演说家的演说,这一切都大大有助于他日后取得突出的成就。

西塞罗并没有积极地投身于内战。公元前89年他只在庞培·斯特拉波(Pompeius Strabo,他是格涅乌斯·庞培的父亲,是当年的执政官)的麾下服役过一个短时期,但很快他就转到学习方面去了。据普鲁塔克的说法,他"看到事情会发展成一场内战,而内战又会演变成不折不扣的专制,于是他便转而去过一种宁静的冥思的生活,同有学问的希腊人交往并专心致志地研究学问直到苏拉控制了局势而国家似乎安顿下来。"[②]由于这时格涅乌斯·庞培也在他父亲的麾下服役,所以西塞罗肯定会认识这个和他同龄的青年并奠立了友谊的基础。此外,从西塞罗后来的行为来看,他不参加内战并不是出于逃避乱世的清高思想,而更多是为了利用青年时期做更坚实的准备,以便将来大显身手。果然公元前80年他因为替名演员克温图斯·罗斯奇乌斯·伽路斯(Quintus Rosci-

① 摩隆也是恺撒的老师。

② 《西塞罗传》,第3章。

us Gallus)辩护而声名大振。要知道，指控罗斯奇乌斯犯有弑亲罪行的是独裁官苏拉和他所宠信的被释奴隶克里索果努斯(Chrysogonus)[①]。被告孤立无援，谁也不敢出来给他讲话，而年轻的西塞罗在这时却成功地为他进行了辩护，这不但表现了他的出色的语言和辩护功力，更重要的是他表现了不畏权势的高贵品质。更有意思的是，在敢于触犯掌握生杀大权独裁者的苏拉这一点上，西塞罗和庞培有其相似之处，他们都是从青年时起便表现了不平凡的气概，不是那种卑微琐屑之辈。

公元前 79 年他离开罗马渡海去东方的希腊，普鲁塔克说他是因为害怕苏拉[②]，如果是这样，他本来是可以不为罗斯奇乌斯辩护的，更何况去东方也并不能解决逃避苏拉的问题。事实上恐怕还是他自己所说的为了恢复一下体力，同时在东方他能继续深造。他同特伦提娅结婚的年代史无明文，可能是在他东行之前即公元前 80 年或公元前 79 年，也可能是在他从东方返回之后即公元前 77 年。他的女儿图利娅生于公元前 76 年左右，也正是他按法定年龄正式开始从政的一年，就是说，在这一年他担任了财务官。公元前 70 年他在反对西西里长官盖乌斯·维尔列斯(Gaius Verres)——他曾在此人手下任职——的诉讼中以无可反驳的证据使得当时最有权威的演说家克温图斯·霍尔田西乌斯·霍尔塔路斯(Quintus Hortensius Hortalus，前 114—前 50 年)也不得不放弃为维尔列斯辩护。这一辩护行动确立了西塞罗在罗马同霍尔

① 从名字看，此人是一个希腊人。

② 《西塞罗传》，第 3 章。

田西乌斯分庭抗礼的地位。

公元前69年他任高级营造官，这是个花费很大的官职，恺撒曾因担任这一官职而把整个家当花光，还负了很多债。西塞罗则自称在这一任上他没有花很多钱[①]，但普鲁塔克认为这是因为得到了感恩的西西里人的帮助[②]。公元前66年他担任行政长官。作为一个被权贵视为异己的骑士等级出身的人，在仕途上这差不多是最高的限度了。要知道，执政官的官职是一直垄断在元老院权贵集团手里的。

西塞罗在7个候选人当中是真正具备一切条件的，他唯一的不利之点，就是他没有做过元老的祖先，但单是这一点就很难使他在执政官的竞选中有出头的机会。正如G. C. 里查兹(G. C. Richards)所说："如果他(西塞罗——引者)的主要对手不是喀提林，他就很难当选为公元前63年度的执政官；因为先前的苏拉派喀提林由于公开提出取消债务(novae tabulae)而在元老院的眼里成了危险人物。另一方面，西塞罗作为骑士等级的代表则是安全的。"科瓦略夫也是这样看法：尽管西塞罗才华出众，极负盛誉，但限于出身，元老院集团并不是特别中意于西塞罗，而所以终于选他是两害之中取其轻的意思[③]。

元老院正是在喀提林要铤而走险的危急时刻为了本身的利益才把西塞罗推到第一线去应付的，这和北方吃紧时，马略再次当选执政官是多么相似！

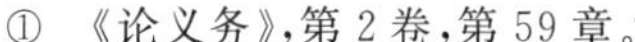

① 《论义务》，第2卷，第59章。

② 《西塞罗传》，第8章。

③ 《古代罗马史》，三联书店，拙译本，第583页。

喀提林竞选公元前63年度执政官失败之后，接着又宣布竞选公元前62年度的执政官。他打出的是为民请命的牌子，实际上首先是使自己摆脱困境，而像他这样欲壑难填的人除了当选执政官后到行省再去搜括一番之外是没有别的出路的。这也正是他为什么死乞白赖地非要把执政官职位弄到手的原因。跟随他闹事的那一群人的上层分子，其中包括现任的行政长官朗路图斯，也都是情况和喀提林差不多的负债累累的贵族分子。他们在经济上也都已处于山穷水尽的地步，所以想再掀起一次动乱，像苏拉专制的时期那样，乘机发一笔横财供他们继续挥霍。

西塞罗懂得让喀提林当选公元前62年度的执政官会引起怎样的后果，又了解喀提林和盖乌斯·安托尼乌斯的前面提到的那种关系；而且安托尼乌斯和喀提林勾结起来竞选执政官也和那些权贵一样，无非是为了一个“利”字。为了分化他们，切断自己身边的这个内线，西塞罗把应当属于他的马其顿行省主动让给了安托尼乌斯，让他至少保持中立也好。这就等于把一块肉骨头抛给狗，让它到一边去吃，不再会给自己带来麻烦。

马其顿行省是个盛产牲畜、谷物、水果、木材的国土，它的银矿在罗马世界也是有名的。让出马其顿这一点也证明，西塞罗从政有他自己的理想和抱负。他绝不是唯利是图，贪得无厌的人。另一方面，作为执政官，他时时对喀提林加以防范。喀提林以其门第和他的广泛的社会联系根本不把这位“新人”出身的执政官放在眼里，所以他反对西塞罗的活动几乎可以说是明目张胆、肆无忌惮的，这一点西塞罗本人的演说可以证明。

喀提林一方面忙于竞选；一方面暗中作军事准备，他的根据地是埃特鲁里亚北部的城镇费祖莱，负责那里的军事行动的是苏拉过去的一名百人团长盖乌斯·曼利乌斯，此人也是因为挥霍无度破了产之后才和喀提林勾结在一起的。西塞罗买通了一个名叫富尔维娅(Fulvia)的妓女，并通过她买通克温图斯·库里乌斯，作为自己在阴谋者当中的内线[1]。富尔维娅是参加阴谋的克温图斯·库里乌斯(Quintus Curius)的情妇。库里乌斯气焰甚为嚣张，不懂得回避和保密，因此阴谋的内情他都原原本本地告诉了富尔维娅，随之也便传到西塞罗那里去。公元前 63 年 9 月下旬或 10 月间，西塞罗根据他了解到的情况向元老院报告了喀提林准备夺取政权和取消一切债务的阴谋的详情。紧接着元老院在第二天召开会议讨论局势，为此而决定推迟执政官的选举。喀提林参加了这次会议，西塞罗在《为穆列纳的辩护词》(*Oratio M. Tullii Ciceronis pro L. Murena*)里对这一天喀提林的表现作了描述：

"……因此在第二天，在一个拥挤的元老院(除去元老之外还有站在外面的旁听者——引者)里，我指名要喀提林谈一谈人们报告给我的那些事情，如果他想谈的话。于是他像他一贯那样毫无保留，一点也不给自己辩解，他并且提出了不利于自己的证据而以身试法。当时他竟然扬言国内有两个身体，一个身体孱弱，头脑也不灵；另一个健壮，但是没有脑袋(unum debile infirmo capite, alterum firmum sine capite)。而只要他活着，如果这个身体理应得到他的支持的话，它是不会缺少这个脑袋的。拥挤的元老院虽然一致发出不满的声音，但依然没有作出与这一侮辱言辞相适应的

① 《喀提林阴谋》，第 26 章。

严厉决定，因为有些元老认为这根本没有什么可怕，因此没有鼓起勇气来作出决议。还有些元老是因为他们的胆子太小了。他得意洋洋地冲出了元老院，而按道理是根本不应当让他活着离开元老院的，特别是因为就是这个人，几天前在同一会场上，由于那位极为勇敢的加图说要公开审判他，他竟然对加图说，如果加图想使任何大火烧向他的财产的话，那他就不是用水而是用全面的毁灭来扑灭这场大火！”①

执政官的候选人在元老院的这种表现，哪里像是搞阴谋，而是公开宣传他想做的事情。因为他知道，对于普通老百姓来说，权贵的贪赃枉法和沉重的债务早已是无法忍受的了。不过话虽然讲得厉害，行动却没有跟上。再加上西塞罗作了相应的严密的防范，还是举行了第二年执政官的选举。在场主持的西塞罗如临大敌，他在长袍下穿了全副铠甲并且有武装的侍卫严加保护②。喀提林的不顾后果的做法虽然在破产者上层赢得了一部分拥护者，但是对残酷的内战记忆犹新的一般平民毕竟是害怕喀提林再度挑起内战的。

选举的结果是喀提林再度落选。

当选公元前 62 年度执政官的当然还是以元老院权贵为背景的人物，这表明了加强同喀提林的对立的势态。至少在近期，元老院权贵对局势的控制是不成问题的。当选的执政官是路奇乌斯·李奇尼乌斯·穆列纳（Lucius Licinius Murena）和德奇姆斯·优

① 第 25 章。

② 共和末期选举时发生械斗是司空见惯的。

尼乌斯·西拉努斯(Decimus Junius Silanus)。

穆列纳远不是一个干净人物,但他却因西塞罗的一篇家喻户晓的辩护演说(Oratio pro L. Murena)而成为拉丁文献里的知名人物。公元前65年穆列纳任行政长官之后,第二年外放山北高卢任行省长官。竞选这年他刚刚从任地返回,当然腰缠万贯,有足够的经费竞选;果然他在"当选"公元前62年度执政官之后,就被加图和苏尔皮奇乌斯指控有行贿行为。不过这时喀提林的问题风声正紧,西塞罗不愿树敌过多,竟然违心地替他辩护,使他免遭追究。好在他的原文具在,其中颇有诡辩之处和玩弄辞藻之嫌,不过这在西塞罗只能是白玉之瑕,我们不必深责了。另一位执政官西拉努斯,当时可说是声名显赫,但在历史的天平上却是个微不足道的小人物。他的妻子塞尔维利娅(Servilia)也是当时权贵集团里的一位实力派人物。她和前夫玛尔库斯·优尼乌斯·布路图斯(Marcus Junius Brutus)所生的同名的儿子,就是作为谋刺恺撒的集团的领袖的那个布路图斯。但是人所共知,塞尔维利娅又是恺撒的情妇,所以说布路图斯实际上是恺撒的亲生子的传闻便不是无稽之谈了。西拉努斯的三个女婿也都是知名人物:后三头之一的玛尔库斯·埃米利乌斯·雷比达(Marcus Aemilius Lepidus)、公元前48年度执政官普布利乌斯·塞尔维利乌斯·瓦提亚·伊扫里库斯(Publius Servilius Vatia Isauricus)和谋杀恺撒的集团的另一个领袖人物盖乌斯·卡西乌斯(Gaius Cassius)。

喀提林的再次失败使他加紧采取了极端的行动,因为他总之是走投无路了。

如上所述,喀提林依靠的一支主力就是曼利乌斯在埃特鲁里亚北方纠合的一支残缺不全的队伍。追随他的大都是负债累累的苏拉旧部。此外还有不甚可靠的坎佩尼亚的剑奴。洛德(E. Lord)认为站在他的一面的力量还有卡尔普尔尼乌斯·皮索(Calpurnius Piso)和普布利乌斯·西提乌斯(Publius Sittius)。实际上皮索在公元前64年已经在西班牙遇害。克拉苏虽然通过元老院把皮索作为同行政长官的财务官派往近西班牙以抗衡未来庞培的势力,但事实证明这个皮索只有捣乱而没有治军的本领[①]。西提乌斯在西班牙和玛乌列塔尼亚的情况又如何呢?他是公元前64年去了西班牙的,但是连最注视喀提林的阴谋动向的西塞罗也不同意西提乌斯和阴谋有牵连。正如他在《为苏拉的辩护词》(*Oratio pro Sulla*)里所说的:

"……西提乌斯是被他(指苏拉——引者)派到远西班牙制造麻烦的。首先,公民们,西提乌斯是在路奇乌斯·优利乌斯[②]和盖乌斯·费古路斯担任执政官的一年[③]离开的,这是在喀提林发疯和人们对阴谋有任何怀疑之前的某些时候。这不是他第一次去,几年前他由于同样的理由到过同样的地方,而且只是由于一个原因,一个必要的原因,这就是为玛乌列塔尼亚的国王缔结一项十分危险的契约。而且在西提乌斯走后,负责管理和经营他的财产的苏拉卖掉了他的许多最精美的别墅并且清偿了他的债务;这样使别人犯罪的理由——保存他们的财产——对西提乌斯便不复存在……"

---

① 《喀提林阴谋》,第19章。

② 路奇乌斯·优利乌斯·恺撒。

③ 公元前64年。

因此喀提林的主要支柱还是城市里没落贵族的上层，而且只有上层那么一点点人。

曼利乌斯的驳杂的队伍既缺粮又无钱，武器也不足，这种情况不容许他们拖延发动的时间，因此阴谋者决定：公元前 63 年 10 月 27 日曼利乌斯的队伍向罗马发动进攻。喀提林第二天在罗马城内接应，把所有的元老杀死。西塞罗从内线得到这个消息之后，便在 10 月 21 日召开元老院会议通报了全部情况。于是元老院宣布意大利处于战争状态，并在第二天的会议上宣布授予执政官西塞罗以应付紧急局势的全权（senatus consultum ultimum）。这也就是在罗马宣布了戒严令。但是元老院授予执政官的权限应当有多大，对这一点人们还有争议。

路奇乌斯·埃米利乌斯·保路斯（Lucius Aemilius Paulus）表示他要追究喀提林破坏和平的责任[①]。喀提林则表示愿意接受监管，他甚至请求西塞罗本人对他实行监管，但是遭到拒绝，因为这样做没有法律依据。曼利乌斯在 10 月 27 日按计划动了起来，可是罗马方面直到 11 月 6 日喀提林才在元老玛尔库斯·波尔奇乌斯·莱卡家中召开秘密会议；会上拟订了第二天凌晨刺杀西塞罗并占领全城的计划。盖乌斯·科尔涅利乌斯（Gaius Cornelius）和路奇乌斯·瓦尔恭泰乌斯（Lucius Vargunteius）自告奋勇地担起了利用早上向西塞罗致意——这是对罗马上层人物例行的礼仪——的机会去刺杀他的任务。得到消息的执政官早已作了准备，使来访者吃了“闭门羹”，结果阴谋者的第一个重大举动遇到了

① 《喀提林阴谋》，第 31 章。

挫折。两个人的出现证实了情报的正确;面对这一危急情况,西塞罗在朱庇特·斯塔托尔(Jupiter Stator)神殿召集了元老院的紧急会议(11 月 8 日),发表了他那以著名的"喀提林,到底你还要把我们的耐性滥用到什么时候?"(Quousque tandem abutêre nostra patientiâ, Catilina?)一句为开始的所谓《反喀提林第一演说》(*Prima Oratio Marci Tulli Ciceronis in Lucium Catilinam*)。喀提林本人参加了这次会议,他想发言回答西塞罗,但是被元老们制止。西塞罗的意思是要他离开罗马,这样至少可以保持城内也就是后方的安宁。西塞罗在演说中虽然威胁说执政官可以处死他,但大家其中包括喀提林心里都明白,西塞罗还不敢这样做,因为他手里没有证据,况且元老院里有很多人同喀提林是老相识并且有着千丝万缕的联系。人们所以恨他是因为他想重新挑起一场摧毁一切的内战,这却是人们无法接受的。如果西塞罗当真把喀提林逮捕,立刻会有保民官出来干预,熟知法律的西塞罗当然不会出此下策。不过他的气势逼人的演说——特别是那些排句的力量——还是达到了他的目的。喀提林果然在第二天去了曼利乌斯的营地。对喀提林来说,这一行动注定了其阴谋的失败。

第二天即 11 月 9 日西塞罗向罗马人民发表了他的所谓《反喀提林的第二演说》(*Secunda Oratio ad Quirites*)。他在演说中连用四个表示喀提林已经离开的词(Abiit, excessit, evasit, erupit)来表示他那按捺不住的激动心情。他向人民说明他为罗马都做了些什么。但另一方面,他也了解这时人民的情绪。权贵的腐化堕落、贪赃枉法以及沉重的债务负担使罗马人民对喀提林恨不起来。元老院虽然作出了相应的决定,但西塞罗清楚,相当一部分的元老实际上是同情喀提林的，只是不同意喀提林的过火的做法而已。

留在城里的阴谋者的首领普布利乌斯·科尔涅利乌斯·朗图路斯·苏拉(Publius Cornelius Lentulus Sura)出身名门，在阴谋者当中是资历最高的。他是公元前71年度的执政官，后因道德败坏被开除出元老院，但这时他又是现任的行政长官了。作为现任的高级官吏而参加反政府的活动，那情况当然就更加严重了。他之所以铤而走险，除了个人野心之外，经济上的窘迫恐怕是更重要的原因。此人是个终日昏昏然只知贪图享受的家伙，共和国末期的高级官吏的职位一般就是由这类权贵门第出身的酒囊饭袋所包办的。正是和他们相比，像恺撒、西塞罗之流具有真正共和风范的人物显得特别不同凡响。

正在这个时候，山北高卢的一个部族阿洛布罗吉斯人(Allobroges)[①]派使节到罗马来，控告罗马统治者和高利贷者对他们的压榨。阴谋者在罗马广场遇到阿洛布罗吉斯人的使节之后便同他们联系上了。过去高卢人的入侵曾是罗马人的一场噩梦，这时高卢人的问题仍是罗马人感到头痛的问题。现在高卢人的使节来了，又是控诉罗马人的暴政的，阴谋者当然要利用他们的这种反罗马的情绪。使节们刚刚听到要他们参加阴谋的建议时表示了很大的兴趣，但是在权衡了利害得失之后还是不敢冒险从事。他们通

① 阿洛布罗吉斯人是纳尔波高卢(Gallia Narbonensis)的一个部族，纳尔波高卢相当今天法国多斐奈(Dauphiné)和萨沃瓦(Savoy)地区。这一部族是公元前121年被当年度的执政官克温图斯·法比乌斯·玛克西姆斯·阿洛布罗吉库斯(Quintus Fabius Maximus Allobrogicus)和格涅乌斯·多米提乌斯·阿埃诺巴尔布斯(Gnaeus Domitius Ahenobarbus，公元前122年度执政官，此时是同执政官长官)所征服的。

过他们的保护人法比乌斯・桑伽(Fabius Sanga)[1]向西塞罗报告了这件事。西塞罗当即指示要阿洛布罗吉斯人将计就计继续和阴谋者周旋,以便取得确证。

阿洛布罗吉斯人按照指示,从阴谋者手中取得了确证,然后在12月2日的晚上在沃尔图尔奇乌斯的陪伴下离开罗马。沃尔图尔奇乌斯还带了朗图路斯写给喀提林的一封信,信中要求喀提林把奴隶也编入自己的队伍。西塞罗这边则把两位行政长官路奇乌斯・瓦列里乌斯・佛拉库斯(Lucius Valerius Flaccus)[2]和盖乌斯・彭普提努斯(Gaius Pomptinus)安置到使节的必经之路穆尔维乌斯桥的两侧准备截击。一旦受到阻截的使节了解到是怎么一回事时当场就投降了,看到事情已经败露的沃尔图尔奇乌斯也乖乖地束手就擒了[3]。这时大约是12月3日的早上3点钟,因为是冬天,所以天还是黑的。

被截获的信给西塞罗原封未动地送到在协和神殿召开的元老院会议的会场上去。接着从阴谋者凯提古斯家中又搜出了大批武器。阴谋分子受到审问时,他们不得不承认那封印是他们原来的,信是他们亲笔写的。这样一来,在书信当众宣读之后,他们的罪证就确凿了。担任行政长官的朗图路斯只好交卸自己的职务并且和其他的阴谋者一道分别接受一些著名元老的监管。元老院发布命令:以西塞罗的名义举行一次向诸神感恩的活动。正如西塞罗自己所说,这是非军事领袖从来没有得到过的荣誉。

---

① 当为克温图斯・法比乌斯的后人。

② 西塞罗后来为此人进行过辩护(Pro Flacco)。

③ 《喀提林阴谋》,第16章。

紧接在元老院的这次会议之后，西塞罗而聚集在广场上的民众发表了所谓《反喀提林第三演说》(*Tertia Oratio ad Quirites*)。演说有政府公报的性质。他向人民介绍了取得罪证的经过。在他拿出了真凭实据之后，才得到了人们的真正同情。

第二天即 12 月 4 日，一个名叫路奇乌斯·塔尔克维尼乌斯(Lucius Tarquinius)的人被带到元老院。据说此人是到喀提林那里去时被捉住的。他说他是奉克拉苏之命送信给喀提林的。但元老院立即否定了他的指控。同样地，想把恺撒牵连进来的阴谋也没有实现。元老院决定把赏金送给阿洛布罗吉斯人，已经定罪的阴谋者被宣布为叛国者。

12 月 5 日早上，重兵守卫的元老院再次在协和神殿开会以决定在押阴谋者的命运。元老院发表意见按规定是按当选执政官、行政长官……、现任执政官、行政长官……以及前任的……次序发言。后发言的可以表示同意已有的意见或另行提出自己的建议，最后由主持人交付表决。上面提到的当选执政官西拉努斯首先发言。他建议处死朗图路斯、凯提古斯、斯塔提利乌斯、伽比尼乌斯和凯帕里乌斯等人，其他 4 人一经拿获也一并处死。另一位当选执政官穆列纳和其他元老都同意他的意见。但是轮到当选行政长官恺撒时，他却主张把犯人分到各自治市去加以终身囚禁，但是要没收他们的财产，他的意见显然对罪犯采取了同情的态度，他要求冷静地对待引起全体人民的恐惧和憎恶的一个人的案件。他的发言理路清楚并具有说服力，乃至又有许多元老同意了他的看法。于是西塞罗发言，这就是所谓《反喀提林第四演说》(*Quarta Oratio habita in senatu*)。他总结了恺撒的论据，但他个人则明确表

示同意西拉努斯的意见，即使自己为此会遇到危险也在所不惜。继而提比略·尼禄——后来的提比略皇帝的生父——又提出了折中的办法，建议把囚犯关押到把喀提林打败并取得更多罪证之后再予处理[①]。西拉努斯于是又表示同意尼禄的建议。这时西拉努斯处死犯人的意见有被否定的危险，看情况犯人至多不过是终身监禁罢了。但是轮到加图发言时，形势急转直下。他坚决主张立即处死犯人并得到了元老们的同意[②]，而恺撒所能做的至多也不过是不使他们的财产被没收罢了。结果绝大多数元老同意了死刑的决定。

就在12月5日那天晚上，以朗图路斯为首的阴谋者（凯提古斯、斯塔提利乌斯、伽比里乌斯和凯帕里乌斯）在西塞罗亲自的监督下被绞死在古老的地牢图利亚努姆（Tullianum）。西塞罗在行刑完毕离开时对在那里围观的民众只讲了一个词：Vixerunt，意思是“他们活过了”。

元老院的辩论是撒路斯提乌斯书中最着力加以描述的部分，而把恺撒同加图加以对比的描述尤其为画龙点睛之笔[③]。作者用加图的刚正反衬恺撒的仁厚，他同情谁是十分明显的。

公元前62年年初——具体日期未详——喀提林终于和安托尼乌斯的队伍展开了战斗。正如撒路斯提乌斯所说，他是在前后被堵截的情况下不得不背水一战的[④]。喀提林的队伍里的不坚定

① 阿庇安：《内战史》（ii，1，5）。

② 普鲁塔克：《小加图传》，第23章。

③ 《喀提林阴谋》，第54章。

④ 《喀提林阴谋》，第57章。

分子在听到罗马的5人被处死之后大都开了小差。但喀提林队伍的骨干在人数和武器都处于劣势的情况下仍然进行了殊死的战斗。作者带着感情写出的战斗的十分精彩片断，是拉丁文献中的不朽之作。

克拉苏和喀提林阴谋的关系问题

要探讨这个问题，我们就不得不从喀提林的阴谋所处的更大的政治背景着眼，才能了解为什么总是有人想把克拉苏拉到阴谋里面来。

对于这一点，撒路斯提乌斯锐敏地察觉到了，所以在一个地方他以传闻的方式指出：

“当时还有一些人相信，玛尔库斯·李奇尼乌斯·克拉苏对这一阴谋不是完全不知道的；但是由于同他为敌的格涅乌斯·庞培正在统率着一支大军，所以他希望看到有谁的势力成长起来同他的对手的权力相抗衡，而这时他完全相信如果阴谋成功，他本人是很容易成为他们中间的一位领袖人物的。”①

随后在另一个地方，在涉及皮索的时候，作者先是说“这是一个天不怕地不怕的家伙，他穷而又好生事，他想推翻共和国是因为他需要钱而又品行恶劣。他把自己的计划告诉了喀提林和奥特洛尼乌斯，于是他们便同他一道在12月5日左右着手准备元旦那天在卡皮托利乌姆山上的朱庇特神殿杀死执政官路奇乌斯·科塔和

① 《喀提林阴谋》，第18章。

路奇乌斯·托尔克瓦图斯。当时他们设想由他们自己动手夺取棍束，并派皮索率领一支军队去两个西班牙行省。但是这次的阴谋败露了，谋杀的计划于是推迟到了2月5日……”①

喀提林和奥特洛尼乌斯有什么权力能派皮索去西班牙率领一支军队？对此作者紧接着作了说明，这个说明正好说到了点子上：

“后来，当时只不过是一位财务官的皮索在克拉苏的支持下（重点号为引者所加）带着同行政长官的头衔和权力被派往近西班牙，因为克拉苏知道此人乃是格涅乌斯·庞培的死敌。但是元老院却十分愿意把这个行省给他，因为他想用这个办法把这个无耻之徒从政府所在地的罗马送到遥远的地方去。而且，许多贵族也认为可以在这个人身上找到一个能够同这时权力已大得可怕的庞培相抗衡的力量。”②

还有一件事更是直截了当地把克拉苏拖在里面：

“第二天，一个名叫路奇乌斯·塔尔克维尼乌斯的人被带到元老院来；据说这个人正在逃向喀提林那里，他是被捉住之后，给带回到这里来的。……他还说玛尔库斯·克拉苏曾派他去告诉喀提林，不要因为朗图路斯、凯提古斯和其他阴谋参加者被逮捕而惊惶失措，而是要更快地到罗马来，这样他们便能使其余人们的精神重新振作起来，并且他们能更容易地摆脱自己的危险。”③

作为当时历史的见证人，撒路斯提乌斯正确地从克拉苏同庞培两种力量对峙的背景来看待克拉苏和喀提林阴谋的关系的问

① 《喀提林阴谋》，第18章。

② 《喀提林阴谋》，第19章。

③ 《喀提林阴谋》，第48章。

题。

大家知道，喀提林在罗马闹得最厉害的公元前65年到公元前62年，正是声名显赫的庞培离开罗马去东方作战的日子。罗马既需要他又害怕他，因为人们还没有忘记不久前苏拉从东方返回时的旧事。罗马的每个上层人士都惴惴不安地担心会有什么不祥的事件发生。公元前70年和庞培一道担任过执政官的克拉苏尤其如此。在对付庞培这一点上，克拉苏和元老院有其共同的利益，但就克拉苏个人来说，他和元老院也有矛盾；对民众的态度也是这样，或联合或利用或反对都以个人利益为准。

克拉苏出身有名的李奇尼乌斯家族（Licinia Gens），他的父亲普布利乌斯·李奇尼乌斯·克拉苏·狄维斯（Publius Licinius Crassus Dives）是公元前97年度的执政官[1]，随后出任近西班牙长官，公元前93年举行过一次凯旋式，公元前89年任监察官。克拉苏的生年一般确定在公元前112年左右，但如果说他东征帕提亚人时已经超过60岁，那么他的生年就应当是在公元前115年以前了。迈耶尔（Meyer）把他的生年定在公元前114年[2]。克拉苏的父兄都死在马略和秦纳之手，所以是天然的苏拉派。克拉苏投向苏拉时理所当然地受到苏拉的特别尊重。罗马科利努斯门一役，克拉苏在苏拉的决定性胜利中有回天之功，这一点苏拉当然不会忘记。庞培虽然也出身执政官家庭，并且他父亲本来也是反秦纳的，但他本人由于不清楚的原因在公元前86年出现于秦纳的营

① 同僚是格涅乌斯·科尔涅利乌斯·朗图路斯（Gnaeus Cornelius Lentulus）。

② Orator, Roman, Fragment.

地，直到公元前 83 年他才征募了三个军团依附苏拉。克拉苏斯和庞培两人在苏拉麾下虽然都说得上是故功卓著，但论资历庞培自然是要差一些。

公元前 72 年，在对付斯巴达克起义的战斗里，当时任行政长官的克拉苏以同执政官的头衔接过了执政官路奇乌斯·盖利乌斯·波普利科拉（Lucius Gellius Poplicola）和格涅乌斯·科尔涅利乌·朗图路斯·克洛狄亚努斯（Gnaeus Cornelius Lentulus Clodianus）对斯巴达克作战的统帅权。他补充了军团，整顿了军纪。他想把斯巴达克的队伍封锁在半岛南端的企图虽未能成功，但是奴隶队伍中间的意见分歧却大大地帮了他的忙，使他能将分裂出来的起义队伍各个击破。公元前 71 年春天的阿普利亚战斗实际上是奴隶起义的最后一战，走投无路的奴隶队伍 6 万人遭到了全军覆灭的命运。这是克拉苏为罗马取得的一次重大胜利。奉元老院之命在北方堵截的庞培队伍比较容易地解决了北逃的起义残部，这样就给外界造成了这样一个印象，好像正是由于庞培的介入，奴隶起义才彻底被镇压下去。庞培不费什么气力便和克拉苏一道分享战胜者的荣誉，这当然使克拉苏极为恼火，一直耿耿于怀。

克拉苏当然也没有忘记，公元前 71 年他竞选第二年的执政官时，和他一道竞选的却是不但法定年龄不足，而且连正式的“仕途”（财务官、行政长官等等）都没有经历过的庞培。用苏拉的有关年资的规定（lex annalis）来衡量，庞培本来是绝对没有竞选资格的。但是庞培的军团在这里起了决定性的作用，而且庞培还宣称要取消对于 tribunicia potestas 的一切限制，这当然会得到民众的热情

拥护。因此元老院对此也只好听之任之了。

但克拉苏在罗马是占着另一种优势的。

苏拉在公敌宣告中没收的财产很多都被克拉苏以低价买下。他还买了许多能建造房屋的奴隶，对残破的房屋加以修葺重建，以致罗马大部分房产都转到他手里。他还拥有土地和银矿以及各种有专业知识的奴隶，加上他又极会经营，所以普鲁塔克说他在东征时他个人的财产估计已高达7100塔兰特。[①]

此外，他虽然极为贪婪（普鲁塔克说："罗马人说克拉苏的许多优良的品质都被一种恶习所遮蔽，这就是贪婪；而事实看来似乎是他的品行中一种更加突出的恶习遮蔽了他的其他恶习。"[②]），但是他很会做人。他和刚愎自用的庞培不同，他摆出一副"谦恭下士"的神气，从不拒绝任何来访的外人，经常无息借钱给人们（但到期必须立刻归还），愿意为任何人尽心辩护。他对任何人，不论对方地位多么低贱，也都在向他打招呼时还礼并且叫出对方的名字。如果一个普通罗马人被一位大人物叫着名字打招呼或是有机会和这位大人物握一下手，他总是会对这位大人物有好感并感激不尽的。难怪后来帝国时期的诗人奥维德（Ovidius）在《爱的艺术》（Ars Amatoria）里就提到了这种想讨好民众的方法，并且明智地指出这种办法惠而不费，而克拉苏肯定是善于使用这种办法的[③]。如果他记不住那么多的人的名字，他可以像贺拉斯（Horatius）那

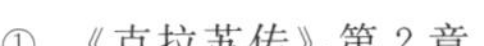

① 《克拉苏传》，第2章。

② 《克拉苏传》，第2章。

③ 第2卷，第253行。

样[1]，买一个可以把他遇到的每一个人的名字告诉他的奴隶[2]。总之克拉苏在罗马是一位名副其实的声名显赫的大人物，从元老到最底层，都同他有千丝万缕的联系，他随便拿出对他来说是九牛一毛的一点钱就可以收买和笼络一批批人。今天，面对着昔日一同在苏拉部下作战的小伙伴而今天声名如日中天的庞培，再想起苏拉过去的故事，克拉苏自然不能不在罗马有所准备，这也是完全可以理解的。

面对实力日益强大，威望日益提高的庞培将来返回罗马的前景，克拉苏自己如何打算呢？

首先自然是把元老院抓到自己手里。大家知道，罗马共和国的全名叫 Senatus Populusque Romanus，缩写为著名的 S. P. Q. R. 四个字母。它的意思是："元老院和罗马人民"。从理论上说，罗马人民是主体，高级官吏代表人民行使职权，而元老院只是高级官吏的咨询机构。但实际上，作为主人的人民除了表现为人民大会和罗马广场上熙来攘往的芸芸众生之外，他们并不掌握实际权力。逐年更迭的高级官吏虽有实权，却又不固定，相对稳定的只有元老院。元老院虽非行政机构，但内政外交军事方面的决策都出自元老院，行省和附属国居民有所请求也都是找元老院，元老院给人以后世政府的印象。虽然在马略和苏拉时期，元老院只表现为个人权力的工具，但在人民心目中元老院依然是权力重心之所在，

① 《书信集》，第 1 卷，第 i 章第 50 行。

② 当然，主人一天当中遇到那么多的人，被称为提示人（Nomenclator）的这个奴隶不可能都叫得上名字来。怎么办？随便想一个名字告诉主人就是了，反正对方是不敢纠正大人物的错误的。

谁掌握了元老院,也就掌握了政府的权力。后来在庞培和恺撒的斗争中,庞培过海东渡,元老院主要成员都随他离去,好像罗马政权的主流仍在庞培一方,但他的错误却是放弃了罗马这个重心的位置,从而给人以偏安的印象。恺撒取得统治大权之后立刻就把元老院补充起来作为安定人心的一种手段。至于克拉苏,以他的经济力量要想笼络相当一部分元老是容易的,这一点具体表现在:当有人提出克拉苏同阴谋有牵连时,整个元老院都为之哗然,继而决定不但对这个问题不予讨论,而且追究指使提出这个问题的人。说克拉苏没有具体参加喀提林推翻共和国的阴谋看来是正确的,但克拉苏一直在资助着喀提林进行政治活动这一点在当时也是尽人皆知的事实。

要在一旦需要的时候(比如在对付庞培的时候)有几个得手的人,就必须在平时加以培植,克拉苏对这一点是十分清楚的。直接诉诸民众,总要通过一些活动能量大的人物,而这种人物又必须是不大安分的。应该说,克拉苏笼络或者说物色准备为己所用的人们当中有两个人特别值得一提。一个是喀提林,另一个就是恺撒。但喀提林的资历比恺撒要高一些。两个贵族门第出身的青年有其相同之处:交游广阔,活动能量大,能吃苦耐劳,慷慨大度挥金如土等等。当然,两个人中间不同之处也是十分显著的:在文字修养,军事才能,气度格局方面恺撒则远远高于喀提林,喀提林充其量是米洛和克劳狄乌斯之流的打手,恺撒看得却比他们都远都深;喀提林凶狠,恺撒仁厚。克拉苏可以豢养喀提林做一名打手,但对恺撒的帮助——例如出资帮他竞选,在他因在高级营造官任上举办各种活动而负债之后,又帮助他清偿部分债务——则的确有慧眼识

英雄的味道。后来恺撒能在克拉苏和庞培两雄之间成为一位缓冲人物，不能不说是克拉苏在待人处世方面的得意之笔。

克拉苏培养自己的人，既要对付即将归来的庞培，又要对元老院内部的派系之争起牵制作用。喀提林后来发展到想杀人放火，推翻共和，这既违反克拉苏的利益，又并非克拉苏的本意，在这种情况下，他当然不会参与其中。如果恺撒也是喀提林那种作风，共和末期的历史可能就是另一种情况了。

既然克拉苏、庞培和恺撒都提到了，我想就在喀提林的阴谋失败后不久由以上三人结成的一个私人协定补充几句话。这个私人协定在我国史书上一般译为“三头”，其实它的拉丁原文 Triumviri 本来只是一个三人组织的意思，任何性质的一个小组只要有三个人都可以称为 Triumviri，而三人之中的任何一人则称为 triumvir（单数）。如果这个组织有十个人，那就叫 decemviri，而其中的任何一人便叫做 decemvir。克拉苏、庞培和恺撒在公元前 60 年（有异论）结成政治上的协定时，他们没有一个人是当时的执政官，而当时的执政官（相当于后来的政府首脑）却是克温图斯·凯奇利乌斯·梅特路斯·凯列尔（Quintus Caecilius Metellus Celer）和路奇乌斯·阿佛拉尼乌斯（Lucius Afranius）。而翻开近年来出版的不少外文辞书，却又大都把 triumvir 译为“三执政之一”，这显然是不妥的。第一，古罗马每年只有两名执政官当选，从来没有三人执政的；第二，具体的这三个人尽管都在政治上是有潜力的人物，但都不是政府领袖。它只是一种私人之间的协定而已。

至于译作“三头”，则又容易使人联想到后世的“三巨头”。其实这三个人并不是平起平坐或平分秋色的三个人。克拉苏和庞培

都是苏拉时期的“红人”,是敢于当面顶撞苏拉的为数不多的人物。恺撒是马略的内侄,在苏拉当政时期本来就是受到怀疑的人物,加之在婚姻问题上又没有听从苏拉的命令,只是仗着多方的说情才免于苏拉的追究,因此在苏拉时期,他过的只是半亡命的日子。克拉苏同庞培相比,虽然战功总的说来要差一些,但资历却要高得多。公元前70年克拉苏和庞培已经是执政官,而到公元前68年恺撒才是财务官。应当说,三人协定时,恺撒只是克拉苏为了自己的利益而提携起来的一个后来的从政者而已。恺撒为了拉拢庞培后来竟不惜把自己的女儿嫁给比他自己还大五六岁的庞培,后来元老院一看到庞培解散军队立刻就神气起来,克拉苏的话在元老院也就不那么灵了;恺撒自己为了竞选的利益乐得顺水推舟把他们撮合到一起。至于某些历史书所说的当时恺撒和庞培都想取得独裁的政权,而克拉苏只处于缓冲者的角色,这是同事实不符的。恺撒的实力这时远还没有达到觊觎独裁权力的程度,而庞培却已错过了这样的机会。

《喀提林阴谋》是否为恺撒辩护以及撒路斯提乌斯是否为西塞罗的私敌的问题

西欧学术界有一种比较流行的看法,认为撒路斯提乌斯写作《喀提林阴谋》有为恺撒辩护的意图,有人甚至认为他就是为了这一目的才撰述这一专题历史著作的。

问题是不是这样,让我们看一看实际情况。

前面我们已经介绍了撒路斯提乌斯一生在政治上和恺撒相始

终的情况。恺撒出身罗马最古老的优利乌斯家族，但是到恺撒时这个家族衰落已久并且已不富裕。恺撒生于公元前101年[①]，他的直系的父祖辈中没有十分显赫的人物，但是在他的亲属中却有罗马历史上的大人物。他的姑丈是盖乌斯·马略，他的岳父是路奇乌斯·科尔涅利乌斯·秦纳。不容置疑，他在青少年时代确有强大的裙带关系做他的后援。这种关系决定了他的民主派立场，同时也决定了苏拉得势后他的坎坷命运。年轻的恺撒竟敢于违抗苏拉要他解除同科尔涅利娅的夫妻关系的命令。苏拉早就看出恺撒对他是一个潜在的对头[②]，只是由于亲属有力的庇护，恺撒才得以过一种半亡命的日子。公元前78年苏拉去世之后，恺撒才返回罗马从事恢复民主权利的活动。但是他感到在作为从政手段之一的辩护能力方面准备不足，所以又在公元前75年到公元前73年之间到东方去进修了一个时期。年轻的恺撒的活动能力给罗马的人们造成了深刻的印象。公元前68年即恺撒任财务官的一年他的妻子科尔涅利娅去世，第二年却和苏拉的外孙女庞培娅结了婚[③]。庞培娅是克温图斯·庞培乌斯·茹福斯(Quintus Pompeius Rufus)和苏拉的女儿穆奇娅所生的女儿。他这时开始和庞培接近并支持授庞培以广泛权力的伽比尼乌斯法(Lex Gabinia)和授权庞培在东方全权作战的玛尼利乌斯法(Lex Manilia)。克拉苏

① 还有公元前100年和公元前102年两说。

② 据普鲁塔克:《恺撒传》，第1章，苏拉曾认为恺撒是个危险人物，因为在他身上有许多马略的影子。

③ 由于前面提到的克劳狄乌斯化装成女人在丰饶女神的节日混入恺撒住宅同他的情妇庞培娅幽会(公元前62年)，恺撒同庞培娅在公元前61年离婚。

大约在此时也开始认识到了恺撒在政治上的作用并像前面所说的在经济上帮助他，否则以恺撒的财力是根本无法竞选公元前65年度的高级营造官的。

克拉苏公元前53年在东方阵亡后形成了恺撒和庞培两大力量对峙的局面。元老院只是在这两派势力中间随机应变，调整自己的位置。恺撒取得独裁大权后，正统的共和派不惜用暗杀的办法对付他，但是他们没有看到恢复共和是不可能了。恺撒以后的权力之争仍在恺撒派之间进行。不管共和派还有多少潜在的力量，恺撒的历史地位是已经确定了的。如果说，恺撒不顾元老院的命令毅然挥师南下夺取统治大权的事实都没有人敢议论，有谁还会旧事重提，再去谈论恺撒和喀提林阴谋的关系呢。

恺撒和喀提林的关系，如前所述，是尽人皆知的事实。恺撒的确有欣赏和同情喀提林的一面，但由于两人格局的高下不同，恺撒也确实没有、也不屑于参加喀提林的阴谋，否则恺撒就不可能在处理阴谋者的元老院会议上侃侃陈词，不惜作出庇护阴谋者的表示了，然而论声望、资历都比恺撒要高得多的朗图路斯却陷到了里面，而且又是现任的行政长官，从这一点也可以看出恺撒和当时一般的元老院权贵有多么不同。

恺撒和喀提林确有很多气味相投的地方。他们同是在克拉苏的资助下搞政治活动的人，同样负了很多的债，但是摆脱债务的手段却有区别。喀提林短视浮躁，竞选执政官不成就诉诸流氓手段，结果越搞越臭，就越是得不到执政官的职位，最后想把一切都搅乱，干脆提出取消一切债务的口号，但这样做触犯了大多数人——包括骑士、一般手工业者、城市平民等等——的利益，刚刚从血泊走过来的罗马人民已经吃够了动乱之苦。恺撒却有深谋远虑的一面，无论过去在受苏拉迫害时，竞选官职时，还是后来在高卢战场上，他都沉得住气，想得深看得远，终于通过外放搜括的“合法”途径，还清了债务。

尽管如此，撒路斯提乌斯最后还是满怀着同情描述了喀提林最后的战斗。作者着墨不多，但是给读者留下了十分深刻的印象。这不仅因为作者和恺撒与喀提林有气味相合的一方面，而且因为喀提林一伙不管他们怀着怎样的个人动机，他们毕竟是在同贪污腐化的贵族统治集团的殊死战斗中英勇地倒下去的。

此外，在拉丁文献里还有两篇据称是西塞罗和撒路斯提乌斯相互攻讦的文字（In Sallustium Crispum Oratio 和 In M. Tullium Ciceronem Oratio）。这是两篇很奇怪的作品，到今天涉及它们的问题人们还有很多不清楚的地方。两篇文字都设定为元老院发表的演说，而前者乃是对后者的答复。格拉巴里—帕锡克认为两篇都是2世纪的修辞学拟作。对前者，学术界一致认为是伪托之作，因为其拙劣的文字显然不是出自西塞罗之手，而库尔菲斯（Kurfess）则认为前者又是后者的不成功的仿作。对后者，学术界有人认为是伪托之作，但是把它的出现定在恺撒死后的一个时期（商茨的看法）①。有人则认为是撒路斯提乌斯本人在公元前54年所作，但是匿名发表的（库尔菲斯的看法）②。克温提利亚努斯也认

① 商茨（Schanz）：《罗马文学》（*Rom. Lit.*）1^2，第234页。

② 《柏林古典语言学会年刊》（*Jahresb. des Phil. Vereins zu Berlin*），48（1922），第66页以次，又 Bursians Jahresb. 1922，第61页。

为它是真的并且引用过它。[①]

在国内的派系之争中，西塞罗站在庞培一面，而撒路斯提乌斯属恺撒派，两人在政治上对立本属自然，但是看这篇文字本身却完全不是什么争论，它不但攻击西塞罗本人，而且牵连到他的妻子女儿，根本不可能是元老院的发言，而只能是匿名的下流的人身攻击，如果说是出自喀提林的余党之手，那倒还有点儿像。如果它出自撒路斯提乌斯之手，那么，他为什么又撰写给西塞罗树碑立传的《喀提林阴谋》呢？

如果撒路斯提乌斯同西塞罗有个人恩怨，那么他一定会在书中极力丑化西塞罗，但事实上西塞罗的形象在书中即使没有受到特别的赞扬，但至少没有受到歪曲。有两个地方似乎是对他的批评。有关买通一个妓女作内线的问题是出于斗争的需要，以西塞罗在罗马社会上的声望，在他广阔的交游中有妓女是不足为奇的。如前所述，他还因为给一个优伶辩护而大出风头呢。至于克拉苏指责西塞罗想把他牵涉到阴谋中去的问题这都只是传闻的事情。我们揣情度理，也不会相信和元老院站在一起的西塞罗会没有根据和徒劳地去陷害元老院里的实力人物。这只能是阴谋者想用克拉苏的威望来给自己打掩护。

再说这篇抨击文字里，口口声声把西塞罗叫做阿尔皮努姆的"新人"(homo novus Arpinas)，这是只有以门第自高的贵族而不是同属骑士等级出身的撒路斯提乌斯才应当说出的话。

西塞罗留给后人的作品的数量是庞大的，但是在如此众多而

① iv,1,68;ix.3.89.

且公私无所不包的文献中以及别的有关文献中却再难找出可以证明西塞罗和撒路斯提乌斯存在着私怨的平行史料。否则作者在《喀提林阴谋》中也完全可以指责西塞罗的非法行为。首先，元老院没有审判权，但元老院却判处阴谋者以死刑并立即执行；其次，元老院没有给罗马公民向人民大会申诉的机会。

而且，如果《喀提林阴谋》像学者们推定的那样，发表在公元前41年或前40年，那么我们知道这时正是西塞罗被杀害不久，西塞罗的作品被查禁的时候；这时如果把各种污泥浊水泼到他身上却是很趋时的，而撒路斯提乌斯却偏偏抛出使人记起西塞罗最神气时期的作品，岂不是太不识时务了吗！这不但不能说明撒路斯提乌斯和西塞罗的私仇，却反而他是正直的史家了。如果作者不是已经退出当时的派系之争，这种作品肯定是会给他找麻烦的。

当然，还有人例如伽斯东・布瓦西耶(Gaston Boissier)甚至从文风的不同推定两人之间的敌对情绪[①]，这种提法虽然别出心裁，但毕竟只是一种大胆假设，而求证的方式却不免有点随心所欲了。

关于朱古达战争

朱古达战争虽然旷日持久，但并不算是一场大规模的、关系罗马生死存亡的战争。战争的过程也并不太曲折复杂。朱古达即使精明能干，但他终归不是罗马人的对手，而且罗马人本来也不需要

① La Conjuration de Catilina，第17—18页。

这样久才解决努米地亚的问题。而撒路斯提乌斯所以选定这样一个题材,除了他熟悉作战地点这个原因之外,更主要的是为了暴露当时元老贵族寡头的腐化堕落,这是贯穿他全部著作的一个重要的内容,而且朱古达之所以敢于这样耍弄罗马贵族统治寡头,也正是因为他看清楚,当时的罗马是一个无论什么都能出卖的、最黑暗、最无耻的城市。

科瓦略夫在《古代罗马史》里对朱古达战争当时罗马的形势作了扼要的介绍:

“在盖乌斯·格拉古死后不久,十分猖獗的反动时期开始稍稍缓和下去了。贵族中最有远见和灵活的那一部分和骑士取得了妥协;骑士由于审判改革而取得了强有力的政治武器。用这一妥协的精神进行了取消土地改革的措施,但与此同时给了人民群众一些好处。在公元前121年受到如此强烈打击的民主运动长时期不能得到恢复。这一运动蜕变和式微了。保民官在这一时期只限于实行一些微不足道的措施:次要的民主法律或是从法律上追究最被憎恨的反动人物。

“当然,这种‘小打小闹’的政策并不能结束那个贵族集团——它由于反对派的小的让步而紧紧地掌握了十年以上的政权——的统治。这个集团不大,只有几个家族在其中起主导作用,特别是凯奇利乌斯·梅特路斯家族(关于这个家族后面我还要谈到。——引者)。当时最大的活动家、元老院首席元老玛尔库斯·埃米利乌斯·司考茹斯便是属于这一家族的。他娶了梅特路斯家族的一个女儿。

“统治寡头施行的是纯家族的政策,他们只容许‘自己人’当权,……格拉古兄弟以后的寡头政体所想的只是如何发财,而它的政策也完全是无原则的。族阀主义、统治集团的狭小的圈子和没有真正的监督产生了从上到下遍及于整个国家机构的可怕的贪污腐化;一切的人,从元老起到最后一个百人团长无一人不贪污受贿。

“这种可怕的堕落在军队中表现得最为明显。外交是进行得极其软弱无力和孤立无援的,并且遭到了许多可耻的失败。军队中是一片分崩离析。由于农民的日趋严重的无产化,租税的征收一年比一年困难了。军队经常不足额,而新征的部分就本身的道德政治水平而论也是什么事也不顶的。纪律败坏得可怕:战士大量逃跑、投敌、从事掠夺。统帅部更要坏。军官收取敌人的贿赂并在饮宴中消磨时日。军营中有许多妓女、军官的奴仆、小商贩等等。这种情况会怎样地影响曾是无敌的罗马军队的战斗能力,这是很容易想象的!”①(重点号为引者所加)

这一段和《朱古达战争》中的记述对照起来看,就可以知道作者没有一句话是没有根据的。科瓦略夫就随后为什么马略能够扭转战争形势作了分析:

“对于这种情况,反动派当然首先有责任……但是罗马军事制度的衰败有其更深的原因(这一点撒路斯提乌斯在《朱古达战争》中接触到了,但是没有提到理论的高度——引者)。公民的自卫军已经过时了。以财产资格和临时的召集为基础的这种军队已不再适合于时代的条件了。公民的中等阶层经济上的退化使军队失去

---

① 《古代罗马史》,三联书店,1957年,第495—496页。译文有改动。

了它的主要部分，而服役的周期性又使人们不能把军事技术提高到应有的高度。公元前 2 世纪的连绵不断的战争要求的是常备军而不是民兵。主要的矛盾便在这里。”①

科瓦略夫指出了马略的军事改革有助于提高战斗力这个方面，但是他简单地把这一战争说成是“民主运动新高涨的一个出发点”就不够全面了。在罗马共和国末期的形势中，元老院的权贵集团和广大民众是两种对立的政治力量，随后又出现了有士兵作后援的掌握指挥大权的个人，这些力量的联合与排斥呈现出极为错综复杂的局面，往往不是单纯用个什么派就概括得了的。贵族出身的恺撒可以是民主派，骑士等级出身的西塞罗却持正统的贵族观点。朱古达战争所以在罗马史上占有一个重要的篇章依我看至少有这样两点原因：

首先，从国与国的关系来说，它是弱小者对强大者的一次挑战。从国内的关系来说，它是平民出身的卑贱者对权贵集团的一次挑战。其次，这一战争全面暴露了罗马共和国的腐败。马略的募兵制固然解决了战斗力的问题，但是造成了军队成分（因为他是从同按财产资格登记的民军无关的无产者和罗马同盟者与行省居民中征募的）和罗马公民之间的分离，造成了军队对个人的人身依附。而一旦掌握军队的个人成了决定大局的独立的政治力量，共和制就再也没有存在的余地了。恺撒后来的专政是撒路斯提乌斯亲眼看到了的，他并且是这一专政的受益者。他虽看到了但是不理解这一变革的深度，反而一直对恺撒作共和理想主义的说教。

① 《古代罗马史》，三联书店，1957 年，第 496 页。译文有改动。

他的历史作品因而也止于从说教家的水平对罗马的现实进行揭露。

努米底亚是非洲北部的一个国家，位于迦太基以西，玛乌列塔尼亚以东，北临地中海，南面则是一片沙漠地带。它大体上相当于今天的阿尔及利亚。由于它和西西里隔海相望，罗马人早就知道这块从西面和南面包围着迦太基的蛮荒之地，但是对它并不熟悉，因为到第二次布匿战争时，努米底亚人基本上还是个游牧民族（努米底亚的名称和古希腊语 noμάδεs 即牧民这个词是有联系的），只有不多的从事原始农耕的村落，因此它不曾得到罗马人的重视。

作为罗马人的忠实联盟者的玛西尼撒（前约 240 年—前 149 年）是东努米底亚的玛西列斯人（Massyles）的国王盖亚（Gaia）的儿子。他因为是在迦太基长大的，所以从公元前 212 年起便站在迦太基人一边在西班牙同罗马人作战，但后来他被斯奇比奥争取到罗马人一方面来（前 206 年）。盖亚死后，玛西尼撒在努米底亚的部族玛赛西列斯人（Massesyles）的首领西法克斯（Syphax）的压迫下不得不逃离努米底亚。公元前 204 年，玛西尼撒在罗马人的帮助下回到北非，第二年在大原野（Campi Magni）对西法克斯的营地的一次夜袭中打败了他，收复了奇尔塔。公元前 202 年他又以他的精锐骑兵帮助斯奇比奥在扎玛（Zama）一役取得了决定性的胜利。因此从公元前 201 年起他就成了整个努米底亚的国王。这之后的王朝之争，都是在玛西尼撒的后人之间进行的。他的后裔的世系可以参见《朱古达战争》第 5 章有关注释。

至于同朱古达作战的另一个重要人物，即属于科瓦略夫提到的凯奇利乌斯·梅特路斯家族的那个克温图斯·凯奇利乌斯·梅

特路斯(Quintus Caecilius Metellus)(公元前 109 年度执政官),他在憎恨权贵的撒路斯提乌斯的笔下应当说是个例外的人物。我想这主要是因为梅特路斯严于治军,以身作则,是个符合标准的有古罗马人风范的人物。至于他对马略想竞选执政官一事的嘲讽,固然失于傲慢与偏执,但是我们不可忘记,马略家一直是他家的门客(Protégé),而马略之所以能担任他的副帅也完全是由于他的提拔与举荐。至于梅特路斯一家何等显赫以及他的家族把持政权到什么程度,据史料记载我们可以回溯到他的曾祖父路奇乌斯·凯奇利乌斯·梅特路斯,此人在公元前 251 年和公元前 247 年两次担任执政官。其同名的祖父是公元前 206 年度的执政官。这个梅特路斯的两个儿子路奇乌斯·梅特路斯·卡尔乌斯(Lucius Metellus Calvus)和克温图斯·梅特路斯·马奇顿尼库斯(Quintus Metellus Macedonicus)则分别是公元前 142 年和前 143 年的执政官。路奇乌斯·梅特路斯·卡尔乌斯就是对朱古达作战的那位统帅(公元前 109 年度执政官)的父亲,大概是因为秃头所以有卡尔乌斯(Calvus)的绰号。梅特路斯·马其顿尼库斯则是参加过皮德那(Pydna)战役(公元前 168 年)的那一位,此人在公元前 121 年和欧皮米乌斯一道参加过对盖乌斯·格拉古的镇压。克温图斯·凯奇利乌斯·梅特路斯这一辈叔伯兄弟 6 人除了他本人之外也都担任过执政官:克温图斯·梅特路斯·巴列亚里库斯(Quintus Metellus Balearicus)是公元前 123 年度执政官,他因公元前 123 年至公元前 121 年间征服过巴列亚尔群岛而得到巴列亚里库斯的称号;路奇乌斯·梅特路斯·狄亚德玛图斯(Lucius Metellus Diadematus)是公元前 117 年度执政官;玛尔库斯·梅特路斯(Marcus

Metellus)是公元前115年度执政官;盖乌斯·梅特路斯·卡普腊里乌斯(Gaius Metellus Caprarius)是公元前113年度执政官;路奇乌斯·梅特路斯·德尔玛提库斯(Lucius Metellus Delmaticus)是公元前119年度的执政官。这一辈下面的一辈,包括他们的外甥也都是清一色的执政官。路奇乌斯·梅特路斯·德尔玛提库斯的女儿凯奇利娅·梅特拉就先嫁给了玛尔库斯·埃米利乌斯·司考茹斯(公元前115年度执政官,首席元老),后来又嫁给了独裁官路奇乌斯·科尔涅利乌斯·苏拉(苏拉的第四位妻子)。克温图斯·梅特路斯·努米地库斯(即公元前109年度执政官)的姊妹和公元前104年度行政长官路奇乌斯·李奇尼乌斯·路库路斯之间所生的、和父亲同名的儿子则是公元前74年度的执政官。

此外,就是后来像玛尔库斯·李奇尼乌斯·克拉苏和格涅乌斯·庞培·玛格努斯(两人同是公元前70年度执政官)也都和梅特路斯家族有裙带关系。克拉苏的儿子玛尔库斯娶了盖乌斯·梅特路斯·卡普腊里乌斯的孙女、公元前69年度执政官克温图斯·梅特路斯·克列提库斯(Q. Metellus Creticus)的女儿梅特拉;另一个儿子普布利乌斯娶了科尔涅利娅,而正是这个科尔涅利娅又嫁给了庞培·玛格努斯。科尔涅利娅是克温图斯·梅特路斯·马奇顿尼库斯的外孙普布利乌斯·斯奇比奥·纳西卡(Publius Scipio Nasica,公元前93年度行政长官)的孙女。

声势煊赫的梅特路斯家族的例子可以说明元老院权贵家族把持政权的程度和他们之间盘根错节的裙带关系,同时可以看到在元老权贵的把持下,作为梅特路斯家族的门客的马略要想在罗马的统治阶层中争得一席地位将会遇到何等的困难!

马略是撒路斯提乌斯在《朱古达战争》一书中最着力描写的人物。作者正是用他反衬当时当权贵族的腐败无能并通过他的嘴巴对权贵作了痛快淋漓的嘲讽。马略之当选执政官反映了民众对统治的权贵的憎恨，同时表明在北方大敌当前的严峻局势下，腐化的权贵中已无人能担起这一重任。

马略公元前 156 年左右生于沃尔斯奇人居住的山间小镇阿尔皮努姆。如果说他的同乡西塞罗的父亲是一位有教养的“乡绅”，那么马略的父母可能都是贫苦的劳动人民，他没有机会到罗马去受教育，所以过的是古罗马人的那种艰苦磨炼的日子。比起罗马的那些风流倜傥的贵公子来，他是一个地地道道的“粗人”。他不但承认自己是个“粗人”，不但不讳言这一点，而且引以为荣。他嘲笑罗马人向自己的奴隶希腊人学习希腊文学。他具有古罗马人的美德，一向廉洁自奉，吃苦耐劳，作战时和普通士兵同甘共苦，身先士卒。他的性格刚正不阿，近于暴躁，但他的美德得到世人的好感，尽管他缺少当时从政的两个主要条件：门第、财富与口才。他娶了出身高贵门第的优利娅，就是优利乌斯·恺撒的姑母[①]。普鲁塔克在马略的传记里还记载了他的惊人的忍耐力：

“据说他（指马略——引者）的双腿有动脉曲张的毛病，他不喜欢腿部的这种怪样子，于是决定去找外科医生动手术。他不要自己被固定起来就把腿伸给医生。在整个手术过程中他虽受到了极大的痛苦，但他却表现得坚定而沉静，不但一动未动，而且没有发

① 有人据此认为他的家庭可能贫而不贱，否则，优利乌斯家族的女儿不会嫁给他，但是这一点尚没有文献的依据。

出一声呻吟。当医生要在另一条腿上做手术时，他却不愿伸出腿来，说他看得出治疗的效果配不上他受的痛苦。"[①]西方的这一轶闻简直可以同华佗为关羽进行的刮骨疗毒比美了。他最初在斯奇比奥·阿非利加努斯麾下参加努曼提亚战争时（公元前133年）便以其勇敢而得到统帅的赏识，据说甚至被统帅推许为自己的后继者[②]。公元前119年当马略担任保民官时也以其立场坚定和公正不倚著称。公元前115年他担任了行政长官后以同行政长官的长官身份去远西班牙（公元前114年），在这里他不是像一般贵族那样为自己搜括财富，而是整肃了那里的肆意掠夺的行为，因为那里的伊伯里安人还处于野蛮状态，把掠夺看成是正当的营生。修昔底德早就指出，远古的希腊人就把陆上和海上的掠夺都看成是正当的营生[③]。古代的强盗往往认为掠夺和战争就是一回事，战争就是为了掠夺，而耕作劳动则是他们所不屑为的事情。耕作是奴隶的营生，而掠夺才是男子汉干的体面事情。

公元前109年梅特路斯（当年度执政官）来非洲时选定了马略作他的副帅。梅特路斯当然了解马略的实干性格，这是他带马略同来的主要原因。马略虽然耿直、倔强，但与梅特路斯毕竟还是门客对保护人的关系；因此马略想竞选执政官使梅特路斯感到意外，又有点嫉妒，但他最后还是允许马略回去竞选，而不是压制他。马略的当选一方面是由于人们对腐败无能的贵族寡头的厌恶；另一方面是由于有民众，特别是与非洲有利害关系的骑士等级的支持。

① 《马略传》，第6章。

② 《马略传》，第3章。

③ 《伯罗奔尼撒战争史》，第1卷，第5章。

公元前107年马略以执政官的身份接过了对朱古达作战的统帅权。而为了准备这次战斗，马略用征兵制取代了过去的民军，正像科瓦略夫指出的：

"……元老院允许马略进行新的征兵，其暗中的打算则是要败坏他在群众中的声誉(因为有财产的人家的子弟谁也不愿跟着这样一个非名门出身的执政官去吃苦、打仗——引者)。但是马略却能够摆脱这一困难，他是用征募志愿参加者的办法把在财产资格登记表之外的无产者(即先前没有资格在军团中服役的人——引者)征集到军队里来。这是一件具有重大原则意义的新措施。结果罗马军队的社会面貌完全改变了。"①

罗马早期的民军是和早期的城邦组织相适应的。城邦的范围仅限于城市和它附近的不大的地区，公民的人数也颇为有限。每当发生战争，民军要按财产状况组成军队，最有钱的公民占有优势，因为马匹武器都要自己出资备办，而在军队中占有优势的在政治上自然有更多的权利。战争一结束，军队便应解散，各归本业，这种做法作为共和的传统一直保存到共和末期，尽管有时只是形式上的。但罗马的统治范围一经扩大到整个意大利乃至整个地中海世界，这种原始的军队组织自然无法应付经常发生而且时间持久、范围扩大的战争了。在马略以前，事实上意大利与行省的居民和附属王国的部队早已受到征召并参加了罗马的军队，马略则把志愿征募的做法作为一种体制明确规定下来。"结果这便使罗马军队从公民的民军变成了几乎和罗马社会的生产阶级没有关系的

① 《古代罗马史》，第501页。

职业军队（这当然完全不是说，新的军队不再是整个奴隶社会的阶级组织）。这支军队有它自己的阶级利益，它靠自己的饷银和自己的一部分的军事掳获物过活。胜利的统帅（imperator）可以把这样的军队随他带到什么地方去。他仰仗着这支力量变成了一支政治力量，而对于这支政治力量，人们是不能置之不理的。从马略的改革成长出来的职业军队又成了推翻共和国的主要工具。”①

很明显，没有朱古达战争，罗马贵族的腐败还不能暴露得这样清楚，而马略也许竟不会到北非来，这样他的军事改革也许会推迟到若干年后才会出现，也许出现在另一个什么人身上；但只要战争存在，改革便是一个不以人的意志为转移的规律。军队之隶属于个人破坏了城邦的体制，给后来的帝国创造了前提，行省的军人也有了当罗马皇帝的机会。就这一意义来说，朱古达战争在罗马历史上所起的作用以及它的后果无论怎样强调也不过分的。

梅特路斯本人虽然未能结束朱古达战争，但是有他带来的马略接替他，马略麾下又出现了另一位未来的大人物苏拉。后来把罗马浸在血泊之中的两派领袖都在朱古达战争中亮了相，并给人以最深刻的印象。

路奇乌斯·科尔涅利乌斯·苏拉（公元前138年—公元前78年）出身于不富裕的贵族之家；虽然撒路斯提乌斯在《朱古达战争》中谈到了他的很多优点，但是在朱古达战争之前，他主要还是混迹于优伶之中的浪荡公子，没有什么作为。科尔涅利乌斯家族也是

① 《古代罗马史》，第506页。

罗马的门第高贵的著名家族之一，斯奇比奥、朗图路斯、多拉贝拉等等都属于这一家族。普鲁塔克说他的祖先里有一位担任过执政官的茹菲努斯（Rufinus）[①]。茹菲努斯是公元前290年度的执政官，还担任过独裁官（年代未详）。此人在公元前275年曾因违反反对浪费的法案而被监察官盖乌斯·法布里奇乌斯（Caius Fabricius）开除出元老院[②]。苏拉的祖先可考者就是这些。有趣的是，梅特路斯因赏识马略把他带到北非，但终于结怨而去，后来竟然也嫉妒起自己的门客来；马略则最初对苏拉冷淡，但后来苏拉取得他的欢心，负起了同波库斯联合对付朱古达的重要任务。但苏拉是个喜欢显露自己的人，朱古达战争之后他一再表白自己在这件事上的功劳——据《朱古达战争》的记载，苏拉是确确实实有功的——最初马略对这个后生，本来正像普鲁塔克所说，是不屑于嫉妒的[③]，所以照旧重用他，但是一旦看出苏拉的咄咄逼人的非凡的才能，乃至有一次竟能以解救马略军队缺粮的困境时，两个人之间本来只是不大和谐的关系最后却发展成流血的惨祸，这就不能不说是两个人的野心在作怪了。这使普鲁塔克想到幼里披底斯的《腓尼基女人》里伊俄卡斯特的话：

“我的儿啊，为什么你寻求一切精灵中
最邪恶的那一种，就是野心？
它走进了许多家庭和繁荣的城邦，

① 《苏拉传》，第1章。

② 盖利乌斯：《阿提卡之夜》，第4卷，第8章、第17卷，第21章。

③ 《苏拉传》，第4章。

把一切毁掉之后才离开。”[1]

这是题外话，不在本书讨论的范围之内，所以不详述了。

朱古达战争发生在我国西汉时期，东方的汉帝国和西方的罗马共和国是当时世界上最强大的两个国家，而且也都已有了高度的文化。汉帝国这时正忙于对付楼兰、车师、匈奴，罗马共和国则对努米底亚进行战争。严格说来，罗马对努米底亚的战争是以大压小，以强凌弱的战争，它以世界的当然主人自居，讲的大都是强权的逻辑，用今天的用语来说，可以说是对努米底亚内政的粗暴干涉。朱古达——如果相信撒路斯提乌斯的记述的话——对阿多儿巴尔和希延普撒尔的行为固然有负于养父米奇普撒的托付，但是纵观古今中外专制王朝的历史，在争夺绝对是排他的王权中发生父子兄弟之间的残杀，绝不是不可理解的事情。如果我们不因杀建成元吉而深责李世民，我们也就不能过分指责处于当时历史形势之下的朱古达了。

作为小国之君的朱古达竟敢于抗击威震地中海世界（实际上就是他眼里的全世界）的罗马共和国，因洞察罗马国家腐化堕落症结之所在而敢于多次使用权术玩罗马统帅于股掌之上，使曾是不可一世的罗马士兵在他的军队面前蒙受从轭下走过的屈辱，这样一位“蛮族”的君主不能不说是一位了不起的英雄。直到最后关头，他还是选择了宁肯战死而不肯俯身为奴的道路。即使这时，他仍不放弃争取与波库斯联盟以图作最后一拼的计划，而如果不是波库斯背叛了他，他的战争即使不会最后打赢，肯定还会拖相当一

[1] 幼里披底斯：《腓尼基女人》，第 531 行以次。

个时期，给罗马制造更多的麻烦，因为这时北方的金布里人和条顿人也已经动起来了。

努米底亚对罗马来说远不像埃及那样重要[①]。它和罗马友好的意义在于使罗马的阿非利加行省有一个可以放心，甚至可以拱卫它的外围，这个外围在罗马人心目中几乎是一片蛮荒地带，至于外围之外的玛乌列塔尼亚根本还没有进入罗马人的视界，所以波库斯于公元前 111 年向贝斯提亚建议缔结联盟时竟然遭到了拒绝。从这一点也可以看出罗马当局的对外政策的昏聩与短视。到朱古达和波库斯联合起来向刚愎自用的马略显示了实力之后，若不是苏拉从中斡旋，那后果却还是大可忧虑的。至于波库斯为什么对苏拉这位年轻的财务官如此倾倒，或者只不过是一种外交姿态，我们没有更多可以参证的史料，只好存而不论。从这时起玛乌列塔尼亚才同罗马有了正式的关系，虽然后来也有一些麻烦，但未造成严重的威胁。

撒路斯提乌斯笔下的罗马

显而易见，撒路斯提乌斯是一个严格的共和主义者，罗马传统道德标准的坚定维护者。他的理想色彩使得他对他当时由元老院若干权贵家族掌权的共和国的现实抱着彻底否定的态度。

在《喀提林阴谋》里，作者对当权的贵族是通过喀提林这个反面人物之口加以斥责的。而在《朱古达战争》里，马略更加直接、更

① 埃及供应罗马以粮食，是罗马的生命线。

加激烈、更加具体地揭露了贵族统治的腐败与无能。

这种情绪早在所谓《给恺撒的第二封信》[①]里便已有所表现，只是不那么激烈而已：

“反之，今天的一些贵族饱食终日无所用心，一点进取的精神也没有，虽然他们没有受过苦，没有同敌人作过战，没有过过军事生活，但是他们却形成国内的一个帮派并且横傲地宣称要统治所有的民族。”[②]

接着他又揭露那些贵族为了自己的利益操纵元老院这一事实。这时元老院已经从罗马人民的代表蜕化为少数人手中的玩物：

“先前飘摇不定的国家[③]是靠着元老们的智慧来掌舵的，但是现在元老们却受到另一些人的控制并且随着他们的高兴而被折腾；他们按照他们的主子的好恶来发布一个又一个的命令，来确定什么对公众是有利，什么对公众是有害的。但是如果所有的元老都有同等的行动自由，或者他们可以不必这样公开地表决，那么国家就会有较大的力量，而权贵[④]的权力也就会小一些了。”[⑤]

① 传世的有撒路斯提乌斯给恺撒的两封信。第一封信原文标题是发言（oratio），即 Ad Caesarem senem de re publica oratio。学术界比较一致地认为这封信是出自撒路斯提乌斯之手。写作的年代西欧的学者一般定为公元前 46 年，格拉巴里—帕锡克认为不晚于公元前 50 年。第二封信原文标题为 Ad Caesarem senem de re publica epistula，关于此信的真伪学者们有争论，波斯特（L. Post）和库尔菲斯等专家认为是真的，写作时间一般定在恺撒渡过鲁比康河之前。

② 《给恺撒的第二封信》，第 10 章。

③ 罗马人习惯于把国家比作船。

④ 权贵指那些把持国家政权的贵族（nobilitas），相对于旧贵族（patricii）也可称为“新贵”。

⑤ 《给恺撒的第二封信》，第 11 章。

在《喀提林阴谋》里，作者对罗马为什么变得如此堕落已经能够作出系统的论述，也就是说，“它（罗马——引者）怎样不再是最崇高和最公正的城市而变成最坏、最邪恶的城市”[①]（重点号为引者所加）。

“……罗马这个自由国家一旦争得了自由，便在很短的时期中间变得令人难以置信地强大繁荣……一旦青年能够忍受战争的艰苦，他们便在军营中接受极为严格的军事训练，他们更加喜爱的是精良的武器和战马，而不是妓女和宴会。因此，在他们这些人看来，任何劳苦都不能认为是自己所不习惯的……勇气是最重要的。……他们的目的在于取得无限的声名，但财富则只限于他们用诚实的手段所能取得的那些。……[②]

“……但是，当罗马由于劳苦和主持公道而变得强大起来的时候，当那些强大的国王在战争中被制服的时候……当……罗马人在所有的海洋和陆地都通行无阻的时候，命运却开始变得残酷起来，把我们的全部事务搅得天翻地覆。……那些能够泰然自若地忍受劳苦和危险、焦虑和灾难的人们却发现……闲暇与财富对他们来说却成了一种负担和一种不幸。

“……在他们身上，对于首先是金钱，然后是权力的渴望加强了。应当说，这些正是一切罪恶的根源。因为贪欲消灭了诚实、正直和所有其他的高贵品质，却使横傲、残忍取代了它们，它要人们蔑视诸神，使得一切事物都可以用金钱买到。野心使许多人变得

① 《喀提林阴谋》，第 5 章。

② 《喀提林阴谋》，第 7 章。

虚伪，变得言不由衷、口是心非；使得人们待人接物只是摆出一副好看的外表，而不是怀有真心诚意。开头这些恶习蔓延得不快，它们间或还受到惩处，但是到了最后，当这种病像瘟疫那样流行的时候，这个国家就发生了变化，一个过去曾是极为公正诚实的政府竟变得残暴而又令人无法忍受了。”[①]（重点号为引者所加）

这是撒路斯提乌斯解释罗马所以堕落的关键，他的现存的历史作品都可以在这里找到答案。特别是苏拉掌权和进行了大规模的屠杀和掠夺之后，情况便进一步恶化到不可收拾的地步：

“这些士兵（苏拉派士兵——引者）在成为胜利者之后，不给被征服者留下任何东西。老实说，繁荣幸福的生活甚至对智者的灵魂都是一种考验，那么在道德上本来就堕落的人们有如这些士兵在胜利时又如何能保持节制呢？[②]

“……一旦财富开始受到人们的尊敬，并且当光荣[③]、军事统率权和政权随之也受到尊敬的时候，德行便开始失去它的光彩，贫困被认成是一种耻辱，廉洁反而被说成是一种恶意的表现。……今天的人们，那些最卑劣的、穷凶极恶的人们……他们的行径好像表明，统治的唯一的方式便是干伤天害理的事情。”[④]

另一方面，撒路斯提乌斯感到绝望，是因为他看到的民众只是随波逐流的城市中产阶级和靠国家养活的闲散游荡的“无产者”而不是最下层的奴隶和最贫苦的手工业者和农民。奴隶在他心目中

① 《喀提林阴谋》，第 10 章。

② 《喀提林阴谋》，第 11 章。

③ 指由权位带来的尊荣。

④ 《喀提林阴谋》，第 12 章。

本来不属人的范畴。

下面的记述可以说明他对“民众”的看法：

“这种精神错乱的现象并非仅限于参加了阴谋的那部分人，全体平民（其实只是他在城里看到的那部分人，难道他忘记了前不久的斯巴达克起义？——引者）由于渴望变革都赞同喀提林的计划。特别他们似乎是按照民众通常的做法行事的，因为，在任何国家里，那些没有钱的人总是嫉妒那些好人（指有钱的人——引者），称赞卑贱的人，憎恨已经确立起来的旧事物，渴望新事物，并且，由于他们很不满足自己的命运，因此希望看到一个全面的变革。在动荡和混乱的环境里，他们是容易适应的，因为贫困易于满足并且不会丢掉任何东西。特别是城市民众不顾一切地投身到变乱中去。他们这样做有许多理由，首先，所有由于其无耻和胆大妄为而臭名昭著的人物，还有那些在放荡的生活中把祖业挥霍掉的人，最后，所有那些因不光彩的事情或罪行而不得不离家出走的人，他们都汇集到罗马这个大污水坑里来。还有许多没有忘记苏拉的胜利的人……他们每个人自己都希望一旦参加战斗也能得到类似的胜利果实。在这之外还有在乡下靠手工劳动以维持悲惨生活的年轻人，他们在公私赠赐的引诱下宁愿到城里来过闲散无所事事的日子……这些人和所有别的人一样是靠着损公来养肥自己的。因此那些贫困、不讲道德又心怀不轨的人对国家像对他们自己那样极不尊重，这就不使人感到吃惊了。”①

他看到的“民众”的随波逐流随即由作者用如下的事实给以证

① 《喀提林阴谋》，第 37 章。

明：

“阴谋（指朗图路斯等人在罗马的活动——引者）被揭发之后，开头希望改换统治者从而急于想看到战争爆发的民众，这时却来了一个一百八十度的大转弯，痛斥喀提林的计划，另一方面，他们又把西塞罗捧到天上去……虽然他们相信其他的战争行动会使他们得到战利品而不会给他们造成损失，但是他们却认为一场全面的大火对于他们本身来说，是残酷、恐怖而且是特别具有灾难性的，因为他们除了他们每日的食品和衣物之外是一无所有的。”[①]

《朱古达战争》用事实证明了罗马当局的贪污腐化，它是可以用金钱收买的，直到马略接管了统帅权，于是又借马略之口，对统治的贵族作了痛快淋漓的指斥：

“我不是不知道我自己身上担负的任务有多么重大：既要为战争做准备同时要节省国库的开支；迫使人们不愿去得罪的那些人（指元老院权贵——引者）去服兵役……如果别人犯了错误，那他们的古老的显贵门第、他们祖先的显赫功业、他们的家人亲属的权势，他们的大群门客对他们来说都是十分现成的帮手。……

……对于这一委托（指把对朱古达作战的任务委托给马略——引者），权贵们感到极为恼火。……如果你们改变主意，为这项或任何诸如此类的任务而从权贵当中选定一个门第古老、家里有许多祖先的塑像但是毫无作战经验的人是不是会更好一些呢？……要选这样的人，对于这样一个职务应尽的责任一窍不通的人，那么他就会手忙脚乱起来并且从普通人民当中选定某一个

① 《喀提林阴谋》，第 48 章。

人做他的顾问。……我个人就知道有这样一些人，他们在当选为执政官之后才开始首次诵读我们祖先的历史和希腊人的军事论文……

"……他们的主题总是称颂他们的祖先；通过列举他们的祖先的功业，他们就以为他们自己也变得比较光荣了。……祖先的光荣就仿佛是照在他们的后代身上的一道光，他们的后人的德行和缺点都逃脱不了它的照耀。……

"……他们的祖先把自己所能留给后人的东西全留给他们了——财富、胸像、关于他们自身的光荣的回忆；但是他们却没有给后人留下品德……只有品德是不能像礼品那样授受的。"[①]

撒路斯提乌斯看到了强大与富足导致堕落，但是他在这里并未能摆脱古罗马人的传统观念，而如上所引，把这种情况归之于命运的捉弄[②]。这就是作者所用的 fors 或 fortuna 两个词，fors 约略相当于我们所说的"机遇"、"机会"、"偶然的事件"；fortuna 约略相当于我们所说的"命运"、"境遇"。比如，他在《喀提林阴谋》开头的地方就指出："毫无疑问，是命运在主宰着一切（Sed profecto fortuna in omni re dominatur）；她可以任意地使一切事件变得有名或默默无闻，而不顾事实。"[③]

但是，如果一切都取决于命运一时的好恶的话，撰史也就失去了供后世借鉴的目的，因而作者在另一个地方，又提出了有关少数杰出人物的作用的看法："在长期的思考之后，我确信这完全是由

① 《朱古达战争》，第 85 章。
② 《喀提林阴谋》，第 10 章。
③ 《喀提林阴谋》，第 8 章。

少数公民的突出功业所成就的，正是由于这些人，贫穷战胜了富足，少数战胜了多数。”①

在马略身上，撒路斯提乌斯明确地表达了他的有关个人作用的观点：“在元旦那天（公元前 104 年——引者），他（马略——引者）就任执政官之职（第二任——引者）并且十分隆重地举行了凯旋式，当时我们国家的希望和幸福都掌握在他手里了。”②

撒路斯提乌斯的文笔和他同希腊文化的关系

撒路斯提乌斯的文名绝不下于他在史学方面的贡献。有如我国古代文史的传统，他也是身兼史家与文学家的双重称号而无愧。尽管有人指责过他的文笔，但他的作品依旧为后人所喜爱和传诵，成为拉丁文献中的瑰宝。

撒路斯提乌斯生在西塞罗文体风行的时代；从老加图到西塞罗二百多年间，拉丁语发生了很大的变化。总的说来，拉丁语经历了从古朴、简洁转向繁复、曲折、绵密的过程。希腊文献的翻译丰富了拉丁语的词汇并提高了它的表达能力。西塞罗和恺撒都是大政治家，又都是大文学家，两人虽然都是驾驭拉丁语的能手，但西塞罗更多表现为一种曲折繁复的文风，爱用多层排比的句子，以达到修辞的效果，恺撒则通达平正，不重雕饰，有大家气度。

在这种文风的背景上，撒路斯提乌斯却表现出一种同流行的

---

① 《喀提林阴谋》，第 53 章。

② 《朱古达战争》，第 114 章。

西塞罗文体截然相反的复古倾向，乃至反对他的人说他剽窃老加图的作品。这种高古简洁的文体同古罗马人的作风有其相通之处，但我们却不能说这种文体就表达能力而论便一定不如当时盛行的西塞罗体。问题在于作者驾驭文字的能力如何。因为简洁，所以用词必须准确得当，容不得废话；因为求简洁而省去许多不必要的以及可有可无甚至是有用的零碎，所以在文章可以避免冗赘和拖泥带水的毛病；因为简洁，所以要特别注重剪裁以取得爽朗、严整的印象。因此要写这样的文章比写一般文章反而要费多倍的气力，那是毫无疑问的。所以罗曼谈到撒路斯提乌斯的文字时指出：

“使撒路斯提乌斯在拉丁文学中绝对处于独树一帜地位的就是他的文体。这种文体完全是他个人的，没有任何可供模仿的原型（罗曼否认作者模仿加图。加图使用的文字本身是古老的拉丁文，作者的复古倾向是出于修辞的考虑——引者），而（后来）模仿他的也只有塔西佗（不同的是作者使古词复活，塔西佗还‘制造’了古风的词——引者）。……这种文字是不计时间、艰难地写出来的，是精雕细琢出来的，这是一个小点一个小点地构成的一幅精细的刺绣。……

“他的文体严肃而紧张，具有突出的造型美和一种巨大的力量，甚至一种奇异的美；它给人们一种金属的震动的印象。”[①]

简洁的文字还给人一种跃动感，从一个词到另一个词，从一句到另一句，往往是以跳动的方式衔接起来的，有时不得不靠读者的

① 法译本序 XVII—XVIII。

想象和理解加以补充，因而有很大回味的余地。但是，也还要指出，简洁也应当有一个限度，过了这个限度就要造成晦涩，造成歧义，使读者无法准确掌握作者用意之所在。撒路斯提乌斯的作品就有一些这样的地方。

但古朴、简洁的文字不见得就不能进行细致入微的刻画。我们能说《诗经》、《左传》、《史记》、《战国策》之类的作品写得不细致生动吗？与撒路斯提乌斯同时的卢克莱修不也是用古朴的诗语极为生动细致地阐述了伊壁鸠鲁的哲学思想吗？他的哲学著作和撒路斯提乌斯的历史著作都是古拉丁语文献中的杰出成就。

当然，这更多是对他的成熟作品，即他的《历史》而言的，不过在前两部作品中这些特点也确有相当程度的表现。

试看当罗马当局为对付阴谋而布置预防措施时，城内的紧张气氛在作者的笔下描写得何等活灵活现：

“这些预防措施使得罗马城内人心惶惶，城市的面貌也改变了。由于长期的和平而造成的极端欢快轻松的气氛突然变成笼罩全城的一片阴郁（Ex summa laetitia atque lascivia, quae diuturna quies pepererat, repente omnis tristitia invasit）（请注意原文的音乐效果——引者）。人们都感到恐惧不安，不相信有任何安全的地方或任何可靠的人，他们感到这时既不像是战争时期，也不像是和平时期，每个人都按照自己内心恐惧的程度来衡量当时的危险（neque bellum gerere neque pacem habere, suo quisque metu pericula metiri）。罗马共和国的伟大过去一直使妇女不知道战争的恐怖，但现在她们也陷入极大的焦虑之中，她们向着天空伸出了恳求的双手，为她们的小孩子的命运而悲叹，……无论什么都会把她们吓得发抖(omnia pavere),她们抛掉傲气和放纵,而对自己和对她们的国家已经绝望了。"[1]

对于这样细致的描述,作者还是作了很大的压缩,省略了不少必要的连词和介词,以加强场景的紧张气氛。

撒路斯提乌斯是带着感情描述喀提林最后的战斗的:"当喀提林看到他的军队已被打败并且只剩下自己身旁的一小队人的时候,他考虑到自己的高贵出身和先前的地位,于是便冲到敌人最密集的地方去,战死在那里,他是在多处负伤之后才倒下去的。"[2]

而对战斗之后战场的描述,更是拉丁文献中最动人的章节之一:

"直到战斗结束之后,人们才看到喀提林的军队进行了怎样勇敢和坚决的战斗。要知道,几乎每一个人在牺牲时都用自己的身体覆盖了在战斗开始他活着时所占据的位置。……但是人们发现喀提林远在他的士兵的前面,在被杀死的一堆敌人中间,还在轻轻地喘着气,脸上表现出在他生前给他以鼓舞的一种坚强不屈的精神(Catilina vero longe a suis inter hostium cadavera repertus est, paululum etiam spirans ferociamque animi, quam habuerat vivos, in voltu retinens)。……

"……但是罗马人民的军队并没有取得任何欢快的和不流血的胜利,因为所有最勇敢的人不是在战斗中倒下就是在战斗时负了重伤。还有离开营地来参观战场或想打劫财物的许多人,在他

① 《喀提林阴谋》,第 31 章。

② 《喀提林阴谋》,第 61 章。

们翻转叛军的尸体时，时而发现一位朋友，时而发现一位客人或亲属(hospitem aut cognatum)，还有一些人认出了他们的私敌。这样，全军的人便有了不同的反应，有人悲痛伤心，有人高兴，有人哀悼。”①

撒路斯提乌斯传世的作品完整地保存下来的虽然只有《喀提林阴谋》和《朱古达战争》两种，而且篇幅不大，但共和国末期一些著名人物的形象和他们的心态都跃然纸上，给我们留下难以磨灭的印象。这样的人物可以举出马略、梅特路斯、苏拉、恺撒、加图、喀提林、朱古达等等。作者使用的手法有时是直接的一针见血的描述，有时是通过这些人的发言和行动来表现他们的性格，有时则是两种手法并用。

例如在《喀提林阴谋》中，像我们的列传体那样，一开始他就对喀提林作了概括的介绍：

“路奇乌斯·喀提林出身显贵家族(nobili genere natus)，具有非凡的智力和体力，但禀性却是邪恶和堕落的(malo pravoque)。从年轻的时候起，他便非常喜欢内战、杀戮、抢劫和政治上的相互倾轧……他有钢筋铁骨般的身体，经受得住常人绝对不能忍受的饥饿、寒冷和不眠。他为人胆大妄为，不讲信义，翻云覆雨，无论什么都装得出，瞒得住(Corpus patiens inediae algoris, vigilae supra quam cuiquam credibile est. Animus audax, subdolus, varius, cuius rei lubet simulator ac dissimulator……)他觊觎别人的财产，挥霍自己的财产；而且他的情欲十分强烈。他具有相

① 《喀提林阴谋》，第 61 章。

当的口才，但是没有什么见识(satis eloquentiae，sapientiae parum)。他的错乱的精神总是在贪求着穷凶极恶、难以置信和稀奇古怪的东西。”①

对于恺撒和加图，作者不但介绍了他们各自的发言并且把他们作了十分著名的对比：

“就出身、年龄和口才而论，他们两个人差不多是对等的；在精神的伟大方面他们也是旗鼓相当的，在名声方面也是这样，尽管他们的名声是各自不同的(后半句原文只用了七个词：magnitudo animi par，item gloria，sed alia alii——引者)。恺撒被认为是伟大的，因为他仁厚而慷慨，加图则是由于他一生诚实正直。前者出名是由于他温和并富有同情心，后者的严正给他带来了威望。恺撒是通过给予、帮助和宽恕而取得了荣誉的，加图取得荣誉是因为他绝不能被收买。前者是不幸的人们的一个庇护所(miseris perfugium)，后者对恶人则是一场巨大的灾难(malis pernicies)。前者是善良的品行，而后者则是坚毅不屈的性格受到称颂。最后，恺撒把自己锻炼得能进行艰苦的工作，能睡得很少，为自己友人的幸福尽心竭力，而不把自己的放在心上，并且只要是值得给予的，从不拒绝给予。他渴望巨大的权力、一支军队和一场新的战争……反之，加图培养的是自我克制的能力、得体的风度，而首先是严正的作风。他并不和富人斗富，不和有野心的人比阴谋诡计，而是和有进取心的人比贡献，和有自制力的人比节制，和洁白无私的人比清廉。他更想成为一个有道德的人，而不是看来像是一个有道德

① 《喀提林阴谋》，第5章。

的人。因此他越是不追求名誉，名誉越是在他身后紧追不舍。”[①]

在《朱古达战争》里我们也看到对朱古达的精彩描述：

“朱古达身体强健，仪表英俊，特别是智力超群，但他一旦长大成人后却没有沾染上奢侈和懒散的恶习，而是遵照本民族的习惯，骑马、投枪、击剑……虽然他的名声超过所有的人，但是他仍然赢得了所有人的爱戴。……他是个出类拔萃的人物，但是他对自己的功业却很少谈到。”[②]

而对于苏拉，尽管撒路斯提乌斯在政治上对他持否定态度，但对于其人的评价仍然表现了史家的公正：

“苏拉出身一个旧贵族世家……他既精通希腊文学，也精通罗马文学；他是一个有高度智慧的人，他追求享乐但是更加追求光荣。在闲暇的时候他过放纵的生活，但是他的享乐绝不会影响他的本职工作，只是作为一位丈夫，他的行为本来是应当更正派些才好。他能言善辩，聪明伶俐，很快就能同别人交上朋友。在伪装自己的真正意图方面，其用心之深达到令人难以相信的程度。但是对于许多东西，特别是对于钱财，他出手十分大方。在他取得内战的胜利之前，他在所有的人当中是最幸运的，但是他的幸运从来不曾超过他的才干。许多人都无法肯定到底他的幸运更多有赖于他的勇敢，还是有赖于他的有利的机遇。”[③]

从撒路斯提乌斯就罗马历史所进行的说教来看，他够得上是

① 《喀提林阴谋》，第 54 章。

② 《朱古达战争》，第 6 章。

③ 《朱古达战争》，第 95 章。

一个典型的古罗马人。[①] 但是从他所受教育的渊源来看，尽管他也许否认，尽管他对希腊文化抱有成见，但实际上，他更多是受到希腊文化的影响。西方地中海世界的古典文化向来与希腊罗马文化并称。但究其实，罗马文化只能说是在希腊文化抚育下成长起来的派生文化，把二者列在同等（即使时间有先后）的地位是勉强的。在罗马人崛起之前，希腊人已在意大利南部建立了殖民地，使这一部分成为希腊文化的领域。实际上，希腊人和罗马人在气质上大不相同。希腊人是海上的民族，罗马人更多是山区的居民。罗马号称七山之城，离海虽然不远，但他们受海的影响较小。希腊人重思辨，重幻想，长于理论；罗马人讲求实际，重实践，吃苦耐劳，勇于作战。希腊长于艺术，罗马长于治术。罗马人是在希腊文化的抚育和浸润下才慢慢自成体系的，是附丽于希腊文化而得到成长的。后来希腊（包括地中海东部）只是被罗马用武力征服，但文化这个领域仍然掌握在希腊人手里。政治军事中心在罗马，文化艺术中心却在希腊。在罗马主持讲坛的主要是希腊教师（有不少是赎身的奴隶），而罗马上层人物也必须到希腊"留学"才算完成学业。因此罗马人对希腊人存在着矛盾心理：一方面把他们看成是自己属下之民（这是事实）；另一方面又觉得自己在他们面前只不过是 barbari（野蛮人）；一方面要把希腊大师请进来或不惜渡海远道去求教；另一方面又多次下令驱逐到罗马来谋生的大批所谓"下九流"的希腊人。撒路斯提乌斯也是这样，他是罗马主人的身份，但是却受希腊文化的熏陶，也正是由于这一点，他看到了文字的作

① 参见《喀提林阴谋》，第 6—8 章。

用而使他有了撰史的志向。这说明阅读希腊的史书给了他怎样深刻的印象：

“依我看，雅典人的行迹确实是相当伟大而又光荣的，尽管如此，它们实际上也并不是像传闻中描述的那样出色。但是由于雅典产生过具有特殊才能的作家（如希罗多德、修昔底德——引者），所以雅典人的功业在世界上便被认为占有无与伦比的地位。这样看来，成就事业的人们的功绩所以被捧得如此之高，只不过是有伟大的作家能够用颂扬的文字对事业本身加以抬高而已。但是罗马人民从来不曾有过这样的有利之处，因为他们中间最有才能的人们总是从事于实际的事务，他们总是要在身体力行的情况下使用他们的头脑；最优秀的公民重视行动而不喜空谈（optumus quisque facere quam dicere），他认为他自己的英勇行动应当受到别人的称赞，而不应由他本人来记述别人的英勇行动（sua ab aliis benefacta laudari quam ipse aliorum narrare malebat）。”①

后面这两句出自古罗马人之口，充分表现了他们的特色。

撒路斯提乌斯受惠于希腊文化传统之处在他的传世之作里随处可见。撒路斯提乌斯的文字风格，如前所述，论者大都说它像老加图，甚至是在抄袭他，但更多人却指出它和希腊史家修昔底德的关系。不过要说明的是，加图的文章古拙是因为拉丁语还没有发展到西塞罗时代的那种曲折细密的程度，而撒路斯提乌斯的古拙则是有意地避开当时风行的西塞罗体以表现它的力度，而这种力度是间接地受到修昔底德的影响的。修昔底德的文体，正如修昔

① 《喀提林阴谋》，第8章。

底德的英译者查·福斯特·史密斯(Charles Forster Smith)所说："在对事件进行一般的叙述时，修昔底德的文风是清楚、直截了当、生动的，但是在描述战争和其他重大事件，在进行总结，特别在演说中，他的文风就和一般是简单和清晰的陈述形式大不相同了；在这里，陈述的往往是如此地简洁和凝缩乃至变得十分难以理解。"[1]看来，撒路斯提乌斯继承和发展了修昔底德的简洁和凝练的方面，有些地方连叙述的手法也是直接从修昔底德那里来的。比如，在《喀提林阴谋》里，作者所说的"如果你记述了杰出人物的丰功伟绩，则人们只有在他们认为你所说的事情他们自己也容易做到的时候才愿意相信你，一旦超过这个限度，他们即使认为你的话不是荒谬的，也是凭空捏造的了"。[2] 这段话，使我们很容易想到修昔底德的同样意思的一段话："……当发言者说到他们自己的能力所不能做到的功绩时，他们便认为发言者对死者过于颂扬。颂扬他人，只有在一定的界线以内，才能使人容忍；这个界线就是一个人还相信他所听到的事物中，有一些他自己也可以做到。一旦超出了这个界线，人们就会嫉妒和怀疑了。"[3]

再比如，在《朱古达战争》里作者在描述扎玛居民观战的情况时[4]，显然是脱胎于修昔底德的作品中有关希腊人在叙拉古观看海港内海战的描述[5]。读者只需拿来稍加对照就可以看出的。维

① 《修昔底德》(罗叶布古典丛书希英对照本)，序言 xvi 页。

② 第 3 章。

③ 修昔底德：《伯罗奔尼撒战争史》，第 2 卷，第 35 章。

④ 《朱古达战争》，第 60 章。

⑤ 修昔底德：《伯罗奔尼撒战争史》，第 7 卷，第 71 章。

莱乌斯·帕特尔库路斯(Velleius Paterculus)也早就看到了撒路斯提乌斯借鉴修昔底德之处[①]。

撒路斯提乌斯在他的传世作品中的许多看法都可以证明他同希腊文化的关系。在《喀提林阴谋》开头地方谈到“我们使精神发号施令,肉体则俯首听命”[②]这一点,他显然是祖述亚里士多德的看法。亚里士多德在《政治学》里指出:“……灵魂和身体,前者自然地为人们的统治部分而后者自然地为被统治部分。”[③]而作者所说的放纵肉欲是违反自己本性的说法[④]则是当时在罗马流行的斯多噶派的学说。还有一些表述,如“野心使许多人变得虚伪,变得言不由衷口是心非”[⑤]使人想到荷马的《伊利亚特》里的“这种人嘴里说着一种话,心里却想着另外的事情”[⑥];而“他更想成为一个有道德的人,而不是看来像是一个有道德的人”[⑦]。也许正是从埃斯库罗斯的《七人攻打底比斯》里阿里斯提德斯(Aristides)的话:“如果说他不想看来是最好的,他是想成为最好的。”[⑧]得到启发的。

再如《喀提林阴谋》中作者写到“在战斗里,胆子最小的永远是最危险的,勇敢才能起堡垒作用”[⑨]这一点时,他肯定记起了色诺芬(Xenophon)的意思大致相同的话:“人们想活下去却又想逃跑,

① 第2卷,第36章。
② 《喀提林阴谋》,第1章。
③ 第1卷,第5章。
④ 《喀提林阴谋》,第2章。
⑤ 《喀提林阴谋》,第10章。
⑥ 第9卷,第313行。
⑦ 《喀提林阴谋》,第54章。
⑧ 《七人攻打底比斯》,V,592。
⑨ 《喀提林阴谋》,第58章。

那简直是发疯了,他会懂得,胜利者能保证得救,而逃跑的人比坚守战斗岗位的人死亡的比例要大得多。”[①]

《历史》这部更成熟的作品由于只有片断保存下来,所以要从结构方面对它进行判断比较困难。但是从两个专题的历史作品来看,作者组织材料和叙事的能力还是十分出色的。他把两个历史事件原原本本地介绍给读者,除了开头地方有少数作者本人的议论之外,他的见解已充分表现在他的叙事之中,不作过多的说教(尽管说教应当说是他的一个不小的毛病)。虽然他在剪裁上很见功夫,但是在史料的鉴别和运用上从今天的要求来看仍有许多不足之处。例如作者在时间方面就比较马虎。喀提林阴谋的时间的顺序就不那么准确并且被作者人为地拖长了(具体的情况见于所附的注释)。

作者文字的简洁固然是一个优点,但简洁过头往往造成晦涩,甚至使人难以了解作者的本意。这一点前面已经指出了。撒路斯提乌斯虽是大手笔,但是也免不了犯这样的毛病。而译者要把意思清楚地表达出来,便无法迁就原作的简洁,如果我们用与原文对等的西汉的古文来翻译,那势必造成译文的古奥与晦涩,显然这是不必要的。

原文里像希罗多德那样插笔叙述故事的地方不多,总的看来是保持了布局的完整,特别是两书的结尾都十分精彩,这在拉丁的历史文献中也是不多见的。插入的两个故事一个是关于腓莱尼兄弟

---

① 色诺芬:《居鲁士的教育》,第3卷,第3章。

的祭坛的故事[①]，另一个是那个利古里亚士兵因捉蜗牛而爬上山顶的故事[②]。而严格说来，第二个故事和正文还是有比较密切的联系，不能说是抛开正文讲故事。

尽管撒路斯提乌斯借重于希腊作家的地方不少，但这并不影响他的作品在古典文献中的独特价值和地位。罗曼在二书的法译本的序中指出：

"撒路斯提乌斯是配得上历史学家这一称号的第一位罗马历史学家[③]；他没有典型可供遵循，而是自己开创，他同时提出了他的方法、他的风格和他的历史概念。单是这一情况便保证他在古代的历史学家当中占有一席地位。尽管他有一切缺点——这些缺点我当然不应当回避——他依然是一位大艺术家，并且他的短篇的历史作品即使在当代也拥有大量的读者，并且受到认真的研究。毫无疑问，他在一定程度上是模仿希腊的那些历史学家，特别是修昔底德的，但是他的最突出的优点完全是他个人的。"[④]

撒路斯提乌斯对后世的影响

译者少年时代学过一点拉丁语，当时接触到的不少选本里都有撒路斯提乌斯的《喀提林阴谋》的片断，那时就知道用拉丁语写

---

① 《朱古达战争》，第 79 章。

② 《朱古达战争》，第 93 章。

③ 这是伽斯通・布瓦西耶(Gaston Boissier)的看法(La conjuration de catilina, pp. 17—18)。

④ 第 xviii—xix 页。

作的古罗马作家里，除了人所必读的大名鼎鼎的恺撒和西塞罗，以及后来的维吉尔、贺拉斯、李维之外，还有撒路斯提乌斯其人。可见撒路斯提乌斯在西方读者中间并不是一个陌生的名字。在 19 世纪，欧美中学生的希腊语和拉丁语的水平还是不低的，就和我国清末和民初中学的古文水平差不多。马克思在高中时的拉丁语课本竟是塔西佗的《编年史》，这就难怪他有相当深厚的拉丁语的根底了。但是进入 20 世纪，特别是二次大战后这几十年，西方学生不但希腊语和拉丁语已渐渐放弃，就是本国文字的水平也大为降低，希腊、拉丁语及其文献的研究已渐渐成为少数文史专业工作者的事情。

在我国，译者很荣幸地成了第一个把撒路斯提乌斯的作品介绍到国内的人。希望这个译本能够为外国史、外国文学的研究者起一点添砖添瓦的作用。

从历史上看，撒路斯提乌斯的命运就比，比如说一百多年后刻意仿效他的另一位历史学家塔西佗，要好得多。撒路斯提乌斯的作品在当时声誉就很高，因为当时人们除了两篇专题的历史作品之外，还看到了他的《历史》的全貌。坐拥巨资的在野名公当然有时间精雕细琢，像罗曼所说的那样。克温提利亚努斯（Quintilianus）[①]对撒路斯提乌斯的估价很高，认为他可以同修昔底德平起平坐，但罗尔夫认为克温提利亚努斯所重视的是撒路斯提乌斯的爱国精神，而不是他对当时罗马国家的尖锐、中肯的批评。玛尔提

① 10,1,101:“nec opponere Thucydidi Sallusitium verear”.

亚利斯(Martialis)对撒路斯提乌斯的极高评价[①]可能反映了当时人们的看法,尽管诗人本身的意见并没有什么权威性。但同属史家的盖乌斯·阿西尼乌斯·波利欧(Gaius Asinius Pollio)和李维却都批评过撒路斯提乌斯,只是情况还要加以分析。波利欧和撒路斯提乌斯同属恺撒阵营的战友,他也像撒路斯提乌斯那样,后来退出政治生活专心于著述。不过他退出的时间要晚一些,他在公元前40年还担任了执政官并在第二年因为对伊利里亚的帕提亚人的胜利而举行了一次凯旋式。他是后来因为同安托尼乌斯意见不合才退出政治舞台的。他在文化界是一位有影响的大人物,素以批评严格而出名,所以他对比自己年长的撒路斯提乌斯也要说三道四一番就不奇怪了。[②] 至于李维,他的文风和撒路斯提乌斯的文风几乎形成两极,他当然不喜欢撒路斯提乌斯的简洁、古拙的文风。

塔西佗受到撒路斯提乌斯的影响可谓大矣,所以对他的推崇之情完全是可以理解的[③]。不但推崇而且仿效。从西塞罗到李维,文风从繁复绵密到了冗赘的程度,但是塔西佗却比早他一百多年的撒路斯提乌斯写得还要简洁,从而也更加难懂。作为这两位作家的译者,我感到两个人的文风虽然相似,塔西佗却更加有意识地写得简洁,有时甚至用自造的古词;相比之下,撒路斯提乌斯就显得"古"得自然一些,尽管当时已经对他的仿古不习惯了。这一

---

① 第14卷,第191章:"primus Romana Crispus in historia。"

② 波利欧比撒路斯提乌斯小10岁左右,他的作用有点儿和奥古斯都时代的麦凯纳斯(Maecenas)类似,他建立了意大利的第一座公共图书馆。

③ 《编年史》,第3卷,第30章。

点在前面已经指出了。在哈德良(Hadrianus,117—138 在位)时期,一个叫吉诺比乌斯(Zenobius)的人还把撒路斯提乌斯的作品译成希腊语。[①]

公元 2 世纪,努米底亚出生的当时最著名的演说家、担任过皇室的拉丁修辞学导师的玛尔库斯·科尔涅利乌斯·弗隆托(Marcus Cornelius Fronto,约 100—约 166)在他常读的拉丁散文作品中除了西塞罗的书信之外,就还有加图和撒路斯提乌斯的作品。2 世纪末,埃米利乌斯·阿斯佩尔(Aemilius Asper)曾给撒路斯提乌斯的《历史》和《喀提林阴谋》作过注释,但是没有保留下来。单从这一点也可以看到撒路斯提乌斯的作品在拉丁文献中的地位。4 世纪著名主教、出生在努米底亚的奥古斯丁写的拉丁语和西塞罗的拉丁语已经达到难以分辨的程度,但他仍然称撒路斯提乌斯为 nobilitatae veritatis historicus[②],从而表明了自己的公正态度。

曾统率过屋大维的舰队的路奇乌斯·阿尔伦提乌斯(Lucius Arruntius)写的一部《布匿战争》便有明显模仿撒路斯提乌斯作品的痕迹,塞内加在给路奇利乌斯(Lucilius)的信里早就指出了这一点[③]。普布利乌斯·文提狄乌斯(Publius Ventidius)在公元前 38 年为战胜帕提亚人而举行的凯旋式中也借用过撒路斯提乌斯的一篇演说[④]。

---

① 希腊人翻译罗马人的作品,这是很不寻常的事情。即使写罗马的事情,希腊人也不屑于用拉丁语,因为在一般情况下只是罗马人学希腊语,希腊人在学习方面一般是不学拉丁语的。

② 《上帝之城》,1,5。

③ 《上帝之城》,114,17。

④ 见于纳倍尔(Naber)编的《佛隆托》,第 123 页。

阿米亚努斯·玛尔凯利努斯(Ammianus Marcellinus)、狄克图斯·克列田西斯(Dictys Cretensis)、赫吉西普斯(Hegesippus)、苏尔皮奇乌斯·赛维茹斯(Sulpicius Severus)、拉克坦提乌斯(Lactantius)、希拉里乌斯(Hilarius)、优利乌斯·埃克斯苏佩兰提乌斯(Julius Exsuperantius)等人的作品也都表现出撒路斯提乌斯的文风的影响。

罗曼也提到了法国的仿效撒路斯提乌斯专题历史著作的体例的作品,诸如雷斯红衣主教(Le Cardinal de Retz)的《菲斯克的阴谋》(*Conjuration de Fiesque*)、萨拉赞(Sarazin)的《瓦尔斯兰的阴谋》(*La Conspiration de Valslein*)、圣列亚尔(Saint-Réal)的有关格拉克人和威尼斯的阴谋的作品。甚至卢利耶尔(Rulhière)的《俄国革命》(*Révolution de Russie*)的写法显然也是受到了撒路斯提乌斯的作品的启发。法国作家如圣埃弗勒蒙(Saint-Evremond)、拉罗什富科(La Rochefoucauld)、孟德斯鸠、伏尔泰、里瓦洛尔(Rivarol)乃至后来的梅里美都高度评价撒路斯提乌斯并在很多地方借鉴他的作品[①]。

撒路斯提乌斯生于我国汉昭帝时期,比生于汉景帝时期的司马迁晚大约60年,但仍应属于同一时代的人(西汉和罗马共和国末期)。为了拓宽我们的视野,了解东西古代文化的异同,把古代东西方两大史家的作品的体例、文风,进而把汉帝国和古罗马共和国(包括帝国)的体制、文化、思想作一比较研究是我国史学界很有

① 撒路斯提乌斯的作品出现在几乎每一种拉丁文选读之中,所以他的影响十分广泛。这几乎等于《古文观止》和《唐诗三百首》对作品的普及作用。

意义的课题。希望撒路斯提乌斯的著作的介绍能在这一课题的提出方面起一点推动作用。

《喀提林阴谋》和《朱古达战争》的结构

撒路斯提乌斯的两部专题史书是经过认真考虑之后才动笔的。他不仅在史料的搜集和准备方面下了功夫，就是在布局方面也是十分用心的，颇有可供后来撰史者借鉴的地方。

《喀提林阴谋》的布局大致可以分成六个单元(第 1 章至第 4 章;第 5 章至第 13 章;第 14 章至第 19 章;第 20 章至第 32 章;第 32 章至第 49 章;第 50 章至第 61 章)。第 1 章到第 4 章约略相当于一篇序言。作者在这里首先指出应当用精神、才智去寻求荣誉，而撰史就是他本人追求不朽声名的具体表现，特别是因为他已退出了政治生活，可以摆脱派系的偏见，所以更加有条件这样做。

值得一提的是，作者的撰史乃是作为一项事业来对待的，是“以语言文字服务于国家”，[①]颇像是我国三不朽中的“立言”，不是搞什么学术研究或是文人雅士舞文弄墨以为消遣，记述别人的功业也是为了达到启发后人的目的，使有所遵循，有所儆戒，不是给人们看了好玩。掌握了作者“述往事思来者”[②]的用心，才可以了解这部作品的分量。

从第 5 章到第 13 章可以认为是全书的一个引言。第 5 章先

---

① 《喀提林阴谋》，第 3 章。

② 司马迁：《报任少卿书》。

介绍喀提林本人，因为他是全书的主角，而作者认为他的堕落也受罗马当时风气的影响，所以从第 6 章起回溯罗马的历史，谈到罗马人的建立在法律上的统治体制，以及如何由王政转向选举执政官的办法，以“防止人们因拥有不受限制的权力而变得横傲起来”[①]，而“罗马这个自由国家一旦争得了自由，便在很短的时期内变得令人难以置信地强大和繁荣”。[②] 罗马人论功业实际上并不比雅典人差，只是缺少记述他们的功业的人。可惜罗马在繁荣强大之后，闲暇与财富腐化了罗马人，他们只追求权力与财富，罗马终于成了一个罪恶的、堕落的城市。

随着喀提林这个人物的出现，这些章主要介绍此人活动的背景——从历史的角度着眼的罗马。作者从他的传统的道德观点出发，对他当时的罗马和统治罗马的权贵持极端否定的态度。这一态度贯穿于作者的一切作品之中。

第 14 章到第 17 章记述喀提林的阴谋的缘起和始初的活动。他怎样在这个罪恶的城市里把那些堕落分子集合在自己周边，以及用什么办法把他们吸引过来。他把被他拉拢过来的人教坏之后，便向这些人泄露了推翻共和国的计划（公元前 64 年）。第 18 章和第 19 章插笔夹叙了这之前也有喀提林参加的推翻共和国的一个阴谋。这是公元前 66 年的事情。一个名叫皮索的年轻的贵族同喀提林和奥特洛尼乌斯相勾结，企图推翻共和，结果失败了。后来皮索被派往近西班牙以牵制庞培，但在那里遇害。这就是所

---

① 《喀提林阴谋》，第 6 章。

② 《喀提林阴谋》，第 7 章。

谓第一次的阴谋。

应当指出，这次阴谋同作为本文正题的喀提林阴谋没有什么必然的联系。作者因此只能顺便提一下，而且推迟到 2 月 5 日的说法是没有太多依据的。

从第 20 章起进入了喀提林阴谋的正题。第 20 章到第 22 章记载了喀提林对阴谋参加者的发言，向他们指出阴谋实现后他们会得到什么，然后让他们饮了血酒。第 23 章到第 25 章记述的是：克温图斯・库里乌斯由于不慎而泄露了阴谋。普遍的恐惧心理使得人们选出西塞罗和安托尼乌斯为执政官以对付喀提林。喀提林继续进行活动，收罗参加阴谋的人，特别是一个名叫显普洛妮娅的女人。

从第 26 章我们看到：喀提林在西塞罗保持警惕的情况下既未能把他除掉，竞选执政官（公元前 63 年）也未能成功，于是他决定诉诸暴力。

第 27 章和第 28 章告诉我们，喀提林一方面在全意大利范围内作了布置，另一方面在罗马城内，他在玛尔库斯・波尔奇乌斯・莱卡家里召集了阴谋者的会议。虽然会上布置了第二天杀害西塞罗的行动，但因消息经富尔维娅传给了西塞罗，这一行动也以失败告终。

对此西塞罗召开了元老院会议，元老院作出决定"执政官应注意不使共和国遭受任何损害"（第 29 章）。元老院在意大利以及在罗马都采取了对付阴谋的有力措施，例如把克温图斯・玛尔奇乌斯・列克斯和克温图斯・梅特路斯・克列提库斯分别派赴费祖来和阿普利亚及其邻近的地区，为揭发阴谋悬赏了重金等（第 30

章）。

这些措施使得罗马陷入普遍的惶恐之中，而这时受到传讯的喀提林竟然还敢于出席元老院的会议以表明自己的“无辜”。西塞罗针对他的出席在元老院发表了所谓反喀提林第一演说，对他进行了猛烈的抨击（公元前 63 年 11 月 8 日）。喀提林愤怒地走出元老院，离开罗马去了埃特鲁里亚曼利乌斯那里（第 31 章到第 32 章）。

从第 32 章我们知道，喀提林曾为留在罗马的凯提古斯、朗图路斯等人布置了任务，作为他率军攻打罗马时的内应。

接在下面，我们看到了盖乌斯·曼利乌斯派人带给玛尔奇乌斯·列克斯的一封为自己进行辩护的信（第 33 章）以及玛尔奇乌斯·列克斯的回信。同时还记述说喀提林在途中也致书罗马显要贵族，表明自己是因为受到迫害才离开罗马去玛西利亚（今天的马赛）的（第 34 章）。

但是克温图斯·卡图路斯在元老院宣读的喀提林给他个人的信则与前面的信大不相同。这封信并不对他的行动进行任何辩解，而是公然表示要“把保卫苦难者的利益的大事担当起来”。信中还表示把欧列丝提拉托付给卡图路斯（第 35 章）。对此，元老院采取了相应措施，喀提林和曼利乌斯被宣布为国家的敌人，安托尼乌斯奉命率军去对付喀提林，西塞罗则负责保卫罗马的安全。但这时参加阴谋者没有一个人因贪图奖金而出卖阴谋（第 36 章）。

作者随即在第 37 章到第 39 章对罗马和意大利人们的思想动态作了分析，为什么平民，特别是罗马平民同情喀提林的行动，主要原因在于元老院和少数显贵把持权力和财富，引起了人们的不满。

朗图路斯根据喀提林的指示在罗马进行了争取各色人等的活动。他甚至通过一个名叫普布利乌斯·翁布列努斯的人同到罗马来告状的高卢部族阿洛布罗吉斯人的使节接触,想把他们拖到阴谋活动里来。阿洛布罗吉斯人经过权衡,决定把事情全都告诉了他们的保护人桑伽,桑伽又转告给了西塞罗。西塞罗指示阿洛布罗吉斯人将计就计,以便取得第一手的罪证(第40章到第41章)。

这时阴谋者在行省和意大利都轻率地动了起来,罗马的阴谋者也加紧活动,作了具体的部署(第42章到第43章)。

阿洛布罗吉斯人按照西塞罗的意见行事,取得了书面的证据。他们在离开罗马途中,在穆尔维乌斯桥受到截击时,便向行政长官投降了。这是公元前63年12月2日到3日夜里发生的事情(第44章和第45章)。

在第二天元老院的会议上,卡图路斯、凯提古斯等人被召了来,由于执政官出示的证据以及阿洛布罗吉斯人和同他们一道被捕的沃尔图尔奇乌斯的证言,元老院决定拘留阴谋的参加者(第46章和第47章)。

西塞罗为此受到了群众的赞扬,原来同情喀提林的民众的态度也来了一个大转变。想把克拉苏拖入阴谋的塔尔克维尼乌斯的企图以及想把恺撒拖入阴谋的克温图斯和盖乌斯·皮索的企图均未得逞(第48章和第49章)。

另一方面,朗图路斯和凯提古斯手下的人们积极活动,想把他们的主人用武力劫持出来。针对这一情况,西塞罗作了防卫的措施并召开元老院的会议(公元前63年12月5日)讨论处理在押阴谋者的问题。当选执政官(公元前62年度)西拉努斯首先发言,主张把阴谋者全部处以死刑(第50章)。但是恺撒发言时却主张把他们囚禁在各自治市并没收他们的财产,而不用处死的办法(第51章)。后来轮到加图发言时他坚决认为应当把阴谋者作为叛国罪犯加以处决(第52章)。

加图的发言受到赞扬并为元老院所通过。作者由此产生感想:正是由于少数人不平常的功业,罗马才取得了赫赫的成就。作者随即把他们当时最伟大的人物恺撒和加图作了比较(第53章和第54章)。这种比较虽然和主题没有直接联系,却是全书最精彩的段落之一。

决定作出之后,阴谋者当夜被带进入地牢,在那里被绞死了(第55章)。

在喀提林这一方面,他把他带来的人和曼利乌斯原有的人勉强拼凑成两个军团,军备也不足。他起初拖延作战,但是在得知罗马发生的事件之后,他想逃到高卢去,但由于受到两面的夹击,他只好决定对安托尼乌斯展开战斗(第56章和第57章)。第58章介绍了他对士兵的演说。第59章记述双方部署的情况。安托尼乌斯为了避免同老朋友喀提林见面,托故把作战的指挥权交给了他的副帅玛尔库斯·佩特列乌斯。最后两章记述了战斗的情况。喀提林的部队被打败,他本人也阵亡了。但是元老院的军队胜利的代价也是惨重的,作者充满感情的描述读了使人久久难忘。

喀提林的阴谋本身并不复杂,它是在当时整个历史背景上的特定产物,它体现了各种力量和人物之间的矛盾和纠葛。作者正是从大处并从事件的内部着笔,所以把这一事件描绘得丰富多彩,真切动人。除了远在东方的庞培之外，当时所有罗马的重要人物都出现在这有限的篇幅之中。古朴、生动、紧凑的语言跃动在首尾一贯，层次分明的布局里面，呈现出一幅精美严整的画面。撒路斯提乌斯的作品在拉丁文献中占有重要的地位，长久不衰，是有其深刻的原因的。

《朱古达战争》的结构大体上可以分成五个单元。第 1 章到第 5 章是引言；第 5 章到第 26 章记述的是争夺努米底亚王位的战争；第 27 章到第 39 章进入正题，记述了罗马对朱古达的战争的第一阶段；第 40 章到第 83 章记述了战争的第二阶段，即梅特路斯任统帅的阶段；第 84 章到第 114 章记述了战争的最后阶段，即马略任统帅的阶段。

作者在引言部分依然和前书一样从精神主宰人的生活这一信条出发，认为“只有精神是纯洁的、永恒的，是人类的主人，它赋予一切事物以生命并支配着它们，而它本身却不受支配”①。对物质的追求是速朽的，但精神的成就却是不朽的。而“在智力的追求中，记述过去的事件是特别有用的”②，因此他才立意把罗马人民同努米底亚人的国王朱古达的一场战争记述下来。这不仅是“一场长期的、血腥的、胜负难分和反复无常的战争”而且是“第一次对贵族的横傲进行抵抗的战争”③。后面这一点尤其重要，也是作者写这部著作的主要原因：抨击当权的元老贵族的腐败无能。这一观点，如前所述，贯穿于他的全部历史作品之中。

① 《朱古达战争》，第 2 章。
② 《朱古达战争》，第 4 章。
③ 《朱古达战争》，第 5 章。

从第 5 章后半作者记述了罗马人民和努米底亚国王玛西尼撒结成友谊的缘起和朱古达的出身。第 6 章到第 8 章作者转入正题。首先介绍朱古达其人，他的突出优点以及米奇普撒对他的畏惧；他在努曼提亚的功业和他同罗马人的友谊；一些罗马贵族煽动朱古达觊觎努米底亚王位的野心，因为罗马方面“没有用金钱买不到的东西”。在第 9 章我们看到：在罗马人对朱古达的称赞的影响下，米奇普撒正式过继朱古达为自己的儿子，认定他和自己的亲生子阿多儿巴尔和希延普撒尔为王国的联合继承人。

第 10 章记述了自觉大限临近的米奇普撒对朱古达讲的一番托孤性质的话。这之后不几天米奇普撒便去世了，这是公元前 118 年的事情。但不久兄弟三人之间发生了矛盾，自感受到希延普撒尔的侮辱的朱古达派人杀死了他(第 11 章和第 12 章)。

阿多儿巴尔于是向朱古达展开了战争。被打败的阿多儿巴尔跑到罗马来请求援助；另一方面，朱古达也派人携带礼物到罗马进行贿赂。元老院听取了双方的申诉之后，在作决定时还是“把金钱和包庇的行为看得比公道还重的那一派……占了上风”[①]。罗马人主持了努米底亚的分割。较好的部分分给了朱古达(第 13 章到第 16 章)。

由于这部书的主战场是在北非，所以作者从第 17 章到第 19 章对这里的地理和居民的情况作了介绍。作者自己在这里居住过，所以书中有关地理和风土人情的记述较之单纯征引文献有更大的史料价值。

---

① 《朱古达战争》，第 16 章。

行贿得手的朱古达肆无忌惮地再次进攻阿多儿巴尔的领土，被打败的阿多儿巴尔逃入奇尔塔。朱古达包围了奇尔塔。罗马元老院派人来调解，但未获结果。阿多儿巴尔再次派人去罗马。司考茹斯等人来北非处理此事，但仍无功而回。阿多儿巴尔在这里的意大利人的敦促下投降，他随即被朱古达杀死，这里全部成年的努米底亚人和被发现持有武器的商人也都被杀死(前 112 年)(第 20 章至第 26 章)。

在民众的激愤情绪的压力下，元老院不得不下令对朱古达作战。作战的任务交给了执政官卡尔普尔尼乌斯·贝斯提亚。但是他被朱古达收买之后，同意了讲和的条件(第 27 章至第 29 章)。

和贵族对立的保民官美米乌斯发动民众反对这个条约。他终于使朱古达本人来到罗马以便揭发贪污受贿者。但是朱古达收买了保民官巴埃比乌斯之后又逃脱了法律的惩罚。他甚至收买人暗杀了在罗马的玛西瓦(玛西尼撒的孙子)。元老院下令要他离开意大利(公元前 111 年至前 110 年)(第 30 章至第 35 章)。

贝斯提亚的继任者阿尔比努斯重新开始对朱古达的战争，但是他受到朱古达的愚弄，最后返回罗马。贝斯提亚的兄弟奥路斯被留下来统率罗马军队。朱古达用计把奥路斯引出苏图尔，出其不意地包围了他，使他不得不可耻地投降(前 110 年至前 109 年)。元老院拒绝批准奥路斯的这一可耻的条约。但是执政官带着一支士气低落的军队没有力量为他的兄弟的不幸遭遇报仇(第 35 章至第 39 章)。

在罗马方面，由于保民官盖乌斯·玛米利乌斯的建议，人民下令追究同朱古达合谋的罗马高级官吏(第 40 章)。联系这一情况，作者离开正题，谈论贵族和平民之间的斗争（第 41 章和第 42 章）。

受命继续对朱古达作战的梅特路斯进行了战争的准备工作并且整顿了军队（第 43 章至第 45 章）。作者在这里对梅特路斯采取史家的公正态度："他（梅特路斯——引者）虽然站在同平民派对立的地位，但名声一直是清白无瑕的。"[①]

第 46 章和第 47 章记述了梅特路斯开头的军事活动。朱古达虽一再作出归顺的表示，但梅特路斯不作明确的回答，却在暗中鼓动朱古达的使节出卖他们的主人。

朱古达在穆图尔河附近的战斗中被挫败（第 48 章至第 53 章）之后，决定采取以一小支队伍尾随罗马人之后加以困扰的战术，而罗马人则放手到处进行蹂躏以造成恐怖的气氛（第 54 章和第 55 章）。

第 56 章到第 61 章记述的是梅特路斯对要塞扎玛的围攻，以对付朱古达的游击战术，因为"他认为朱古达理所当然地会来帮助他的陷入苦难之中的臣民，这样就可以在这里展开一场战斗了"[②]。但是梅特路斯并未能攻占扎玛。

从第 61 章后半，作者记述了梅特路斯把朱古达的主要助手波米尔卡争取过来的事情。波米尔卡说服朱古达向罗马人投降并交出了他的几乎一切，继而朱古达又决定把战争继续下去。梅特路斯的统帅期限得到延长（第 61 章和第 62 章）。

在第 63 章，作者开始介绍本书另一位主要人物马略。马略渴

---

① 《朱古达战争》，第 43 章。

② 《朱古达战争》，第 56 章。

望取得执政官的职位，但是受到梅特路斯的嘲讽和阻挠。马略通过一些手法制造拥护他担任执政官的舆论（第 63 章至第 65 章）。

朱古达企图东山再起，重新加紧进行作战的准备。瓦伽城的居民响应他，对驻守城里的罗马部队发动了一场屠杀，但只有部队的长官一人得以活命（第 66 章和第 67 章）。梅特路斯随即对瓦伽的居民进行了报复（第 68 章和第 69 章）。

波米尔卡布置了反对朱古达的阴谋，但是被发觉并被处死，而朱古达从此处于对谁都不放心的状态（第 70 章和第 72 章）。

马略终于从梅特路斯那里获准返回罗马。他在罗马当选为公元前 107 年度的执政官，并且取得了在努米底亚作战的统帅权（第 73 章）。

受到梅特路斯的出其不意的进攻的朱古达逃到塔拉去，继而在罗马人到来时他又在夜里带着自己的孩子和大部分财宝逃离了这座城市。罗马人经过艰苦的战斗之后终于占领了这一城市（第 74 章到第 76 章）。在塔拉被攻克的同时，列普提斯的居民请求梅特路斯派一支卫戍部队和一位司令官到他们那里去并得到了同意。梅特路斯派去了由盖乌斯·安尼乌斯率领的四个利古里亚人的步兵中队（第 77 章）。

第 78 章和第 79 章插笔叙述列普提斯的起源和地理形势，接着又记述了腓莱尼兄弟为国捐躯的故事。朱古达由于同盖土勒人以及同玛乌列塔尼亚国王波库斯的联合又得以组织成一支军队，他于是率军向着奇尔塔进发。梅特路斯和波库斯接触，而当他得知他的统帅权已转归马略时，他便无心作战，而只是把战争拖下去而已（第 80 章至第 83 章）。

从第 84 章起转入了朱古达战争的最后阶段。

第 84 章和第 85 章记述马略进行的备战活动和在罗马所作的演说。马略的这篇猛烈抨击权贵的演说是本书最精彩的部分，也完全是撒路斯提乌斯本人想说的话。然后马略正式接过了统帅权并渡海来到了乌提卡。在这里把军队交给他的是副帅普布利乌斯·茹提利乌斯而不是梅特路斯，因为梅特路斯不愿见到他(第 86 章)。第 87 章和第 88 章记述了马略在这里的初步活动，此外还指出返回罗马的梅特路斯受到了盛大的欢迎。波库斯暗中保持同罗马人的联系。

第 89 章到第 91 章记述了对位于大沙漠中心的大城市卡普撒的出其不意的攻占，这里所有成年的努米底亚人都被杀死，但这是违反战争法规的。

第 92 章到第 94 章记述了马略在这里到处进行的蹂躏，其中特别提到穆路卡河附近位于陡峭的石头小山上的一座要塞。就自然条件来说，这个要塞是无法接近的，但一个偶然的事件——一名利古里亚士兵因为捉蜗牛而攀上山顶——使马略把这个要塞也攻下来了。

第 95 章和第 96 章介绍了另一个大人物的出场，马略未来的对头路奇乌斯·苏拉。苏拉是罗马人对要塞发动进攻时以财务官的身份率领着一支骑兵渡海来到营地的。作者随即对苏拉(尽管作者不喜欢此人)作了公正的描述，并说明为什么苏拉很快便受到了长官和士兵的爱戴。

另一方面，朱古达则拉拢波库斯一道进攻罗马人的营地，但经过激烈的战斗最后还是被打败(第 97 章至第 99 章)。他们又试图在奇尔塔附近进攻开赴冬营的马略的队伍，结果也遭到惨重的失败（第 100 章和第 101 章）。

第 102 章到第 112 章主要记述苏拉和在朱古达和罗马人之间举棋不定的波库斯之间的谈判。波库斯最后还是决定倒向罗马人一面，设计把朱古达捉住并交给了苏拉。然后苏拉又把朱古达解送到马略那里去（前 105 年）（第 113 章）。

马略再度当选为执政官，举行了凯旋式并接受了在高卢作战的统帅权（前 104 年 1 月 1 日）。

撒路斯提乌斯著作的钞本和版本

撒路斯提乌斯的著作由于在古典文献中受到广泛的重视所以它们的钞本很多。最早对传世的钞本进行批判考察的是罗斯（Roth），他把这些钞本分成两组，一组是残缺的钞本（codices mutili），就是残缺之处比较多的钞本（其中有些被后人补足）；一组是完整的钞本（codices integri），这种钞本的空白处在钞写时便在原处或卷尾加以补足。一般说来，残缺的钞本比较古老，然而质量较高。本世纪初阿尔柏格（Ahlberg）对钞本作了新的研究，他的研究得到了学术界的认同。他所用的残缺的钞本大都是 10 世纪或 11 世纪的，其中残缺的部分都由抄录者或由后来的人所补足，此外还有订正之处。他还用了几种完整的钞本。这十几种残缺的钞本大体上来自三个更早的钞本。

由于撒路斯提乌斯经常为古代作家，特别是弗隆托（Fronto）和圣奥古斯丁以及语法学者阿茹西亚努斯（Arusianus）和普里斯奇安(Priscian)所引用,这些引文对于校勘撒路斯提乌斯著作的原文很有用处。

撒路斯提乌斯的著作的最早的版本(Editio princeps)出版于1470年。其他早期的版本则有格拉列亚努斯版(Glareanus)(巴塞尔,1538)、卡尔里欧版(Carrio)(安特卫普,1580)、格鲁特尔版(Gruter)(法兰克福,1607)、科尔特版(Corte)(莱比锡,1724)、哈维尔坎普版(Havercamp)(阿姆斯特丹,1742)。

19世纪以来的版本则有:

克里茨版(Kritz),3卷,莱比锡,1828—1853。

格尔拉赫版(Gerlach),巴塞尔,1832,1852。斯图加特,1870。

狄奇版(Dietsch),莱比锡,1859。

约尔丹版(Jordan),柏林,1866,1876,1887。

奥伊斯纳版(Eussner),莱比锡,1887。

阿尔伯格版(Ahlberg),莱比锡,1919。

奥恩施坦与罗曼版(Ornstein and Roman),巴黎,1924。

带有注释的版本有:

法布里版(Fabri),纽伦堡,1845。

克里茨版,莱比锡,1856。

雅各布斯版(Jacobs),柏林,1894(H.维尔茨注)

施玛尔茨版(Schmalz),哥达,1919。

凯普斯版(Capes),牛津,1889。

梅里维尔版(Merivale),伦敦,1884。

在欧洲,撒路斯提乌斯的译本常见的有:克莱斯(Cless)的德译本(斯图加特,1855)和霍尔策(Holzer)的德译本(斯图加特,1868);德·布罗斯(De Brosses)的法译本(巴黎,1837)和罗曼(Roman)的法译本(巴黎,1924)。

英译本最早的大概是1557年出版的亚历山大·巴克雷(Alexander Barclay)英译的《朱古达史》(Historye of Jugurth)与康斯坦提乌斯·费利奇乌斯·杜兰提努斯(Constantius Felicius Durantinus)英译的《喀提林阴谋》(The Conspiracie of Catiline)的合刊本。后来的则有:约翰·迈尔(John Mair)的英译本(都柏林,1788),威廉·罗兹(William Rose)的英译本(伦敦,1751),约翰·华生(John Watson)的英译本(收入博恩文库,Bohn Library,1852),罗尔夫(J. C. Rolfe)的拉英对照本(收入罗叶布古典丛书,The Loeb Classical Library,1921,……1971)。

罗尔夫的英译本的引言有关版本和译本的情况在1970年又作了如下的补充:

"现在我们有一个由阿·库尔菲斯(A. Kurfess)编订的全集本,收入特伊布纳丛书(Teubner series),这乃是阿尔伯格(A. W. Ahlberg)的全集本(1911、1915)的第二版,1954年在莱比锡出版;在布戴丛书(Budé series)中有埃尔努(A. Ernout)的编订本,1947年在巴黎出版;在企鹅丛书(Penguin series)中有一个韩德佛德(S. A. Handford)的译本,1963年在哈孟兹沃思出版。

"《喀提林阴谋》(Catilinarian Conspiracy)有戴维斯(A. T. Davis)的编订本,1967年牛津版。归于撒路斯提乌斯名下的书信等等由库尔菲斯重新编订过,1962年特伊布纳版,莱比锡;由埃尔努重新编订的有1962年的布戴版;由卡古西(P. Cagusi)重新编订的1958年在卡利亚里出版。

"利曼(A. D. Leeman)编的《有关撒路斯提乌斯的系统参考文献(1870—1950)》(*A Systematic Bibliography of Sallust*,

1870—1950)非常有用。”①

王　以　铸

① 第 xxv 页。

喀提林阴谋

（1）无论是谁，如果他们想超越于其他动物之上，他们就应当尽一切力量不是无知无识浑浑噩噩地度过自己的一生，像生来就垂头向地并且受食欲的摆布的禽兽那样[①]。反之，我们的全部力量则既在于精神，也在于肉体。我们让精神发号施令，肉体则俯首听命[②]。精神是我们和诸神所共有的，肉体则是我们和禽兽所共有的。因此我认为我们应当用智慧的力量，而不是用肉体的暴力去寻求荣誉，这样我们才可以使自己尽可能长久地名垂后世，因为我们享受的一生是短促的。要知道，靠财富和美貌得来的声名是转瞬即逝的和脆弱的。而只有崇高的德行才是光荣的和不朽的财富。

军事方面的成功更多取决于肉体的力量还是精神的力量，对这个问题人们曾进行过长时期的争论。因为人们在开始行动之前，必须认真思考，而一旦思考成熟，便要立即付诸行动。精神和肉体每一方面本身都是不完整的，每一方都需要另一方的帮助。

---

① 奥维德的《变形记》(Metamorphores)第1章里也有类似的说法，意谓其他动物都是爬行的，两眼望地，神却使人昂首直立，两眼望天。——中译者

② 这是亚里士多德的看法(《政治学》,1,5)。后来基督教的教父们特别喜欢引用这个说法。——中译者

(2)因此,国王们[①](当权的人最初就是用这样的名称称呼自己的)依据自己的不同爱好采取了不同的办法,有些人锻炼他们的头脑,有些人锻炼他们的身体。即使在那个时候,人们的生活还没有受到贪心的控制;每个人都过着知足常乐的日子。但是当亚细亚的居鲁士,希腊的雅典人和拉西第梦人[②]开始征服各个城市和民族,把对于统治的渴望当做发动战争的借口,把最大限度地扩充统治大权看成是最大荣誉的时候,人们终于从这种危险的事业认识到,精神的作用在战争中是最大的。

如果国王们和统治者们无论在和平时期还是在战争时期都能表现出同样的杰出的精神力量,那么人间的事情就可以进行得更加顺畅和平稳,人们将不会看到权力的易手,也不会有到处发生骚动和混乱的现象。因为人们信守最初争得政权的那些原则,所以维持政权也就不困难了。但是懒惰一旦取代了刻苦,无法无天与横傲无礼一旦取代了节制与公正的时候,统治者的命运便随着他们的品格而改变了。因此,权力便总是从能力较差的人手里转入能力最强的人的手里。

农业、航海、建筑方面的成就照例是取决于人们的非凡的才智的。但是受制于口腹之欲、贪图安逸、没有文化、没有教养的许多人,他们的一生和徒步旅行者简直没有什么区别。我们知道,对于完全违背了自己本性的这些人来说[③],肉欲才是快乐而灵魂反而是一种负担。从我自己一方面来说,我认为这样的人,他们的生与死可以说都差不多,

① 原文 rex,通指专制的统治者。——中译者

② 古斯巴达人。——中译者

③ 按照当时罗马人信奉的斯多噶派的学说,每个人都要依照自己的本性生活,这约略相当于我国的所谓“率性而行”。——中译者

因为他们的生与死都是默默无闻的，没有任何痕迹保存下来。老实说，我以为只有下面这样的人才没有白活一世并且充分发挥了自己的才能，此人尽心于某一职责，想通过光荣的行迹或崇高的事业取得声誉。因此在大量的机遇之中，自然给每个人都安排了他应走的道路。

(3)为国家干一番事业当然是光荣的，而以语言文字服务于国家也不是一件坏事；在和平时期与战争时期人们都可以使自己成名。不仅是建功立业的人，就是记述别人的功业的人往往也受到我们的称许。就我个人而论，虽然我十分清楚，撰写历史的人和创造历史的人绝不可能取得同样的荣誉，但是我仍认为撰写历史是极为困难的一件事。这首先是因为他的文笔必须配得上他所记述的事情[①]；其次是因为，倘若你对别人的缺点进行批评，大多数人就会认为你这样做是出于恶意和嫉妒。此外，如果你记述了杰出人物的丰功伟绩，则人们只有在他们认为你所说的事情他们自己也容易做到的时候，才愿意相信你，一旦超过这个限度，他们即使认为你的话不是荒谬的，也是凭空捏造的了[②]。

① 后来小普林尼给卡尼尼乌斯(C. P. Caninius)的信(第8卷第4节)里也有类似的看法："我预见到的只有一个困难，但那是一个十分严重的困难，同伟大的题材相匹敌的文笔甚至对你这样天才都是一项艰巨的工作……"——中译者

② 作者这个看法似乎是沿袭修昔底德的看法(第2卷，第35章)："当听众不相信发言者说的是真情的时候，发言者是很难说得恰如其分的。那个知道事实和热爱死者的人以为这个发言还没有他自己所知道的和他所愿意听的那么多；其他那些不知道这么多的人会感觉到对死者嫉妒，当发言者说到他们自己的能力所不能做到的功绩时，他们便认为发言者对死者过于颂扬。颂扬他人，只有在一定的界线以内，才能使人容忍；这个界线就是一个人还相信他所听到的事物中，有一些他自己也可以做到。一旦超出了这个界线，人们就会嫉妒和怀疑了。"(参见《伯罗奔尼撒战争史》上册，商务印书馆，1985年，第129页)——中译者

当我个人还十分年轻的时候，起初我也像其他许多人那样由于爱好而投身于政治活动，但是在官场里我遇到了许多令人灰心丧气的东西；在那里没有谦逊、没有廉洁、没有诚实，到处我看到的只有厚颜无耻、腐化堕落、贪得无厌。虽然我这个从不知罪恶为何物的人对这些恶习感到很大的厌恶，但是在如此邪恶的环境当中，我的年轻软弱还是使我误入歧途并被野心所控制。尽管我绝不像别的人那样干坏事，然而追求虚荣的愿望使我和他们一样，也干出了不光彩和嫉恨别人的事情。

（4）因此，在经历了许多困难和危险之后，我的心情归于平静并且我已决心从此再也不参与政治生活，但这时我却丝毫无意于把宝贵的余暇用来过那种饱食终日无所用心的生活，也不想把农活和狩猎这种奴隶的活计用来排遣时日[①]。相反地，我决心回到我过去向往的志愿上来，而不祥的野心曾使我偏离这一志愿；我决心撰述罗马人民的历史，把我认为值得后人追忆的那些事件挑选出来，笔之于书。而我之所以特别对这一工作抱有信心，是因为这时我个人已经不再有所希求，不再有所恐惧，不再有派系的偏见[②]。因此下面我便简要地并且尽可能忠实地叙述一下喀提林的阴谋事件；我认为这是特别值得追忆的一个事件，因为那罪行和由此而产生的危险都具有非同寻常的性质。但是在开始我的叙述之

① 在罗马奴隶主心目中，农活和狩猎都是纯体力劳动，同精神生活无涉。以从政为主要目的的罗马公民是不屑于干这种事的。罗马公民可以用农业知识指挥奴隶干活，但他们自己很少动手。——中译者

② 塔西佗在《编年史》（第1卷第1章）中也表示过这样的看法，他说：“我下笔的时候既不会心怀愤懑，也不会意存偏袒，因为实际上我没有任何理由要受这些情绪的影响。”——中译者

前，对这个人的性格必须先作一些说明。

(5)路奇乌斯·喀提林出身显贵家族[①]，具有非凡的智力和体力，但禀性却是邪恶和堕落的。从年轻的时候起，他便非常喜欢内战、杀戮、抢劫以及政治上的相互倾轧，他的青年时代便是在这类事情中间度过的[②]。他有钢筋铁骨般的身体，经受得住常人绝对不能忍受的饥饿、寒冷和不眠。他为人胆大妄为，不讲信义，翻云覆雨，无论什么都装得出、瞒得住。他觊觎别人的财产，挥霍自己的财产；而且他的情欲十分强烈。他具有相当的口才，但是没有什么见识。他的错乱的精神总是在贪求着穷凶极恶、难以置信和稀奇古怪的东西。

自从路奇乌斯·苏拉确立了他的统治地位时起[③]，此人便很想夺取最高权力，而绝不考虑用什么手段他能达到这一目的，只要他能身居众人之上就行。他那桀骜不驯的精神在贫困和一种犯罪意识面前——由于我前面说过的他的种种行为，他使这二者变得更加严重——反而日益放肆起来。此外他还受到社会上的腐化堕落的风气的影响，罗马的风气正在受到性质截然相反的两大邪恶事物即奢侈与贪欲的腐蚀。

既然在这里我谈到了罗马的风气，我的文章的性质看来要使

① 即塞尔吉乌斯家族，据说这一家族的始祖就是埃涅阿斯的同伴塞尔盖斯特。——中译者

② 通过公敌宣告，他谋害过自己的兄弟；后来他投靠苏拉，在苏拉的庇护下虐杀过克温图斯·凯奇利乌斯和玛尔库斯·马利乌斯·格拉提狄亚努斯。在后面我们会看到，人们甚至怀疑他杀死自己的儿子。——法译本注，有删节。

③ 苏拉的独裁时期是从公元前82年到公元前79年，关于这一时期的情况可参见拙译《古代罗马史》(三联书店，1957年)，第550—556页。——中译者

我回溯到更早的时候，并且简略地说一下在和平与战争年代我们的祖先生活在怎样的体制之下，他们怎样治理这个共和国，他们把共和国留给我们时共和国是何等伟大以及通过逐步的演变，它怎样不再是最崇高和最公正的城市而变成最坏、最邪恶的城市。

(6)根据我个人[①]的理解，罗马城最初是由特洛伊人建立和居住的[②]。在埃涅阿斯(Aeneas)的率领下四处流浪的特洛伊人并无固定的住所；一个农业民族阿波里吉涅斯人[③]同他们结合到一处，这些阿波里吉涅斯人没有法律，没有政权组织，过着自由自在无拘无束的生活。在属于不同种族，说着不同的语言并且拥有各自不同的生活方式的这两个民族在同一个城里结合起来之后，人们无法想象他们是多么容易地融合为一体，这种和谐很快地便使属于不同种族和没有固定住所的这一大群人结合成一个共同体了。当这个新建立起来的国家在居民、文化和领土都得到发展并且开始变得相当富裕、相当强大的时候，就像人间事物常见的情况那样，它的繁荣引起了人们的嫉妒。结果是相邻的国王和民族[④]便对他们发起了进攻。但他们的朋友几乎没有人帮助他们。而被吓住的其余的人也因害怕危险而袖手旁观。但是罗马人是十分注意于维护他们和平时期和战争时期的利益的，他们于是赶忙作了准备，相

① 原文强调我(ego)，这表明他的看法有其独特之处，和当时其他的传统说法均有所不同。——英译本

② 作者在这里所依据的是最古老的说法，即奈维乌斯(Naevius)、恩尼乌斯(Ennius)和加图(Cato)的说法。——法译本

③ 当指拉丁姆(Latium)的土著居民。——中译者

④ 当指萨宾人(Sabini)、埃魁人(Aequi)、茹图利人(Rutuli)和沃尔斯奇人(Volsci)。——英译本

互激励着去迎击敌人，用武力来保卫他们的自由、他们的国家和他们的父母。后来，当他们的勇敢使他们摆脱了危险的时候，他们又去帮助他们的联盟者和友人，因此他们同联盟者结成友好的关系毋宁说是为了服务于他们，而不是有所求于他们。

他们有一个建立在法律之上的统治体制，这一体制叫做王政。被选出的少数人虽然年迈力衰，但他们却因其智慧而拥有强大的精神力量。正是这些人操持着国家的事务。由于他们的年龄或由于他们都有类似的职权，所以他们都被称为元老。后来，当起初有助于维护自由和促进国家的繁荣的国王权力已蜕化为无法无天的暴政的时候，他们便改变了他们的统治方式，任命了两位权限为期一年的统治者[①]，他们认为用这种办法可以防止人们因拥有不受限制的权力而变得横傲起来[②]。

(7)而那时每个人都开始更加注意维护自己的人身尊严，并开始更加注意随时发挥自己的才能。要知道，国王们对于好人较之对恶人更加猜忌，在他们心目中，别人的长处永远是充满危险的。还有，罗马这个自由国家一旦争得了自由，便在很短的时期内，变得令人难以置信地强大和繁荣，人们满脑子的对光荣的渴望竟是如此强烈。首先，一旦青年能够忍受战争的艰苦，他们便在军营中接受极为严格的军事训练，他们更加喜爱的是精良的武器和战马，而不是妓女和狂欢。因此，任何劳苦对他们这些人都不陌生，任何

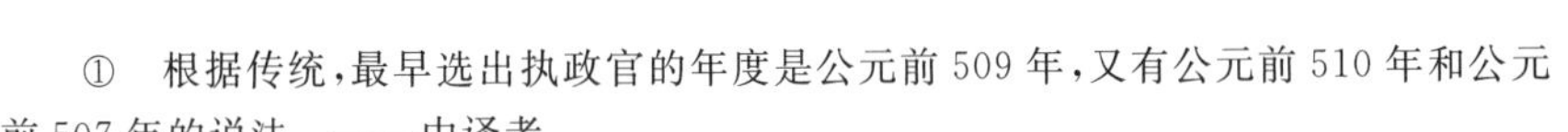

① 根据传统，最早选出执政官的年度是公元前509年，又有公元前510年和公元前507年的说法。——中译者

② 孟德斯鸠：《罗马盛衰原因论》第1章指出，塔尔克维尼乌斯未经元老院与人民的选举而取得了王位，这样权力就变为世袭的，他把政权变成专制权力。——中译者

地区都不过于崎岖或过于陡峭，任何手持武器的敌人都不足畏惧；勇气是最重要的。不仅如此，为争取荣誉他们相互间还进行最激烈的斗争；每个人都力求第一个把敌人打倒，第一个登上城墙，并且力求在众目睽睽之下完成这样的事迹。他们把这视为财富、美名和高贵的地位。他们渴望人们的赞美，但对金钱却挥霍无度。他们的目的在于取得无限的声名，但财富则只限于他们用诚实的手段所能取得的那些。我能列举出一些战场，在这些地方罗马人只用很有限的兵力便打败了他们的敌人的大军[①]，我还说得出罗马人攻占过哪些有天然屏障的城市，只是这样一来我就会把话扯得离题太远了。

(8)但是，毫无疑问，是命运在主宰着一切。她可以任意地使一切事件变得有名或默默无闻，而不顾事实。依我看，雅典人的行迹确实是相当伟大而又光荣的，尽管如此，它们实际上也并不是像盛传中那样出色。但是由于雅典产生过具有非凡才能的作家[②]，所以雅典人的功业便被认为在世界上是无与伦比的。这样看来，成就事业的人们的功绩所以被捧得如此之高，只不过是有伟大的作家能够用颂扬的文学对事业本身加以抬高而已。但是罗马人民从来不曾有过这样的有利之处，因为他们中间最有才能的人们总是从事实际的事务[③]，他们总是要在身体力行的情况下使用他们

① 这个说法不准确或夸大了：事实上，罗马人在征服某些民族（如迦太基人、高卢人）时是付出了极为惨重代价的。——法译本注，有删节。

② 例如希罗多德、修昔底德和色诺芬等。——英译本

③ 罗马人从希腊人的观点来看是个没有文化的民族，没有值得一提的作品。——中译者

的头脑，最优秀的公民重视行动而不喜空谈，他认为他自己的英勇行动应当受到别人的称赞，而不应由他本人来记述别人的英勇行动[①]。

(9)因此，不论是在家里还是在战场上，都培养美德；到处都表现出最大的和谐，人们几乎不知道贪欲为何物。在他们中间普遍存在的公正和善良与其说建立在法律之上，不如说乃是出于本性。争吵、不和和争斗都是保留给他们的敌人的。公民与公民之间所比试的只是看谁能成就更多的功业。对诸神的奉祀，他们是毫不吝惜的，但在家中他们过的却是俭朴的生活，对朋友也是诚心实意的。他们通过实现战时的勇敢与和平时期的公正这两种品质，来省察自身、监督其国家。为了证实这些话，我可以举出这样一个令人信服的证据：首先，在战争时期，受到惩罚的更多是那些违反命令进攻敌人或在战场上接到撤退命令而行动迟缓的人[②]，而很少是那些竟敢丢掉鹰标[③]或被迫放弃阵地的人。再者，在和平时期，他们施行仁慈之治而不是使人心怀恐惧，而在受到不公正对待时，

① 直到第二次布匿战争时期，罗马才第一次有了称得上是历史学家的人物法比乌斯·皮克托尔(Fabius Pictor)，但他是用希腊语写作的，所以很难算到罗马史学的范围之内，真正用拉丁散文撰史的第一人是加图。——法译本注，有补充

② 据李维《罗马史》的记载(第8卷第7章)，执政官曼利乌斯·托尔夸图斯和独裁官奥路斯·波司图米乌斯都曾把他们的未经将领的允许擅自出战的儿子处死。同书(第8卷第30—35章)还记述独裁官帕皮里乌斯·库尔撒尔处死他的骑兵长官法比乌斯·玛克西姆斯的事，因为后者曾违反他的命令而战胜了萨谟奈人。——中译者

③ 罗马的鹰标实际上相当后世的军旗，是一个军事单位的标帜，最初据说是枪头或竿子上挑着一束稻草，后来是竿子上附着一些动物图形的金属片，再后则固定为张开双翼的鹰形金属(银的或青铜的)标帜，由一个士兵打着。据译者所知，并无实物保存下来，人们只能据文献记载加以描述。——中译者

他们宁肯宽恕别人而不愿进行报复。

(10)但是，当罗马由于辛劳和主持公道而变得强大起来的时候，当那些强大的国王在战争中被制服的时候，当野蛮的部族和强大的民族被武力征服的时候，当罗马统治的对手迦太基已被彻底摧毁而罗马人在所有的海洋和陆地都畅行无阻的时候，命运却开始变得残酷起来，把我们的全部事务搅得天翻地覆。那些能够泰然自若地忍受劳苦和危险、焦虑和灾难的人们却发现在别的情况下本来是值得羡慕的闲暇与财富对他们来说却成了一种负担和一种不幸。因此，在他们身上，首先是对金钱，然后是对权力的渴望加强了。应当说，这些正是一切罪恶的根源。因为贪欲消灭了诚实、正直和所有其他的高贵品质，却使横傲、残忍取代了它们，它要人们蔑视诸神，使得一切事物都可以用金钱买到。野心使许多人变得虚伪，变得言不由衷、口是心非[①]；使得人们分辨敌友不是按照他们的功业，而是看他们是否对自己有利，使得人们待人接物只是摆出一副好看的外表，而不是怀有真心诚意。开头这些恶习蔓延得不快，它们间或还受到惩处，但是到了最后，当这种病像瘟疫那样流行的时候，这个国家就发生了变化，一个过去曾是极为公正诚实的政府竟变得残暴而又令人无法忍受了。

(11)但是最初使人们的灵魂受到促动的与其说是贪欲毋宁说是野心——野心确实是一种缺点，但是它还不算太违背道德。因为光荣、荣誉和权力，这些是高尚的人和卑劣的人同样热烈期望

① 作者在这里记起了荷马《伊利亚特》里的一句话(第9卷第313行)：“这种人嘴里说着一种话，心里却想看另外的事情。”——法译本

的，只是前者通过正当的途径获得它们，而没有高贵品质的后者通过狡诈和欺骗取得它们罢了。贪欲意味着想得到金钱，而智者是绝不会追求金钱的。这种恶习就好像沾上了危险的毒药一样，它能使极为健壮的体魄和精神委靡下去。没有任何东西能使这种无限的、永无满足的贪欲缓和下来，丰足不行，匮乏也不行。但是在路奇乌斯·苏拉通过武力取得了国家的统治权，从而使一切事物在好的开端后面出现了不祥的结果之后，所有的人便开始动手劫掠起来。有人想弄到一所房屋，有人则想弄到土地；胜利者放肆之极又不知节制，他们凶残可耻地残害他们的同胞。在这一切之外，路奇乌斯·苏拉为了赢得他带到亚细亚去的军队的忠诚，他竟然违反我们祖宗的惯例，允许他们过骄奢淫逸的生活，放松了纪律对他们的约束[①]。在温柔乡一般的、可以纵欲的国土上所过的无所事事的日子，很快便使他的士兵们的好战精神委靡下来了。正是在这个地方，罗马人民的一支军队第一次学会了谈情说爱[②]和饮酒作乐；学会了欣赏雕像、绘画和刻有花纹人物的酒瓮[③]并从私人的家庭和公共场所盗窃这类东西，学会了劫掠神殿并亵渎无分圣俗的一切事物。因此，这些士兵在成为胜利者之后，不给被征服者留下任何东西。老实说，繁荣幸福的生活甚至对智者的灵魂都是一种考验，那么在道德上本来就堕落的人们有如这些士兵在胜利

① 参阅孟德斯鸠《罗马盛衰原因论》(商务版)，第 11 章。——中译者

② 此处通指嫖娼。——中译者

③ 酒瓮(vas)这里似指在古代东方十分普及的希腊酒瓮，酒瓮上通常刻有或绘有精美的、艺术价值很高的花纹图像，也有大量以神话为题材的场景，为后人的考证提供了丰富的资料。瓮画的遗存较多，对它们的研究已成为美术史家的一门专门的学问。——中译者

时又如何能保持节制呢？

(12)一旦财富开始受到人们的尊敬，并且当光荣、军事统帅权和政权随之也受到尊敬的时候，德行便开始失去其光彩，贫困被认成是一种耻辱，廉洁反而被说成是一种恶意的表现。因此，由于财富的缘故，同狂妄自大结合在一起的奢侈与贪婪便沾染上了我们的青年一代。他们干着掠夺的勾当，毫无节制地浪费；他们毫不珍视自己的财产，却又觊觎别人的财产；对于节制、贞节，人的和神的一切事物，他们无不采取蔑视的态度；简言之，他们既极为胆大妄为又毫无顾忌。

当你们看到修建得和城市一般大的邸宅和别墅的时候，你们也应当去拜访一下我们的祖先那些最敬神的人们给诸神修造的神殿。他们以虔诚装点诸神的神殿，用荣誉为自己的家庭添彩，而从被征服者那里，他们除去使之不再有害人的能力以外是什么都不取的。反之，今天的人们，那些最卑劣的、穷凶极恶的人们却把那些英雄们在胜利时留给我们联盟者[①]的一切掠夺一空；他们的行径好像表明，统治的唯一的方式便是干伤天害理的事情。

(13)可是为什么我要提起那些人们如果不亲眼看到便不会相信的事情呢？比如说，一批私人竟然把山削平并且在海上进行营造[②]。对这样的人来说，我以为他们的财富只不过是一种玩物；因

① 联盟者(socii)对罗马是独立的，他们有自己的政权机构和法律，但他们通过一项盟约受罗马的保护。他们不能有自己独立的外交。——中译者

② 路库路斯和庞培本人都曾开山把海水引入他们的鱼池，而在作者当时的拜亚湾(Baiae)，便已有海上的别墅。——英译本注，有删节。

为当他们本来可以体面地享用这些财富的时候，他们却偏要忙于可耻地浪费掉它们。而且，更有甚者，对于淫乱的事情、精美的饮食以及其他各种奢侈享受的爱好也同样地变得强烈起来；男人玩弄女性，女人则出卖自己的贞操。为了满足自己的口腹之欲，他们搜遍了陆地和海上；他们在不需要睡的时候便睡下了，他们并不等待饥饿和口渴、寒冷或疲劳的感觉的到来，他们的纵欲的生活方式防止了这类事物的发生[①]。一旦年轻人荡尽了他们的财产，就是这些恶习唆使他们去犯罪，于是他们便更加肆无忌惮地不择手段地去追求金钱和挥霍浪费的生活。

(14)在如此大又如此腐化堕落的城市里，喀提林很容易把大批的罪犯和形形色色的败类集合在自己身边作为自己的侍卫。因为不管是怎样的淫妇、酒肉之徒或赌徒都已在玩乐、饮宴或放荡的生活中把自己的祖产荡尽；还有那些为了用金钱洗刷自己的丑名或罪行而负了一大笔债务的任何人。此外，还有所有那些因谋杀或渎神而被判了罪的人[②]或是所有那些因本身的罪行而害怕受到追究的人；还有靠发伪誓的手和舌头或靠他们本国公民的血而生活的那些人；最后，所有那些受到耻辱、贫困或一个邪恶的良心的困扰的人都从四面八方集合起来：他们都是同喀提林最亲最近的人。如果一个清白无辜的人偶尔同他交上了朋友，每日的交往和邪恶事物的引诱很快便会使他变得和

① 罗马人用开胃的食物甚至催吐剂来防止饥饿与口渴，用沐浴和各种懒散的生活习惯来防止寒冷和疲劳。——英译本注，有删节。

② 《十二铜表法》把渎神者和杀人犯同等看待。作者用这两个词来表示那些违反了人的和神的法律的人。——法译本注，有删节。

其余的人一样坏或几乎一样坏。但是喀提林特别想拉拢的还是年轻人。因为年轻人的仍然轻信的和易于摆布的心灵不费什么困难便会陷入他的邪恶的圈套。他细心注意他们每个人心里渴望的是什么,然后根据人们的年龄,给某些人介绍妓女,又给另一些人购买犬和马;最后,只要他能够使他们听命并且忠实于他自己,他还不吝惜金钱,也可以不顾自己的身份。我很清楚,有些人认为常常到喀提林家中去的年轻人并不重视他们的贞操廉耻,但这种说法所以流行是由于别的一些原因,而不在于谁对此有了真凭实据。

(15)甚至在年轻的时候,喀提林就干出了许多荒唐可耻的勾当——他勾引过一个贵族的女孩子[①],还引诱过一位维司塔贞女[②],此外他还干过其他同样违反人的和神的律条的事情。最后,他又爱上了奥列莉娅·欧列丝提拉[③],在这个女人身上,除了美貌以外,一个好人绝不可能找到任何值得称赞的东西。这个女人不敢明目张胆地同他结婚,因为她害怕他的这时已长大成人的继子,但是人们都认为,是他谋害了这个青年人以便为这桩罪恶的婚姻腾空住宅。而事实上我认为这正是他想赶忙实现这一阴谋的特殊动机,因为他那同神和人为敌的犯罪的灵魂无论醒时或睡时都得不到安静,良心使他过度紧张的心灵受到十分残酷的折磨。因此

① 此人姓名未详。——法译本注,有删节。

② 维司塔贞女即奉祀维司塔女神的女司祭,指西塞罗的妻子特伦提娅的异父妹妹法比娅(Fabia),但由于路塔提乌斯·卡图路斯的回护,喀提林被宣告无罪。——法译本注,有删节。

③ 这个女人不仅十分美丽,而且十分富有,所以喀提林说她可以替他,甚至他的朋友偿清债务(参见本书第35章)。——法译本注,有改动。

他的面色是苍白的，目光是凶残的，而他的步态时而趑趄不前，时而又是匆匆忙忙的；简言之，人们可以从他的面容和他的每一个目光看出他是个精神错乱的人。

(16)在前面我们已经说过[①]，他曾把五花八门的坏事教给受他拉拢的年轻人。他就是依靠这些人提供伪证和伪造者。他要这些年轻人把荣誉、命运和危险都不放到眼里，后来，当他把他们的好的声名和谦虚的美德搞得一干二净的时候，他就要他们去干更大的罪行。即使没有方便的借口来胡作非为，他仍然要陷害和谋杀有罪的和无辜的人[②]。确实，他宁肯毫无必要地干邪恶的和残暴的勾当，也不愿意使他们由于无所事事，而双手和头脑变得软弱起来。

喀提林便仰仗着这样一批狐朋狗友拟定了一个推翻罗马当局的计划，这既是因为他在世界各地负了巨额的债务，还因为浪费掉自己的财产，因而这时一心想像先前那样在胜利后放手打劫的大多数苏拉的老兵渴望挑起内战。在意大利并没有任何军队；格涅乌斯·庞培正在世界的边远地区作战[③]；喀提林满以为自己会当选为执政官；元老院毫无警觉。到处都是和平安定的景象；这正是喀提林下手的绝好机会。

(17)因此，在临近路奇乌斯·恺撒和盖乌斯·费古路斯担任

① 参见本书第14章结尾处，作者把第15章看作是临时插进来的题外话。——法译本

② 通过他教唆犯罪的门徒之手。——英译本

③ 庞培在本都打败了米特里达特斯之后，这时正在叙利亚。——英译本

执政官的那一年[①]的六月一日时，他先是向他的党徒逐个地做工作，鼓励其中的一些人并向另一些人进行试探。他向他们指出他自己所拥有的各种手段，国家毫无准备的情况以及阴谋能使他们得到的巨大利益。当他取得了他想得到的情报的时候，他便把所有那些穷凶极恶的亡命徒召集到一处。到场的有元老级的普布利乌斯·朗图路斯·苏拉[②]、普布利乌斯·奥特洛尼乌斯[③]、路奇乌斯·卡西乌斯·隆吉努斯[④]、盖乌斯·凯提古斯[⑤]、普布利乌斯·苏拉和赛尔维乌斯·苏拉[⑥]、赛尔维乌斯的儿子们、路奇乌斯·瓦尔恭泰乌斯[⑦]、克温图斯·安尼乌斯[⑧]、玛尔库斯·波尔奇乌斯·莱卡[⑨]、路奇乌斯·贝斯提亚、克温图斯·库里乌斯；除以上这些人之外还有属于骑士等级的玛尔库斯·富尔维乌斯·诺比利欧尔[⑩]、路奇乌斯·司塔提利乌斯、普布利乌斯·伽比尼乌斯·卡皮托、盖乌斯·科尔涅利乌斯。此外还有来自各移民地和自由城市

① 公元前 64 年。——英译本

② 他的全名是普布利乌斯·科尔涅利乌斯·朗图路斯·苏拉，属于科尔涅利乌斯氏族，公元前 73 年任行政长官，公元前 71 年任执政官，第二年因品行不端而被逐出元老院。——法译本

③ 普布利乌斯·奥特洛尼乌斯·帕克图斯是西塞罗童年时期的朋友和学友，公元前 75 年他和西塞罗一道被任命为财务官，阴谋后那一年他被流放。——法译本

④ 此人曾和西塞罗同年任行政长官。——法译本

⑤ 此人也属于科尔涅利乌斯氏族。——法译本

⑥ 这两个苏拉是赛尔维乌斯·苏拉(独裁者苏拉的兄弟)的儿子。——法译本

⑦ 路奇乌斯·瓦尔恭泰乌斯公元前 65 年曾被控有阴谋活动，但他受到霍尔田西乌斯的辩护。——法译本

⑧ 此人可能是西塞罗提到过的那个克温图斯·安尼乌斯·奇洛。——法译本

⑨ 此人未详。但喀提林的这次会议就是在莱卡家里召开的。——法译本

⑩ 以下诸人的名字不见于其他地方，具体情况均未详。——法译本

的许多人，他们都是当地的贵族。

还有一些贵族也参与了这次阴谋，只是他们与阴谋的联系更加隐蔽一些而已，他们这样做与其说是由于贫困或任何其他迫切的动机，不如说是因为想取得权力。还有大多数的青年人，特别是地位高的那些青年人都赞同喀提林的计划；尽管在和平时期，他们本来有财力过讲究或奢华的生活，但他们却宁愿冒险而不想得到安全，宁愿作战而不愿过太平的日子。当时还有一些人相信，玛尔库斯·李奇尼乌斯·克拉苏对这一阴谋不是完全不知道的；但是由于同他为敌的格涅乌斯·庞培正在统率着一支大军，所以他希望看到有谁的势力成长起来同他的对手的权力相抗衡，而这时他完全相信如果阴谋成功，他本人是很容易成为他们中间的一位领袖人物的。

(18)甚至在这之前已经有几个人也想阴谋推翻共和国，而在那些人当中就有喀提林。关于那一事件[①]，我想尽可能忠实地作如下的记述。

在路奇乌斯·图路斯和玛尼乌斯·雷比达担任执政官的那一年[②]里，当选执政官[③]普布利乌斯·奥特洛尼乌斯和普布利乌斯·苏拉因触犯反受贿的法律而受到指控并且被判了罪[④]。不久之后，被控犯了勒索罪的喀提林也被取消了竞选执政官的资格，因为

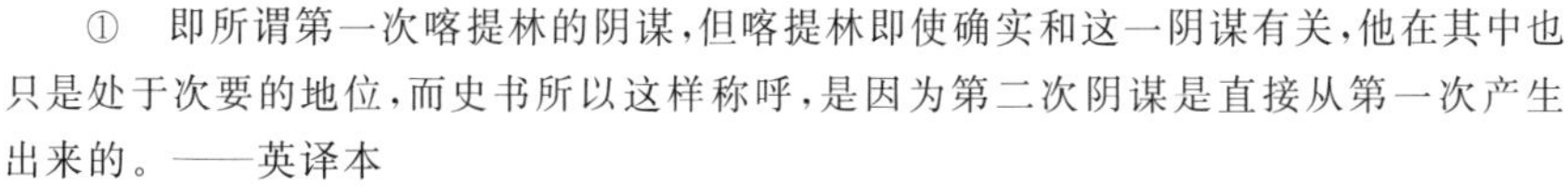

① 即所谓第一次喀提林的阴谋，但喀提林即使确实和这一阴谋有关，他在其中也只是处于次要的地位，而史书所以这样称呼，是因为第二次阴谋是直接从第一次产生出来的。——英译本

② 公元前 66 年。——英译本

③ 指当选为次年的执政官但尚未就职的执政官。——中译者

④ 判罪的内容是罚款、开除公职和被逐出元老院。——英译本

他并未能在规定的期限[①]内提出竞选。当时有一个名叫皮索的青年贵族，这是一个天不怕地不怕的家伙，他穷而又好生事，他想推翻共和国是因为他需要钱而又品行恶劣。他把自己的计划告诉了喀提林和奥特洛尼乌斯，于是他们便同他一道在十二月五日左右着手准备元旦那天在卡皮托利乌姆山上的朱庇特神神殿杀死执政官路奇乌斯·科塔和路奇乌斯·托尔克瓦图斯[②]。当时他们设想由他们自己动手夺取棍束[③]，并派皮索率领一支军队去两个西班牙行省。但是这次的阴谋败露了，谋杀的计划于是推迟到了二月五日[④]。这次他们不仅想杀害两位执政官而且还有许多元老，而如果喀提林在元老院的门口不是过于匆忙地向他的同谋者发出信号，那天就会实现从罗马建城以来最可怕的罪行。但是由于武装

① 期限按规定是"三周"(trinundinum)。作者在这里混淆了公元前66年和公元前65年的事情。实际情况应当是这样：公元前68年度的行政长官喀提林从公元前67年夏天起任阿非利加行省的长官，但在他任职期间他便被行省居民告到元老院说他有贪污行为。公元前66年夏喀提林返回罗马后，提出竞选公元前65年度的执政官。但喀提林未能在规定时期内提出，执政官路奇乌斯·沃尔卡提乌斯·图路斯于是请示元老院是否考虑他的竞选。元老院作了否定的回答后，喀提林只好放弃竞选的念头。但随后当选为执政官的奥特洛尼乌斯和苏拉又因渎职罪而被判罪，路奇乌斯·奥列利乌斯·科塔和路奇乌斯·曼利乌斯·托尔夸图斯立即取代了他们。紧接在这之后即公元前66年年底和第二年年初才发生了作者提到的事情。公元前65年保民官克劳狄乌斯又控告喀提林有贪污行为，克劳狄乌斯虽然未能使他被判罪，但是诉讼的拖延又使他未能在法定的期限内提出竞选。——法译本注，有删节。

② 元旦是新的执政官就职的日子。——中译者

③ 棍束即法西斯(fasces)，是红皮带系住的一束木棍，中间插上一把斧头。共和国时期它是执政官的权力标记，由十二名侍从扛着走在前面。平时在罗马城内出行时作为权力标记的棍束不插斧头。——中译者

④ 这个说法只见于此处，没有旁证加以证实。——中译者

的阴谋者集合起来的人数不足，这一计划最后失败了[①]。

（19）后来，当时只不过是一位财务官的皮索在克拉苏的支持下带着同行政长官的头衔和权力被派往近西班牙[②]，因为克拉苏知道此人乃是格涅乌斯·庞培的死敌。但是元老院却十分愿意把这个行省给他，因为它想用这个办法把这个无耻之徒从政府所在地的罗马送到遥远的地方去。而且，许多贵族也认为可以在这个人身上找到一个能够同这时权力已大得可怕的庞培相抗衡的力量。

但是这个皮索在他前往他的行省的途中就给他自己麾下的西班牙骑兵杀死了。有一些人说，这是因为蛮族无法忍受他的不公正、横傲而又残暴的统治；但还有一些人认为，杀害皮索的骑兵，过去曾是庞培的忠实的侍从[③]，他们是在庞培的唆使下干出了这事的。后者还指出，直到当时为止西班牙人从不曾犯过这样的罪行[④]，而过去他们曾忍受了许多残酷统治者的暴政。我们并不想就这个问题作出论断，而关于第一次的阴谋我们就说这些了。

（20）喀提林看到我刚才提到的那些人都集合到他面前之后，尽管他同他们中间的每一个人都进行过多次的交谈，但他仍然认为有必要对他们所有的人讲 ·次话，加以鼓动。因此他便把他们

① 苏埃托尼乌斯的《优利乌斯传》第9章有不同的说法，可参阅。——英译本

② 西班牙东部沿岸地带，所谓远近系对罗马而言。——中译者

③ 可能是在庞培对塞尔托里乌斯作战时（公元前76年到公元前71年）或在庞培的敌人死后他整顿行省时他拉拢了一些西班牙人。——法译本

④ 这与事实不完全符合，在迦太基人统治时期西班牙人暗杀过汉尼拔的岳父哈斯德路巴（公元前223年）。在罗马人统治时期，在罗马人对金布利人作战时，西班牙人又杀死过路奇乌斯·卡尔普尔尼乌斯·披佐·佛路吉。——法译本

引入他家中的一间密室，在不容许任何目击者在场的情况下，对他们讲了下面的话：

“如果我不是已经考验了你们的勇气和你们的忠诚，那么即使十分有利的时机已然出现，那也是无济于事的；即使把巨大的希望和权力放到我手里也没有用处；而且，如果我身旁只有胆小鬼和不坚定的人，那么除了有十成把握的事情之外我也就不敢进行任何冒险的行动了。但是通过多次重大考验，我深深地认识到你们的勇敢和对我的忠诚，因此我才有勇气计划一项极为伟大而光荣的事业，这样做还因为我看到，在善与恶的问题上，我和你们的观点是一致的；因为我们好恶一致——这一点，并且只有这一点——才是我们结成真正友谊的保证。至于我提出的计划，我在同你们进行个别谈话时已经向你们作了说明。但是当我考虑到如果我们不采取措施解放我们自己我们将会在怎样的条件下生活的时候，我的决心就一天比一天地加强起来。因为自从国家受到少数强有力的人物的治理和统治以来，各地的国王和统治者一直向他们纳贡，各民族和国家也一直向他们纳税。他们之外的所有我们这些人，这些奋发有为而又有才干的人，无论贵族还是平民，都只不过是既起不了作用又没有威信的一群贱民；我们的命运被掌握在这样一部分人手里，而在一个自由国家里，我们本来应当是这一部分人恐惧的对象。因此，全部影响、权力、地位和财富都在他们手里，或者只要他们想要便能获得，而他们留给我们的却是危险、失败、迫害[①]和贫困。勇敢的人们，请问，这种情况你们要忍受多久呢？与

① 给某人加上罪名，然后判刑。——中译者

其在别人的颐指气使之下作一个玩物,而不光彩地把我们悲惨而耻辱的一生断送掉,那么英勇地死去,岂不是更有意义么?而且我还要请诸神和世人同来作证,我敢发誓说胜利肯定是在我们手里的!我们都处在盛年,并且我们是勇敢的。反之,岁月和财富却使他们变成老朽。我们只需勇敢地迈出第一步,其余的人自然会跟上来。请问,哪一位真正的男子汉大丈夫能容忍我们头上的暴君拥有大量的财富,浪费无数的金钱在海上进行营造①或是把山削平,而另一方面,我们却连购买单单是必需的日用品的钱也没有。我们能容忍他们竟然并排修建两座或更多座邸宅,而我们连一个栖身之所也没有吗?他们聚敛绘画、雕像、刻花的酒瓮②,拆掉新的建筑以便另行修建别的建筑物,总之他们千方百计地滥用和糟蹋他们的财富,而尽管他们过着穷奢极欲的生活,他们的财富却是用也用不完的。但是我们怎么样呢?我们在家里一贫如洗,在外面我们又负了一身债,当前过的是悲惨的日子,而未来却更加看不到一丝希望。总之,除去只有悲惨的日子之外,我们还留下什么呢?醒来吧!看哪,就在这里,就在你们眼前,就有你们长期渴望的自由,还有随自由而来的财富、荣誉和光荣;这一切是命运给予胜利者的奖赏。这一事业本身、机会、危险③、你们的悲惨处境、大批的战利品,这一切比我的任何发言都更有说服力。你们可以把我当作你们的一位领袖或当作一名普通士兵来使用我。我将全心全意地听候你们的召唤。我希望自己作为你们的执政官能帮助你

① 罗马的权贵常常在沿海附近的小岛上修建别墅。——中译者

② 原文 Toreumata 是个相当 vasa caelata(刻花的酒瓮)的希腊词。——英译本

③ 机会往往是和危险并存的,有了时机,还要有冒险的勇气。——中译者

们实现这些计划,除非我也许是自己欺骗自己并且你们也甘愿处于受奴役的地位而不愿统治别人。”

(21)喀提林的话是讲给这样一些人听的,这些人有极多各种各样的不幸,但是既无财产也没有任何像样的指望,看来也只有骚乱才能使他们取得丰厚的报酬;不过他们的大多数人却是要他说明,在怎样的条件下才能以发动战争,胜利后能得到什么奖赏,他们将有怎样的手段以及前途如何并且在哪一方面。于是喀提林便答应他们取消债务[①],宣布富人不受法律保护,答应把高级官吏的职位、司祭的职位分配给他们,答应他们放手来掠夺,还有战争和胜利者的为所欲为所能提供的一切战利品。此外他还告诉他们,近西班牙的皮索、毛里塔尼亚的普布利乌斯·西提乌斯(努凯里亚人)以及他的军队都是他的阴谋的同伙。他还说,盖乌斯·安托尼乌斯是执政官的候选人,他希望此人将会成为他的同僚,此人是他的亲密朋友并且也陷入各种各样的困难之中。如果此人和他一道成为执政官,他是会把他的计划付诸实施的。紧接着他便对所有正直的公民发出了无数的咒骂,反之对于追随他的每个人他都指名道姓地奉承一番。他提醒一个人的贫困,又要另一个人不要忘记他渴望得到的东西,他对一些人提醒他们的危险或耻辱,要许多人记起苏拉的胜利,他们曾看到这是他们所以能取得战利品的源泉。当他看到他们的情绪都被煽动起来的时候,他便宣布散会,要他们把他竞选的事记在心里。

① 高利贷者的活动在当时的罗马十分猖狂,罗马当局虽然不断公布有关法律加以限制,但实际上效果不大。罗马人在竞选高级官吏时,他们往往提出削减或取消债务的口号,以争取人们的同情。——中译者

(22)当时据说喀提林在对大家讲完了这番话之后,迫使其阴谋参加者起誓,于是他把混合着葡萄酒的人血盛在碗里分给大家,随后,当所有的人都像在庄严的祭仪上所做的那样,对叛徒进行了诅咒并饮了一口血酒之后,他便宣布了他的计划;他们认为他这样做的目的是:既然在场的人们都知道了这样可怕的一个勾当的罪恶内情,这可以使他们相互间更加忠诚。但是还有一些人的看法是,诸如此类的细节都是由这样一些人捏造出来的,这些人认为,夸大被西塞罗处死的阴谋参加者的罪行,可以缓和后来人们对西塞罗所抱的敌对情绪[①]。至于我本人,我没有什么证据可以使我对如此重大的事件作出论断。

(23)[②]在参加阴谋的人们当中有一个名叫克温图斯·库里乌斯的人,这个人出身相当显贵的家族,但是犯下了许多可耻的罪行,而监察官[③]曾因他的道德败坏而把他开除出元老院。这个人的不可信赖可以比得上他的胆大妄为。他不能对他听到的任何东西保密,甚至他自己的劣迹也隐瞒不住。总之他的言行都是极不谨慎的;长时期以来他就和一个出身贵族、名叫富尔维娅的女人私通。当贫困使他不敢放手花钱,从而开始失掉她的欢心的时候,他突然吹起牛来,开始向她许愿,连高山大海都可以给她,但有时他又威胁他的情妇说,如果她不服从他的意旨,他就要动刀子;总之,他变得比先前狂妄得多了。但是富尔维娅得知她的情夫变得如此

① 参见本书第 55 章。五个阴谋者是根据西塞罗的命令被处死的。——中译者

② 作者是接着前面岔开的地方叙述的。——法译本

③ 可能是公元前 70 年度的监察官格涅乌斯·朗图路斯和路奇乌斯·盖利乌斯;参见李维《罗马史》提要,第 48 卷。——英译本

狂妄自大的原因时，根本不想隐瞒对她的国家的这样一项危险的举动，而是把她从不同的来源听到的有关喀提林的阴谋的情况告诉了许多人，只是没有提到把这事告诉她的人的名字而已。

恰恰是这一发现使人们普遍属意于由玛尔库斯·图利乌斯·西塞罗担任执政官。要知道，在这之前，几乎所有的贵族都对西塞罗抱有一种强烈的嫉妒心情，因为在他们心目中，如果一个“新人”[①]——不管他多么优秀——取得执政官的职位，那这个官职就可以说受到了玷污。但是一旦面临着危险，嫉妒和虚荣便都退居次要地位了。

(24)因此当召开民会进行选举时，玛尔库斯·图利乌斯[②]和盖乌斯·安托尼乌斯[③]当选为执政官，而这件事开头使阴谋者感到极大的惶恐。但是喀提林的猖狂程度并未有所缓和。相反地，他日益加强自己的活动，在意大利的各战略地点收集武器，以他本人或以他友人的名义借钱并且给送到费祖莱地方一个名叫曼利乌斯的人那里去，此人后来就是第一个拿起武器来作战的人物。当时，据说喀提林又有了很大一批各种各样身份的支持者，并且支持他的甚至还有一些妇女；她们起初靠卖淫来应付她们的巨额开支，

① 所谓“新人”(homo novus)指祖先中没有任何人担任过高级官吏的人物。高级官吏一般指执政官、行政长官、监察官、高级营造官等等。——中译者

② 即西塞罗。——中译者

③ 即盖乌斯·安托尼乌斯·叙布里达，他是著名演说家玛尔库斯·安托尼乌斯的儿子，未来三头之一的玛尔库斯·安托尼乌斯则是他的侄子。他对罗马人民的联盟者的行为使得他在公元前73年一时间和朗图路斯同时被开除出元老院，但是他几乎立刻恢复了元老的职位。随后，他被任命为公元前66年度的行政长官，而卡西乌斯和西塞罗则是他的同僚。他当选执政官这年是公元前63年。喀提林逃往意大利北部后，他接管了埃特路里亚的军队，但是他回避了击溃喀提林的那次战斗。——法译本注，有修改。

但是后来，当她们的年龄已经使她们无法继续这一营生时，她们便负了巨额的债务。喀提林相信通过这些人的帮助他可以把城里的奴隶吸引到自己方面来并且放火烧掉罗马；然后把女人的丈夫拉过来参加他的阴谋或把他们干掉。

(25)原来在这些女人中间有一个名叫显普洛妮娅的[①]，这个女人干过许多只有男人才敢干的罪行。她十分幸运地有贵族的出身和美貌，有称心如意的丈夫和孩子；她精通希腊和罗马文学，她对音乐和舞蹈的修养超过一位贤妻良母应有的限度[②]，她还有有助于她的放荡生活的其他许多才艺。在她心目中，没有比谨慎和贞节更不值钱的东西了；你无法轻易地作出判断，对于她的钱财和她的荣誉，她更不爱惜哪一个；她的情欲是如此地不可遏制，乃至更多的是她追求男人而不是男人追求她。甚至在阴谋时期之前她也常常说了话不算数，赖债并参与过杀人的勾当。贫困和挥霍无度加到一起使她彻底堕落了。尽管如此，她却是一个颇有才能的人；她能写诗，会开玩笑，能够根据情况使用谨慎的，或温柔的或放荡的语言；总而言之，她是一个很有风趣和有魅力的女人。

(26)作了这样的安排[③]之后，喀提林依旧[④]进行他的竞选下一

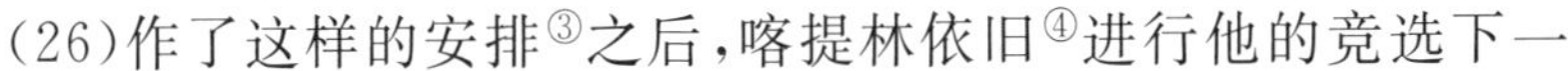

① 显普洛妮娅出身显普洛尼乌斯家族(格拉古兄弟也属于同一家族)。她是公元前77年度执政官尤尼乌斯·布路图斯的妻子，她的儿子戴奇姆斯·尤尼乌斯·阿尔比努斯后来参加了对恺撒的谋杀。作为阴谋者之间的联系人，她的作用是巨大的。——法译本注，有删改。

② 在古代罗马，音乐、舞蹈主要是奴隶的事情，他们学这些是为了娱乐主人。——中译者

③ 参见本书第24章。——英译本

④ 尽管喀提林没有放弃他的推翻共和的活动。——英译本

年度[①]执政官的活动，他的打算是：如果他能当选，他便能容易地随便怎样操纵安托尼乌斯了。在这同时，他并不是无所事事，而是一直在千方百计地想把西塞罗除掉，可是西塞罗这方面也不缺乏机智灵巧的办法来应付。

实际上，就在西塞罗刚刚担任执政官之后不久，由于通过富尔维娅[②]所作的许多保证，西塞罗使得我刚才提到的那个克温图斯·库里乌斯[③]向他透露了喀提林的计划[④]。此外，由于他同意把他自己的行省[⑤]给予他的同僚安托尼乌斯，这样他便说服安托尼乌斯不参与反对国家安全的计划，并且他还秘密地在自己身边布置了由友人和门客组成的一支亲卫队。

当民会开会进行选举的日子到来时，喀提林既未能取得执政官的职位，又未能做到在玛尔斯广场[⑥]把执政官[⑦]暗杀掉。于是他决定铤而走险，挑起公开的战争，因为他的密谋已经不光彩地失败了。

(27)于是他便把盖乌斯·曼利乌斯派往费祖莱及其附近的地

---

① 公元前62年。——英译本

② 参见本书第23章。——英译本

③ 参见本书第23章。——英译本

④ 喀提林本来决定就在选举当天暗杀西塞罗和贵族派的其他领袖人物，但西塞罗说他在得到这个消息后，就把选举的日期推迟并且赶忙召集了元老院会议。当喀提林被召到元老院接受质询时，他作了横傲无礼的回答。元老院对此深为激怒，于是发布命令授予执政官以保证国家安全的全权(caveant consules ne quid detrimenti respublica capiat)。——法译本注，有删改。

⑤ 盖乌斯·格拉古的显普洛尼乌斯法规定，在执政官选举之前应当给他们指定两个行省，然后通过协议或抽签的办法加以分配。西塞罗把富裕的马其顿行省给了安托尼乌斯，而他自己得到了高卢。——英译本

⑥ 广场在罗马旧城西北，选举在这里举行。——中译者

⑦ 原文复数，当指西塞罗和他的同僚。——中译者

区(在埃特路里亚),把一个名叫赛普提米乌斯的卡美里努姆人派到皮凯努姆地区去,把盖乌斯·优利乌斯派到阿普利亚去。此外还有另外的人被派到另外的地方去,总之是每个人都被派到他认为可以对他的计划起作用的地方去。在这同时他本人在罗马也进行了多种活动:计划陷害执政官、放火并把武装的阴谋者安排在要害的地点。他本人外出时总是带着武器并且要别人也学他的样子,他要求他们永远要保持警惕和作好准备;他不分昼夜地活动,从不休息,但不眠和疲劳都不能把他搞垮。

最后,由于他多次活动都没有得到成功,于是在一个深夜里他再次把阴谋的头目们召集到玛尔库斯·波尔奇乌斯·莱卡家里来[①]。在这里,他先是对他们的无所作为痛加斥责,然后告诉他们,他已经把曼利乌斯派到经过做工作已决定发动战争的队伍那里去,他还把其他人派到其他地点去要他们在那里开展敌对活动,他表示他本人渴望到前线去,只要他能首先把他的计划的主要障碍西塞罗除掉的话。

(28)听到这些话,其余的人都感到害怕而犹豫起来;但是一位罗马骑士盖乌斯·科尔涅利乌斯却表示愿意效劳,还有一位名叫路奇乌斯·瓦尔恭泰乌斯的元老和他同行。这两个人决定,就在当天夜里稍晚的时候,他们带着一个武装的队伍到西塞罗那里去,

① 安多昂(F. Antoine)认为作者在这里时间顺序有不准确的地方。在莱卡家中的这次集会(公元前 63 年 11 月 6 日到 7 日的夜里)和谋刺西塞罗的行动是在作者稍后叙述的事件的后面。但按时间先后,他应当把这些事放在西塞罗发表第一次反喀提林演说的元老院会议的紧前面。后面叙述的事件直到第 31 章都是 10 月的事情。——法译本

表面上是作礼节性的访问[①]，就在那里，在执政官家里，出其不意地把毫无戒备的西塞罗杀死。当库里乌斯得知威胁执政官生命的巨大危险时，他便赶忙通过富尔维娅把正在计划中的对执政官的陷害报告给西塞罗。因此西塞罗家的大门就在没有成功的暗杀者面前关了起来，而这一可怕的罪行也就无法实现了。

这时曼利乌斯在埃特路里亚则尽力想把那里的民众煽动起来，他们由于贫困和对本身遭到的不公正待遇的怨恨情绪因而是十分愿意发动变乱的，原来在苏拉的独裁统治时期，他们丧失了他们的土地和他们的全部财产。他还同属于不同民族的盗贼联系，因为在国内的这一地区盗贼为数甚多，同他发生联系的还有苏拉的一些旧移民，他们过去掠夺的大批财物由于他们的放荡而又挥霍无度的生活已经完全耗尽了。

(29)当人们把这些事报告给西塞罗的时候，他为这双重的危险感到很大的不安，因为他认为单凭他一个人的力量已不再可能保卫罗马使之不受阴谋分子的侵犯，而且他还无法充分确定曼利乌斯的军队的规模和意图；因此他正式要元老院注意到已经成为民众谈论话题的事件[②]。于是正像在危险迫临时常做的那样，元老院投票决定“执政官应注意不使共和国遭受任何损害”。按照罗马惯例，元老院授予高级官吏的这种权力是至高无上的。它允许

① 礼节性的访问(salutatio)是显要人物的门客与友人对他们的问候，通常在日出后不久进行。由此可见阴谋者的会议必然已经持续到深夜一两点钟。——英译本

② 元老院的这次会议是10月20日(一说21日)召开的。与西塞罗不同，作者把执政官的选举放到西塞罗向元老院作出声明一事的前面(参见本书第26章)，而实际上选举是到10月28日才进行的。而且这次会议不是因为莱卡家的会议和谋害西塞罗的阴谋才召开的。——英译本注，据法译本补充。

他有权征募军队，发动战争，可以用任何办法迫使联盟者和公民负起他们的义务，允许他在国内和战场上行使无限的行政权和军事指挥权；而在其他情况下，除非有人民的命令，执政官是不能有这些特权之中的任何一种的[①]。

(30)几天之后，路奇乌斯·赛尼乌斯，一位元老，在元老院的一次会议上宣读了他说是从费祖莱带给他的一封信，信中说十月二十七日，统率着一支大军的曼利乌斯已经发动了战争。就在这同时，正像在这类危急的情况下经常发生的那样，一些人谈起那些可怕的朕兆和怪异事件，另一些人则又谈论集会和调遣军队的事情，谈论卡普亚和阿普利亚的奴隶暴动[②]。

于是按照元老院的命令，克温图斯·玛尔奇乌斯·列克斯被派到费祖莱去，而克温图斯·梅特路斯·克列提库斯则被派到阿普利亚及其邻近的地区去。这两位将领都率领着他们各自的军队驻留在罗马城门口的地方，因为他们由于少数人从中捣鬼——这些人有一个习惯，就是把无论是光荣的还是可耻的任何事情都拿来进行交易——而未能举行凯旋式[③]。

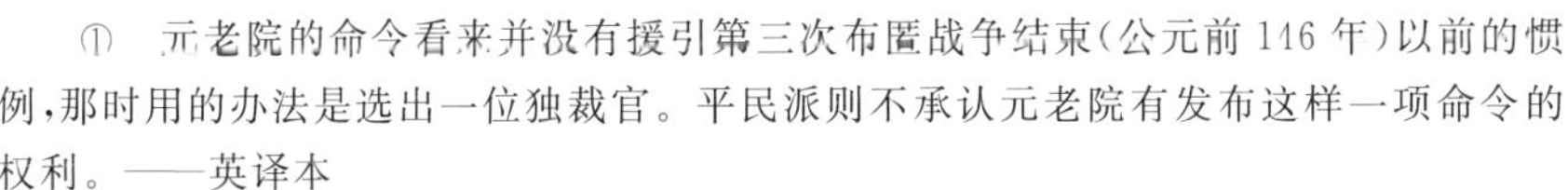

① 元老院的命令看来并没有援引第三次布匿战争结束（公元前146年）以前的惯例，那时用的办法是选出一位独裁官。平民派则不承认元老院有发布这样一项命令的权利。——英译本

② 位居意大利东南部的阿普利亚。大概是因为民族比较复杂，那里住着美撒皮人、达乌尼人、皮乌凯提人和撒伦提尼人。卡普亚则有过向汉尼拔打开城门的历史。——中译者

③ 克温图斯·玛尔奇乌斯·列克斯曾在奇利奇亚进行胜利的战争，而克温图斯·梅特路斯·克列提库斯则因为征服了克里特而赢得克列提库斯（即克里特的）的称号。他们不放弃统帅权（imperium）就不能进城，但是没有统帅权便不能举行凯旋式。——英译本

在行政长官中，克温图斯·彭佩乌斯·茹福斯和克温图斯·梅特路斯·凯莱尔也被派了出去。前者去卡普亚，后者去皮凯努姆地区，他们可以按照当地是否有紧急情况，是否有危险而决定军队的征募。

此外元老院还规定，如果有谁揭发危害共和国的阴谋，奴隶将取得自由和十万谢斯特尔提乌斯[①]的奖赏，自由人则免于追究其参加阴谋的罪行并取得二十万谢斯特尔提乌斯的奖赏。还有，角斗士的队伍也按照各地的财力分别被疏散到卡普亚和其他自由城市去[②]。在罗马城，各区都布置了夜哨，由低级官吏[③]负责领导。

(31)这些预防措施使得罗马城内人心惶惶，城市的面貌也改变了。由于长期的和平而造成的极端欢快轻松的气氛突然变成笼罩全城的一片阴郁。人们都感到恐惧不安，不相信有任何安全的地方或任何可靠的人，他们感到这时既不像是战争时期，也不像是和平时期，每个人都按照自己内心恐惧的程度来衡量当时的危险。罗马共和国的伟大过去一直使妇女不知道战争的恐怖，但现在她们也陷入极大的焦虑之中，她们向着天空伸出了恳求的双手，为她们的小孩子的命运而悲叹，提出一个又一个的问题，无论什么都会使她们吓得发抖，她们抛掉傲气和放纵，而对自己和对她们的国家已经绝望了。

尽管罗马为保卫自己作了准备并且路奇乌斯·保路斯还依据

① 罗马货币名。——中译者

② 防止他们在罗马闹事。——英译本

③ 这里指财务官、营造官和保民官等等。——中译者

普劳提乌斯法[①]传讯了喀提林本人，但喀提林仍然顽固地坚持他原来的计划。最后，为了掩盖他的企图或者为了给自己洗刷，好像他只不过是受一些私人的诽谤，于是他又来到了元老院。

于是执政官玛尔库斯·图利乌斯，或是由于对他的出场感到害怕或是出于义愤，发表了一篇对共和国十分有意义的、极为精彩的演说[②]，这篇演说他后来写出来发表了[③]。什么都不准备承认的喀提林就座之后，便低着头用恳求的语气请元老不要相信对他的任何没有根据的指控：他说他的家庭出身和他从年轻时养成的生活习惯使得他只能向往美好的事物。元老们不应当认为像他这样一位贵族，一位像自己的祖先那样对罗马人民做出了巨大贡献的贵族竟会因推翻共和国而得到好处，而另一方面，同罗马城毫不相干的一个居民[④]反而成了共和国的救星。此外他还讲了另一些咒骂的话，但是这时全体元老的吼叫把他的话压了下去，他们骂他是卖国贼和凶手。于是他在一阵狂怒中喊道："既然我的敌人这样逼我，把我投入绝望的深渊，那我是会用一片瓦砾把烧向我的大火压下去的！"

① 公元前89年由保民官普劳提乌斯·西尔瓦努斯主持通过的，目的在于反对暴力和破坏和平的行动。喀提林在埃特路里亚的活动使保路斯有理由依法向他提起诉讼，但后来这一诉讼还未结束，事件便发生了急剧的变化。——英译本注，有补充。

② 即第一篇反喀提林的演说，这篇演说发表在公元前63年11月8日。——中译者

③ 罗马有一些利用奴隶在纸草卷上抄写作品贩卖的"出版商"，西塞罗的挚友阿提库斯就是其中的佼佼者。——中译者

④ 这种指责是不公平的，虽然西塞罗是阿尔皮努姆人而不是在罗马出生，但是他有充分的罗马公民权。——英译本

(32)说了这话之后,他便冲出元老院[①]回家去了。由于他的暗杀执政官的计划没有任何进展,并且他看到夜里值班的人又使他无法对罗马实现纵火的勾当,于是他对形势进行了长时间的思考,而认为最好的办法就是赶在军团的征募[②]之前扩大自己的军队,加强自己的军备。于是他便在深夜[③]带着一些党徒[④]去曼利乌斯的营地。但是,他还指示凯提古斯、朗图路斯以及另一些他知道无法无天什么事都干得出的人,要他们不择手段地加强他们一派的力量,力求实现暗杀执政官的阴谋,准备进行谋杀、纵火和其他战争恐怖活动。至于他本人,不久他将率领一支大军攻打罗马。

正当在罗马发生这一切事件时,盖乌斯·曼利乌斯从他的军队中派出了一个代表团到玛尔奇乌斯·列克斯这里来,送来这样一封信:

(33)"统帅,我们召请诸神和世人同来作证,我们并没有拿起武器来反对我们的祖国,也不曾用武力危害过别人,而只是保卫我们自己不受暴力侵犯而已。我们是贫困不幸的人,我们中间的许多人由于高利贷者的横暴凶残[⑤]而被驱出祖国,而我们所有的人则失去名声和财产。我们中间的任何人在被剥夺了祖产之后也不

① 这里指协和神殿。——英译本

② 这时负责募兵的是罗马执政官彭佩乌斯·茹福斯和梅特路斯·凯莱尔。参见本书第30章。——法译本

③ 就在西塞罗发表第一次反喀提林演说的那天深夜,也就是公元前63年11月8日到9日的夜里。——法译本

④ 据普鲁塔克(《西塞罗传》,第16章)告诉我们,他是带着300名武装人员离开的。——法译本注,有删节。

⑤ 在喀提林阴谋时期,法定的年利是12%,但由于高利贷者的贪暴,利率远远高于此数。——法译本

能按照我们祖先的惯例享受法律的保护和保留我们个人的自由，高利贷者和长官就是这样的残暴不仁[①]。你们的祖先常常对罗马民众发恻隐之心，并且通过元老院的法令来救济他们的贫困，而根据我的记忆，就在不久之前，由于他们负的债太多，所以在贵族的一致同意之下用铜来偿还银子的债务[②]。平民自己往往也想自己进行统治，或是由于对高级官吏的横傲感到激怒，因此曾拿起武器来从贵族那里分离出去[③]。但是我们要求的既不是权力也不是财富，尽管人们作战和争斗通常就是为了这些东西，我们要求的只是自由，而任何一个真正的人只要活着是不会放弃自由的。我们恳求你和元老院关怀你们不幸的同胞，把那由于行政长官的不公正而使我们失掉的法律保障恢复起来，并且不要迫使我们不得不考虑如何才能最昂贵地出卖我们的生命吧。”

(34)克温图斯·玛尔奇乌斯对这封信回答说，如果他们想向元老院有任何请求，他们必须放下武器到罗马来恳求。罗马人民的元老院一直是十分富于同情心和仁慈的，乃至任何求助于它的人都不会遭到拒绝的。

但喀提林在途中也写信给担任过执政官的人和其他最显要的

---

① 佩提利乌斯和帕披里乌斯法(lex Peletia et Papiria)(李维:《罗马史》,第 8 卷第 28 章)明确规定善意的债务人不能遭到囚禁而只能用他的财产来抵偿债务。但实际上债务人仍然是没有保障的,他们不能指望债主对他们发善心,如果他们要求法律的保护,行政长官总是保护债主的利益的。——法译本注,有删节。

② 根据公元前 86 年的瓦列里乌斯法。维列乌斯·帕特尔库路斯(2.23.2)称这一法令是最可耻的法令(lex turpissima)。——英译本

③ 由于贵族不给平民任何政治权利,平民于是离开罗马并威胁说要另建一个独立的国家。历史上记载了三次这样的“分离”:公元前 494 年去“圣山”(Mons Sacer),公元前 449 年去阿温提努斯山,公元前 287 年去雅尼库路姆山。——英译本

贵族，表示既然他受到了诬陷并且无法应付他个人的敌人的阴谋，因此他只得认命，亡命到马赛利亚[①]去，不过这绝不是说他承认自己犯下了重大的罪行，像人们所指控的那样，而是为了使共和国得到安宁，为了不使他因坚持自己的意见而挑起一场战斗。

不过克温图斯·卡图路斯在元老院宣读的那封信却大不相同了，卡图路斯说这封信是以喀提林的名义送给他的，下面就是这封信的原文[②]：

(35)“路奇乌斯·喀提林致书克温图斯·卡图路斯。你的突出的忠诚是我深有体会的[③]，这种忠诚在我遭到极大的危险时曾使我十分感激，因而它使我有充分的信心向你提出一个请求。我因此决定不为我的不寻常的举动[④]进行任何辩解。我向你解释这一举动绝不是因为我感到我有罪，并且我深信你将会承认我的话是公正的。我已被种种不公正的待遇和侮辱逼得走投无路，因为我被剥夺了我的辛勤劳动的成果并且无法取得荣誉的地位[⑤]，所以我才依照我的习惯做法，把保卫苦难者的利益的大事担当起来；

① 今法国马赛，当时是高卢南部的一个重要的贸易中心，后来在恺撒与庞培的斗争中站在庞培一面，公元前 49 年向恺撒投降。——中译者

② 作者在这里用 exemplum 一词，表明这封信不是作者本人所写，也不是复述而是信件的原文，因为在古典作品中引用的演说或书信往往是作者所作而加给书中人物的。——中译者

③ 喀提林同法比娅(参见本书第 15 章)的关系受到指控时，卡图路斯曾为他辩护而免受追究。按克·路·卡图路斯是打败过金布里人的那个卡图路斯的儿子，又是元老院贵族派的领袖。——英译本注，有补充

④ 指诉诸武力的做法，他实际上是去曼利乌斯那里，而不是去马赛利亚。——英译本

⑤ 这里当指他多次竞选执政官而未能成功之事。——中译者

我这样做也不是因为我个人的财产不足以清偿我个人负的债务（欧列丝提拉和她的女儿慷慨解囊相助，这甚至使我可以清偿别人的债务），而是因为我看到庸碌之辈身居高位[①]，看到我之受到排斥是因为我受到没有根据的怀疑。正是为了保全我自己还有的威望，我才采取了同我的处境相适应的体面措施。本来我还可以多写一些，但有人告诉我，我正在受暴力的威胁[②]。现在我把欧列丝提拉托付给你，相信你会很好地保护她不受任何侮辱，我以你自己的孩子的名义恳求你，再会。”

(36)喀提林本人在阿尔列提乌姆一带和盖乌斯·弗拉米尼乌斯一道盘旋了几天，他利用这一时期给这时已完全被煽动起来想造反的民众提供了武器，然后就匆匆赶赴曼利乌斯的营地，和他一道安排了棍束[③]和其他权力标帜。

罗马方面知道了这些情况之后，元老院立刻宣布喀提林和曼利乌斯为国家的敌人，并且为所有其他参加阴谋的人限定一个日期，要他们在这之前放下武器以便免遭惩处，只有那些被宣布犯了叛国重罪的人是例外。此外，元老院还决定由执政官征募军队，安托尼乌斯应立刻率领一支军队去追击喀提林，西塞罗则负责保卫罗马。

在我看来，罗马人民的统治情况此时比任何时候都更值得惋惜。从日出到日落的整个世界都被它用武力所征服，听从它的统

① 当指西塞罗、穆列纳和西拉努斯。他们在竞选执政官时都曾击败过喀提林。后两个人是公元前62年度执政官。前两人都是“新人”，西拉努斯则出身平民。——法译本注，有补充。

② 大概指西塞罗使他不得不离开罗马一事。——中译者

③ 关于棍束，参阅本书第18章有关注释。这表明喀提林和曼利乌斯已自封为执政官，另立同罗马对抗的政府。——中译者

治；在国内是一片和平气象并拥有大量财富，这是人类所能期望的最大幸福。但是偏偏在这样的时候，一些品质邪恶的公民却非要把自己毁灭并把他们的国家毁灭不可。而且，尽管元老院发布了两道命令，但是所有大量参加阴谋的人当中没有一个人贪图答应的奖赏而出卖阴谋，没有一个人逃离喀提林的营地；我们国家的许多公民的精神中毒竟如此之深，简直和染上了瘟疫一样。

(37)这种精神错乱的现象并非仅限于参加了阴谋的那部分人，全体平民由于渴望变革都赞同喀提林的计划。特别他们似乎是按照民众通常的做法行事的，因为在任何国家里，那些没有钱的人总是嫉妒那些好人[①]，称赞卑贱的人，憎恨已经确立起来的旧事物，渴望新事物，并且由于他们很不满足自己的命运，因此希望看到一个全面的变革。在动荡和混乱的环境里，他们是容易适应的，因为贫穷易于满足并且不会丢掉任何东西。但特别是城市民众不顾一切地投身到变乱中去，他们这样做有许多理由。首先，所有那些由于其无耻和胆大妄为而臭名昭著的人物；还有那些在放荡的生活中把祖业挥霍掉的人；最后，所有那些因不光彩的事情或罪行而不得不离家出走的人，他们都汇集到罗马这个大污水坑里来。还有许多没有忘记苏拉的胜利的人，当他们看到普通士兵上升到元老的地位[②]以及另一些人发了大财[③]，乃至整天吃喝玩乐像国王

① 指统治阶级中的有钱人，我国过去也用“殷实”一词表示有钱。——中译者

② 公元前81年苏拉不仅使他麾下的士兵进入元老院，而且有的史料还说他把各种人都任命为元老。——法译本注，有删节。

③ F.安多昂指出：“据说一个名叫路奇乌斯·路斯奇乌斯的百人团长在非法宣告时期通过劫掠而积累了多达一千万谢斯特尔提乌斯的财产”。——法译本

那样过日子的时候，他们每个人自己都希望一旦参加战斗也能得到类似的胜利果实。在这之外还有在乡下靠手工劳动以维持悲惨生活的年轻人，他们在公私赠赐的引诱下[①]宁愿到城里来过闲散无所事事的日子也不愿从事那可恶的艰苦劳动。这些人和所有别的人一样是靠着损公来养肥自己的。因此那些贫困、不讲道德又心怀不轨的人对国家像对他们自己那样极不尊重，这就不使人感到吃惊了。而且，苏拉的胜利对另一部分人则意味着宣布他们的双亲不受法律保护，丧失财产，限制他们的政治权利，这些人是以类似的精神期待着一次战争的结果的。最后，不属于元老院一派而属于另一派的所有的人都宁愿看到政府被推翻，而不想看到自己处于无权的地位。这就是经过许多年的间隔之后[②]，国家重新遭到的灾难。

(38)原来自从在格涅乌斯·庞培和玛尔库斯·克拉苏担任执政官的那一年[③]保民官的权力被恢复之后，由于年龄和性格而血气方刚的许多青年人[④]曾取得了很大的权力；于是他们便开始通过抨击元老院鼓动民众，进而用施舍和许诺进一步煽起他们的情绪，从而使他们自己变得既出名又有影响。

几乎所有的贵族都拼命向他们展开斗争，表面上是为了维护元老院，而实际上是为了扩大他们自己的力量。要知道，言简意赅

① 竞选者都把民众当作拉拢的对象，而且这还使人想起后来优维纳利斯所说的无偿提供给罗马民众的 panem et circenses(面包与马戏)。——中译者

② 从苏拉削减保民官的权利(公元前 81 年)到庞培恢复这些权利(公元前 70 年)这段时间实际上是 11 年。——英译本

③ 公元前 70 年。——英译本

④ 担任级别不高的保民官的多是青年人。——中译者

地说句老实话吧，自从那时以来所有攻击政府的那些人使用了各种各样动听的借口，有人说他们是在捍卫民众的权利，还有人说他们是在维护元老院的威信；但是在为了公众利益的伪装之下，实际上每个人都是在为了自己向上爬而卖力。这样的人在他们的斗争中既不能克制自己又没有节制，任何一方在胜利时，都是残酷无情地对待对方的。

(39)但是，自从格涅乌斯·庞培被派出去进行肃清海盗的战争以及对米特拉达特斯的战争[①]之后，民众的力量就被削弱而寡头的力量加强了。寡头手里拥有高级官吏的职位，各行省以及其他一切；他们本身都有钱，又是戒备森严的，他们过的是无所担心的日子并且用法庭对别人造成恐怖气氛，这样则当他们自己身居官位时，他们可以比较容易地操纵民众[②]。但是一旦政治形势变得不稳定而有爆发动乱的危险时，旧日的争论便使他们的情绪重新激化起来。如果喀提林在第一次战斗中取得胜利或他只是保存下了自己的力量未被击溃，则毫无疑问国家将会遭到可怕的屠杀和灾难。不过胜利者本身也不会长久享受他们的胜利，因为一个更强的对手[③]会在他们精疲力竭的时候从他们手中夺取最高统治权，还有他们的自由。

① 庞培进行这两次战争是根据玛尼利乌斯法和伽比尼乌斯法的授权。——中译者

② 原文这里不甚清楚。"别人"(Ceteros)似指政治力量比较软弱的贵族。这样，当权的一派用追究的威胁使对方沉默之后，便能对民众采取一种比较和解的态度。——英译本

③ 这里似乎指克拉苏(参见本书第17章)或恺撒，因为他虽然没有参加阴谋却由于全面的动乱而自己捞到了好处。——英译本

即使如此,许多没有参加阴谋的许多人在敌对行动开始时还是投身到喀提林那里去。在这里面有一个名叫富尔维乌斯的人,他是一位元老的儿子,但此人因他父亲的命令在途中被捉了回来并被处死了。

在这一时期当中,朗图路斯在罗马这里按照喀提林的指示由他本人或是通过别人向他认为就平日的表现或财产状况而论必然会同情变革的那些人做工作——这中间不仅有公民,还有各种各样身份的人,只要在战争中他们有一点用处的话。

(40)因此他便指令一个名叫普布利乌斯·翁布列努斯的人[①]设法去和阿洛布罗吉斯人[②]的使节们会晤,并且,如果有可能的话,诱使他们和阴谋者联合起来进行这一战争。他知道阿洛布罗吉斯人会很愿意被说服参加这一行动,因为他们正承受着公私债务的重担。而且高卢民族生性就是好战的[③]。翁布列努斯曾在高卢人那里经营过银钱业[④],而他个人也同那里许多地方的显要人物熟识;因此当他在广场上看到他们的使节时,立刻就上前就他们国内的情况提出一些问题,并且装出为他们的遭遇很难过的样子。他开始问他们,对这样严重的苦难,他们希望采取怎样的解决办法。当他听到他们抱怨高级官吏的贪得无厌,谴责元老院不给他

① 从西塞罗的反喀提林的演说知道此人是一个被释奴隶。——法译本

② 阿洛布罗吉斯人是高卢东南部属于凯尔特人的一个民族,他们是公元前121年被克温图斯·法比乌斯·玛克西姆斯征服的。他们的土地在今天的罗讷河和伊塞尔河之间,日内瓦湖以北。——中译者

③ 长久以来高卢人就是罗马难以应付的对象,这一点从随后恺撒对高卢的征服(见之于他的《高卢战记》)可以得到证实。——中译者

④ 银钱业者(negotiatores)从事贷款、收税和各种公共契约活动。——英译本

们任何帮助并且说只有死亡才能使他们摆脱苦难时，于是他就说："是啊，只要你们愿意做堂堂正正的男子汉的话，我本人可以泄露给你们一个计划，这个计划将使你们得以摆脱你们正在遭受的巨大苦难。"

当翁布列努斯说这话的时候，阿洛布罗吉斯人感到有了最大的希望，于是请求他可怜他们。他们表示，只要这可以使他们的国家摆脱债务，他们甘愿担起任何危险或困难的任务。于是他便把他们带到德奇姆斯·布路图斯的家里去，他住的地方离罗马广场不远并且由于显普洛妮娅的关系而他必然同他们的阴谋有瓜葛[①]；不过当时的情况是，布路图斯并不在罗马。他还派人把伽比尼乌斯[②]也召了来，这会使得他要说的话有更大的分量。当伽比尼乌斯到来时，翁布列努斯便介绍了阴谋的全部计划，列举了参加者的名字，并且为了鼓起使节们更大的勇气，他还把同阴谋根本无关的各个等级的人也都扯了进来；然后，在保证给予协助之后[③]，他便把他们遣送回国了。

(41)但是阿洛布罗吉斯人长时期不能决定是否参加这一阴谋活动。一方面是他们的债务，他们的好战性格以及战争胜利后可能取得大量战利品的前景；另一方面则是元老院的更为强大的实力，无须冒险的做法和肯定可以得到的奖赏而不是捉摸不定的希

① 参见本书第25章。——法译本

② 这个伽比尼乌斯是骑士等级出身的，罗马包税人都是来自骑士等级。这一情况当然会对阿洛布罗吉斯人的使节的情绪发生影响。——法译本

③ 英译本理解为翁布列努斯保证给阿洛布罗吉斯人以协助，而法译本则理解为阿洛布罗吉斯人保证给予协助，并在注中说，西塞罗在反喀提林的演说中明确指出，阿洛布罗吉斯人答应在山北高卢鼓动战争并派来骑兵部队。——中译者

望。他们作了上述一番考虑[①]，最后共和国的福星使他们倒向共和国的一方[②]。

于是他们把他们刚刚了解到的全部阴谋泄露给他们的国家的主要保护人克温图斯·法比乌斯·桑伽[③]，而西塞罗从桑伽那里知道了阴谋计划[④]之后，便指示使节装作对阴谋很感兴趣的样子，同阴谋的其他参加者[⑤]接近，作出慷慨的许诺并且尽一切努力使阴谋者的罪行尽可能清楚地暴露出来。

(42)大约就在这同时，在山南和山北高卢以及在皮凯努姆、在布路提乌姆诸地区和在阿普利亚都发生了骚动。原来，先被喀提林派出去的那些人正在立刻把一切都办起来，但他们干得很轻率，几乎像是精神失常的样子。他们在夜间集会，运送各种武器，匆匆忙忙地到处活动，通过这一切他们造成的更多是一种草木皆兵的气氛，而不是实际的危险。行政长官克温图斯·梅特路斯·凯列尔根据元老院的一个命令，曾审讯了阴谋的一些参加者并把他们

① 如果阿洛布罗吉斯人背叛了阴谋者的信任并向元老院一派揭露全部计划，他们肯定能得到拥有巨大资源的人们的感谢，这些巨大资源还能以通过向债权人清偿债务而使他们摆脱困境。——法译本

② 所有罗马的历史学家都有一个共通的倾向，那就是把国家受益的一切没有料到的好运都归之于罗马人民的幸运(Fortuna publica 或 Fortuna populi Romani)。罗马这次逃脱了它所遇到过的一次最大的危险，作者认为这当然要感谢幸运。——法译本

③ 桑伽照管阿洛布罗吉斯人在罗马的利益。他的这一职务是从他父亲克温图斯·法比乌斯·玛克西姆斯·阿洛布罗吉库斯那里继承来的，他父亲由于征服了阿洛布罗吉斯人而取得阿洛布罗吉库斯的称号。——英译本

④ 这里具体指阴谋者想把阿洛布罗吉斯人拉进来的计划，因为原来的计划西塞罗早已知道了。——英译本

⑤ 就是说翁布列努斯和伽比尼乌斯以外的参加者。——英译本

投入监狱。盖乌斯·穆列纳[①]在山南高卢[②]也学了他的做法，当时他正在以副帅身份治理那一行省。

(43)但是在罗马，朗图路斯和阴谋的其他领袖在纠合了在他们看来是相当大的一支力量之后，便作了这样的安排，喀提林和他的军队一经到达费祖莱地区[③]，保民官路奇乌斯·贝斯提亚应立刻召集人民大会[④]，谴责西塞罗的行为，而把挑起一场危险的战争的臭名加给这位最优秀的执政官。对参加阴谋的其他人来说，这乃是在当天夜里实现他们的一些活动的一个信号。据说分配给他们的任务是这样：司塔提利乌斯和伽比尼乌斯带着一大批人同时在罗马的十二个重要地点放火，这是为了在随后引起的混乱当中人们更容易接近执政官和作为阴谋攻击对象的其他人。凯提古斯按约定要去包围西塞罗的住宅的大门并向他发起进攻。另一方面，其他人也各自分配了进攻的对象。有些家族的长子，其中多数

① 此人是刚刚当选为执政官的那个路奇乌斯·李奇尼乌斯·穆列纳的兄弟。F.安多昂指出，"先前他曾以副帅身份陪同过他的兄弟(公元前64年同行政长官)，后来又以同样的头衔(legatus praeerat)回到行省，但这次他有了长官的权力，这是根据元老院的一项特殊的命令授予的。"——法译本

② 据西塞罗的《为穆列纳辩护的演说》(Oratio pro Murena)(第41章)，应当是山北高卢(Gallia Ulterior)。这是作者的误记还是抄本的错误则无法确定。——英译本

③ F.安多昂认为，如果原文不予变动的话，那么作者在这里就有了个疏忽之处，因为这里的记述和本书第32、43、44章以及西塞罗的反喀提林的演说(3、4、8;4、2、4)所说的不一致。而按这些地方所说，至多在两天时间里，喀提林已经应当离开费祖莱来到罗马附近并且响应按约定在城里活动的阴谋者。——法译本注，有删节。

④ 这次大会本来应当在贝斯提亚就职的当天召开，也就是说在12月10日。这是阴谋者的最初的计划，但作者忘记指出这计划因情况改变也随之作了改变。凯提古斯主张立刻行动，但后来人们按照朗图路斯的提议改为12月19日(农神节开始之日)实现阴谋活动。——法译本注，有删节。

是显贵，则要把自己的父亲杀死。然后，当全城都因杀人放火的勾当而惊惶失措时，他们全体应冲出城外同喀提林会合。

在进行这些准备工作和作出安排时，凯提古斯一直抱怨他的同谋者的冷淡态度，他坚持认为，由于他们的观望和拖延，他们放过了不少最有利的时机。他还认为，这样一种危机时刻需要的是行动，而不是慎重的考虑，如果有些人愿意协助他，他自己就可以去进攻元老院，即使其余的人都胆小如鼠也没有关系。他生来就是个爱争吵、性情暴烈和急躁的人，他最为重视的就是火速行事。

(44)另一方面，阿洛布罗吉斯人则按照西塞罗的意见，通过伽比尼乌斯而同其他的阴谋分子进行了接触。他们要求朗图路斯、凯提古斯、司塔提利乌斯还有卡西乌斯给他们一纸经过签署的书面保证，这样他们可以拿给他们的国人看，并表示如果不这样，便无法轻易地使他们参加这样重大的一个事件。其他人都毫不怀疑地照办了；但是卡西乌斯却答应他不久就去高卢，继而就在使节之前离开了罗马。朗图路斯派了一个名叫提图斯·沃尔图尔奇乌斯的克罗托那人陪同阿洛布罗吉斯人，这样在他们返回的路上他们可以和喀提林以相互保证忠诚的方式把联盟关系确定下来。他又要沃尔图尔奇乌斯带一封信给喀提林，下面就是这封信的原文[1]：

“我是谁[2]，从给我捎信的人那里你可以知道。请注意不要忘

① 西塞罗在反喀提林的演说里也引用了这封信(3,5,12)，两封信的内容大致相同但文字不完全一样。把二者加以比较可以看出，作者这里引用的是书信的原文，而西塞罗只是凭记忆加以复述。——法译本

② 看来朗图路斯此信不仅没有加盖封印，甚至没有用通常书信的体裁来开头：Lentulus Catilinae S. ——法译本

记你当前的危险处境并且记住你是一位堂堂正正的男子汉。请考虑你的计划还需要什么；要从四面八方，甚至从最下层的人们当中寻求支持。”

此外，他还要沃尔图尔奇乌斯给喀提林带一个口信，问他当他被元老院宣布为叛国者的时候，为什么他要拒绝奴隶的帮助。在罗马这里，一切都已按照他的命令准备妥当，他本人应毫不犹豫地迫近罗马城。

(45)做完了这样的安排并且确定阿洛布罗吉斯人在哪天夜里离开罗马之后，通过使节把一切都了解得一清二楚的西塞罗便下令行政长官路奇乌斯·瓦列里乌斯·弗拉库斯和盖乌斯·彭普提努斯在穆尔维乌斯桥那里伺伏阿洛布罗吉斯人和护送他们的人并把他们逮捕。他十分详细地向他们说明了派他们去的目的，但是整个行动如何安排则由他们自己去考虑。于是在军事方面经验丰富的两位行政长官不声不响地下命令布置了岗哨，暗中把桥包围起来。使节们和沃尔图尔奇乌斯一经到达这里并听到他们两侧同时发出的呼叫声，高卢人很快就知道发生了什么事情，便立即向行政长官投降了。沃尔图尔奇乌斯开头还激励自己的同伴并抽出剑来反抗数量上占优势的敌人；但是当他看到自己被阿洛布罗吉斯人抛弃的时候，他也就恳切地哀求他所认识的彭普提努斯救他，但最后，对自己的生命安全既担心又绝望的沃尔图尔奇乌斯就像投降敌人似地向行政长官投降了。

(46)这里的一切结束之后，很快便有使者派出去向执政官报告详细的经过；执政官这方面虽然十分高兴，同时又感到深深的焦虑。要知道，揭露叛国阴谋从而使罗马得救免于危险的消息固然

使他高兴，但是看到有这样地位的公民竟被发现犯有如此可怕的叛国罪行，这又使他感到苦恼，不知道应当怎样做才好。他认识到对他们的惩罚将会是他身上的一个沉重的负担。如果不惩办他们，共和国就要被断送。

因此他便下定决心，要人把朗图路斯、凯提古斯、司塔提利乌斯和伽比尼乌斯召唤到自己这里来，此外还有一个名叫凯帕里乌斯的提拉乞那人也受到了召唤，这个人当时正准备到阿普利亚去，以便把那里的奴隶发动起来。

所有其他人立刻都到了，但是在这之前不久已离开了家的凯帕里乌斯知道阴谋已经败露，便逃出了罗马。由于朗图路斯是行政长官，所以他由执政官亲自领着去协和神殿[①]，其余的人则在队伍的押解下跟随于后。在那里他召开元老院的会议，而在参加会议者到齐之后，他便把沃尔图尔奇乌斯和使节们领了进来。他命令行政长官弗拉库斯把有关文件和他从阿洛布罗吉斯人那里得到的信都带到这里来。

(47)当人们问沃尔图尔奇乌斯他这次出行的目的是什么还有他所带的信用意何在，总之就是他的计划是什么以及他这样做的动机的时候，开头他编造了另外的情节并否认了解阴谋的内情。后来当人们以国家的名义保证可以赦免揭发者的时候，他才把整个事件原原本本地招供出来。他还说他只不过是在几天之前才被伽比尼乌斯和凯帕里乌斯拖到阴谋里来的，因此他并不比使节们知道更多的事情；只是他常常听伽比尼乌斯说普

① 元老院会议准备在这里举行。——英译本

布利乌斯·奥特洛尼乌斯、赛尔维乌斯·苏拉、路奇乌斯·瓦尔恭泰乌斯以及别的许多人也参加了阴谋。高卢人作了同样的证言，而当朗图路斯不承认自己有罪的时候，他们便不仅向他出示了他的信件，而且还提到他平时经常说的话，那就是，在西比拉预言书[①]里曾预言有三个科尔涅利乌斯要统治罗马；前面已经有了秦纳和苏拉[②]，而他就是第三个要成为罗马主人的科尔涅利乌斯。他还说这是朱庇特神殿被焚烧[③]以来的第二十年，而由于出现了不祥之兆，预言者常说这一年要沾上内战的鲜血。因此，当每个人先确认是自己的封印[④]而后把信都念完时，元老院决定，朗图路斯在交卸自己的职务之后他和其余的人便分别被委托有关的人加以监外看管[⑤]。结果是：朗图路斯交给了这时担任营造官的普布利乌斯·朗图路斯·司宾提尔；凯提古斯交给了克温图斯·科尔尼菲奇乌斯；司塔提利乌斯交给了盖乌斯·恺撒；伽比尼乌斯交给了玛尔库斯·克拉苏；凯帕里乌斯（因为他刚被逮

① 西比拉预言书传说最早来自希腊，从高傲者塔克文统治时期起便保存在朱庇特神殿的一个石匣里，书中保有女巫西比拉降神时所说的诗句，其中有关于罗马命运的预言。神殿大火后此书被焚，后来又从各地加以搜集，各地神殿后来也有自己的预言书副本，但彼此间出入很大，政府不得不一再就此作出规定。按有一个预言说C. C. C. 要相继统治罗马，为此人们普遍认为每一个C都代表科尔涅利乌斯家族的一名成员。——法译本注，有补充。

② 科尔涅利乌斯·秦纳的统治时期是公元前86年到公元前84年，他是被士兵暗杀的；科尔涅利乌斯·苏拉的统治时期是从公元前82年到公元前78年他死的时候。——法译本

③ 神殿被焚是公元前83年7月6日的事。——法译本

④ 这样做是为了表明信并不是伪造的。——法译本

⑤ 这种做法和今天的所谓“保释”有类似之处，每一被告都要交给一位有身份的公民加以看管，监管人要负责使他按时出庭受审。——英译本

捕并带了回来)则交给了一位名叫格涅乌斯·提伦提乌斯的元老。

(48)阴谋被揭发之后[①],开头希望改换统治者从而急于想看到战争爆发的民众,这时却来了个一百八十度的大转弯,痛斥喀提林的计划;另一方面,他们却把西塞罗捧到天上去,表现得如此欢欣鼓舞,就好像他们已经摆脱了奴役似的。要知道,虽然他们相信其他的战争行动会使他们得到战利品而不会给他们造成损失,但是他们却认为一场全面的大火对于他们本身来说,是残酷、恐怖而且是特别具有灾难性的,因为他们除了他们每日的食品和衣物之外是一无所有的。

第二天,一个名叫路奇乌斯·塔尔克维尼乌斯的人被带到元老院来;据说这个人正在逃向喀提林那里,他是被捉住之后,给带回到这里来的。他表示如果国家答应赦免他,他将提供有关阴谋的证据,因此当执政官请他把他所知道的讲出来的时候,他向元老院提供的证言实际上就是沃尔图尔奇乌斯关于打算放火、谋杀忠于当局的人和叛乱者进军罗马的那些。他还说玛尔库斯·克拉苏曾派他去告诉喀提林,不要因为朗图路斯、凯提古斯和其他阴谋参加者被逮捕而惊惶失措,而是要更快地到罗马来,这样他们便能使其余人们的精神重新振作起来,并且他们能更容易地摆脱自己的危险。

但是,当塔尔克维尼乌斯提到克拉苏这位极为富有而且地位

---

① 在元老院12月3日的会议之后,西塞罗发表了第三篇反喀提林的演说并把刚刚发生的一切告诉了人民。——法译本

又极高的权贵的名字时，一些人认为这种指控是不可信的[①]，但另一些人则认为指控是真的，只是他们认为在这样一种危急时刻，对如此有势力的人物只能安抚而不能激怒。那里还有许多人是由于私人的业务关系曾受惠于克拉苏的[②]。所有这些人都高声坚持说，这指控是毫无根据的，他们要求把这事交元老院考虑。因此，根据西塞罗的提议，元老院的全体会议决定，既然塔尔克维尼乌斯的证言看来是假的，就应当把他监管起来，今后也不许他再出席听证的会议，除非他把唆使他在如此重大问题上进行诬告的人的名字揭发出来。

当时有些人相信这一指控是普布利乌斯·奥特洛尼乌斯捏造出来的，意在提出克拉苏的名字并把他拖进这一危险的阴谋之后，他可以用克拉苏的影响来庇护其余的人。还有的人认为塔尔克维尼乌斯受了西塞罗的唆使，这是为了防止克拉苏按照他的习惯担起给坏人辩护的责任[③]，从而无法为国家制造麻烦[④]。而我后来就听克拉苏本人确认，这是西塞罗对他的严重侮辱。

(49)但是就在这个时候，克温图斯·卡图路斯和盖乌斯·皮

---

① 克拉苏和喀提林的勾结真不可信么？克拉苏在公元前65年，特别公元前64年的竞选中是支持过喀提林的，这就给西塞罗的竞选造成了困难。——法译本

② 这里不单是指欠克拉苏钱的那些人，他还以他巨大的财富接济过许多破产的贵族，从而取得他们的好感。普鲁塔克指出(《克拉苏传》，第7章)，他曾以各种方式帮助过各种各样的人，这有助于加强他的政治影响。——法译本

③ 克拉苏曾经由于为庞培、恺撒和西塞罗都不肯为之辩护的那些人担起辩护的责任，从而获得很高的声望(参见普鲁塔克：《克拉苏传》(iii，2))。——英译本

④ 如果对克拉苏的指控属实，那他本人就成了叛乱分子，谈不上为阴谋辩护的问题，那他对国家便是极大的威胁，不是无法为国家制造麻烦(conturbaret)了。——中译者

索无论是用恳求、施加影响，还是用行贿的办法都不能诱使西塞罗通过阿洛布罗吉斯人或别的某些证人对盖乌斯·恺撒进行诬陷。原来这两个人都是恺撒的不共戴天的私敌。皮索所以如此是因为在他受到犯勒索罪的起诉[①]时，恺撒还指控他不公道地处死一个山北高卢人，卡图路斯恨他则起因于他之竞选最高司祭的职位，因为以他这样的高龄和担任过最高官职的人竟败在恺撒这样一个同他相比只不过是个青年人[②]的手里。而且，看来这时正是对恺撒发动攻击的一个好机会，因为这时由于他在私生活中一向以慷慨知名并且在担任公职时期给予别人以豪奢的款待因而身负巨额的债务。但是当他们不能说服执政官采取这样一个蛮横无理的措施时[③]，他们就自己动手干了起来：他们散布仿佛是从沃尔图尔奇乌斯或阿洛布罗吉斯人那里听来的伪造的消息，煽动人们对恺撒的仇视情绪到如此程度，乃至在协和神殿四周担任武装警卫任务的一些罗马骑士由于感到危险的严重性或由于他们按捺不住自己的激愤情绪，他们竟敢在恺撒离开元老院时用刀剑威胁他，以便更明确地表现他们对祖国的忠诚[④]。

（50）正当在元老院内部发生这一切，并且决定把报酬给予阿

① 这次起诉是由阿洛布罗吉斯人提出的。作为该行省保护人的恺撒又附加提出了这一指控。西塞罗为皮索进行了辩护并使他免受追究，参见西塞罗的《为弗拉库斯的辩护》（第39、98章）。——英译本

② 这时恺撒只有37岁左右。——英译本，有改动。

③ 从这里可以看到，甚至撒路斯提乌斯也不能不承认西塞罗的正直，在贪污成风的罗马共和国末期西塞罗的这种品质是十分突出的。参见拙译《恺撒评传》（中国社会科学出版社，1986年）《译序》中《西塞罗和恺撒》一节。——中译者

④ 据苏埃托尼乌斯的记述（《优利乌斯传》，第14章），拔刀向恺撒进行威胁一事是在元老院辩论如何惩处阴谋分子的时候。——英译本

洛布罗吉斯人的使节和提图斯·沃尔图尔奇乌斯的时候，当他们提供的情况被证实是真实的时候，朗图路斯的被释奴隶和他的一些门客则在街上到处活动，试图把工匠和奴隶发动起来挽救他，而另一些人则去找歹徒们的头目[①]，这些人只要给钱是随时能够造成社会动乱的。凯提古斯也派人到他的奴隶和被释奴隶那里去——这是一个精干的、训练有素的队伍——请求他们勇敢地动作起来，集合起自己的队伍，拿起武器强行冲到他这里来。

当执政官得知这些计划之后，他便按当时情况的需要布置了警卫的岗哨[②]，并且召开元老院的会议[③]提出了应当如何处理交付监管的那些人的问题，因为就在这不久之前，元老院曾在全体会议[④]上决议，这些人犯了背叛祖国的罪。

这时，按规定就这些被监管者的命运以及有关路奇乌斯·卡西乌斯、普布利乌斯·富里乌斯、普布利乌斯、翁布列努斯和提图斯·安尼乌斯——如果他们被缉拿归案的话——的命运第一个发表意见的应当是当选的执政官德奇姆斯·尤尼乌斯·西拉努斯，西拉努斯的意见是把他们全部处以死刑。后来，在盖乌斯·恺撒发言的很大影响下，他又说，表决时如果需要分开的话[⑤]，那么他

① 这里当指米洛和克劳狄乌斯之流手下的那些人。——英译本

② 他把卡披托利乌姆山的卫队和一队骑兵交给了阿尔提库斯（见西塞罗：《致阿提库斯书》，II，1，7。）——法译本

③ 这次会议是公元前 63 年 12 月 5 日在协和神殿召开的。——法译本

④ 这次会议是在前一天即 12 月 4 日召开的。如果元老院全会的人数和苏拉时期相同的话，那么全会的人数至少要有 600 人。——法译本

⑤ 在元老院成员都表示了自己的意见之后，支持某一措施的人站到元老院的一方，而反对的站在另一方，然后计数表决。——英译本

赞同提贝里乌斯·尼禄的意见——尼禄只建议先加强警卫部队的力量,以后再讨论这个问题[1]。但是轮到恺撒发言并且执政官向他征求意见时,恺撒的发言是这样:

(51)“各位元老,考虑困难问题的任何人都应当把憎恨和友情,愤怒和怜悯抛弃。如果有这些情绪的干扰的话,人们就不容易把真理分辨出来,也从来没有一个人在不能控制自己情绪的情况下还能维护自己最重大的利益。如果你运用理智的话,它会充分发挥自己的作用,如果你受制于感情,让感情控制了你,你的思维活动便软弱无力了。元老们,这里我可以举很多例子,说明过去国王和各族人民由于受愤怒或怜悯之心的影响而作出了错误的判断。但是我却宁愿向你们提醒过去的这样一些情况,当时我们的祖先由于不受情绪的摆布而作出了公正合理的行动。

当我们为反对国王柏尔修斯而进行马其顿战争[2]的时候,由于罗马人民的支持才成长起来的罗得斯人的光荣伟大的国家对我们不忠,对我们采取仇视态度[3]。但是战争结束后罗得斯人的问题付诸讨论时,我们的祖先却不加惩罚地放走了他们,因为他们担心有人会说引起宣战的是罗得斯人的财富而不是对于他们所干坏

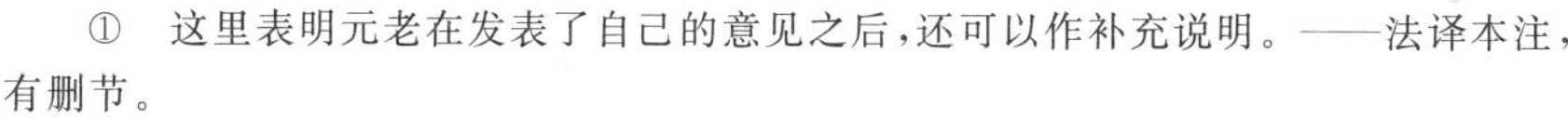

① 这里表明元老在发表了自己的意见之后,还可以作补充说明。——法译本注,有删节。

② 历史上称之为第三次马其顿战争,战争的结果是柏尔修斯在皮德那被打败(公元前 168 年)。——英译本

③ 就在皮德那一战(公元前 168 年)之前,罗得斯人害怕他们的贸易受到影响,曾用战争对罗马人进行威胁,除非他们同柏尔修斯缔结和约。但是老加图在部分保存下来的一篇演说里(《盖利乌斯》,6,3)说服罗马人不要进行报复。但是罗得斯人由于失去了他们在吕奇亚和卡里亚的财产而受到了惩罚,这些财产过去是罗马人由于回报他们在同安条克的战争中给予罗马人的协助而赠送给他们的。——英译本

事的憎恶。

同样地，在全部几次布匿战争期间，尽管迦太基人在和平时期以及在停战期间往往干出许多可恶的事情，罗马人即使在有机会的时候也绝不进行报复，他们考虑的是应当怎样做才符合他们的尊严，而不是法律容许他们对他们的敌人进行报复到什么程度。元老们，你们同样应当小心，不要使普布利乌斯·朗图路斯和其余人们的罪行在你们心目中较之你们自己的尊严占有更大的分量，应当小心不要更多考虑你们的愤怒，而不考虑你们美好的名声。如果可以找到一种同他们的罪行相适应的惩罚，那么我便赞同这一没有前例可循的惩罚。但是，如果罪行的严重超过所有人所能想象的程度，我却建议我们的惩罚应当在法律规定的限度以内。

“在我之前发表了自己意见的人们，大多数都以完美和崇高的词句对共和国的命运表示了惋惜之情。他们列举了战争的恐怖情景以及被征服者会遭到的苦难，少女和少男遭到蹂躏，小孩子们从他们的双亲的怀抱中被夺走，家庭的女主人要屈从胜利者的意旨，神殿和家宅遭到劫掠，还有杀人放火的勾当；简言之，到处都是武器和尸首，鲜血和眼泪。但是，不朽的诸神在上！他们讲这些话的目的是什么？是不是要你们厌恶阴谋？你们会认为，一个不曾被如此骇人听闻、如此残酷的罪行所触动的人竟会被一篇演说煽动起来！不，不是这样的；没有一个人认为他自己所受的侮辱是无关紧要的；的确，许多人习惯于对它们厌恶到超过应有的程度。但是，元老们，并不是所有的人都能得到同样的行动自由。如果是那些默默无闻的卑微的人物由于愤怒而犯了任何罪行的话，那只有很少的人知道，他们的名声和命运是相适应的；但是那些有巨大权

力和一生拥有崇高地位的人们[①]的活动便受到世人的注意。因此就发生这样的情况，占居最高地位的人，他们却最少行动的自由。在这里不应有偏颇不公和憎恶情绪的地位，更不用说愤怒了。要知道，在别人身上被称为愤怒的东西，在一位领袖身上就是横傲和残暴。

“元老们，依照我的意见，则我认为对于这些人的罪行来说，任何惩罚都不是过分的；而大多数人他们记得的只是刚刚发生的事情，在不信神的恶人身上，则人们忘记他们的罪过，却要反复研究他们所受到的惩罚，如果这惩罚比通常的惩罚要严厉一些的话。我深信，德奇姆斯·西拉努斯这位豪放果敢的人物[②]，他说出他说过的那番话乃是出于爱国之心，而在这样一个重大的事件上，他既没有表现对谁的偏爱，也没有表现对谁的敌意。此公的品格和节制我是深为了解的。不过他的建议，在我看来，我不能说是残酷的——在问题涉及这样的一些人时，怎么能说是残酷呢——但却不符合我们国家的传统精神。说老实话，西拉努斯，是恐惧或罪行的严重才使你这位当选执政官赞同法律过去没有规定过的惩罚的。至于恐惧，那是没有必要谈的，特别是由于我们的杰出执政官的警戒措施，我们已经有了这样强大的一支警卫队伍枕戈待命了。至于惩罚，我只能讲一句老实话，这就是在悲伤和苦难当中，死亡乃是苦恼的一种解脱，而不是惩罚；它结束人间的一切不幸，不可

① 这里指元老。——法译本

② 这是元老院发言的一种套话，并不说明恺撒对西拉努斯就是这种估价。——法译本注，有删节。

能再有忧愁或欢乐出现的任何余地了[①]。

“但是，老天在上！西拉努斯，你为什么提出附加的意见，说这些人首先应当遭到笞打呢？是不是因为波尔奇乌斯法[②]禁止这样做？是的，但是还有别的法律[③]，它们也规定即使罗马公民被发现犯了罪也不能消灭他们的肉体，而只是允许他们亡命算了。是不是因为笞打比处以死刑更加严酷呢？对于犯下了如此重大罪行的人们来说，有什么惩罚是严厉的或过于残酷的呢？但是，如果说这是因为笞打又是比较轻的惩罚的话，那么在细微的枝节上尊重法律而在更加重要的地方却又无视法律这能够说是前后一致吗？[④]

“但是，你会说，谁会抱怨为了对付背叛祖国的人而通过的一项法令呢？那么，我要回答说，是时间、流逝的岁月和命运，各个国家都受命运的难以捉摸的脾气的摆布。无论用什么办法来处置这些罪犯，他们都是罪有应得的；但是元老们，你们应当考虑你们的行动对其他罪犯造成的影响。所有坏的先例都是从好的具体事件产生出来的；但是当国家的统治权落入无能之辈或坏人手里去的时候，你们的新的先例便从罪有应得的那些人身上转到罪不应得和无辜的人们身上去了。

---

① 这反映了伊壁鸠鲁的看法，他的学说在恺撒时代十分流行。——法译本

② 罗马历史上有三个波尔奇乌斯法，我们不了解它们的具体条文，但笞打或处死罗马公民的行为是受到禁止的。——英译本

③ 名为瓦列里乌斯法的一些法律，还有盖乌斯·格拉古的一项法律。——英译本

④ 西拉努斯要处死罗马公民的建议是破坏波尔奇乌斯法和其他有关法律的。如果他认为笞打过于残酷而不使用它，那么他就是把囚犯的罪行缩小到最低限度；但如果他认为死刑是更加严厉的惩罚，那么他就违犯了法律的更加重要的部分，特别是因为罪犯还未经正式审判和判刑。——英译本

“拉凯戴孟人在他们征服了雅典人之后曾安排了30名长官对他们进行统治[①]。这些人开始的时候不经审判便处死了那些最坏的和受到普遍憎恨的公民[②]，人民对此欢欣鼓舞，拍手称快，说他们干得好。但是后来他们逐渐胡作非为起来，僭主们不分好人坏人一律随他们的高兴想杀就杀并且吓住了其余的人。这样这个国家便受到了奴役并且不得不为了自己愚蠢的欢欣而受到了沉重的惩罚。

“我们自己都记得，当征服者苏拉下令处死了达玛西普斯[③]和依靠共和国的灾难而飞黄腾达的其他这类人的时候，有谁不曾称赞他的行为呢？所有的人都宣称，那些通过内战而危害祖国的罪恶的阴谋家是罪有应得的。但那只是一场大屠杀的开头；要知道，不论任何时候，只要任何一个人觊觎另一个人在城里或乡间的房屋，最后甚或他的财物或他的衣服，他就设法把这个人列到被宣告不受法律保护者的名单上。这样，那些曾因达玛西普斯之被处死而欢欣鼓舞的人不久他们自己也就被匆匆忙忙地推向刑场，并且直到苏拉使所有追随他的人都大发横财之后屠杀才告中止。

“我个人认为，无论对玛尔库斯·图利乌斯还是对我们的时代

① 在伯罗奔尼撒战争结束时（公元前404年），拉凯戴孟人（即斯巴达人）试图在每一附属国中扶植当地的一批贵族以便对它们进行统治。雅典的“三十僭主”在8个月左右的胡作非为的统治之后，被赶了出去。——英译本

② 色诺芬（《希腊史》，Ⅱ，3，12）说三十僭主处死的首先是雅典贵族最恨的告密者。——法译本注，有删节。

③ 路奇乌斯·李奇尼乌斯·达玛西普斯是马略派，公元前82年他担任行政长官时，曾处死赞同苏拉的阴谋的卡尔波、最高司祭司凯沃拉、安提斯提乌斯和其他人。因此苏拉在占领罗马后，首先便处死达玛西普斯，同时落到他手中的三四千名犯人也被处死在玛尔斯广场上。——法译本注，有删节。

来说，我都根本不担心会发生那样的事情，但是在这样一个巨大的共和国里，人是千差万别的，什么人都有。很可能在今后一个什么时候，当另外的一个什么人成了执政官并同样统率着一支军队的时候，人们可以相信，他确实是能干出某种坏事来的。当一位执政官依照这样的先例，遵从元老院的命令把刀抽出来的时候，有谁能给他划一条界线，又有谁能限制他呢？

"元老们，我们的祖先是绝不缺少智慧或勇气的，但他们的自尊心却不妨碍他们吸收外国的做法，只要那些做法是可取的[①]。从萨谟奈人那里，他们采用了他们的大多数的进攻和防御武器[②]；从埃特路里亚人那里，他们采用了他们的长官的大部分的标记。总之，只要他们在联盟者甚至敌人那里发现适合于他们的东西，他们便极为热心地行之于国内，而对于成功的事物他们是宁愿仿效而不是嫉妒。但是，就在那同一个时代，他们却按照希腊人的习惯[③]笞打公民并且对犯罪的人处以极刑。后来，当国家趋于成熟并由于人口增多而发生派别之争的时候；当无辜者开始受到迫害而这类的其他坏事也干了出来的时候，他们于是便制定了波尔奇乌斯法以及其他有关法律，允许被判罪的人选择放逐的惩罚。元老们，我认为这就是一个特别令人信服的理由，说明为什么我们不应当采纳一项新的政策。用贫乏的资源创造了这一如此强大国家

① 参见《罗马盛衰原因论》（商务版）第2章，特别还是结尾部分，波利比乌斯也指出（vi,25,11），罗马人很快便能学到其他民族的最好的东西——法译本

② 这种说法有可商榷之处，但是萨谟奈人同罗马人进行过长期而激烈的斗争，在这种情况，罗马人吸收他们的东西当然也在情理之中。——法译本注，有删节。

③ 按照传统的说法，公元前449年公布的十二铜表法是以雅典和其他希腊城市的法律为依据的，为此罗马曾派出一个专门委员会。——英译本

的那些人较之我们这些勉强保住了他们光荣地挣得的产业的人肯定是有更大的优点和智慧的。

“如此说来，是不是我建议允许罪犯离开，任凭他们去壮大喀提林的力量呢？绝不是这样！我的意见毋宁是这样：他们的财产应当充公，他们本人应当囚禁在最强大最自由的城市里；此外，今后任何人都不能把他们的案件提交元老院或提交罗马人民，否则元老院便认为这样做的人企图危害国家的福利和社会的安全。”

(52)在恺撒结束了他的发言之后，其余的人简短地表示了他们同意各种不同建议中的某一或另一建议。但是在征求玛尔库斯·波尔奇乌斯·加图[①]的意见时，他讲了下面的一番话：

“元老们，当我们考虑这一阴谋以及我们的危险处境的时候，当我仔细研究了我们的某些元老的建议的时候，我的想法是大不相同的。在我看来，发言的各位所谈的是应该如何惩处那些阴谋对自己祖国、双亲、祭坛和炉灶发动战争的人的问题。但是局势却告诫我们要对他们采取预防措施，而不是辩论我们应当如何处置他们。要知道，在其他罪行的情况下，你们可以在他们犯下了罪行之后对他们起诉；但是在当前情况下，除非你们采取措施预先加以防止，否则一旦他们犯下罪行，你们诉诸法律也没有用了。罗马城一旦被攻克，无论什么部不会留给被征服者的。

“不朽的诸神明鉴，你们这些始终把你们的房屋、别墅、雕像和绘画看得比你们的国家还要重的人们，我要向你们呼吁；如果你们

① 即在历史上被称为乌提卡的加图(M. Porcius Cato Uticensis)的那个人，这时他被任命为保民官。——法译本

想保住你们贪恋难舍的不管是哪一种类的财富，如果你们甚至想为你们之享受自己的欢乐提供一个和平的环境，你们终于要醒来并且坚定地掌握住国家的命运。这里不是在讨论国家的收入或我们的联盟者所干的坏事的问题；现在是我们的生命和自由都处于危急关头。

“元老们，我常常在这里发表长篇大论的演说；我常常对我国公民的奢侈之风和贪得无厌表示不满，这样我就得罪了许多人，使他们成为我的仇人。我这个人是从来不纵容我自己或由于一时冲动而犯任何过错的，因此我也就不能轻易宽恕别人任着性子犯下的过错。虽然你们一向对我的发言不予重视，但国家依然是稳固的；它的繁荣补偿了你们对国家的不关心态度。

“但是，现在，我们讨论的问题不是我们的风气好坏的问题，也不是罗马人民的国家有多么伟大或多么光荣的问题，而是我们所有的一切——不管我们如何看待它——是属于我们还是和我们自己一道都属于敌人的问题。可就在这个时候，恕我不客气地说，有人竟向我们提起仁慈和怜悯！说老实话，长时期以来我们便丧失了文字的真正含义。正是因为挥霍别人的财产被称为慷慨大方，而在做坏事方面胆大妄为被称为勇敢，共和国才被逼得走上了绝路。既然时代的风尚就是如此，这便使得这些人想方设法地挥霍我们联盟者的财富，对掠夺财富的人表现得仁慈；但是不要让这些人对我们的血也这样满不在乎吧，不要为了开脱几个恶棍而给全体善良的公民带来毁灭吧。

“盖乌斯·恺撒刚才就在这里用漂亮而讲究的语言谈论了生与死的问题，我相信，他认为人们有关冥界的说法——他们说，坏人在那里和好人不是走一条路，他们住在阴暗、荒凉、丑恶并充满恐惧的地区[①]——是虚妄的[②]。因此，他建议没收罪犯的财产[③]并且把他们本人囚禁在自治市，这毫无疑问是担心如果他们留在罗马，参加阴谋的人或受雇的贱民会用武力来搭救他们。真的，就好像只是在罗马而不是在整个意大利才有贱民和匪徒似的。或者好像在抗拒的力量最弱的地方，胆大妄为的行为反而不是最猖獗似的！因此，如果恺撒害怕来自阴谋者的危险，那么他的这个意见是完全无用的。但是，如果在这种普遍的恐惧当中只有他是毫不畏惧的，那我就更有理由为你们并为我个人感到害怕[④]。因此，你们一定要懂得，当你们决定普布利乌斯·朗图路斯和其余人等的命运时，同时也就是对喀提林的军队和所有参加阴谋的人作了判决。你们的行动越是表现得强有力，他们的勇气也就越小；但是，一旦他们发现你们这一方面哪怕只有一点点示弱的表现，他们就会立刻以全部的力量肆无忌惮地扑上来。

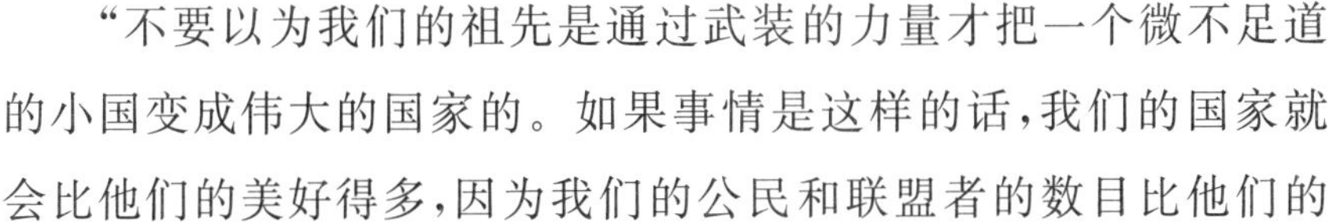

“不要以为我们的祖先是通过武装的力量才把一个微不足道的小国变成伟大的国家的。如果事情是这样的话，我们的国家就会比他们的美好得多，因为我们的公民和联盟者的数目比他们的

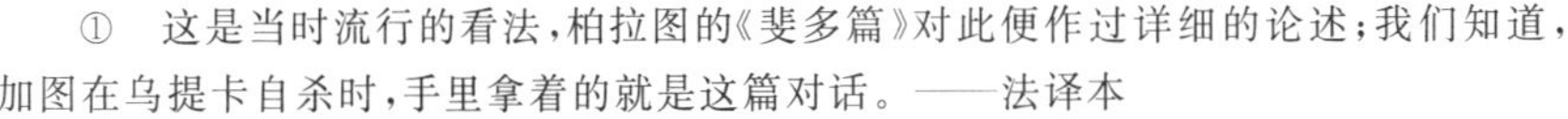

① 这是当时流行的看法，柏拉图的《斐多篇》对此便作过详细的论述；我们知道，加图在乌提卡自杀时，手里拿着的就是这篇对话。——法译本

② 这是说，他对于未来的惩罚抱怀疑态度。——英译本

③ 被判处极刑或被强迫放逐的人的财产都是要充公的，在这里恺撒虽然不主张处死罪犯，却仍然想在财产方面施加打击。——法译本注，有删节。

④ 在加图实际上所作的发言中，加图不仅像在这里这样限于暗示恺撒可能与喀提林同谋：他以恺撒为对手激烈谴责恺撒不仅同意阴谋分子的做法，而且是他们的同谋。作者在这里为了照顾恺撒，所以下能在这方面照录加图的发言。他是有意识缓和加图的责难的口气的。——法译本注，有改动。

要大得多，更不用说武器和马匹了。使他们变得伟大的是另一些我们根本没有的品质：国内方面是讲求实效的作风，对外是公平的统治，和在商讨问题时光明磊落或毫不感情用事的一种独立不倚的精神[①]。但我们却失掉了这些好的品质，而变得奢侈而又贪欲，公家贫困而私人却腰缠累累。我们以财富为荣并养成一种饱食终日无所事事的风气。我们善恶不分，野心篡夺了功绩应得的一切报酬。

“难道这有什么可奇怪的吗！当你们每个人都在谋求自己的私利的时候，当你们在自己家中沉湎于享乐而不能自拔，并在这里受金钱或权势的摆布的时候，没有防御能力的共和国会受到攻击，那就是顺理成章的事情了。

“这一点我就不多说了。地位最显要的公民阴谋反对他们自己的国家，他们竟然煽动罗马人民最痛恨的敌人高卢人[②]向罗马开战。敌人的头目带领着军队正在迫临我们头上来。但即使现在你们还在观望，还在犹豫不决，不知道应当怎样处置你们城内被捉到的敌人！我求求你们可怜可怜他们吧！他们只不过是由于野心而误入歧途的青年人。甚至可以放他们带着武器离开！老实说，如果他们使用了战争的手段，那么你们的仁慈与怜悯结果只能落得个不幸的下场。你们也说，形势无疑是可怕的，但是你们并不害怕它。可实际上你们确实又怕它怕得要命，只是由于思想上的懒

① 这里是一位共和国的作家对罗马创业精神的一个总结。而industria（实干精神）可以说是其中的核心。——中译者

② 罗马人永远没有忘记，也永远不会忘记高卢人在占领罗马时的行为。罗马人对高卢人的印象还可以参看《朱古达战争》最后一章。——法译本注，有补充。

散和软弱你们才徘徊观望，相互等待，这无疑是要把命运付托给不朽的诸神，因为正是他们才往往在极其危急的时刻挽救过我们的国家。但是用起誓和妇人女子般恳求的办法人们是绝不可能得到诸神的帮助的。人们永远是要通过高度的警惕、有力的行动和明智的意见才能取得成功。如果你们表现得懦弱而卑怯，那恳求诸神也无济于事；他们对人们的这种表现是感到气愤和反对的。

“在我们祖先的时代，奥路斯·曼利乌斯·托尔克瓦图斯[1]对高卢人作战时曾经因为他的儿子违背他的命令进攻敌人而将之处死。这样，这个勇猛的年轻人就因为太勇敢而付出了生命的代价。你们还拿不定主意如何惩处这些简直是胆大包天的叛国分子吗？毫无疑问他们过去的经历足以减轻这一罪行啊！如果朗图路斯爱惜他自己的品德，他的美好的名声，如果他对待任何神任何人还有一点尊敬的话，那无论如何也要由于他的地位而赦免他吧。如果凯提古斯不是再次拿起武器反对自己的祖国，那就原谅他的年轻吧！关于伽比尼乌斯、司塔提利乌斯和凯帕里乌斯我将要说些什么呢？要知道，如果他们对任何事物还有一点尊敬之心的话，他们是绝不会为反对共和国而提出这样邪恶的计划的。

“最后，元老们，如果——上天保佑我们！——如果有改正错误的任何余地的话[2]，我却很愿意要你们根据经验学得明智些，因

① 这里作者有两个笔误。据哈利卡尔纳苏斯人狄奥尼修斯的《罗马古代史》（第8卷，第79章），奥路斯应为提图斯；而曼利乌斯处死自己的儿子是在对拉丁人，而不是对高卢人作战时（当时他第三次任执政官）。作者误记为对高卢人作战，可能是因为曼利乌斯是在对高卢人作战后取得托尔克瓦图斯的名号的（因为他在战争中从被杀死的高卢人身上夺取了项圈即 torquatus）。——法译本注，有补充。

② 这就是说，如果还有时间改正已经形成的错误的话。——英译本

为你们是不愿听取我的意见的。而实际上我们正在从四面八方受到包围。喀提林和他的军队正在卡我们的咽喉；另有一部分敌人在我们城内，就在罗马的心脏部分。没有任何准备工作和计划是能够保密的；因此我们就需要更迅速地行动起来。因此我的建议是这样：既然由于邪恶的公民的可憎的阴谋而我们的国家遇到了极大的危险，既然通过提图斯·沃尔图尔奇乌斯和阿洛布罗吉斯人的使节提供的证言而他们被证明是有罪的，并且他们也已经供认他们策划了反对他们的同胞和他们的祖国的谋杀、放火和其他可怕而又残酷的罪行，那么对于供认不讳的罪犯，我们应当把他们看成是在现场被捉住的叛国罪犯①，并且按照我们祖先的方式对他们加以处决②。”

(53)加图刚在自己的座位上就座，所有担任过执政官的元老和其他元老的大部分立刻称赞他的建议并把他的勇气捧到天上去；另一方面，他们又互相指责对方的胆小怕事。加图被欢呼为伟大崇高的公民，而元老院便按照他的建议通过了一项法令。

就我本人来说，由于我读到和听到过罗马人民在国内和国外，在陆上和在海上所成就的丰功伟绩，因此我突然产生了这样一个强烈的愿望，那就是找出主要是哪一种品质使得罗马人成就了这样伟大的功业。我知道他们常常以少数人对抗敌人的大军；知道

---

① 虽然阴谋参加者只是计划了这些罪行并未能具体实现它们，但由于他们的招供，这就如同在犯罪时现场被捉住一样。——英译本

② 这里意味着不允许他们选择流放的惩罚。按规定，只有在现场被捉住的罪犯在定罪后立即执行而不得上诉，如果只供认有罪并且不是在现场被捉住的，则对高级长官的判决仍可上诉，并由一位保民官或人民加以批准。——英译本注，据法译本补充。

他们过去曾以很有限的资源去同那些强大的国王作战；还知道过去他们多次经受命运的残酷考验；知道在口才方面希腊人胜过罗马人，而在作战的勇敢方面罗马人不如高卢人。在长期的思考之后，我确信这完全是由少数公民的突出功业所成就的，正是由于这些人，贫穷战胜了富足，少数战胜了多数[1]。

但是当罗马给奢华与懒散所腐化之后，却是共和国本身因其伟大而在它的将领和长官问题很多的情况下还能维持住，并且长时期以来，由于母亲已被生育子女耗尽精力，所以罗马没有产生出任何一个建立伟大功业的人。但是根据我的记忆，却出现了两位虽然性格不同，但都是功业非凡的人物。这就是玛尔库斯·加图和盖乌斯·恺撒。关于这两个人，既然已经有了这样的机会，那我就不打算沉默而不谈，也不打算不尽我之所能对他们的性情和品格作一记述。

(54)就出身、年龄和口才而论，他们两个人差不多是对等的；在精神的伟大方面他们也是旗鼓相当的，在名声方面也是这样，尽管他们的名声是各自不同的。恺撒被认为是伟大的，因为他仁厚而慷慨，加图则是由于他一生诚实正直。前者出名是由于他温和并富有同情心，后者的严正给他带来了威望。恺撒是通过给予、帮助和宽恕而取得了荣誉的，加图取得荣誉是因为他绝不能被收买[2]。前者是不幸的人们的一个庇护所，后者对恶人则是一场巨

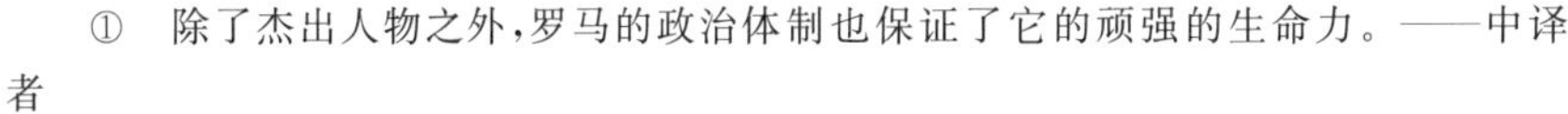

① 除了杰出人物之外，罗马的政治体制也保证了它的顽强的生命力。——中译者

② 但是苏埃托尼乌斯的《优利乌斯传》(第 19 章)却指出，为了使比布路斯当选，加图曾默许行贿的做法。——英译本

大的灾难。前者以善良的品行，而后者则是坚毅不屈的性格受到称颂。最后，恺撒把自己锻炼得能进行艰苦的工作，能睡得很少，为自己友人的幸福尽心竭力，而不把自己放在心上，并且只要是值得给予的，从不拒绝给予。他渴望巨大的权力、一支军队和一场新的战争[①]，因为只有在这一场战争里，他的辉煌的功业才能充分展现出来。反之，加图培养的是自我克制的能力、得体的风度，而首先是严正的作风。他并不和富人斗富，不和有野心的人比阴谋诡计，而是和有进取心的人比贡献，和有自制力的人比节制，和洁白无私的人比清廉。他更想成为一个有道德的人，而不是看来像是一个有道德的人[②]。因此他越是不追求名誉，名誉越是在他身后紧追不舍。

(55)正如我上面所说的，在元老院通过了加图的建议之后，执政官[③]认为最好的办法就是防止在即将到来的夜里有任何新的举动。因此他便下令三人刑事组[④]为行刑作必要准备工作。在安排了警卫队伍之后，他便亲自把朗图路斯带到地牢去，另一方面，行政长官对其他人也执行同样的任务。

---

① 一次完全由他负责的战争，而不像在他之前苏拉、克拉苏和庞培所领导的战争，有相当一部分是别人的功劳。高卢、日耳曼、不列颠都是恺撒率领罗马军队深入其地的。——法译本注，有改动。

② 参见埃斯库罗斯：《七人攻打底比斯》(v. 592)用于阿里斯提德斯的话：如果说他不想看来是最好的，他是想成为最好的。——法译本

③ 这里指西塞罗。——中译者

④ 三人刑事组(tresviri capitales)是负责监狱和行刑的低级官吏，此外他们也还负有警察方面的职责。最初执政官或行政长官任命他们负责警务，后来他们才扩大而有了逮捕、监禁刑事犯和监督行刑的职责。狱卒和刽子手都归他们领导。——英译本注，据法译本补充。

在监狱里，如果你向着左手稍稍上行[1]，就来到一个被称为图里亚努姆的地方[2]，这个地方比地面要低大约十二呎。它在四面都有围墙，上面是一间有石头圆屋顶的房间。这是一处无人照管的地方，黑暗又有腐臭的气味，因此看起来阴森可怖。朗图路斯就是被带下这个地牢的，随后，刽子手[3]便执行下达给他们的命令把他绞死了。这样，出身显赫的科尔涅利乌斯家族并且在罗马执掌过执政官权力的这位贵族就以适合于他的品格和罪行的一种方式结束了自己的生命。凯提古斯、司塔提利乌斯、伽比尼乌斯和凯帕里乌斯也受到了同样的惩处[4]。

(56)正当罗马发生这一切事情的时候，喀提林把他带来的队伍和曼利乌斯已有的队伍合并到一起，组成了两个军团，在他的士兵的人数许可的情况下把步兵中队补充起来[5]。他把来到营地的志愿兵或参加阴谋的人在它们中间平均分配，很快便补足了军团

① 这里的说法几乎无法同现存的遗址相吻合；但其余部分的叙述却是清楚的并且可以认定就是罗马的监狱(Garcer)即所谓"玛美尔提努斯监狱"，它位于罗马广场西北角附近。——英译本

② 过去这里可能是一座下面有泉水的房屋，其名称来自一个古老的拉丁的词tullius，意为"泉"，不过罗马人自己认为这个名称同赛尔维乌斯·图利乌斯有关系。——英译本

③ 刽子手(carnifices)可能是刑事组手下的人，也可能就是他们自己。——英译本

④ 作者在这里没有指出，在处决罪犯之后西塞罗到广场上去，向民众只用一个词vixerunt(意思是"他们活完了")来宣布一切均已结束。接着元老、骑士、民众便把他一直护送回家并且以"祖国之父"的头衔向他表示敬意。——法译本

⑤ 这就是说他组成了各有十个中队的两个军团，但是每个中队的人数都不足正规的定额，最后才由来到营地的志愿兵和参加阴谋的人补充够数，从开头的两千人最后到足额的两个军团。——英译本

的定额[①]，而在开头时，他还不足两千人。不过在全部军队中只有大约四分之一的人有正规的装备[②]。其他人只是碰上什么就拿什么作武器；比如说，有人用投枪，有人用长矛，有人甚至用削尖的木棍。

当安托尼乌斯率领着他的军队迫近的时候，喀提林却使自己的营地穿过山区时而向罗马时而向高卢的方向推进，而回避同敌人作战，指望不久之后能够有一支庞大的军队，如果参加阴谋的人能够在罗马成功地实现他们的计划的话。但在这同时他却拒绝起初大量集合到他这里来的奴隶参加军队，因为他相信阴谋者的力量，同时他还认为，让人们看到使逃跑的奴隶参加公民的事业，这是不符合他的计划的[③]。

(57)但是当营地方面得到消息说，罗马方面阴谋已经暴露，并且我提到的朗图路斯、凯提古斯和其他人已被处死的时候，许多为了想打劫或希望动乱才拿起武器来的人开始溜掉了。喀提林率领着其余的部队以强行军的方式越过崎岖的山区到了皮斯托里亚附近，意在通过横路绕道秘密地进入山北高卢[④]。

但是率领着三个军团的克温图斯·梅特路斯·凯莱尔正在皮

① 军团定额 6000 人。——中译者

② 军团士兵的正规武器有大盾(scutum)、头盔(galea)和胸甲(lorica)作为防御性武器，进攻性的武器则有短剑(qladius)、投枪(pilum)或长矛(hasta)。第一战列的军团士兵(hastati)和第二战列的军团士兵(principes)使用投枪，而第三战列的军团士兵(triarii)即预备兵则使用长矛。——法译本

③ 对于奴隶和被释奴隶服军役的看法，参见苏埃托尼乌斯：《奥古斯都传》(第 25 章)。——英译本

④ 这实际上是到阿洛布罗吉斯人那里去。——中译者

凯努姆地区监视着[1],他从敌人处境的困难推想到他们要走的正是我说过的那条路。因此,当他通过开小差的士兵了解到喀提林向哪个方向行进的时候,他迅速地移动自己的营地并在阴谋者向高卢逃走时必然要经过的那些山的下面布置了一个阵地[2]。安托尼乌斯离开得也不远,因为他一直在比较平坦的土地上追踪逃跑的叛乱者;他所率领的那支军队虽然庞大,却是轻武装的装备。现在,当喀提林看到,他被封锁在群山和敌人的军队之间,他的城内的计划已告失败,并且他既没有逃跑的希望又不能指望得到增援的时候,他觉得在这样一个危急的关头最好还是挑起战斗来碰碰运气,因此他作出了尽快同安托尼乌斯作战的决定。于是他把自己的军队集合起来,对他们作了大意如下的演说:

(58)"士兵们,我知道得很清楚,言语并不能给人以勇气,而一位统帅的发言并不能使一支委靡不振的军队振作起来,也不能使一支胆怯的军队勇敢起来。我知道的只是,每个人在战斗中通常表现的勇敢程度或是出于本性,或是出于平时养成的习惯。对荣誉与危险都无动于衷的人,要激励他们是徒劳的,他内心感到的恐惧堵塞了他的耳朵。不过我把你们召集起来是为了奉劝你们几句,同时向你们说明我作出决定的理由。

"士兵们,你们十分清楚地知道,朗图路斯的无能和胆怯给他

① 据西塞罗的说法,凯莱尔不仅统率着皮凯努姆地区的军队,还管着赛诺尼人地区(ager Gallicus),这里离喀提林的活动地区不远,所以能起牵制作用。——法译本

② 这时他有三条路可走:第一条,从列诺河谷到波伦亚;第二条从费犹马尔波山口到莫迪那;第三条从阿尔诺河谷沿河岸到热那亚。但这一条路被安托尼乌斯堵住,所以他只能选择由凯莱尔负责监视的前两条。——法译本

自己以及给我们带来了多大的灾难，还有，在等待来自城里的支援时，我又怎样地无法进入高卢[①]。而且，在当前，你们和我一样清楚，我们的事业处于怎样的状况。敌人的两支军队，一支来自罗马的[②]和另一支来自高卢的[③]封锁了我们的道路。不管我们多么希望，我们也不能再留在原来的地方了，因为我们缺少粮食和其他必需品。不管我们决定去什么地方，我们必须用刀剑杀出一条道路来。因此我劝你们要表现得勇敢和坚决，并且，当你们展开战斗时，要记住，财富、荣誉和光荣，甚至自由和你们的祖国都在你们自己的右手里[④]。如果我们胜了，我们将会有绝对的安全，供应将是充分的，自治市和移民地将会敞开他们的大门。但如果我们害怕了，肯定我们将遭到相反的命运：武器不能保护的人，没有任何地方，任何友人会保卫他。而且，士兵们，我们和我们的敌人所面临的并不是同样的紧急情况。我们正在为祖国[⑤]、为自由、为活命而战斗；而他们却在进行一场无益的较量，是为了维护一小撮人的权力。因此，不要忘记你们过去的勇敢，鼓起更大的勇气前进吧！

"你们本来是可以在流放中极为屈辱地度过一生的，在失掉你们的财产之后，你们当中的某些人在罗马是可以乞求别人的帮助

---

① 喀提林本来可以先到高卢去，但朗图路斯等人使他感到城内的响应可以使他轻易地得到胜利，所以现在已没有逃走的机会。——法译本注，有改动。

② 安托尼乌斯的军队。——法译本

③ 凯莱尔的军队。——法译本

④ 大概因为右手是持进攻武器的手，再者罗马人起誓时也是互击右手。——中译者

⑤ 实际上，如果他们战败，他们将没有祖国。——法译本

的[①]；但是对于真正的男子汉来说，这种情况看来是屈辱的和无法忍受的，所以你们才决心采取今天这样的行动。如果你们想摆脱现在所处的地位，你们就需要勇敢；只有胜利者才能用战争换取和平。如果你们把可以保护你们身体的武器不转向敌人而是想在逃跑中得到安全，那你们肯定是完全发疯了。在战斗里，胆子最小的永远是最危险的，勇敢才能起堡垒作用[②]。

“我的士兵们，当我想到你们并且考虑到你们的功业的时候，我充满了胜利的极大希望。你们的精神、你们的青春、你们的勇气使我鼓舞，更不用说那甚至使胆小者勇敢起来的贫困了。在这个峡谷里，人数占优势的敌人是包围不了我们的。但是，如果命运不同情你们的勇敢，那么就要死得让敌人同时也受到报复。不要做俘虏，不要像牲口一样地受到屠杀，而是像英雄一样的战斗，让敌人即使胜利也要付出惨重的、可悲的代价吧。”

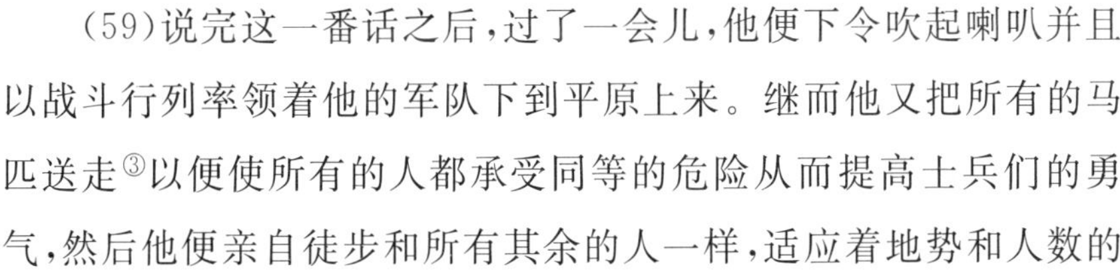

(59)说完这一番话之后，过了一会儿，他便下令吹起喇叭并且以战斗行列率领着他的军队下到平原上来。继而他又把所有的马匹送走[③]以便使所有的人都承受同等的危险从而提高士兵们的勇气，然后他便亲自徒步和所有其余的人一样，适应着地势和人数的

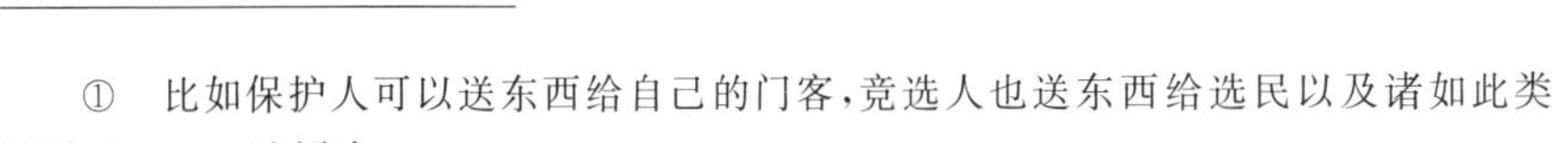

① 比如保护人可以送东西给自己的门客，竞选人也送东西给选民以及诸如此类的赠品。——法译本

② 色诺芬(Cyr,III,3)也说过：“人们想活下去却又想逃跑，那简直是发疯了，他会懂得，胜利者能保证得救，而逃跑的人比坚守战斗岗位的人死亡的比例要大得多。”——法译本

③ 恺撒的《高卢战记》(第1卷第25章)便提到在作战时先把自己的马送到很远的地方去并且下令别的人也都这样做，使大家承受同样的危险，不再有逃脱的希望。——英译者注，有补充。

需要整理了自己的军队。

由于这平原在左手有山，在右手有乱石穿空的地带夹峙着，所以在这里的前面安排了八个步兵中队并且把其余的人以更加密集的行列排在后面作为后备力量；但是从这些人中间他又抽调出百人团长、所有精锐的士兵和重新召回的老兵[①]以及武装最精良的士兵，把这些人放到队伍的最前面。他把右翼的指挥权交给盖乌斯·曼利乌斯，而把左翼的指挥权交给一个费祖莱男子。他本人则和他的被释奴隶与随军的仆从们集合在鹰标（军旗）旁边，据说这个鹰标在马略对金布里人[②]作战时便使用过。

另一方面，患有痛风而不能作战的盖乌斯·安托尼乌斯[③]把军队交给了自己的副帅玛尔库斯·佩特列乌斯来指挥。佩特列乌斯把由于宣战而招募的由老兵组成的步兵中队安排在第一线，其余的人则安排在他们后面作为预备部队，他本人则骑着马来回巡视，叫着名字同他们的每一个人讲话，激励他们并且请他们不要忘记，他们是为了保卫自己的祖国、自己的孩子、自己的祭坛和炉灶而同没有武装的[④]匪徒作战的。他是一个有作战经验的人，在三十多年的时光里他曾以军团司令官、指挥官、副帅或统帅的身份在

① evocati 是指那些退役之后又被召集到部队里来的老兵，他们通常是百人团长级的。这里他们中间的许多人可能是苏拉的老兵。——英译本

② 金布里人是古时中欧的一个来历不甚清楚的民族，公元前 113 年开始入侵罗马行省并和条顿人、高卢人一道在高卢南部等地屡次打败罗马军队。到公元 101 年才被马略彻底战败于意大利北部。——中译者

③ 据卡西乌斯·狄奥（37、39）的说法，安托尼乌斯是为了回避与过去的同僚作战而装病的。——英译本

④ 所谓没有武装实际上是说没有正规的武装或正规武装不足，参见本书第 56 章有关注释。——英译本注，有补充。

战场上立下卓越的功勋，他本人就认识他的士兵的大部分，他们的功业，并且通过提起这些功业，他激起了他们士兵的斗志。

（60）佩特列乌斯做完了所有这些准备之后，便用喇叭发出信号，下令他的步兵中队缓缓向前推进；敌人的军队也仿效他们的做法。

当着人们已经前进到轻武装步兵[①]能够接战的程度时，敌对双方的部队便高声呼啸着向对方冲去，继而又抛掉投枪用短剑厮杀起来。没有忘记自己过去的勇敢的老兵不顾一切地向前推进以便进行贴身的战斗，但敌人方面也是同样的勇敢，因而寸步不让。战斗是极为酷烈的。

喀提林这时带着他的轻武装队伍在第一线忙碌着，他支援在敌人的重压之下已呈现不支状态的队伍，调来后备的队伍来取代伤员，他照管着战场上的一切，而同时他自己也在进行殊死的战斗，往往就把敌人杀死在战场上，从而同时尽到了一名勇敢士兵和一位优秀统帅的职责。

当佩特列乌斯看到喀提林以他根本没有预料到的勇猛精神进行战斗时，他便率领着自己的近卫军部队[②]向敌人的心脏处攻去，打乱了那里的阵脚，并且杀死了在战场各处进行抵抗的人们。继而他又同时在两翼向其余的人发动进攻。曼利乌斯和那个费祖莱人是在第一批倒下去的人们当中的，他们死时手里还握着剑。当

① ferentarii 指的是安排在两翼的轻武装步兵，他们先是向敌人抛掷投枪，然后退到战线后面去。——英译本

② 近卫军部队是统帅身边对他个人负保卫之责的亲卫队，由精锐的步兵和骑兵组成。据恺撒《高卢战记》（第 1 卷第 40 章），他曾建议把这一荣誉给予第十军团。在帝国时期，近卫军因为负保卫皇帝之责而对政局起了举足轻重的影响。——英译本注，略有改动。

喀提林看到他的军队已被打败并且只剩下自己身旁的一小队人的时候，他考虑到自己的高贵出身和先前的地位，于是便冲到敌人最密集的地方去，战死在那里，他是在多处负伤之后才倒下去的①。

(61)直到战斗结束之后，人们才看到喀提林的军队进行了怎样勇敢和坚决的战斗。要知道，几乎每一个人在牺牲时都用自己的身体覆盖了在战斗开始他活着时所占据的位置。确实，被近卫军冲散的核心地点的少数人稍稍离开了其余的人，但即使是这些人，他们的伤口也是在前面的。但是人们发现喀提林远在他的士兵的前面，在被杀死的一堆敌人中间，还在轻轻地喘着气，脸上表现出在他生前给他以鼓舞的一种坚强不屈的精神②。最后，在全部军队中，没有一个自由人出身的公民是在战斗中或是在逃跑时被俘的，这表明所有的人不爱惜他们自己的生命就如同不爱惜敌人的生命一样。

但是罗马人民的军队并没有取得任何欢快的和不流血的胜利，因为所有最勇敢的人不是在战斗中倒下就是在战斗结束时负了重伤。还有离开营地来参观战场或想打劫财物的许多人，在他们翻转叛军的尸体时，时而发现一位朋友，时而发现一位客人或亲属，还有一些人认出了他们的私敌。

这样，全军的人便有了不同的反应，有人悲痛伤心，有人高兴，有人哀悼。

---

①　这次激烈的战斗发生于罗马建城692年，即西拉努斯和穆列纳担任执政官的一年的元月。——法译本注，有删节。

②　弗洛茹斯在提到这件事时指出：“喀提林是在离自己人很远的地方敌人的尸体中间被找到的，如果他是为祖国而死，那才真是了不起的牺牲！”——法译本

附　　录

反喀提林第一演说[①]（西塞罗）

（在元老院发表）

（1）喀提林，到底你还要把我们的耐性滥用到什么时候？你的丧心病狂的行为还要把我们玩弄到多久？你的肆无忌惮的作风将要嚣张到什么程度？帕拉提乌姆[②]夜间的守卫根本不在你眼里；

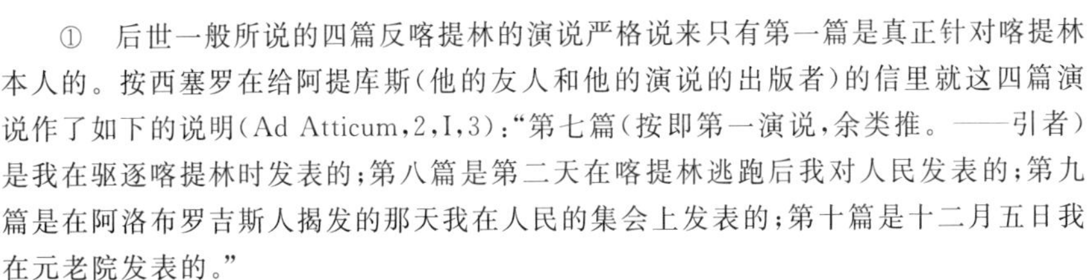

① 后世一般所说的四篇反喀提林的演说严格说来只有第一篇是真正针对喀提林本人的。按西塞罗在给阿提库斯（他的友人和他的演说的出版者）的信里就这四篇演说作了如下的说明（Ad Atticum，2，I，3）：“第七篇（按即第一演说，余类推。——引者）是我在驱逐喀提林时发表的；第八篇是第二天在喀提林逃跑后我对人民发表的；第九篇是在阿洛布罗吉斯人揭发的那天我在人民的集会上发表的；第十篇是十二月五日我在元老院发表的。”

按公元前 63 年 11 月 6 日喀提林在莱卡家中召开秘密会议，拟订了放火和掠夺的计划。他在会上指出执政官西塞罗是阻碍计划实现的主要人物。于是路奇乌斯·瓦尔恭泰乌斯和盖乌斯·科尔涅利乌斯自告奋勇想在第二天早上以问候西塞罗为名把他刺死。但西塞罗通过内线知道了这个计划而对此采取了预防措施。

11 月 8 日西塞罗在朱庇特·司塔托尔（意为阻止溃逃的朱庇特）神殿召集了元老院全体会议。由于喀提林也参加了这次会议，西塞罗就当面发表了这篇著名的演说。喀提林在会上为自己作了辩护，但是受到在场元老们的大声呵斥，因此他气愤地离开了元老院。就在当天夜里，外面传说他去了马赛利亚（马赛），实际上他去了埃特路里亚。——中译者

② 帕拉提乌姆（Palatium）是罗马的一座略呈方形的小丘。罗马城最早便建立在这里。此时这里成了人们喜爱的居住区，西塞罗和喀提林的住宅都在这里。——中译者

到处都有的巡逻[①]根本不在你眼里；人民的惊恐根本不在你眼里；所有正直的人的结合[②]根本不在你眼里；元老院在这一防守坚强的地点开会[③]根本不在你眼里；难道所有在场的人脸上的表情也根本不在你眼里？你不知道你的计划已经暴露？你没有看到，由于在场各位元老都已知道了这件事，而你的阴谋已紧紧地被制服住？你以为在我们当中还有谁不知道昨天夜里你干了什么，前天夜里你干了什么，你在什么地方，你集合了哪些人，你制订了什么计划？这是什么时代！什么风尚！[④] 这些事元老院都知道，执政官也看到了。可是这个人还活着。我不是说过吗，还活着！而且，更有甚者，他还来到元老院参加国家大事的讨论，用目光挑选和标定我们当中每一个将来要遭到杀害的对象。但是，我们这些勇敢的人如果能够避免遭受这个人的愤怒屠杀，那看来我们确实就完成了对共和国应尽的义务。喀提林，你早就应该根据执政官的命令被处死了。很久以来你一直阴谋加到我们所有人身上的灭身之祸，正应该落到你本人的头上。那位杰出的人物、最高司祭普布利乌斯·斯奇比奥尽管他只是一介公民[⑤]却

① 这些巡逻的人员是根据元老院的命令在城内各处设置的，一般由营造官、保民官和财务官负责。——中译者

② 元老院开会时往往有许多骑士和其他公民站在元老院会场的外面表示支持或关注。——中译者

③ 选择这里开会是为了保证会议的安全，朱庇特·斯塔托尔神殿在罗马广场上首，在圣路(Via Sacra)最高处近旁，传统认为它是罗慕路斯在同萨比人作战时发愿修建的，但实际修建时期则是在公元前294年。——英译者注，有补充。

④ O tempera！o mores！原文已成为格言。——中译者

⑤ 普布利乌斯·斯奇比奥·纳西卡在公元前133年任最高司祭，这个职位不是民政官吏——如执政官——也不是军人，所以说是一介公民。——英译本注，有补充。

杀死了只是稍稍动摇了共和国基础的提贝里乌斯·格拉古[①]，而我们身为执政官的人能容忍喀提林一心想用杀人放火的行径把整个世界毁掉吗？盖乌斯·赛尔维利乌斯·阿哈拉曾亲手杀死那想搞变革的司普里乌斯·梅利乌斯[②]，但这些前例年代过于久远，我不想再提它们了。过去在我们国家有过，确实有过这样的勇敢行为，这就是勇敢的人们惩办背叛祖国的公民较之对于不共戴天的敌人更加严厉。喀提林，我们手里有元老院的一项强有力的和严厉的命令[③]来对付你。共和国并不缺少这些位元老的同意和支持。但是，让我老实告诉你，缺少的是我们这些执政官！

(2)元老院过去曾发布命令[④]，要执政官路奇乌斯·欧披米乌斯设法"采取措施不使共和国遭受任何损害"。一夜也不能拖延。盖乌斯·格拉古[⑤]的父亲、祖父和祖先都是声名赫赫的人物，但是他只是由于有叛国的某些嫌疑而被杀死。担任过执政官的玛尔库

① 提贝里乌斯·格拉古(公元前162—公元前133)在公元前133年曾以保民官身份建议民主的土地改革以维护贫苦农民的利益，这一建议虽触怒了富人，但还是被通过并交付一委员会加以施行。但格拉古谋求第二年继续当选时，在选举中他被以纳西卡为首的一群元老杀害。——中译者

② 公元前439年发生饥馑时，骑士梅利乌斯因廉价出售粮食而被怀疑收买人心而图谋不轨。由于他没有迅速到独裁官肯齐那图斯那里去回答他提出的指责，他就被骑兵长官(magister equitum)阿哈拉杀害了。——英译本注，有补充。

③ 即 senatus consultum ultimum，元老院这种最后的决定把独裁的权力授予执政官。——中译者

④ 元老院曾授权公元前121年度执政官路奇乌斯·欧披米乌斯对付盖乌斯·格拉古。——中译者

⑤ 盖乌斯·格拉古(公元前133—公元前121)是提贝里乌斯之弟，也因推行民主改革而被贵族派所杀害。——中译者

斯·富尔维乌斯[①]和他的孩子也被杀死了。元老院的类似的一项命令[②]把国家委托给了执政官盖乌斯·马略和路奇乌斯·瓦列里乌斯。为了惩处保民官路奇乌斯·撒图尔尼努斯和行政长官盖乌斯·赛尔维利乌斯，国家的死刑和报复行动曾经不得不拖延过一天吗[③]？但是现在我们却容许我们的权威的锋芒变钝已经长达 20 天之久了。要知道，我们手里有这一类的元老院的命令。但是它却只是被塞到文件堆里，就好像是刀剑插在鞘里一样。根据元老院的这一命令，喀提林，你应当立刻被处决。可是现在你还活着，而且你活着对于你的厚颜无耻的行为不但不悔改反而变本加厉。元老们，我希望做一个仁慈的人。当共和国面临如此巨大危险的时候，我希望我没有疏于职守的表现，但是现在我却要谴责我自己的无所作为和疏忽！在意大利的埃特路里亚地方的隘路里，罗马人民的敌人的一座营地已经建立起来，他们的人数一天天地增加；但是你们却看着那个营地的统帅和敌人的头目在城里，甚至在元老院里日复一日地干着阴谋从罗马城内部摧毁共和国的勾当。喀提林，如果我下令逮捕你，把你处决，我想我不得不感到担心的并不是所有正派的人会说我行动得过于迟缓，而是有人会说我的做

① 玛尔库斯·富尔维乌斯是格拉古改革派的领袖人物之一。公元前 125 年他担任执政官时曾建议把选举权给予一般意大利人，但未获通过。——中译者

② 公元前 100 年元老院发布的 ultimum decretum。——英译本注，有补充。

③ 路奇乌斯·阿普列乌斯·撒图尔尼努斯和盖乌斯·赛尔维利乌斯·格劳奇亚都是马略当权时期民主派的领袖人物。公元前 100 年竞选公元前 99 年度执政官时曾发生暴力事件，候选人之一美米乌斯被杀害，元老院发布 ultimum decretum 之后，撒图尔尼努斯和格劳奇亚均在随后发生的激烈冲突中被杀害，这显然是元老贵族所同意安排的。——中译者

法过于残酷![1] 但是,由于某种特殊的原因,我还不能使我自己做我早就应当做的事情。不过最后你还是会被处死的,那时将不会有任何人如此卑鄙,如此堕落,如此像你本人,乃至不承认这样做是公正的。只要有任何一个活着的人竟敢为你辩护,你就将会活下去,就像你今天这样地活下去,但是我要安置许多能干的保卫人员把你包围起来,以使使你不能对共和国有所伤害。许多人的眼睛和耳朵会监视着你,尽管你本人也许不知道,其实他们一直是这样做的。

(3)喀提林,如果黑夜不能用它的黑暗掩盖你们的罪恶的集会,如果一家私人的住宅不能用它的墙壁挡住你的阴谋的声音,如果它们都昭然若揭,如果一切都暴露在人们的面前,那么在这里再观望下去这对你有什么好处?现在放弃你那邪恶的计划吧,听我的劝告,忘掉你那杀人放火的勾当吧!你现在正在从四面八方被包围,你的全部计划在我们眼里比光天化日还要清楚。现在你可以同我一道回想一下这些事情。你记不记得,10 月 21 日我在元老院里说过,盖乌斯·曼利乌斯、你的胆大妄为的计划的这个工具和奴仆在一个特定的日子将会武装起来,而那个日子就是 10 月 27 日?喀提林,我如此肯定地指出如此严重,如此凶残,如此难以置信的勾当,难道是我错了吗?不仅如此,远为使人吃惊的是那个日期,那个日期我说错了吗?在元老院里我还说过,你又把杀害重要人物的日子推迟到 10 月 28 日,不过那时国家的许多首要人物已经逃离罗马,

① 我认为这里指的是恺撒,因为这时西塞罗和恺撒在盖乌斯·腊比里乌斯的问题上以及如何对待喀提林一派的问题上出现了分歧和对立。——中译者

这倒不是为了求得活命而是为了挫败你的计划。就在那一天，你本人受到我的卫士和我的先见之明的包围，因而无法对共和国有任何冒犯的行动，这一点你能否认吗？虽然，当时你曾扬言，尽管其他人都离开了，你仍然要把我们这些留下来的人杀掉才甘心。当你认为通过一次夜袭，实际上会占领普列涅斯特①的时候，难道你不知道这个移民地已经按照我的命令由我的卫士、我的士兵和我的警卫队伍给防守起来了么？无论你做什么，无论你策划什么，无论你想什么，我都能听到和看到并且了解得清清楚楚。

（4）现在和我一道回忆一下前天夜里的情况吧。这样你就可以看到，我在保卫共和国的安全方面的警惕性完全有力量制服你想颠覆祖国的勾当。我要说的是，在前天夜里你来到了镰刀匠街——我要说得更明确些——也就是这条街上的玛尔库斯·莱卡的家里；你的许多同样丧心病狂、同样邪恶的同谋者也来到了同一个地方。这事你是不敢抵赖的，你敢吗？你怎么不讲话啊？如果你真敢否认，我就把真凭实据拿出来定你的罪。告诉你，在元老院这里我就看到一些和你狼狈为奸的人。不朽的诸神在上！我们究竟是在什么地方？我们这里是怎样一个共和国？我们是生活在怎样一个城市里？就在这里，就在我们这些人中间，元老们，就在整个世界这个最神圣最威严的元老院里，就有人阴谋杀害我们所有的人，阴谋摧毁这座城市，甚至阴谋摧毁整个世界！我作为执政官看到了这些人，我还同他们商讨国家大事，而且对于按罪应当引颈

① 普列涅斯特（今天的帕列斯特里那）在罗马东南约37公里，公元前90年之后它是一个自治市。由于它在军事上处于要冲的地点，内战时期它是马略派的主要据点，所以苏拉后来清洗了该城，把它变成一个军事移民地。——中译者

受戮的那些人，我甚至没有用言语伤害他们！在那一夜于是你就来到莱卡家里，喀提林，你分配意大利的各个部分，你决定你想要每个人到什么地方去，你选择你要留在罗马的人以及和你一道离开罗马的人，你布置了罗马城内要放火的地点，你断言你自己很快就要离开，你说你所以稍事耽搁是因为我还活着。于是就找到了使你不必再为此操心的罗马骑士，并且他们保证说就在那大夜里天亮之前把我杀死在我的床上。几乎在你们的会议尚未结束的时候，我就知道了所有这些事情；于是我便用更多的卫士保卫和加强防护我的住宅，我早上不许你派来向我问候的人进来见我，因为正是那些人确实来了，但他们在那个时刻到来的事情我已经预先告诉了许多知名人士。

(5)既然情况是这样，喀提林，到你曾打算去的地方去，到底还是离开罗马吧；城门都是开着的，走你的吧！你和曼利乌斯共有的营地已在等候你这位统帅，而且等得时间太久了。把所有你在这里的友人也都带走吧，如果不是全部的话，那么就尽可能多地带走吧。这样罗马城也就干净了。只要在我们之间有一道墙隔着，我就不至于在心里感到十分害怕了。你现在不能再和我们待在一起了；这种情况我不能忍耐，我不能容许，我不能答应！

在这里，应当大大地感谢不朽的诸神，特别是朱庇特·斯塔托尔，罗马城的最古老的守卫者，因为我们已经多次逃脱了共和国的如此邪恶、如此可怖、如此讨厌的灾难。共和国的安全不应当总是受到一个人的危害。当我还是当选执政官[①]的时候，喀提林，你就

① 当选执政官是当选为第二年的执政官，实际上尚未就职的执政官。——中译者

阴谋陷害我，但我不是由公家的卫士而是通过自己的高度警惕来保卫自己的。而在前一次执政官选举时，你又想在玛尔斯广场[①]上杀害我和你的竞争者，但在那时，借助于我的友人的力量和保护，在没有引起任何公开骚乱的情况下，我挫败了你的邪恶的企图。总之，不管你对我进行多少次的威胁，我都用我自己的力量挫败你，虽然我知道，我的死亡会给国家带来巨大的灾难。现在你竟然公开对国家图谋不轨，你竟要摧毁和破坏不朽诸神的神殿、城市的住宅、全体公民的生命乃至整个意大利。因此，由于我还不敢做最重要并且最适合于执政官的统治大权和我们的传统的事情，我便做这样一件就严厉的程度而论比较宽大并且对公众的安全来说也比较有益的事情。要知道，如果我下令把你处死，参加你的阴谋的其余的人依旧会留在共和国内。但是如果你离开这里，像我很久以来一直敦促你做的那样，那么这座城市便可以清除大量有害于国家的舱底污水[②]，这就是你的那些同谋者。怎么样，喀提林？你不会犹豫观望，不按照我的命令做你自己已经要做的事情吧？这是执政官命令国家的一个敌人离开城市。你问我："这是不是流放？"我没有发出这样的命令，但是如果你询问我的看法，那我倾向于此。

(6)喀提林，现在在这个城里还有什么能叫你开心的事情呢？在这里，除了你的阴谋的同伙之外，没有一个人不怕你，没有一个

---

① 玛尔斯广场是罗马的献给玛尔斯神的一处开阔的平地，位于第伯河、平奇乌斯山、卡皮托利努斯山和克维里那利斯山之间。百人团民会在这里进行高级官吏的选举。——中译者

② 古代罗马的作家喜欢把国家比作一只船。——中译者

人不恨你。哪一种可耻的污点没有在你的私生活上留下印记？在私人事务方面哪一种耻辱不和你的丑名有瓜葛？什么淫荡的东西你的眼睛没有看过？什么罪行你的双手没有干过？什么腐化堕落的东西你全身没有沾染过？哪个被你的堕落的勾引所陷害的青年没有从你手里得到他犯罪的武器或是燃起他的情欲的火把[①]？难道不是这样吗？最近你又谋害了你的前妻，为的是把另一个女人接到你的家里，这难道不是在这一罪行上面又加上了另一令人难以置信的罪行吗？对这一点我并不加以描述，我倒是喜欢对它保持缄默，否则人们就会认为，这样一个罪大恶极的行为竟会在这个国家发生或者竟然逃脱了应有的惩处。我也不去谈你荡尽了自己的财产的事情，到这个月的 13 日[②]你是会感到这件事对你的压力的。我所谈的那些事情都和你私人的秽行丑闻没有关系，都不干系到你的肮脏麻烦的个人事务，而是同国家的最高利益以及同我们所有人的生命和安全有关。当你了解到所有在场的这些人都知道，在雷比达和图路斯担任执政官的那一年[③]的最后一日，你带着武器去参加人民大会[④]；所有在场的这些人都知道，你曾纠合一个匪帮想杀害执政官和国内的首要公民；并且在场的这些人都知道，根本不是你那一方面的怜悯之情或恐惧之心，而是罗马人民的好运才制止了你的罪行和丧心病狂的行为；当你了解到这些情况的

① 撒路斯提乌斯：《喀提林阴谋》(第 14 章)便指出，喀提林特别喜欢拉拢青年人，用各种办法投其所好，使他们死心塌地地投靠自己。——中译者

② 一个月的第 1 天(salends)以及第 13 天或第 15 天(ldes)按规定是还债或开出账单(在未能还债的情况下)的日子。——英译本

③ 公元前 66 年。——中译者

④ 罗马公民在城内携带武器是非法的。——英译本

时候，喀提林，这光天化日或是这吹动的清风能使你感到高兴吗？但是我不去谈那些罪行，因为那是人们都晓得的，并且从那时以来又干出了许多罪行：——当我还是当选执政官的时候，有多少次你曾试图杀死我并且在我成为执政官之后又有多少次！有多少次我只是轻轻地移动一下身子或者像人们所说的一闪身而躲过了你刺过来的、看来似乎无法躲避的凶器！你什么也没有得到，你什么也没有成就，可是你依然不停止尝试和希望。那匕首有多少次已经从你的手里刺了出来，又有多少次它不知道为什么掉了下来并露出了马脚！但你依然一天也放不开它。既然你认为你一定要把匕首刺到一位执政官身体里面去，我不知道你用什么祭仪使它成为神圣的东西并把它献给诸神！

(7)但是现在你过的是什么生活？要知道，我将要用这样的方式和你谈话，以便使人们感到，我的主导的情绪并不是憎恨——虽然我应当是这样的情绪——而是你完全配不上的怜悯。你是不一会儿之前才来到了元老院的。在所有你的许多朋友和亲属当中有谁向你打招呼？如果在人们的记忆当中没有任何一个人曾受到过这样的对待的话，那么当你受到沉默这一具有极深刻含义的宣判的巨大压力的时候，难道你还等待人们用言语对你进行谴责吗？在你来到元老院的时候，所有你附近的位子都空了，所有那些往往被你定为杀害对象的、担任过执政官的元老在你一就座就离开了你那一区的座位，让它们空在那里没有人坐，对于这一事实你是什么看法，你认为你应当抱着怎样的感情来承受这种情况？赫邱利斯在上，如果我的奴隶害怕我就像你的同胞公民害怕你那样，我想我就非得离开我的家不可了。你不认为你应当离开罗马么？如果我认为我甚至是不公正地受到本国公民的严重怀疑并且我的同胞公民又是如此地讨厌我，那么我便宁肯避开我的同胞公民而不愿看到所有人敌视的目光。由于你自己心里明白你的罪行，所以你知道所有的人对你的憎恨是正当的，是你早就应当得到的。难道你还不想从你曾经伤害过其思想感情的那些人的目光下和面前避开么？如果你的双亲恨你、怕你并且你无论怎样也不能得到他们的谅解的话，我想你就应当躲到他们看不见的什么地方去。现在你的祖国，我们所有的人的母亲都恨你、怕你，并且认定：长时期以来你心里想的只有一件事，就是把你的祖国摧毁。难道你不尊敬她的权威，不服从她的判决，也不害怕她的力量么？喀提林，祖国是这样地同你谈话，她虽然保持沉默，却好像是对你说："这些年来，除了由于你的缘故之外，没有发生过任何犯罪行为；除去你之外，没有发生过任何暴行；只有你杀害过许多公民，蹂躏和掠夺过联盟者，但是没有受到惩处而仍然逍遥法外。你能够不仅不把法律和法庭放在眼里，甚至还扰乱和破坏它们。尽管对于先前那些罪行我不应采取容忍态度，但我还是把它们尽量地忍耐下来了。可是目前，正是由于你一个人的缘故，我却完全陷入恐惧之中，乃至最轻微的声音也会引起我的恐惧，喀提林，而且看来任何谋害我的计划都同你那不能容忍的罪恶勾当有关系。因此，走开吧，不要使我感到这样的恐惧了。如果说我害怕得有道理，但我却不会惊慌失措；如果我害怕得没有道理，那到头来我是会不再感到害怕的。"

(8)如果我们的祖国对你讲这样的话，像我刚才所说的，即使她不能动用武力，难道她不应当得到她请求的东西么？你自愿受

到监管,又说什么为了躲避嫌疑你愿意住到玛尼乌斯·列庇都斯家里去,这有什么用处?当他不愿意接纳你的时候,你竟敢甚至到我这里来,要我在我家里保护你!我对你的答复也是,有你和我一道住在我家里我绝不可能是安全的,因为我们都住在一个城墙之内,这样我也就处在巨大的危险之中。然后你又到行政长官克温图斯·梅特路斯家里去。当他拒绝你的时候,你又去找你的吃喝玩乐的朋友、那位最出众的人物[①]玛尔库斯·梅特路斯[②];这当然是因为你认为他能最用心地保护你,能最警觉地提防着别人,又能奋不顾身地保卫你。但是你想想看,一个自己已经认为有资格被监管起来的人,他距离监狱和枷锁还能有多远呢?

既然情况是这样,喀提林,如果你不能在这里心安理得地终老一世,为什么你还不立刻到别的什么地方去,在孤单的流放生活里度过余生,这样也可以免遭许多正当的、早就应当加给你的惩处!你说,把这件事交给元老院处理吧;因为是你提出了这样的要求,而如果元老院决定要放逐你的话,你说你是愿意服从的。但是我不想把这件事交给元老院,因为这同我一贯的做法有抵触,不过我仍然愿意提出这样一个办法来,好叫你知道这些元老对你是怎样的看法。离开这个城市吧,喀提林,使国家摆脱恐惧吧。如果你希望得到亡命处分的话,那么就去亡命吧。怎么啦,喀提林?你还在等什么?难道你根本没有注意到这些人的沉默么?他们是都同意

① virum optimun,这是一句反话。——中译者

② 此人可能是在公元前51年担任执政官的那个人,西塞罗曾有为他辩护的演说;有人认为此人应当是克温图斯·梅特路斯·涅波斯。公元前62年他任保民官时曾发动反对西塞罗的非法行为的运动。他是公元前57年度的执政官。——中译者

的;他们都不讲话。当你看到他们是用沉默表示他们的意愿的时候,为什么你还要等待他们讲话呢?但是如果我对那位杰出的青年普布利乌斯·赛斯提乌斯[①]讲同样的这些话,如果我对最勇敢的人物玛尔库斯·玛尔凯路斯[②]讲同样的这些话,那么元老院就可以极为正当地就在这座神殿之中对我执政官施加严厉的制裁。但是,就你的情况而言,喀提林,当他们一言不发的时候,他们就表示同意了。他们的默许就是一道命令。他们通过沉默高声呼叫。不仅对于在座的元老们来说是这样的情况——老实说,在你眼里,他们的威信是贵重的,可他们的性命又是最不值钱的——就是对于站在元老院四周的那些最可尊敬的和崇高的骑士[③]以及其他勇敢的公民来说也是这样的情况。你可以看到他们那一群人[④],你可以感觉得到他们的热情,并且就在刚才,你还听得到他们呼叫的声音。长时期以来,我好不容易才使你不受他们的暴力和武器的伤害;如果你要离开长期以来你一直想摧毁的一切,我是会很容易说服他们把你一直送到城门口的。

(9)可是,为什么我还要讲话呢?就好像还有什么东西能打动你,就好像你竟然可以振作起来,就好像你考虑过逃走,就好像你

① 普布利乌斯·赛斯提乌斯公元前63年在西塞罗领导下任财务官,他在西塞罗反对喀提林的斗争中帮过他的忙。后来又积极活动使西塞罗从流放中返回罗马。——中译者

② 可能是后来(公元前51年)任执政官的那个玛尔凯路斯,持反对恺撒的立场。——中译者

③ 西塞罗是骑士等级的家庭出身,所以谈到骑士,他总不忘记加上一些美妙的形容词语。——中译者

④ 从会场大门向外望去可以看到站在外面的人群。——中译者

曾有过任何亡命的念头似的！但愿不朽的诸神会使你产生这类的想法！然而我仍然会看到，如果你在听到我的话后害怕了，因而接受劝告去亡命，那将会有极大的一阵恶感在等待着我，即使不是在当前——因为人们对你的罪行记忆犹新——以后肯定是会发生的。假如你的堕落只限于是私人的事情并且和共和国的危险没有关系，那也是完全值得的吧。不过你不得再为非作歹，你应当畏惧法律的惩罚，你应当服从国家的需要，这件事是不用问的。要知道，喀提林，你并不是由于知耻而不再干不光彩的事情，由于恐惧而不敢铤而走险，由于理智而不陷入丧心病狂的那种人。因此，正像我时常说的那样，离开吧，如果你想激起人们对我的仇恨，激起对你的敌人——你是这样称呼我的——的仇恨的话，那就立刻亡命去吧！如果你这样做的话，我将很难承受人们的指责；如果你按照执政官的命令去亡命的话，我将难以承受大量憎恨情绪的重担。但是如果你偏偏要使我受到称赞和取得荣誉，那么就把那一帮作恶多端的匪徒带走，你自己也到曼利乌斯那里去，把伤风败俗的分子煽动起来，把你自己从好人中间分出来，向你的祖国开战，陶醉在亵渎神灵的掠夺行径之中吧。这样，看来就好像你的离开并不是被我驱赶到陌生人那里去，而是被请去和你的那一帮人联合起来了。但是为什么我还要你这样做呢，因为我知道，你已经把一些人先派了出去带着武器在弗茹姆·奥列利乌姆[①]那里等候你。我还知道，你和曼利乌斯已作了安排并确定了一个日子，并且你还把

① 弗茹姆·奥列利乌姆(Forum Aurelium)是罗马以北约80公里的一个村落，在奥列利亚大道(Via Aurelia)上。当天夜里喀提林就是从这条道路离开罗马的。——中译者

一只银鹰[①]送了去，而我相信这个银鹰将是所有你的那一帮人毁灭的诱因，是对他们的不祥的朕兆。可是你在自己家里却还把这只银鹰放在一个罪恶的神龛[②]里。每当你出去杀人时不是习惯于对它膜拜一番么，从它的祭坛那里你不是常常为了屠杀公民而举起亵渎神灵的右手么，因此你怎么可能在比较长久的时期里同这个东西分开呢？

(10)那么最后你还是到你那无法控制的和穷凶极恶的贪欲早就一直在催促你去的地方吧。确实这样做不但不会给你带来悲伤，反而会使你感到某种难以置信的欢喜。因为你的本性使得你如此丧心病狂，你自己的意愿把你训练成这样，命运也注定你成为这个样子。你绝不会期望和平，甚至不会期望战争，除非那是一场邪恶不义的战争。你从没有任何财产，也没有任何前途的那些人当中纠合了一批歹徒。在他们这些人中间，你能有什么高兴，有什么愉快，有什么欢乐？而当着在你这样多的朋友中间你连一个正直的人也听不到看不到的时候，你又怎么能在放荡中高兴得起来？人们谈论的你的那些“劳苦”[③]对于你所追求的那样一种生活的确是一种很好的锻炼；躺在什么都不覆盖的土地上，这不仅可以伺伏你的放纵淫欲的对象，而且可以行凶作恶。能不睡觉的本领不仅使你能在丈夫仍安眠的时候加害于他们，而且还能阴谋盗窃和平

① 马略规定银鹰为军团的标记(相当军旗)，据说这里所说的银鹰还是马略的军队的旧物，在军营，银鹰被安放在神龛里。——中译者

② 普通罗马家庭都有一个奉祀家神(lares)的神龛，喀提林把神鹰放到里面，表示对它的重视。——中译者

③ 撒路斯提乌斯：《喀提林阴谋》(第5章)便提到说，他有着钢筋铁骨一样的体魄，经受得起常人绝对不能忍受的寒冷、饥饿和长时间的不眠。——中译者

公民的财物。你有机会来表现你那有名的能忍受饥饿、寒冷和一切匮乏的能力。但很快地你就会知道，正是这些本领毁了你。当我使你不能取得执政官职位的时候，我做到的就是这些；宁肯要你只能以一个亡命者的身份向国家发动进攻，也不叫你以一位执政官的身份来折磨国家；而你卑鄙地策划的行径也只能称为强盗行径而不能叫战争。

(11)现在，元老们，我可以恳请我的祖国不再提出几乎是正当的抱怨了，请你们注意听我将要讲的话并且把它深深地记在心上。要知道，如果对我来说比我的生命还要珍贵的我的祖国，如果整个意大利，如果整个共和国对我这样说："玛尔库斯·图利乌斯[①]，你在干什么？正如你已经发现的，这个人是国家的一个敌人；正如你看到的，他将要带头发动一场战争；正如你知道的，在敌人的营地里人们正在等待他把统帅的职务担当起来：他是罪魁祸首，是阴谋的头目，是他把奴隶和罪犯集合到一起——这样一个人你却把他放走，而且放走的方式使人觉得他好像不是被你逐出罗马，而是有意放纵他来攻打罗马的！为什么你不下命令给他戴上镣铐，把他拖去处死，给他以最严厉的惩处？请问是什么使你不这样做？是我们祖先的惯例么？但是在罗马这里，往往甚至普通公民都曾经处死过危害国家的人啊。是人们制定的有关处罚罗马公民的法律么？但是在罗马这里，背叛了国家的人是绝不会享有公民权的。或者是你害怕后世的人们对你的憎恨？如果由于你害怕人们对你的厌恶或其他不管是什么危险而你却忽视了你的公民同胞的安

① 这是一种比较郑重的称呼，通常只用西塞罗来称呼就可以了。——中译者

全，这倒是你对罗马人民的一个很好的回报！要知道，正是罗马人民把你这样一个只凭借本身的事业，而不是你的祖先的功勋的人，这样早地通过一级一级的官职而提升到最高的地位[①]！但是，如果对于人们的厌恶有任何恐惧的话，那么刚正与严厉引起的厌恶绝不比懒散与怯懦引起的厌恶更加可怕。也许当意大利将要受到战争的蹂躏，当各个城市将要受到掠夺，当房屋将要被烧掉的时候，你才不认为自己将会被厌恶的大火烧掉？”

(12)对于共和国以及对于抱有同样想法的人们的极为郑重的意见，我要简单地作如下的答复：元老们，如果我认为把喀提林处死是最上策的话，那么我本人是不会叫这个剑奴[②]多活一个钟头的！因为如果我们最崇高的人和最著名的公民并没有因为使撒图尔尼努斯、格拉古兄弟和弗拉库斯[③]以及古时许多人流血而受到玷污却反而受到尊敬的话，那我肯定是不会担心由于处死这个谋

① 西塞罗出身骑士等级的家庭，人们曾嘲笑他是一个政治上的暴发户，因为他是他的家族里第一个取得元老地位的人。罗马执政官的职位过去实际上是被垄断在有着担任过显要职位的祖先的若干贵族豪门手里，而祖先无名的人要想担任执政官是十分困难的。能做到这一点的被称为“新人”(novus homo)。马略和西塞罗便都是“新人”。西塞罗生于公元前106年，从公元前75年担任财务官到公元前63年已做到执政官，论年龄算是比较早的。——英译本注，有补充。

② 西塞罗把贵族出身的喀提林称为不被罗马主人当人看待的剑奴，这是对喀提林的极大蔑视，因为不过10年前的奴隶起义的领袖斯巴达克就是一名剑奴。——中译者

③ 按撒图尔尼努斯是公元前100年被马略杀死的(参见拙译《古代罗马史》，三联书店，1957年版，第516—522页)；格拉古兄弟是分别在公元前133年和公元前121年被杀死的，罪名是想僭取非法的权力(参见同上书，第1部分，第20章《格拉古运动》)；路奇乌斯·瓦列里乌斯·弗拉库斯是公元前86年度(和秦纳)的执政官，同年他奉命去东方接替苏拉进行反米特拉达特斯的战争，但是和他的副帅芬布里亚发生争吵，结果在比提尼亚行军时被芬布里亚杀死(公元前85年)。——英译本注，有改动。

害公民的人而后来会有任何厌恶的情绪加到我的身上的。而且，如果我的确受到厌恶情绪的严重威胁，则我仍然始终不渝地相信，通过正义行动而招致的厌恶是一种光荣，而不是厌恶。可是，在元老院这里却有一些人，或者是看不到正在威胁着我们的灾难，或者是装作看不到这些灾难。他们提出的温和措施助长了喀提林的希望，他们由于不相信阴谋的存在，从而加强了势力日益扩大的阴谋。在他们的影响下，许多无知的人和坏人都会说，如果我惩办了喀提林，我的行为就是残酷和专横的。现在我知道，如果他到现在他正打算去的曼利乌斯的营地去，任何人也不会愚蠢到看不出这是一项已经安排好的阴谋，任何人也不会堕落到否认这一阴谋。但是，如果只处决了这一个人，我知道国家的这场病可以暂时地得到抑制，但是并不能完全消除。但是如果他自己离开，如果他把他的一群朋友带走并且把现在从四面八方收罗来的其他败类都集合在同一个地方，则不仅是在国内蔓延的这一疾病，甚至一切邪恶事物的根源和种子也将会被根除和摧毁了。

(13)元老们，很久以来我们便在阴谋的这些危险和陷阱中间生活和活动。但是所有这些罪行和这种由来已久的愤怒和无法无天、胆大妄为的状况却在我担任执政官的时期里以一种有点不寻常的方式爆发出来。如果在这一大群强盗当中，只除掉这一个人，看来也许我们只在一个短时期里能以摆脱忧虑和恐惧。但是危险依然存在着并且它将深藏在国家的血脉和脏腑之中。正有如得了重病并且给高烧搞得坐卧不宁的人往往在喝了冷水之后，开始似乎减轻一些，但随后这病却反而比先前要沉重、厉害得多，共和国的病也是这样。通过惩办这个人,它的病虽然可以缓解,但是只要其余的人还活着,这病是会变得更加沉重的。因此让这个邪恶的人走开吧。让他们自己和好人分开,让他们集合在一个地方吧。而最后,就像我常说的那样,让一道城墙把他们和我们隔开吧。让他们不要再在执政官自己的家里伺伏执政官,不要再站在市行政长官[1]的法庭的四周,不要再手持刀剑围攻元老院,不要再准备火箭[2]和火把来烧掉城市吧。最后,让每个公民把自己对共和国的看法都明明白白地写在前额上吧。元老们,我向你们保证,我们身为执政官的将会如此尽心竭力,你们有如此高的威信,罗马骑士有如此大的勇气[3]。而所有爱国的人们又如此和谐地团结起来,这一切均足以使得喀提林在离开之后,你们将会看到一切真相大白,揭露于光天化日之下,它们将会受到镇压和惩处。

既然有了这些朕兆,那么,喀提林,去发动你的一场邪恶不义的战争吧,这样做你就会给共和国带来最大的利益,给你自己带来杀身灭顶之祸,并且给依附于你而无恶不作的那些人带来彻底的毁灭。朱庇特啊[4],你这座神殿是罗慕路斯在取得和罗马建城时相同的朕兆时建立起来的,我们完全正当地把你称为城市和国家

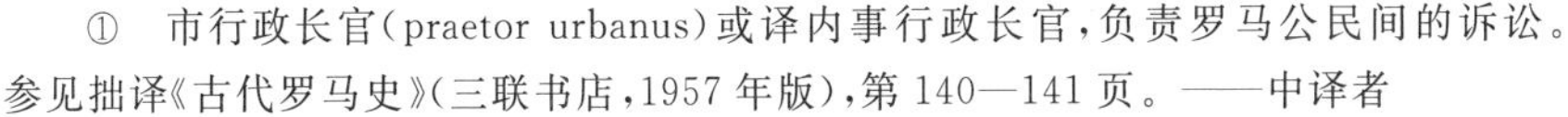

① 市行政长官(praetor urbanus)或译内事行政长官,负责罗马公民间的诉讼。参见拙译《古代罗马史》(三联书店,1957年版),第140—141页。——中译者

② 火箭(malleolus)系长竿竿头处带易燃物,由投射器械射出的。——中译者

③ 西塞罗念念不忘贵族与骑士之间的团结,把这作为他的一个政治理想,但实际上他们各自的利益是很难调和在一起的,西塞罗过高估计了这一团结的意义。——中译者

④ 元老院的会议是在朱庇特·斯塔托尔神殿召开的,所以主持人在演说结束时要向他呼告。——中译者

的保卫者[①]，你将会把这个人和他的同谋者驱离你的神殿和其他神殿，驱离这个城市的住宅和城壁，使他们不能危害全体公民的生命财产，而对于这些同正直的人为敌的人，国家的这些敌人，打劫意大利的人，这些由于共同为非作歹而可恶地勾结在一起的人，你将要用永恒的惩罚来惩处这些活着和已经死去的人[②]。

反喀提林第二演说[③]（西塞罗）

（对人民发表）

（1）公民们，路奇乌斯·喀提林这个肆无忌惮、罪大恶极、邪恶地阴谋摧毁他的祖国，用剑和火威胁你们和这座城市的家伙

① 过去罗马军队在同萨宾人的一次战斗中曾处于支持不住的状态。于是罗慕路斯便发愿给朱庇特神修建一座神殿，如果他能阻止罗马军队的逃跑的话。他的祈求应验了，但神殿是在公元前294年才在那个战斗地点修建起来的。朱庇特于是有了阻止逃跑者（Stator）的称号。西塞罗在这里虽然用了stator一词，但把它的含义加以引申而理解为保卫者、维护者。——英译者注，有改动。

② 死去的人在地狱中继续受苦，希腊罗马神话便有这类的例子。——中译者

③ 前一演说发表后的次日即11月9日，西塞罗在集会场南侧的讲坛上向罗马人民发表了这篇演说，一方面向听众祝贺喀提林离开了罗马；另一方面又对留下来的喀提林派进行了威胁。朗图路斯、凯提古斯等人虽然在罗马活动频繁，但西塞罗直到三个星期之后才真正缴获了可以对他们进行逮捕的证据。喀提林派最后选定12月19日为杀害官吏和掠夺全城的日子。这时喀提林在费祖莱正式担任了反政府军的统帅，元老院得到消息后立刻宣布喀提林和曼利乌斯为叛国罪犯。

集会场在罗马广场西北侧，方形，讲坛（rostra）在它的南侧，与北侧的元老院会堂遥遥相对。讲坛前饰以在公元前338年安提乌姆海战中俘获的船只的青铜船头（rostrum），讲坛的名称rostra（rostrum的复数）便由此而来。西塞罗还在这里发表了《反喀提林第三演说》和他晚年的几篇《反安托尼乌斯演说》。据普鲁塔克的记述（《西塞罗传》，第49章），西塞罗遇害之后，他的头和双手按照安托尼乌斯的命令被割下来钉在讲坛里面。——中译者

离开了，我们终于把他赶了出去，或者说把他打发走，或者说同他告别了。他离开了，退去了、溜掉了、逃走了[①]。现在这个贱种和恶魔再也不能在我们的城墙内部发动任何破坏阴谋了。毫无疑问，我们已经打败了这次内战的一个头目。因为他的那把匕首不能在我们身边发挥其作用了。无论是在玛尔斯广场上，还是在罗马广场上，以及在元老院里，最后在我们自己的家里，我们将不再感到害怕了。他被赶出了城，这样也就被赶出了有利的阵地。现在我们将对一个公开的敌人展开一场公开的战争并且不会有任何人阻碍我们了。不容置疑，当我们把他从暗中伺伏的地方赶了出来，迫使他进行公开掠夺的时候，我们将会消灭这个人并取得辉煌的胜利。但是由于他带的刀剑并未能像他所期望的那样沾上我们的鲜血，由于他走开时我们还都活着，由于我们扭掉了他手里的凶器，由于他离开时公民们安全无恙而城市依然屹立在那里，请想一下，他将会是多么伤心，多么沮丧！公民们，现在他已经倒在地上，他知道他已经被打跑，被驱除，并且他肯定还常常扭回头来看这座城市，为这座城市从他的嘴里被抠走而悲痛。但是在我看来，城市却是感到高兴的，因为它已经把这块病吐了出来并且把它抛弃了。

(2)如果有什么人——像所有的人必然会做的那样——正

① 这四个词都只说明喀提林已经离开了，作者所以一再加以重复，目的在于给听众造成深刻的印象。第一个词单纯是离开的意思(abiit)；第二个词有退走的意思(excessit)；第三个词有不光彩地溜掉的意思(evasit)；最后一词有在强大压力下逃跑的意思(erupit)，有强烈的动感。四个词表明了逃走的人的不同心态。西塞罗认为喀提林的离开是自己的初步胜利。——中译者

是由于我在演说中引以为自豪和值得夸耀的那件事而对我进行猛烈的指责和攻击，说我不把这个不共戴天的敌人加以逮捕而是把他送走，那么这并不是我的过错，公民们，这是环境造成的过错。路奇乌斯·喀提林早就应当被处死，早就应当对他施加最严厉的惩处。不论是我们祖先的传统还是统治权和共和国的尊严都要求我这样做。可是你们知道有多少人不相信我的话？有多少人甚至为他辩护？有多少人愚蠢到根本不去考虑这件事情，又有多少人坏到竟然站到他的一面。并且，如果我认为，如果把他除掉就可以消除你们的一切危险的话，我早就会把路奇乌斯·喀提林除掉了，即使这会被人厌恶，要冒生命的危险也在所不惜。但是当我看到，甚至当时，甚至你们所有的人也并不同意这件事的时候；当我看到，如果他罪有应得地被我处死，我会受到被厌恶的极大压力并且不能再追究他的同谋者的时候，于是我便把事情做了这样的安排，这就是说，当你们清楚明白地看到国家的敌人的时候，你们可以公开地进行战斗。即使他离开了这个城市，公民们，你们会了解到，我认为这个敌人仍然是一个极大的威胁，因为和他一道离开的人太少了，对此我甚至是感到遗憾的。如果他把所有他的人都带出罗马那该有多好！我可以告诉你们，他的确带走了他早从童年时代便喜爱的通吉利乌斯，他还带走了普布利乌斯和米努奇乌斯[①]，他们在饭店里欠下的债并不能引起国家的动乱。他留下的是什么人，都多么深地陷到债务里，多么英勇，多么崇高！

---

① 这里说的都是和喀提林往来密切，但是不起作用的酒肉朋友。——中译者

(3)因此，同高卢的军团相比，同克温图斯·梅特路斯[①]在皮凯努姆和高卢两地征募的军团相比以及同我们每天准备的这些军队相比，我完全不把他的军队放在眼里，这是由走投无路的老家伙、粗俗的花花公子、土里土气的浪荡哥儿以及宁肯不要保释金[②]也不肯离开军队的那些人拼凑而成的。对这些人，我不用给他们看我们军队的战斗行列，我只要把行政长官命令给他们看，他们就会垮了。但是我看到的这些在广场上跑来跑去，站在元老院附近，甚至进入元老院的、油头粉面、披金挂紫[③]的人们，我真愿意他把这些人都作为士兵带走；如果他们留在这里，那么请记住，逃离他的军队的人们比留在军队里面的人们更危险。他们之所以更加可怕是因为他们明明了解我知道他们在想些什么，可是他们依然无动于衷。

我知道把阿普利亚分配给了谁，埃特路里亚给了谁，谁分到了皮凯努姆地区，谁分到了高卢地区并且谁曾要求执行在城里杀人放火的计划。他们知道前一天夜里他们的全部计划都报告给了我；昨天我就把它们在元老院里揭露了。喀提林吓坏了，于是就逃掉了。这些人在等待什么呢？如果他们认为我先前的宽大会永远持续下去，他们就确实大错特错了。

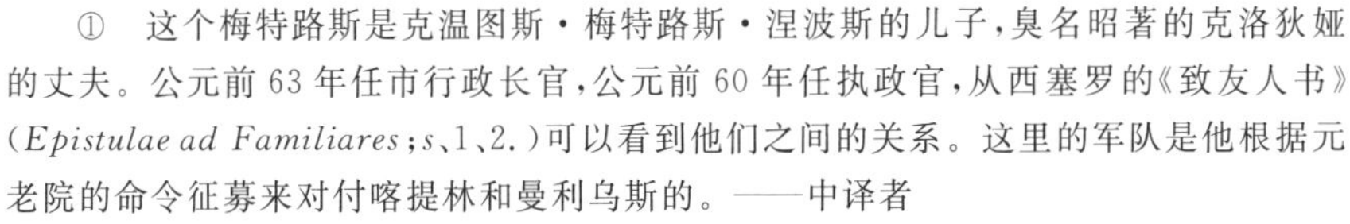

① 这个梅特路斯是克温图斯·梅特路斯·涅波斯的儿子，臭名昭著的克洛狄娅的丈夫。公元前63年任市行政长官，公元前60年任执政官，从西塞罗的《致友人书》(*Epistulae ad Familiares*；s、1、2.)可以看到他们之间的关系。这里的军队是他根据元老院的命令征募来对付喀提林和曼利乌斯的。——中译者

② 受法庭传讯的人要交保释金(Vadimonia)以保证他们的出庭。他们为参加喀提林的军队而离开罗马，这等于放弃了保释金。——英译本

③ 罗马高级官吏白色的外袍都有紫边。——中译者

(4)过去我期望已久的东西今天我已经实现了。这就是你们所有的人都可以看到正在公开地策划一个叛国的阴谋。也许除非有人认为,和喀提林类似的人们,与喀提林的感觉有所不同。再也没有任何宽大的余地了。这件事本身要求严厉的处置。只有一件事甚至现在我仍愿意让步,那就是让他们出去,让他们离开,让他们不要叫倒霉的喀提林想他们想得消瘦下去。我愿把路给指出来:他是从奥列利亚大道[①]离开的。如果他们愿意加紧赶路的话,到晚上就可以追上他了。在舱底的污水淘干净之后,我们的国家会是多么幸福啊!赫邱利斯在上!共和国只清除了喀提林一个人,我就似乎松了一口气并且感到振作起来了。人们能想象或想到的什么罪恶或罪行是他所未曾设想过的?人们能找到哪一个全意大利的放毒犯、哪一个剑奴、哪一个强盗、哪一个杀人凶手、哪一个弑亲者、哪一个伪造遗嘱者、哪一个骗子、哪一个贪吃的家伙、哪一个浪荡公子、哪一个奸夫、哪一个声名狼藉的女人、哪一个勾引青年的坏蛋、哪一个花花公子、哪一个堕落人物会不承认自己同喀提林有最密切的关系?在所有这些年中间,已经干出的哪一件谋杀事件没有喀提林参与在内?哪一件已经干出的邪恶淫乱的事件少得了他?确实,哪个人对青年有像这个人那样大的诱惑力?他自己以最无耻的方式去爱别人。他以最可憎的方式去迎合别人的爱。对某些人,他保证满足他们的淫欲,对另一些人,他答应杀害他们的双亲,他不仅是从旁煽动,甚至动手帮他们干。现在他又多么快地不仅从这个城市,而且从农村地区搜罗了这样一大群堕落

① 向北通到费祖莱的大道。——英译本

的人？不仅在罗马，而且在全意大利的任何一个角落，没有一个受债务压迫的人不被他召来参加这个难以令人相信的罪恶联盟。

(5)因此现在你们可以注意看一看他在各种不同的活动中表现出来的多种多样的兴趣：剑奴训练所里没有一个多少热衷于犯罪活动的剑奴不声称喀提林是他的亲密朋友；在舞台上没有一个比较轻浮或有点堕落的优伶[①]不说喀提林几乎够得上是吃喝玩乐的朋友。而这同一个干起坏事和罪行来素有经验的人却依然经受得住寒冷和饥饿，口渴和不眠，他被这些流氓恶棍捧为英雄，而实际上他那本应用于刻苦励行和进德修业的精力却给他在淫乱和放荡中耗尽了。但是如果他的狐群狗党都跟随他，如果亡命徒的这些罪恶的匪帮走出这座城市，那我们将会多么高兴，共和国将会多么幸运，我这一任执政官将会得到多么光荣的称赞！因为这些人的欲望已不再是有节制的，他们的放纵是毫无人性的和不可容忍的。他们想的只是杀人、放火和打劫。他们荡尽了他们的祖产，他们把他们的财产抵押出去了；他们早就没有钱用，而最近连借贷的地方也没有了。但是他们的欲望依然很大，一点没有收敛。但是，如果说在酒和赌博上他们寻求的只是放荡的生活和妓女，他们确实已说得上是不可救药，但人们对他们还能容忍。但是怯懦者伺伏勇敢的人，愚蠢的人伺伏有智慧的人、醉鬼伺伏清醒的人、迷糊的人伺伏警觉的人——这种情况谁能忍受？我告诉你们，这些斜

① 罗马的优伶都由奴隶和被释奴隶担任，他们组成戏班子(caterva，grex)由班主(dominus gregis)负责。女角均由男人扮演。有名的优伶也可能非常有钱，出入上层社会，但他们本身没有社会地位，和我国古时对优伶的看法一样。——中译者

倚在宴席桌旁[①]，怀里抱着妓女，喝酒喝到发昏，肚子里塞满食物，头戴花环、厚厚地涂着油膏、给邪恶的生活搞坏了身体的人们，在他们的谈话里竟然胡说什么要杀害好人并把罗马城烧掉！我相信，这些人是不会有好下场的，他们的邪恶、不义、罪行和淫欲早就应当遭受惩罚，即使不是现在就临到他们头上，肯定不久也会到来的。如果在我的执政官任内由于不能使这些人改邪归正而把他们除掉的话，那么我就使国家的生命不是延长一个短时期，而是延长好多年。要知道，现在已经没有一个国家能引起我们的恐惧，没有一个国王能对罗马人民发动战争。所有陆上和海上的外国敌人都由于一个人的勇敢而被镇服了[②]。但是还有内战；国内存在着阴谋，国内存在着危险，国内存在着敌人。我们必须向奢侈、向丧心病狂的行为，向罪行展开斗争。公民们，我本人就愿意担任这一战争的领导人。由我来承担坏人对我的仇恨。凡是我能矫正的，我将尽力设法矫正；凡是必须铲除的，我将不允许他们留下来危害国家。因此这些人要么离开，要么就老老实实地待在这里！如果他们留在城里，又不改变自己的初衷，就让他们等候他们应得的下场吧！

(6)但是，公民们，有些人却又说喀提林是被我流放的。如果

① 和我国古人的席地而坐和后来的围桌而坐的宴会习惯不同，罗马人是各自斜倚在躺椅上围着一个圆桌来赴宴的，这样就一面吃，一面休息，因而筵席可以拖很长的时间，吃到吃不下去时，便用催吐剂把已吃下去的东西吐出来，然后再吃，其荒唐的程度真是难以想象。——中译者

② 这个人指格涅乌斯·庞培，他镇平了赛尔托里乌斯的叛乱，肃清了海盗并且战胜了米特拉达特斯。后来在恺撒对庞培的斗争中，西塞罗就是站在庞培一面的，并且把自己不多的钱拿出来资助庞培派。——英译本注，有补充。

我一讲话就能做到这一点的话，我就要把讲这些话的人们也都流放出去了。因为我认为这个如此胆怯甚至害羞的人是受不了执政官的谴责的！一旦他被命令去亡命的时候，他就服从命令，走开了。昨天，也就是我几乎在自己家里被杀死的昨天，我在朱庇特·斯塔特尔神殿再次召开了元老院的会议。我把整个事件向元老们作了报告。当喀提林到来时，有哪一位元老向他打招呼呢？有谁向他致意呢？最后，又有谁把他只看成是一个恶人，而不把他看成是国家的一个危险的敌人呢？还有，在他就座的地方，主要的元老都离开了他那一带，那里的凳子都没有人坐，空在那里。接着我这个一讲话就放逐了公民的严峻的执政官就问喀提林，在前一夜里①他是不是在玛尔库斯·莱卡的家里开会？当这个胆大包天的人开头由于良心有愧而沉默不语时，我又揭露了别的一些事情；我指出在那天夜里他干了什么，他为下一夜作了怎样的安排，他又如何安排整个战争的计划。当他十分困惑地站在那里不动的时候，我就问他为什么还不赶快到他久已想去的地方去，因为据我所知，这时武器、斧头、棍束②、喇叭、军队的标志和在他自己家里他已经用一个罪恶的神龛给供了起来的银鹰③都已被他先送了去。那个据我看已经离开去挑动战争的人是我给放逐出去的么？并且，我认为，已经在费祖莱地区建立了一座营地的百人团长曼利乌斯④

① 11月6日。——英译本

② 罗马高级官吏的权力标帜，是走在前面开路的侍从扛着。这表明喀提林想取得执政官的大权。——中译者

③ 参见《反喀提林第一演说》，第9章有关注释。——英译本

④ 曼利乌斯过去是苏拉麾下的百人团长。——中译者

已经以自己的名义发动了反对罗马人民的战争，并且那营地现在并不等待卡提利那作他们的领袖，但是据说，受到放逐的喀提林是去了马赛利亚[1]，而不是这个营地。

(7)不仅是治理共和国的人们，甚至挽救了共和国的人们，他们的命运是多么不幸啊！如果现在路奇乌斯·喀提林由于我的智慧和我冒着很大风险所作的努力而遭受挫折并受到极大的削弱因而突然间害起怕来并且改变自己的意图，脱离他的同伙并放弃他的挑起战争的计划，抛掉他的犯罪和战争的方针而逃跑，而去亡命，这样人们就不会说，这个胆大妄为的人是被我所制服的；就不会说，他是由于我的警觉才被搞得目瞪口呆、被吓住的；也不会说，他在希望和目标方面遭到了挫败，而说他是在没有被定罪和无辜的情况下去亡命的，说他是被一位执政官的暴力和威胁驱赶出去的；如果他这样做的话，有人就会把他不是看成一个罪犯，而是看成一个怜悯的对象，而把我不是看成一个警惕性最高的执政官，而是一个最残酷的暴君了。公民们，只要是你们能不被卷入这场可怕的、邪恶的战争，就是我忍受这种错误的和不公正的憎恨的强大压力那也是值得的。是的，只要他亡命，就让人们说是我把他赶走的吧。但是请相信我的话，他是不会亡命的。公民们，为了我个人逃避这种憎恨情绪，我绝不会请求不朽的诸神，要你们会听到路奇乌斯·喀提林正在率领起一支敌人的军队并且正在带着武器四处奔走，而且你们竟会在三天之内听到这个消息。而且我远为更加

① 由于这里的繁荣甚至不比罗马差，所以自愿流放的人喜欢到这里来。——中译者

害怕的是,今后我所以会受到憎恨是因为我放走了他而不是我赶跑了他。但还是有很多人说他是被赶出去的,虽然他是自己走开的。这样,如果他被杀死的话,他们又会说什么呢?而且,一直在说喀提林正在去马赛利亚的那些人与其说他们抱怨这一点,毋宁说他们害怕这一点。他们中间没有一个人会仁慈到不愿意他去曼利乌斯的营地,而不是去马赛利亚。但是,赫邱利斯在上,如果他先前从来不曾考虑过他今天正在做的事情,他仍然宁愿作为一个叛国的匪徒被杀死,也不愿意在流放中活命。但是目前,除了在他离开罗马之前我还活着这一点之外,还没有发生任何事情是违背了他的意愿和期望的,因此让我们希望而不是抱怨他的亡命吧。

(8)但是为什么我花费这样多的时间去谈论一个敌人?去谈论一个公然声称自己是个敌人的敌人?去谈论一个由于像我一贯希望的那样有一道城墙把我们隔开而我不再害怕的一个敌人?而关于掩盖自己的意图、还留在罗马,还和我们在一起的那些人却一字不提。对于这些人,总之如果有可能的话,我宁愿使他们回心转意,使他们同共和国和解,而不想惩办他们;我也看不出这一点就不可能,如果他们愿意接受我的意见的话。因为我要告诉你们,公民们,那些军队都是从哪些种类的人们中间搜罗来的。然后,只要我能做到,我就对每个人通过提供我的忠告和我的意见加以纠正。

他们中间的第一类人,这些人虽然负了巨额的债务,但是他们却有更多的财产,他们死死抓住这些财产,任何事物都不能使他们放弃这些财产。这些人由于富有,所以他们看来是十分老实的[①],

① 这逻辑是:有钱的人不会干坏事。——中译者

但他们的意图和他们的处世原则是极为无耻的。你可以是富有的并且拥有大量的土地、房屋、金钱、奴隶，拥有一切，但你为什么不肯出卖你的一些财产来减轻你的债务负担？你在等待什么？等待战争吗？什么？在会造成全面破坏的战争里你以为你的财产能被视为神圣而丝毫不受侵犯么？也许你还指望发布取消债务的新的法令？要想期待喀提林实现这件事那就大错特错了；通过我的力量，可以提出新法令，但它们只是规定可以拍卖的财产，而有财产的这些人也只能通过这个办法来偿还债务。但是如果他们愿意在更早的时候这样做，而不是极为愚蠢地试图用他们的财产的收入来支付债务的利息，那我们便会发现他们不仅会更加富有，而且成为对国家更有用的公民。不过我认为这些人却是最不可怕的，这或者是因为我们可以劝他们放弃自己原来的想法，或者是因为，即使他们顽固坚持自己的意见，则在我看来，他们充其量也只是向共和国发出请求而不会动用武力。

(9)第二类人里的人们虽然苦于债务却依旧希望取得统治权。他们想成为共和国的主人。他们认为在国家的动乱时期他们能够取得的那些官职在国家的和平时期他们是无法得到的。但是我却以为应当给这些人以这样的忠告——当然对于所有其他的人也提供同样的忠告——以便使他们不去妄想取得他们试图得到的东西。首先，我本人正在岗位上①，一直保持着警惕，我正在保卫着国家。其次，正直的公民都十分勇敢，他们在感情上

① 西塞罗是当年的执政官，犹如在政府里值班。——中译者

十分团结，他们的人数众多，而且他们还拥有一支大军。最后，亲自在场的不朽的诸神将会帮助这些不可战胜的人民，这著名的统治机构，各城市中这一最美丽的城市以对付如此庞大的罪恶势力。但是，如果他们想得到他们在最疯狂时想得到的东西，难道在城市的灰烬中，在公民的血泊中，在他们的卑鄙和邪恶的欲望所谋求的事物中，他们能指望成为执政官或独裁官甚或国王么？难道他们没有看到，如果他们想望的东西——一旦到手的话——势必要交到某个逃跑的奴隶或剑奴手里去么？第三类包括的这样的人：他们虽然上了年纪，却仍然由于体育锻炼而保持了强健的身体。同喀提林相勾结的那个恶棍曼利乌斯就属于这一类。这些人都是从苏拉设置的军事移民地[①]来的；这些移民地的公民我知道都是非常优秀的公民，非常勇敢的人，不过这些移民者由于不久之前取得的没有料到的财富而过的是过于豪奢过于放荡的享乐生活。当他们像富豪那样修建邸宅，当他们在他们的精美的庄园里，在大批奴隶的拥簇之下大张筵席，尽情享乐的时候，他们已如此深地陷到债务里，乃至如果他们要清偿这些债务，他们就得从地狱里把苏拉召回到他们那里去[②]。他们还诱使一些产业微薄的贫苦农民也妄想把过去没收财产的做法恢复起来。我把这两种人都归入了海盗和土匪的一类。但是我要

① 苏拉曾用意大利的土地来赏赐他的12万名老兵，当然是采用把土地原来的主人赶跑的办法。许多这样的土地是在埃特路里亚，也就是费祖莱所在的地区。——英译本

② 苏拉在内战中通过宣布不受法律保护的手段(proscriptio)对敌对势力加以迫害，被宣布为国家敌人的人大批被屠杀，他们的财产被没收。——中译者

给他们这样的忠告。他们不应当再发疯，不要再希望出现非法宣告和独裁统治。要知道，那些悲惨可怕的年月已如此深地烙入国家的记忆，我认为不仅是人，甚至不能讲话的牲畜现在也不会再容忍这样的事件重演了。

（10）第四类确实是多种多样的、驳杂而又混乱的：这些人多年来便陷到债务里，从来也不曾冒出头来，在陈年旧债下勉强活着，造成这种情况的原因部分是由于他们的懒惰，部分是由于他们的事业经营不利，部分是由于他们挥霍无度。许多由于交保释金听候传讯和审判，由于财产被扣押而被搞得狼狈不堪的人也都从城市和农村去了那个营地。我则认为，与其说这些人是热心的士兵，不如说是懒惰的赖债者。如果这些人根本还不了债的话，那就叫他们尽快地垮掉吧，不过要通过这样的方式，那就是：不仅是国家，就是他们最近的邻居也不要知道这件事。我真不明白，如果说他们不能正直地活着，为什么还愿意不光彩地死掉，或者说，为什么他们认为和其他许多人一道死去[①]较之他们单个地死去，这会给他们带来较少的痛苦。

构成第五类的是杀害双亲的人、杀手，最后还有各种各样的罪犯。我并没有从喀提林那里把这些人召回来，因为无论如何他们也不肯离开他；一定要把他们在罪恶中处死，因为他们这号人太多，以至于监狱根本装不下。这最后一类不仅是地位最低，而且他们的生活作风也是最次的。不过这些人是喀提林特有的，是他精心挑选出来的，不，简直可以说是他的知心朋友。你

① 暗示在反罗马的战斗中死去。——中译者

看到的这些人都是头发梳得光光的、打扮得漂漂亮亮的人物，他们要么是胡须剃得光光的小伙子，要么是乱糟糟地留上一大把胡子，他们的外衣长到踝骨那里，袖子长到手腕，他们戴着面纱，却不穿外袍[①]。他们生活中的兴趣以及他们醒着的时候完全用于长夜的饮宴。在这些匪帮里，所有的人都是赌徒，所有的人都是淫棍，都是卑鄙肮脏的坏蛋。这些十分文雅温柔的男孩子不仅学会了爱别人和被别人爱，不仅学会了跳舞和唱歌，而且学会了挥动匕首和放毒。除非他们离开罗马，除非他们死掉，否则即使喀提林死掉，请相信在罗马还存在着产生喀提林式人物的温床。但是这些坏蛋希望的是什么呢？他们不会把他们的小情妇带到营地去么？他们怎么能同她们分开呢，特别是在这样的日子的夜里！但是那些人又如何受得了亚平宁山的环境和那里的霜雪？除非他们也许认为他们更易于忍受冬天的气候，因为他们曾学会在宴会上光着身子跳舞呢！

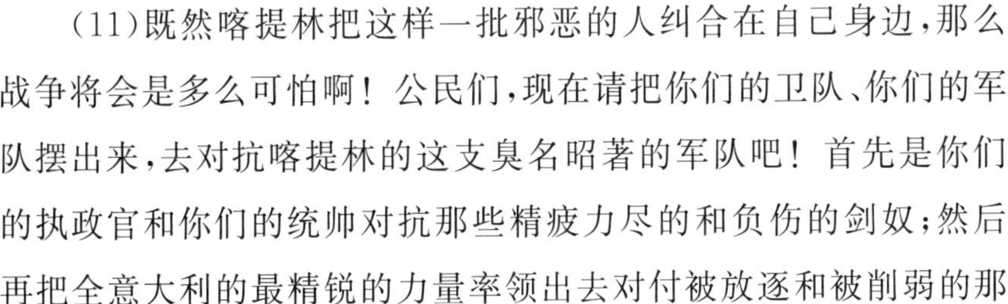

(11)既然喀提林把这样一批邪恶的人纠合在自己身边，那么战争将会是多么可怕啊！公民们，现在请把你们的卫队、你们的军队摆出来，去对抗喀提林的这支臭名昭著的军队吧！首先是你们的执政官和你们的统帅对抗那些精疲力尽的和负伤的剑奴；然后再把全意大利的最精锐的力量率领出去对付被放逐和被削弱的那

① 外衣(Tunica)是外袍(Toga)下面穿的毛织品便服，最初外衣没有袖子，长仅及膝，这是为了生活和工作的方便，共和末期外衣有了长袖，下面也加长，所以西塞罗特意指出，说明这是奢靡之风的一种表现。外袍是罗马人的正式服装，但一般平民平时不穿外袍。冬天寒冷时人们可以穿多件外衣用以御寒。后来到帝国时期长袖和长身的外衣已成流行的样式。——中译者

群破烂货！现在移民地的城市和自治市[①]确实将负责肃清边远山林地区[②]的喀提林匪徒。老实说，我不应当把你们的其他资源、设备和守备部队拿来同那个匪帮的匮乏和贫困相比。但是如果不提我们充分拥有而他们缺乏的所有这些资源、元老院、骑士等级[③]、罗马人民、罗马城、国库、税收、整个意大利、所有的行省，各个外国，如果不提这些东西而我们却希望比较一下双方作战的原因，单从这一点我们也可以看到这些人堕落到什么程度了。因为在我们一方作战的是谦虚谨慎，在他们那一面是无耻；在这一面是贞操，在那一面是放荡；这一面是荣誉，那一面是欺骗；这一面是正直，那一面是罪恶；这一面是坚忍，那一面是疯狂；这一面是诚实，那一面是狡诈；这一面是克制，那一面是贪欲；最后，这一面是公道，节制，刚毅、慎重、一切美德，而同它们敌对的是不义、奢侈、怯懦、鲁莽、一切恶习；归根到底则是丰裕对贫困、明智对昏聩、神志健全对精神错乱，而最后是美好的希望对最深的绝望。在这一类的较量和战斗里，即使人们的心力有所不济，不朽的诸神本身难道不会迫使这许多重大的罪行为这些最杰出的美德所压倒么？

(12)既然当前的情况是这样，公民们，那么你们就像我刚才已经建议的那样，用守卫和哨兵把自己的住宅防守起来吧。我已经作

① 移民地最初是罗马公民或拉丁人与罗马人共同建立的：自治市的居民只享有意大利公民权。在西塞罗的时期二者的区别只是起源方面的区别，因为他们都已经有了罗马公民权。——英译本

② 犹如我们所说的草莽。——中译者

③ 元老院与罗马人民(senatus populusque Romanus，简称 S. P. Q. R.)即罗马共和国的同义语，但这里被西塞罗非同寻常描进了自己出身的骑士等级(equitibus)，可见他对于争取提高本阶级地位的重视。——中译者

了细心的准备，使城市在不给你们造成任何不方便以及不发生任何骚乱的情况下得到充分的保卫。我已经把喀提林这次夜间的进攻通知了所有的移民地和所有你们的自治市，而他们会容易地保卫他们的城市和他们的领地的。他认为极为肯定地会站在他的一面的剑奴，尽管他们比某些贵族更易于响应他，却仍然在我们当局的约束之下。由于我预见到了这件事，所以我已经把克温图斯·梅特路斯[1]派到高卢和皮凯努姆地区去。他将或者制服敌人或者对他的一切行动和企图起阻碍作用。至于其他事项的安排、加快进行和完成，我们将把它们委托给你们看到正在开会的元老院[2]。

现在我想反复警告仍然留在城里的那些人，是的，就是给喀提林留在城里准备破坏这个城市的安全和所有你们的安全的那些人，要知道，尽管他们是敌人，他们仍然生而为罗马公民。如果到目前为止我的宽大对任何人都显得太过分的话，那么它始终是为了这样一个目的，这就是使潜在的东西能够爆发出来。至于未来，则我不能忘记的是，这是我的祖国，我是这些人的执政官并且我必须和他们同生或为他们而死。在城门那里没有任何守卫，没有任何人伺伏在路上；如果他们愿意出去，我可采取默许的态度。但是如果有任何人敢于在城里轻举妄动，我将不仅探知他的活动，甚至还有他的反对祖国的第一个举动或企图，并且他将认识到，在这个城市里有警觉的执政官，有出色的高级官吏，有一个勇敢的元老

① 参见本演说第3章有关注释。——中译者

② 在集会场上，元老院和演坛南北相对，听众一转身就可以看到元老院外站满了人，就知道里面正在开会。主持人西塞罗为了向公民发表演说，所以不在元老院。——中译者

院;他还将认识到这里有武器和一座监狱[①],我们的祖先曾希望用它来惩办明显暴露出来的邪恶的罪行。

(13)公民们,所有这些事情将要加以这样的安排,这就是,最重要的事件将要在尽量不引起骚动的情况下加以处理,在不发生任何混乱、叛乱和一次内战的情况下避免最大的危险,在人类记忆中最大也是最残酷的一个叛国事件将要被我一个人,一位穿着和平的外袍的领袖和统帅平息下去。公民们,我还作了这样的安排:只要有可能的话,任何一名罪犯在城里也不会因为他自己的罪行而受到惩处。但如果现在已明显地被发觉的这一不逞企图,如果逼临城市头上的危险使我迫不得已而必须放弃我的宽大做法的话,那我肯定会做到这一点,虽然,在这样大规模的和危险的一场战争中,我们几乎难以指望不会有任何一个好人死掉并且通过惩办少数人而使你们所有人都可以得救。

公民们,我向你们作这样的保证,并不是依靠我个人的明智或人们出的主意,而是依靠诸神垂示的许多明显的朕兆,因为我是在他们的指引之下才抱有这一希望和这一目标的。他们不像他们先前习惯的那样,不再到远处去保护我们不受一个外国的遥远的敌人的侵犯,而是亲临这里用他们神圣的意志和权力保卫着他们的神殿和我们城市的住宅。公民们,你们应当向他们祈祷,哀求他们、恳求他们保卫这座城市不受罪大恶极的叛国分子的残暴阴谋

① 图利亚努姆(Tullianum)相传为罗马国王图利乌斯所建。朱古达和维尔琴盖托里克斯和其他有名的人物都曾处死在这里。参加喀提林阴谋的朗图路斯、凯提古斯等人也是在这里绞死的。撒路斯提乌斯在《喀提林阴谋》里对这个地牢作了不甚清楚的描述(参见该书第55章)。——中译者

的侵犯，因为是他们注定这座城市要成为最美丽、最繁荣、最强大的城市，因为海上和陆上所有外国敌人的大军[①]都被制服了。

反喀提林第三演说[②]（西塞罗）

（对人民发表）

（1）公民们，正像你们所看到的，共和国，所有你们大家的生

① 这里特别指格涅乌斯·庞培在东西方和海上的胜利有诸神的护佑。——中译者

② 这期间，到罗马来控诉罗马统治者的暴行的一个高卢民族阿洛布罗吉斯人的使团并没有从元老院得到满意的答复，于是城里参加喀提林阴谋的人同他们拉上了关系，鼓动他们起来反对罗马。阿洛布罗吉斯人感到事态严重，不敢贸然从事，在权衡得失之后，最后终于出卖了阴谋分子，把事情的全部经过告诉了他们的保护人克温图斯·桑伽，桑伽立刻又报告了西塞罗。

正苦于没有阴谋罪证的西塞罗立刻抓住这个绝好的机会，指示阿洛布罗吉斯人的使节伪装成热心参与阴谋的样子。使节们向阴谋分子要求亲笔的文据以便带回给本国人民作为证明，阴谋分子立刻答应了。双方还约定使节在返回高卢途中到埃特路里亚去和喀提林会晤。朗图路斯并且派一个叫沃尔图尔奇乌斯的人携带着给喀提林的信件随使节同行。12 月 2 日夜，在沃尔图尔奇乌斯陪伴下的使节离开了罗马。当他们经过城北约 3 公里的穆尔维乌斯桥时，西塞罗布置的两位行政长官和一队士兵截击并抓获了他们。使节手里的文件也为行政长官所缴获。

12 月 3 日早上，消息还没有传出去，西塞罗便派人把朗图路斯、凯提古斯、司塔提利乌斯和伽比尼乌斯召到元老院来，元老院的会议是在广场上的协和神殿召开的。沃尔图尔奇乌斯提供了重要的证据。给阿洛布罗吉斯人使节的信在检查了封印之后被打开在元老院当众宣读，结果完全证实了阴谋分子反对当局的行动。元老院这次会议开到当天很晚的时候，会议结束后，西塞罗向人民发表了这篇演说；它和前一篇一样，是政府公报的性质。

这一篇和第一演说不同之处在于，第一篇是在十分激动的情绪中发表的，当时他对于是否能对付阴谋并没有很大的把握。这一篇则是在拿到阴谋分子的证据之后发表的。由于胸有成竹，他的情绪比较安定，演说中出现了较多平铺直叙的句子。——中译者

命、你们的财物、你们的家产、你们的妻子和你们的子女、最著名的统治机构的这一所在地、这座最幸运也是最壮丽的城市——在这一天，由于诸神对你们的爱护，由于我个人的努力、我的计划和经历的危险，它们免遭焚烧和残杀的命运，并且几乎是从鬼门关被救了出来，并且被完整无缺地送回到你们手里了。而如果我们得救的日子在我们看来和我们诞生的日子是同样地令人高兴和同样地辉煌的话——那是因为得救的欢乐是确实的，而我们诞生时的环境是不确实的；因为我们诞生时没有知觉，而我们得救时是感到欢乐的——确实，既然我们通过爱戴与赞颂使得建立了这座城市的那个人①上升到不朽诸神的行列，那么保存了当时建立起来而现在又变得伟大的这同一座城市的人理应受到你们和你们后代的崇敬。要知道，我们已经扑灭了被燃点起来并且几乎吞没了整座城市、各神殿、庙宇、住宅和城墙的大火，并且我们还击退了向着共和国刺过来的刀剑并且把它们的刀尖从你们的喉咙前面打掉。既然我已经在元老院把这些事揭露、挑明并且作了详尽的叙述，因此，公民们，我还要把这一切向你们简单地作一报告，这样你们这些不了解情况又急于得到消息的人就可以知道被揭露出来的事情何等严重，何等显而易见并且这些事是用什么办法查出来并受到制止的。

① 指传说中罗马城的建立者和第一个国王罗慕路斯。传说维斯塔贞女列娅·西尔维娅和战神玛尔斯生了一对孪生兄弟罗慕路斯和列慕斯。孪生兄弟被抛入第伯河后却被一只母狼救出并加以喂养。国王的牧人缶斯图路斯和他的妻子后来又收养了他们。在他们重新被确认了王裔的身份（他们的外祖父努米托尔是国王）之后，决定在他们被冲上岸的地方建立一个新的移民地。神示决定罗慕路斯为国王，因而罗慕路斯在这里的帕拉斯提努斯山上修建罗马城，列慕斯因表示异议而被杀害。——中译者

首先，当喀提林在几天前[①]逃出罗马的时候，由于他把他的同谋犯和这一战争的穷凶极恶的头目留在了城内，所以我一直保持高度的警惕，并且，公民们，设法使我们能够在这样严重和这样隐蔽的阴谋中得到安全。

(2)因为正是在我把喀提林赶出罗马的时候(要知道，现在我并不害怕这个词引起的厌恶情绪；因为他活着离开罗马，这引起的厌恶情绪要可怕得多)，当时我说，当我希望放逐他的时候，我的想法是：或者与他同谋的其余的分子和他一道离开，或者那些留下来的阴谋分子因为他不在罗马会变得软弱无力。而当我看到那些人仍留在罗马和我们在一起，并且我知道他们丧心病狂到急于实现他们的罪恶计划时，我就日日夜夜毫不懈怠地执行这样一项任务，那就是我要设法了解和看到他们都在做些什么，在计划些什么，这样——由于罪行严重到不可想象的程度，因而你们也可能不大相信我讲的话——我就可以把这件事搞得个一清二楚，乃至当你们亲眼看这一罪行本身时，你们最后才会诚心诚意地为自己的安全采取必要的措施。因此当我听到普布利乌斯·朗图路斯[②]鼓动阿洛布罗吉斯人的使节，要他们在阿尔卑斯山以北发动战争并且在高卢发动叛乱，听到那些使节带着信件和指示被送回高卢他们本国公民那里去，而在途中还要和喀提林会面，并且听说提图斯·沃尔图尔奇乌斯伴随他们上路并且带有交给喀提林的一封信时，这时我就认为我有了一个机会得到最难得的，也是我一直希望不朽

① 实际上这是差不多一个月以前的事情了。——英译本

② 普布利乌斯·朗图路斯是公元前71年度的执政官，公元前70年曾因品行问题和其他63人被开除出元老院，现在他是行政长官(第二任)。——中译者

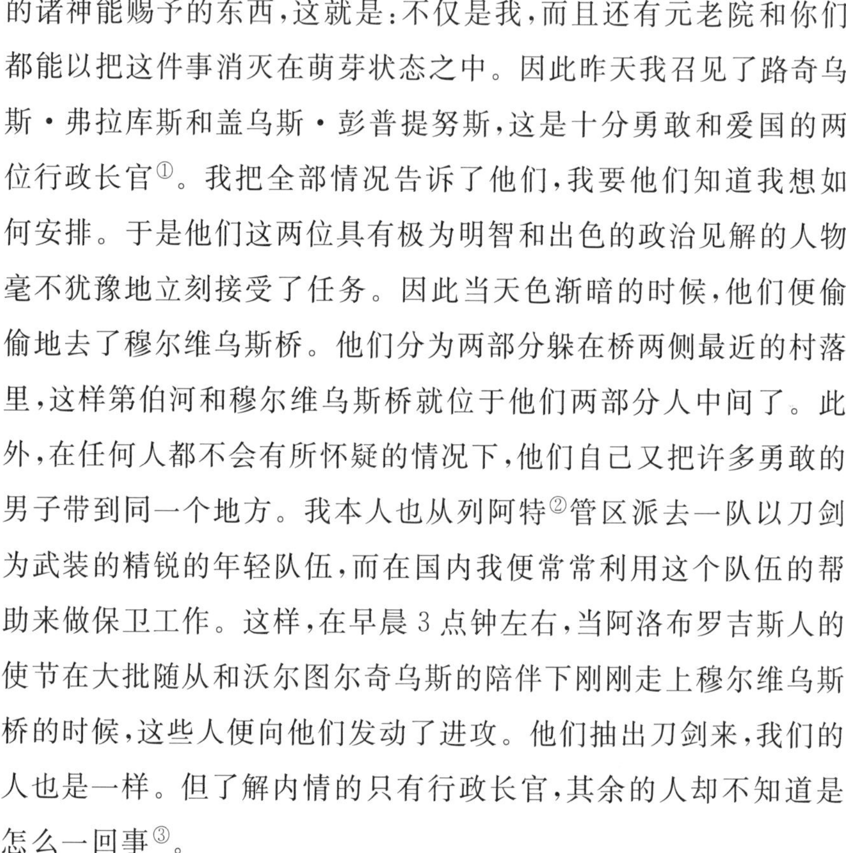

的诸神能赐予的东西，这就是：不仅是我，而且还有元老院和你们都能以把这件事消灭在萌芽状态之中。因此昨天我召见了路奇乌斯·弗拉库斯和盖乌斯·彭普提努斯，这是十分勇敢和爱国的两位行政长官[①]。我把全部情况告诉了他们，我要他们知道我想如何安排。于是他们这两位具有极为明智和出色的政治见解的人物毫不犹豫地立刻接受了任务。因此当天色渐暗的时候，他们便偷偷地去了穆尔维乌斯桥。他们分为两部分躲在桥两侧最近的村落里，这样第伯河和穆尔维乌斯桥就位于他们两部分人中间了。此外，在任何人都不会有所怀疑的情况下，他们自己又把许多勇敢的男子带到同一个地方。我本人也从列阿特[②]管区派去一队以刀剑为武装的精锐的年轻队伍，而在国内我便常常利用这个队伍的帮助来做保卫工作。这样，在早晨3点钟左右，当阿洛布罗吉斯人的使节在大批随从和沃尔图尔奇乌斯的陪伴下刚刚走上穆尔维乌斯桥的时候，这些人便向他们发动了进攻。他们抽出刀剑来，我们的人也是一样。但了解内情的只有行政长官，其余的人却不知道是怎么一回事[③]。

(3)接着彭普提努斯和弗拉库斯出面干预，于是已经开始的

① 行政长官虽然有审判权（所以罗马法学家，把他们称为大法官）但也可以有其他行政权，也可以带兵。——中译者

② 离罗马东北约65公里的萨宾人的十分古老的城市。西塞罗是这个城市的保护人(patronus)。——中译者

③ 显然阿洛布罗吉斯人在执政官的授意之下假意和阴谋分子周旋，但他们并不知道执政官作了怎样的具体安排，因此当他们看到自己受到两岸士兵的进攻时也感到十分吃惊，所以拔刀自卫。伏击的士兵当然也不知道他们这样做的目的是什么。——中译者

战斗便停止了。这一行人手里的全部信件于是就原封未动地交到行政长官手里。这些人自己也被逮捕并且在天刚刚破晓之时被带到我这里来。于是我立刻把所有这些罪行的声名狼藉的谋划者伽比尼乌斯·金贝尔[①]召了来，伽比尼乌斯这时根本没有想到事情会败露。随后又召来了路奇乌斯·司塔提利乌斯，他之后又召来了盖乌斯·凯提古斯。朗图路斯是最后来的，我想这是因为他违反了自己的生活习惯，前一天夜里写信写到很晚的时候。虽然国内地位最高也最有名的人们（许多人一听到这一事件早上就来到我这里）要我在把信送到元老院去之前便拆开来看，这样做的理由是，如果信里没有任何重要的事情，我似乎便不致冒冒失失地去惊动国家了，但是我说我没有别的办法而只能把整个有关国家安全的问题交给大家讨论。要知道，公民们，如果人们报告给我的那些事情在这些信里找不到的话，我仍然不认为，在国家的这样危急的情况下我还不得不担心我是否过于热心了。你们已经看到，我迅速召集了元老院的一次全体会议。就在这同时，我按照阿洛布罗吉斯人的意见，立刻又把那位勇敢的人、行政长官盖乌斯·苏尔皮奇乌斯派到凯提古斯家里去，看是否能搜查到什么武器。他从那里搜出了大批的匕首和刀剑。

（4）我抛开高卢人，只把沃尔图尔奇乌斯带到元老院来；在
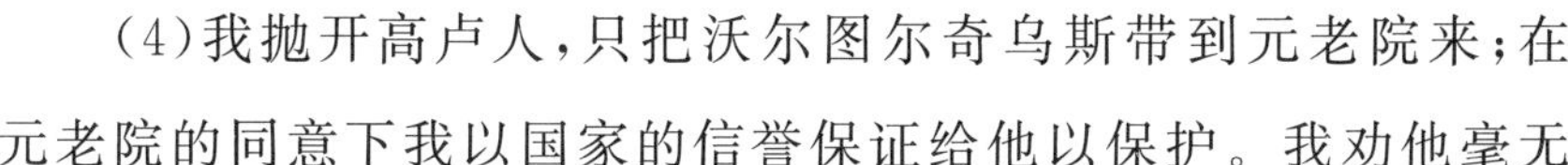
元老院的同意下我以国家的信誉保证给他以保护。我劝他毫无

① 在别的地方只称他为伽比尼乌斯或普布利乌斯·伽比尼乌斯。在阴谋者原来的计划中，他和司塔提利乌斯的任务是在罗马放火。——英译本注，有补充。

顾虑地把他所知道的都告诉我。随后，在他几乎还没有从他的巨大恐怖心态中恢复过来以前，他就供认说，他是从普布利乌斯·朗图路斯那里接受指示和交给喀提林的一封信的，这封信是要他利用由奴隶组成的一支卫队并且要他率领他的军队尽快到罗马来。计划是：他们按照已经作好的布置和分配，在城内各处放火并且屠杀大量公民，而他可以就近准备截捕逃跑者并且和城里的头目会合。但是被带到元老院里来的高卢人却说，朗图路斯、凯提古斯和司塔提利乌斯曾要他们发誓并且把信给他们要他们转给本部族，而且这些人和路奇乌斯·卡西乌斯还命令他们尽快把骑兵派到意大利来，他们并不缺少步兵。朗图路斯曾要他们相信，西比拉预言书[①]和预言家都曾向他保证，在科尔涅利乌斯家族中他是注定要统治这个城市和掌握罗马大权的第三个成员。前面的两个人是苏拉和秦纳。他还说今年是罗马城和它的统治大权注定要毁灭的一年，因为今年是维斯塔贞女被宣布无罪之后[②]的第十年，是卡皮托利乌姆山上的朱庇特神殿被焚[③]之后的第二十年。他们还说，凯提古斯同其他阴谋分子还有这样一个意见上的分歧：朗图路斯和其他人想在撒图尔那利

① 西比拉预言书据传说是由希腊传到库麦，从那里又传到罗马的，预言书有专人保管，在需要查阅时要根据元老院的命令进行。公元前 83 年朱庇特神殿失火时预言书也被焚毁，后来罗马当局又派人到四处搜集类似的预言。西比拉预言书版本众多，内容各不相同，往往各地按自己的需要随意编造，所以罗马当局需不断加以整顿和收缴以免造成混乱。——中译者

② 对维斯塔贞女的审讯，即使后来证实她无罪，这也是一个不祥的事件。但是关于这一审讯我们不知道更多的情况。——英译本

③ 发生在公元前 83 年。——英译本

亚节[1]那天动手进行屠杀和放火焚烧罗马，但凯提古斯认为那时动手就太晚了。

（5）公民们，为了不把话说得太长了，于是我们便命令每个人都把据说是托带的信交出来。我们首先把凯提古斯的信拿给他本人看。他承认是他封的。于是我们把绳子切断[2]，并且读了这封信。这封信是他亲笔写给阿洛布罗吉斯人的元老院[3]和人民的，信里说他要实现他答应给阿洛布罗吉斯人的使节的事情。在这之前不久，他曾被询以有关在他家中搜出的刀剑和匕首的事情，他的回答是他一直热衷于收集精良的铁制武器。但是他的信一经宣读，他那有愧的良心使他失去了勇气，再也抬不起头来，因而突然间他一句话也不讲了。司塔提利乌斯也被带进来了；他承认了自己的封印和自己的手迹。他的信也宣读了，内容也和前一封差不多。他供认了自己的罪行。接着我又拿朗图路斯的信给他本人看，我问他承认不承认这封印。他点头承认。我说："这确实是一个十分有名的封印，这是你祖父的像[4]，他是一位声名赫赫的人物，他全心全意地爱他的祖国和它的公民。确实，这个像即使不讲话也应当使你不敢犯这样一种

① 撒图尔那利亚节是古意大利纪念撒图尔努斯（农神）的节日，开始于12月17日或19日，延续数日。节日的特点是相互表示友好和尽情狂欢。圣诞节的若干特点——如赠送礼品——便是从撒图尔那利亚节沿袭下来的。——中译者

② 作为书信用的木板是用细麻绳系起来，再加封印的。——中译者

③ 高卢人的统治机构也是贵族组成的元老院。——中译者

④ 他的祖父普布利乌斯·科尔涅利乌斯·朗图路斯曾在公元前172年到公元前171年在希腊任副帅，公元前169年任高级营造官，公元前165年左右任行政长官，公元前162年任补缺执政官，公元前125年他在监察官编制的元老名单上被列为首席元老（princeps senatus），公元前121年他曾在因盖·格拉古之死而引起骚乱中负伤。——中译者

罪行。”给阿洛布罗吉斯人的元老院和人民的同样内容的信也宣读了。我给了他一个机会，就这些事发表意见，他想说什么都可以。不过开头他拒绝了；但是过了一会儿，当全部证据都拿了出来摆在大家面前的时候，他站了起来。他问高卢人还有沃尔图尔奇乌斯，他同他们有什么关系，使得他们到他的家里来。当他们简略地并且肯定地回答他，告诉他是通过谁的介绍到他家里来以及有多少次的时候，并且当他们问他是不是他竟然同他们谈起有关西比拉预言书的事情的时候，他突然由于自己的罪行而发起狂来，从他身上可以看出良心具有何等的力量。要知道，虽然这一点他也可以否定，但是突然间，出乎所有人的预料，他供认了。这样，不仅他一直十分擅长的演说的才能和习惯，而且他那超过任何人的冒失和厚颜无耻都从他的身上消失了。这一罪行的揭露和发觉竟有如此强大的效果！但是沃尔图尔奇乌斯突然要人们把他说是朗图路斯交给他、要他带给喀提林的那封信拿出来启封宣读。朗图路斯尽管感到极为狼狈，但他仍然承认这是他的封印和手迹。这封没有署名的信的内容是这样的：“从我派去的那个人你会知道我是谁。鼓起勇气来，好好考虑一下你已使自己处于怎样的境地；看一看你现在需要的是什么并且设法为自己取得一切人，甚至是最下层人们的帮助吧。”随后被带进来的是伽比尼乌斯。虽然在开头他还厚着脸皮答话，但到最后对于高卢人向他提出的指控他也都承认了。公民们，至少在我看来，以下这些东西都是罪行的最令人信服的论据和证据——信件、封印、手迹，最后还有每个人的供词，可是另一方面，他们的苍白的面容、他们的眼神、他们的表情以及他们的沉默看来比证据还要肯定得多。因为他们已被惊吓到如此程度，他们只是低头望地，时而相互间偷偷地看一眼，好像这样就无须受到别人的作证揭发，而他们自己就证明自己有罪了。

(6)当罪证已经提出并且正式加以公布的时候，公民们，于是我向元老院请示，为了共和国的安全，他们将采取怎样的措施。首要的元老们提出了十分严正和表现了爱国精神的建议。元老院全体一致通过了这些建议。而由于元老院的决议还没有用文字公布出来，所以，公民们，我想根据我所记得的，把元老院的决定告诉你们。首先大家对我讲了许多表示感谢的话，因为共和国由于我的勇气、我的意见、我的先见之明而免遭极大的危险。继而两位行政长官路奇乌斯·弗拉库斯和盖乌斯·彭普提努斯受到了公正的、应得的称赞，因为他们给了我果敢的和忠实的帮助。我的同僚[①]，一位勇敢的人也受到了称赞，因为他使参加了阴谋的那些人不能对他个人的看法和国家的看法发生影响。他们作出的决定是这样，普布利乌斯·朗图路斯在他交卸了他的行政长官的职务之后[②]应当被监管起来，还决定，所有在场的人盖乌斯·凯提古斯、路奇乌斯、司塔提利乌斯、普布利乌斯·伽比尼乌斯也应当被监管起来。同样的规定也适用于路奇乌斯·卡西乌斯，因为他曾要求由他负责在全城放火的勾当；适用同样规定的还有坞尔库斯·凯帕里乌斯，因为大家已经看到，他曾接受到阿普利亚去煽动牧民这样一项任务；而所以适用于普布利乌斯·福里乌斯，因为他是路奇乌斯·苏拉安置在费祖莱的移民者之一；适用于克温图斯·安尼

① 盖乌斯·安托尼乌斯。——中译者

② 按规定，任何在职的罗马高级官吏都不能加以追究。——英译本

乌斯·奇洛，因为他一直和这个福里乌斯相勾结进行笼络阿洛布罗吉斯人的活动；适用于被释奴隶普布利乌斯·翁布列努斯，因为，显而易见，是这个人最初把高卢人介绍给伽比尼乌斯的。公民们，元老院所以作出了这样宽大的处置，这是因为，尽管这一阴谋的规模如此之大而叛国分子的人数又如此之多，但是它认为只惩办九名罪犯共和国便可以得救，而对于其他人，是可以使他们回心转意重新忠于共和国的。此外，由于我成就的独特的功业，还决定以我的名义对不朽的诸神表示感谢——自从建城以来我是第一个以公民的身份取得这个荣誉的人。

元老院的决定里是这样的话："因为我拯救了罗马，使它免遭大火，使公民免遭屠杀，使意大利免于战争。"同其他各次对诸神的感谢相比，这次的不同之点在于：其他各次是为了对国家的良好的治理而表示感谢，只有这次是因为拯救了国家。首先必须做的事情不但做了，而且圆满地完成了。因为普布利乌斯·朗图路斯在罪证摆出来并且他自己也供认了之后，在元老院看来，他就不仅是失去了一位行政长官的权利，他甚至失去了一个普通公民的权利，但他仍然是自己交卸了职务，这样他便可以以一个公民的身份受到惩处，而我们也就不再受宗教方面的考虑的约束。虽然，过去即使宗教方面的考虑也不曾阻止那位声名赫赫的盖乌斯·马略把正担任行政长官的盖乌斯·格劳奇亚杀死[①]，尽管并不曾指名对他

① 盖乌斯·赛尔维利乌斯·格劳奇亚是马略当政时期人民派的领袖。公元前100年他是执政官盖乌斯·马略下面的行政长官。格劳奇亚竞选下一年度的执政官时，在因竞选对手美米乌斯遇害而引起的骚乱中被杀死。马略当然倾向于陈掉这个极端民主分子，这里也就是西塞罗所表明的意思。——中译者

作出任何指控。

(7)公民们,既然现在你们已经捉住并且完全制服了这些罪大恶极的和危险的战争的邪恶的头目们,你们当然会认为,城里的这些危险一旦被排除,喀提林的全部军队、他的全部希望和他的全部实力也就垮掉了。确实,当我把喀提林赶出罗马的时候,我便预见到,公民们,我们无须害怕终日昏睡的普布利乌斯·朗图路斯,也无须害怕大腹便便的路奇乌斯·卡西乌斯以及丧心病狂的盖乌斯·凯提古斯。在所有那些人当中只有他一个人是可怕的,而且只有他留在城里的时候才是可怕的。他什么事都懂,他懂得如何接近所有的人。他能够并且敢于呼唤、试探和勾引。他把心思都用在犯罪的事情上,他想到的东西他都说得出,干得出。只要干某些事情,他就已经有某些选好的人在那里待命。而当他布置任何任务的时候,他并不认为这项任务已经完成了;对于每一个特殊的细节他都要监督、检查、注意和操劳。他经受得住寒冷、口渴和饥饿。如此厉害、如此大胆、反应如此灵敏、如此聪明、在犯罪时如此警觉,又如此喜欢干坏事的这个人,如果我还要他留在城里搞阴谋而不把他赶到匪徒的营地里去——公民们,说句心里话——也许我就不能那样轻易地把灾难的这一重担从你们的脖颈上卸下来了。他也许不会为我们指定撒图尔那利亚节这个日子,他也许不会这样早地宣布摧毁共和国的这个宿命的日子,他也许不会使他的封印和信件作为他的罪行的明显证据而被截获。但事实上,当他不在罗马的时候,这些勾当却处于这样的情况之下:这一重大的叛国阴谋明白地被揭露和并遭到镇压,任何一个私人住宅里的盗窃行为也没有如此清楚地被侦查出来。但是如果喀提林直到今天

还留在城内(不过只要他留在这里,我就会遇到并且制止他的计划),即使如此,用最轻的口气来说,我们也势必同他作战到底,而当那个敌人留在城里的时候,我们也便不能这样安静,这样平和以及这样不声不响地使国家摆脱如此严重的危险。

(8)公民们,但是所有这些事情被我处理得好像它们是由不朽的诸神的意志和智慧所完成和预先安排的,并且不仅是因为人的理性看来几乎不可能控制这样重大的事件,我们才能够作这样的假定,而且这时如此明确地亲临现场的诸神给我们带来了支援和帮助,乃至我们几乎能够亲眼看到它们。且不说这些不祥之兆,夜间在西方看到的火炬,天空中的火光、雷击、地震,且不说在我担任执政官时期发生的这样多其他事情,不朽的诸神似乎已经预告了现在就要发生的事件,而公民们,我要谈的这事确实不应当被忽略或不加以谈论。因为你们肯定记得,在科塔和托尔克瓦图斯担任执政官的那一年[①],朱庇特神殿上的许多东西遭到了雷击,当时诸神的像被击倒,古时的人像被掀翻,刻有法律条文的青铜板被熔化,甚至罗马城的建立者罗慕路斯的像也受到了雷击。你们会记得,这就是朱庇特神殿的那个吸吮母狼奶汁的婴儿镀金雕像。在这个时候,当预言者[②]从整个埃特路里亚集合到一起时,他们说,杀人放火,毁灭法律条文的事件、叛乱和内战,整个城市和统治权的摧毁都临近了,除非用一切办法加以抚慰的不朽的诸神通过他

① 公元前65年。——英译本

② 预言者(haruspex)是埃特路里亚的占卜者,他们通过动物内脏来解释诸神的意旨。这些人没有社会地位,和地位高的罗马占卜师(augur)不同,占卜师通过鸟飞、闪电等进行占卜。——中译者

们自己的力量，庶几能够使命运本身有所改变。因此，当时按照他们的答复举行了10天的赛会，凡是能够平息诸神的怒气的事情没有一件遭到忽略。这些预言者还命令说，朱庇特神的雕像应当加大，应当放到高处并且面向升起的太阳，而在当时以前，它是背向东方的。并且他们说，如果你们看到的神像面向升起的太阳、面向广场和元老院，他们认为便会发生这样的事，即暗中进行的反对罗马城和统治权的安全的那些计划将会暴露出来，使得元老院和罗马人民都能清楚地看到它们。于是两位执政官为要人承包建立雕像的工程而作了安排，但工程进行得十分缓慢，通过前两任执政官当政时期以及我们这一任期，直到今天才把它建起来。

(9)但是在这里有谁能这样无视真理，这样刚愎自用，这样丧心病狂，乃至否认我们看到的宇宙万物，特别是这座城市是在不朽的诸神的意志和力量的统治之下呢？因为当作出来的回答是有人阴谋杀人放火并摧毁国家，而且干这些勾当的人也是公民的时候，这在某些人看来似乎是无法相信的，因为罪行太严重了。但是你们已经看到，邪恶的公民不仅策划，而且干出了这些罪行。而且，这件事干得又那么凑巧，就好像是遵照至高至善的朱庇特神的意旨干出来似的。要知道，就在今天早上，当阴谋分子和为他们的罪行作证的证人根据我的命令穿过协和神殿前的广场正在被带进来的时候，就在那个时候，神像也正在被立起来！当神像被安放在它的台座上并且使它转向你们、转向元老院的时候，正如你们和元老院都看到的，反对我们所有人的安全的一切阴谋已被搞得水落石出，已被揭露于光天化日之下了。因此那些妄图以一场不义的和邪恶的大火不仅烧掉你们的家宅，而且烧掉诸神的神殿和庙宇的

那些人甚至应当受到更大的憎恨和更严厉的惩处。如果我要说是我挫败了他们,那我就把自己估计得过高了,这种做法是不能容忍的。挫败了他们的是朱庇特神,是那位朱庇特神;使卡皮托利乌姆山上的朱庇特神殿、使这些神殿、整个罗马城和你们所有人得救,这是朱庇特的意旨。公民们,在不朽的诸神的指导下,我坚定了这一目的和决心,于是我得到了这些无可否认的证据。要知道,若不是不朽的诸神使他们的胆大妄为完全失去了节制,肯定朗图路斯和其他叛国分子在他们同阿洛布罗吉斯人的勾结中,绝不会这样相信这些不相识的蛮族,他们也不会这样冒失地把他们的信交给阿洛布罗吉斯人。结果又是怎样的呢?高卢人来自一个并没有完全被平定的国度,现在他们似乎是最后剩下的唯一有能力,又并非不愿意向罗马人民作战的一个民族①,然而他们无视罗马当局的希望以及我们的贵族自愿给他们的如此丰厚的报酬,却把你们的安全放到他们自己的利益之上,特别是当着他们有力量不通过战争而只是在那里不动声色便能以征服我们的时候,你们说这一事实的发生能说没有神意的干预么?

(10)因此,公民们,既然已经发布了在所有的神殿都要对诸神表示感谢的命令,那么就和你们的妻子儿女庆祝那些日子吧。要

① 参见撒路斯提乌斯:《朱古达战争》第114章:"就在这同时,我们的统帅克温图斯·凯皮欧和格涅乌斯·曼利乌斯却败在了高卢人之手(公元前105年——引者)。这件事引起的恐怖使整个意大利感到战栗。当时的甚至直到我们今天的罗马人都相信,对他们的勇气来说,所有其他一切都是容易对付的,只有对高卢人,他们是为了生存而不是为了光荣而战斗。"这段话可以代表西塞罗时代罗马人对高卢人的通行看法。关于罗马早期高卢人的入侵参见拙译《古代罗马史》(三联书店,1957年版),第153—166页。——中译者

知道，过去虽多次下令把早已应得的许多荣誉给予不朽的诸神，但肯定没有任何一次比这次是更为应得的。因为你们从一次最残酷和悲惨的死亡中被救了出来；不经过屠杀，不经过流血，不要任何军队，不通过任何斗争你们就得救了，你们身着和平的外袍，只在我一个人——你们的穿着和平外袍的领袖和统帅——的协助之下，你们便赢得了胜利。公民们，请回忆一下历次的内战，不仅是你们听到的，还有你们自己记得的和看到的。路奇乌斯·苏拉战胜了普布利乌斯·苏尔皮奇乌斯①；他把城市的守卫者盖乌斯·马略赶出了城②。他杀死了许多勇敢的人，并把许多人赶出了国家。格涅乌斯·屋大维担任执政官时用武力把自己的同僚赶出了罗马③。这整个地方到处是公民的成堆的尸体和血泊。后来秦纳和马略占了上风④；确实，那时最知名的公民都被杀死了，国家的光明被熄灭了。路奇乌斯·苏拉随后对马略和秦纳胜利时的残酷行为又进行了报复⑤。有多少公民被屠杀以及国家遭到多大的灾难那就无须再去回忆了。玛尔库斯·雷比达同一位非常有名、非

① 普布利乌斯·苏尔皮奇乌斯·茹福斯，杰出的演说家，公元前 88 年度保民官，贵族出身的民主派。他曾建议把意大利人出身的新公民分配进所有的特里布斯并将同样的权利给予被释奴隶；剥夺负债在两千狄纳里乌斯以上的元老的元老称号；特别是剥夺苏拉对米特拉达特斯作战的统帅权而将这一权力交给马略。苏拉拒绝服从而进军罗马，苏尔皮奇乌斯死在这次进攻的战斗中，他提出的法律也被苏拉取消。——中译者

② 马略是在公元前 88 年苏拉攻入罗马时逃走的，他和另一些人逃到了阿非利加。——中译者

③ 苏拉派的格涅乌斯·屋大维和马略派路奇乌斯·科尔涅利乌斯·秦纳是苏拉去东方之后，公元前 87 年度的执政官。——中译者

④ 马略和秦纳攻入罗马后，又当选为公元前 86 年度的执政官。——中译者

⑤ 公元前 82 年苏拉又打败马略派，成了独裁官。——中译者

常勇敢的人克温图斯·卡图路斯发生了争吵[①]。雷比达的死亡给国家带来的痛苦还不像其他有关人员的死亡所带来的那样多。而这些内战，公民们，它们的目的只在于统治大权的易手而不是毁掉这个国家。但这些人并不希望根本不要这个国家，而只是希望他们自己在这个国家里掌握最高的权力。他们并不想烧掉这座城市，他们只是想在这座城市里掌握统治大权。所有这些争吵依然没有一次是想把国家摧毁，但它们却不是通过和谐的调解而是通过屠杀公民才得到解决的。但是在这次战争里，人们记忆中最严重也是最残酷的这场战争里，任何蛮族部落对它自己的人民都不曾发动过的这样一场战争里，在由朗图路斯、伽比尼乌斯、凯提古斯、卡西乌斯作出这样一项规定——当国家安全时能得到安全的一切人均被看成是敌人——的一次战争里，在这样一次战争里，公民们，我采取的做法是：所有你们都要得到安全，而当你们的敌人认为只有在一次不分青红皂白的屠杀中存活下来的那些人和只有没有给大火烧光的那部分城市才能予以保留的时候，我却把罗马城和它的公民保全下来使之安然无恙。

(11)对于我的这些重大的贡献，公民们，我不因勇气向你们要求任何报酬，不要求任何荣誉的标记，不要求任何颂扬的纪念物，我只要求永远记住今天这个日子。我希望所有我的胜利、所有荣誉的装饰，光荣的纪念物，颂扬的标记都将安置并树立在你们心

① 苏拉死后玛尔库斯·雷比达（三头之一的那个雷比达的父亲）和克温图斯·卡图路斯是公元前78年度的执政官。列庇都斯企图取消苏拉的体制，结果在由此引起的一场内战中为卡图路斯所战败。参见拙译《古代罗马史》（三联书店，1957年版），第557—558页。——中译者

里。任何不会讲话的东西,任何沉默的东西,最后,任何没有什么价值的人所能得到的东西部不能使我感到高兴。公民们,我的事业[①]将要珍藏在你们的记忆里。它们将要在人们的谈话里被提高,将要在文献里变得历久而不衰。我知道,城市的安全和对于我的执政官任期的回忆注定要保持得同样长久(但我希望它们能保持到永久)。我还知道,有一个时期,在这个国家里有两位公民,一位公民[②]不是用大地的界限,而是用天空的界限来确定你们的国家的边界,而另一位公民则保全了这个国家的家园和所在地[③]。

(12)然而,由于我所做的事情,其命运和遭遇不同于对外国作战的那些人的——因为我不得不同被我制服和战胜的那些人生活在一起,而他们却离开被他们杀死或征服的敌人——所以,公民们,如果说别人会因他们的功业而理所当然地得到好处,但你们却有义务注意不使我的事业在什么时候会给我造成伤害。我已经注意到不使那堕落的人们的罪恶的和凶残的意图伤害你们;而你们也有义务注意到不使他们伤害我。不过,公民们,那些人现在是不能对我本人造成任何伤害的。因为正直的人们有很大的保卫的力量,这种力量永远会保卫我的。共和国有很大的威严,它虽然不讲话却始终在保卫着我。良心的力量是巨大的,那些不要良心而想伤害我的人是会把自己暴露出来的。

① 原文 nostrae res 用复数表示郑重。——中译者

② 指庞培,因为他在西方战胜了赛尔托里乌斯,在东方战胜了米特拉达特斯,战争都是在对当时来说很远的地方进行的,所以西塞罗说罗马的边界要用天空的界限加以确定。——中译者

③ 这里当然指他本人。——中译者

公民们，我们的态度就是这样，我们不会向任何人的厚颜无耻的行为屈服。恰恰相反，我们还要向所有邪恶的人们主动展开进攻。但是，不会加到你们身上的、叛国分子的全部暴力行为如果都转嫁我一个人身上，你们一定要考虑一下，公民们，你们想要为了你们的安全而使自己暴露在各种憎恨和危险之前的那些人今后处于怎样的境遇之中。至于我本人，现在在我的生活的欢乐上还能再增加什么东西呢？特别是当我看不出你们还需要加给我什么更高的荣誉而我也不能期待登上任何更高的光荣的峰顶的时候。公民们，下面一点我肯定是会做到的：作为一位普通公民，我可以维护并表彰我在执政官的任期中所做的事情，这样，如果我因为挽救国家而遭到憎恨，那只会使嫉妒的人自己受到伤害，只会提高我的荣誉。最后，在共和国里我将要这样地行动：我将永远记住我做过的事情并且注意到要人们认识到，这是通过勇气而不是由于偶然的机会才做出来的。

公民们，现在天已经黑了[①]，请你们向朱庇特神、罗马城和你们的守卫者致敬，然后回家去吧；虽然现在危险已得到防止，但你们仍要像前一夜[②]那样，用你们的守卫和哨兵来保卫它们。我将要注意到不使你们在过长的时期里不得不这样做，并使你们能够生活在永久的和平里。

---

① 西塞罗是在元老院开了很长的会结束后才发表这篇演说的，再加上这时又是冬天，所以讲完的时候天已经黑了。——中译者

② 12月2日到3日的夜里。——英译本

反喀提林第四演说[①]（西塞罗）

（在元老院发表）

（1）元老们，我看到你们所有的人面孔和眼睛都向着我。我看到你们不仅因为你们自己的危险和国家的危险而感到焦虑，而且，如果那一危险被防止的话你们还要因为我的危险而感到焦虑。你们对我的好意在我的不幸当中使我感到高兴，在我的忧虑当中使我感到宽慰。但是，不朽的诸神在上，把我的安全放到一边并且忘掉它，而是考虑你们自己和你们的子女吧。对我个人来说，如果我身为执政官因而我理应承受一切痛苦、一切忧虑、一切折磨的话，则我将坚定地、甚至心甘情愿地承受它们，只要我的劳苦能使你们和罗马人民保有尊严和安全。元老们，我是一位执政官，然而却是

① 阴谋分子被逮捕的次日，外面就传说阴谋分子的一派有打算用武力救出阴谋者的消息。罗马当局立即采取了应变措施。这之后，在12月5日，元老院召开会议讨论如何处理在押犯人的问题。当选执政官西拉努斯主张处死阴谋分子，这个意见得到其他元老的赞同；但恺撒发言主张把犯人看押起来，把他们分别囚禁在各自治市，这个意见也有部分元老同意。就在元老院发生意见分歧的时候，西塞罗发表了这篇演说，他在演说中评述了西拉努斯和恺撒的建议之后，明确表示他自己赞同对阴谋分子处以极刑。

西塞罗认为，如果一个人有反对祖国的行为，那么他就成了公敌，公敌没有权利受到保护公民权利的那些法律的保护，元老院可以把他作为一个敌人加以审讯和判刑。

在辩论中起了决定作用的是玛尔库斯·加图的发言。他坚决主张立即处死阴谋分子，这个意见得到了大多数元老的赞同。就在当天晚上，朗图路斯、凯提古斯、伽比尼乌斯和刚刚在城外被逮捕的凯帕里乌斯就在广场西北的地牢图里亚努姆被处死。撒路斯提乌斯的《喀提林阴谋》记述了西拉努斯、恺撒和加图的演说的内容，可以和这一演说参看。——中译者

这样一位执政官，在他看来，无论是保存了一切正义的罗马广场[①]，无论是由于执政官的吉兆[②]而变得神圣的玛尔斯广场，无论是一切民族的最伟大的保护者元老院，还是人们通常可以托庇的家庭，还是用来休息的床榻，而最后，还是表示官职的这荣誉的座位[③]一直不曾摆脱阴谋的威胁和死亡的危险。对许多事情我保持了沉默，我忍受了许多事情，在许多事情上我作了让步，我纠正了使你们感到害怕的许多事情，但这当然也造成了我的一些痛苦。如果不朽的诸神要我担任执政官的目的就是在于使你们和罗马人民免遭最悲惨的死亡，使你们的妻子儿女和维斯塔贞女免遭最残酷的蹂躏，使神殿和庙宇，我们的最美丽的祖国免遭最可怕的大火，使整个意大利免遭战争的破坏，那么不管将来会是怎样的命运，也都由我一个人来承担吧。如果听信了预言者的话的普布利乌斯·朗图路斯认为命运注定要使他成为国家的摧毁者的话[④]，那么命运又几乎注定要使我的这一任执政官挽救罗马人民，对此为什么我不应当感到高兴呢？

① 罗马公民是在罗马广场过社会生活的，男人也和古希腊人一样，一起来便到广场上来，广场也是社会舆论的中心，社会舆论一般是主持正义的。——中译者

② 执政官选举必须在占卜中取得吉兆之后才能开始。罗马人认为他们国家的一切活动首先都要取决于诸神的意旨，而他们的意旨便表现在向他们垂示的朕兆上。朕兆主要通过鸟飞加以解释。解释虽有它的规则（ius augurlum），但也带很大的任意性。——中译者

③ 罗马高级官吏（独裁官、骑兵长官、执政官、行政长官、监察官和高级营造官）可以有一种表示他们身份的特定的坐椅；它的样子有点像是今天的马扎儿，没有椅背，有象牙的装饰或象牙的椅腿，可以随身携带。这种座椅保存下来的实物不多，它们的图像有时出现在罗马的钱币上。——中译者

④ 参见《反喀提林第三演说》，第 4 章。——英译本

(2)因此,元老们,请你们自己加以考虑,并且保护我们的祖国,挽救你们自己、你们的妻子、你们的子女、你们的财产,捍卫罗马人民的名誉和安全吧。不要管我,不要再想到我。因为首先我应当希望的是,看守着这座城市的所有的神灵为此而把我所应得的赏赐给我,这样,如果我遇到任何不测,我将以心平气和与乐天知命的心情死去。因为一个勇敢的人不能不光彩地死去,一个担任过执政官的人不能过早地死去,一位智者不能悲惨地死去。不过我还不是这样的一个铁石心肠的人,乃至对于在这里的我最亲爱的和我最爱的弟弟[1]的悲痛以及你们看到在我周边的所有这些人的眼泪我竟然无动于衷。我的惊惶不安的妻子[2]以及我那被吓坏了的女儿[3]和我的年幼的儿子[4]——在我看来,共和国正在把他作为我的执政官职位的一名人质而拥抱着他,还有我看见站在那里等待着今天的结果的我的女婿[5]都使我的思绪回到我自己的家里去。所有这些事情都使我受到感动,但是都为了这样一个目的——即他们所有的人可以和你们一道得到安全,即使我个人会遭到某种暴力的侵害,而不是他们和我们会在国家的总的毁灭中与之同归于尽。

因此,元老们,尽力拯救共和国,细心警戒威胁着你们的 切

① 即克温图斯・西塞罗,此时已是当选的行政长官。——英译本

② 特伦提娅。——英译本

③ 图利娅,这时大约 13 岁。——英译本

④ 玛尔库斯,这时是 2 岁左右。——英译本

⑤ 图利娅的丈夫盖乌斯・卡尔普尔尼乌斯・披佐。这时他还不是元老院成员,所以只能站在会堂外的门厅那里。但从西塞罗的发言来看,他是看得见披佐的。——英译本

风暴吧，除非你们在事先能制止它们。这次和提贝里乌斯·格拉古的情况有所不同，他是想再次担任保民官[①]才受到审判和严厉制裁的；和盖乌斯·格拉古的情况不同，因为盖乌斯试图教唆想重新分配土地的那些人发动叛乱；和路奇乌斯·撒图尔尼努斯的情况也不同，因为他杀死了盖乌斯·美米乌斯[②]；我们监管起来的这些人，他们留在罗马这里是要屠杀你们所有的人，是要迎接喀提林，我们手里有他们的信件、他们的封印、他们的手迹，最后还有每个人的供词。阿洛布罗吉斯人正在受到引诱，奴隶正在应征入伍，喀提林正在受到召唤。他们的计划就是——把所有的人都杀光，不留一个人甚至为罗马人民的名称而哀悼，为这样伟大的政府的毁灭而悲叹。

(3)证人们已经把所有这些事实揭发出来，罪犯们已经供认了他们的罪行，你们已经通过许多考虑周到的判断作出了自己的判决：其原因首先是你们对我表示了破格的感谢并且宣布说，正是由于我的勇气和毅力叛国分子的阴谋才被揭露出来；其次是你们迫使普布利乌斯·朗图路斯交卸了他的行政长官的职务，还有，你们作出决定，他和你们作出判决的其他人应当受到监管，特别是以我的名义进行了一次感恩活动——在公民生活中，先前还没有一个人得到过这样的荣誉。最后，昨天你们把最慷慨的报酬给了阿洛

① 保民官不能连任虽有明文规定，但实际上在提贝里乌斯·格拉古前早已有过保民官连任的先例，贵族不过是想以此为借口除掉他罢了。——中译者

② 美米乌斯是在公元前100年竞选下一年度执政官时被撒图尔尼努斯和格劳奇亚杀害的。他由于揭发接受努米底亚国王朱古达的贿赂的人们而引起了他的嫉恨。——英译本

布罗吉斯人和提图斯·沃尔图尔奇乌斯。所有这些事情都会证明，毫无疑问，看来你们判定被指名监管起来的那些人是有罪的。

但是我已决定把这全部案件交给你们，元老们，就好像这还是尚未解决的问题那样，对事件作出你们的判断，如何惩处也由你们来决定。首先我要讲一讲一位执政官应当讲的话。很久以来我便看到在国内一种严重的疯狂气氛已经成熟，那些新的灾难正在沸腾着、活跃着，但是我绝不曾想到的是，公民所策划这一阴谋竟是如此严重，如此凶残。但是，不管事情如何，不管你们的意向和感情倾向于哪一方面，你们一定要在今天黑夜之前作出决定。你们看到通报给你们的是多么严重一项罪行。如果你们认为只不过少数人参与在这里面，那你们就大错特错了。这个灾难传播得比你们设想的要广泛。它不仅浸透意大利，现在甚至越过阿尔卑斯山悄悄地通过人们难以发现的途径而蔓延于许多行省。它不能通过动摇和拖延而被制止，它必须迅速地受到惩处，不管你们喜欢用什么办法。

(4)到目前为止，存在着两种意见——戴奇姆斯·西拉努斯的意见和盖乌斯·恺撒的意见。西拉努斯的建议是，那些企图摧毁国家的人应当处以死刑。恺撒则不同意死刑，但是赞成死刑之外所有其他的严厉惩罚。每个人都按照自己高贵的身份和事件的严重性提出最严厉的惩办方法。西拉努斯认为那些想谋害我们所有的人和罗马人民的性命的人，那些试图摧毁统治大权并把罗马人民的名字抹掉的人，哪怕一瞬间也不应活命，并且我们同他们是不共戴天的。他还回忆说，过去在这个国家里人们常常利用这种惩办的方法对付堕落的公民。恺撒则深信不朽的诸神并不把死规定

为一种惩罚，而是一种自然的需要或摆脱劳苦与烦恼之后的安息。因此哲学家绝不曾不情愿地接受死亡，而勇敢的人往往是高兴地接受死亡。但是监禁以及终身的监禁确实是人们想出的对于重罪的一种绝妙的惩罚。他建议把罪犯分送到各自治市去。如果你们想发布这样的命令的话，这种办法看来是不公平的；如果你们想提出这样的要求的话，做起来也是困难的。尽管如此，如果你们高兴这样做，你们就这样决定好了。我将设法执行并且我希望我将能找到这样一些人，他们将认为拒绝你们为了所有人的安全而发布的命令是同他们的尊严不相称的。如果任何罪犯逃跑的话，则他建议给予自治市以严厉的惩处。他要按照这些可耻的犯人的罪行的大小，用严厉的看守力量把他们包围起来。他还规定任何人都不能通过元老院或人民的决定减轻被他定罪的那些人的刑罚。他剥夺了人们在苦难中唯一能起安慰作用的希望。他还下令没收他们的财产。他只把性命留给那些邪恶的人。如果他夺去了他们的性命，那他在这同时也就使他们解脱了身心两方面的许多痛苦以及对他们的罪行的一切惩罚。因此，为了使现在世上作恶的人有所戒惧，古时的人们才想到在地狱里为坏人规定这样一些惩罚，这原因当然是：他们知道，如果没有这类惩罚，死亡本身便不可怕了。

（5）现在，元老们，让我来看一看我所关心的是什么吧。如果盖乌斯·恺撒所遵循的国家政策被认为是民主政策而你们将采纳他的动议的话，也许我会少受人民的一些指责，因为正是恺撒提出并支持这个动议的。但是如果你们采纳这另一个主张的话，也许我会遇到很大的麻烦。然而还是把国家的迫切需要放在有关我个人的危险的考虑之上吧。正像恺撒本人的崇高地位和他的祖先的显赫声名所要求的那样，我从他那里听到的建议仿佛是他对共和国的永恒善意的一个保证。大家都清楚，煽动民众的人们的轻浮和关心国家安全的真正民主派的看法之间有着怎样的区别。我看到，想被人们认成是民主派的那些人，他们中间的某些人并不在这里。当然这是因为他们并不愿意在要处死罗马公民的重大案件方面发表自己的意见。前天恺撒监管了罗马公民并且建议以我的名义举行感谢诸神的活动。而昨天他又把极为丰厚的报酬给了证人们。那么现在，对于建议监管被告，感谢调查者和酬谢证人的人，他对于全部事件以及这一案件的看法如何，那是不能有任何怀疑的了。

但盖乌斯·恺撒一定知道，有一项为罗马公民制订的显普洛尼乌斯法。而且他还知道，一个成了国家的公敌的人不可能成为一名公民；他还知道，提出显普洛尼乌斯法的那个人本人却未通过人民的命令而被国家当局处死了[①]。他也不认为这个如此挥霍浪费的人当他如此疯狂，如此不顾一切地想杀害罗马人民和毁灭这座城市的时候竟然能够被称为人民的友人。因此这位最仁慈和富有人道精神的人就毫不犹豫地给普布利乌斯上了镣铐并把他关到永远是阴暗的监狱里去，还庄严地作出决定，今后任何人也不能因减轻这个人的惩罚而以此夸耀，也不能为了表示自己民主而毁了罗马人民。他甚至还主张没收他们的财产，这样就使他们身心备

① 显普洛尼乌斯法是公元前123年在盖乌斯·显普洛尼乌斯·格拉古的建议下通过的。它规定不经人民的同意任何罗马公民都不应处以死刑。西塞罗的意思是提出那一法律人的人实际上却被宣布为国家的敌人并不经审讯，未经向人民上诉而被处死。——英译本

受折磨，并且受尽贫穷与匮乏之苦。

(6)因此，如果你们同意这个建议的话，你们就给我指定一位人民拥护和欢迎的同僚去参加群众集会。或者，如果你们愿意采纳西拉努斯的建议的话，那我将容易地保护我本人和你们，使不被指责为残酷并且我将认为他的建议要仁慈得多。可是，元老们，在惩罚如此不人道的一项罪行的时候，怎么能提到残酷呢？要知道，我是凭着自己的感情来进行判断的。既然我没有受到残酷的影响——有谁比我更温和呢？——而是受到一种极大的温和与仁慈的影响，那确实在重新得到安全的一个国家里我就可以幸福地和你们生活在一起了。因为我好像看到这座城市、整个世界的光明和一切民族的堡垒突然都被吞没在一场全面的大火里。在我的想象里，我看到在祖国的坟墓上是一堆堆悲惨的、未经掩埋的公民的尸体。在我眼前出现了凯提古斯的面容和他那由于你们的死亡而欣喜若狂的神气。但是当我想象到取得了国家统治大权的朗图路斯——他承认是命运使得他抱有这样的希望的——他那穿着宫廷的紫红色服装的伽比尼乌斯[1]和率领着一支军队的喀提林时，我就因为母亲们的哭喊声，女孩子和男孩子们的惊惶失措以及维斯塔贞女的受辱而感到战栗了，并且因为这些情况在我看来是悲惨的、值得怜悯的，因此对于那些想干这些事情的人我就是严厉和无情的了。要知道，我要问你们，如果一位父亲他自己的孩子被一名奴隶杀死，他的妻子也被屠杀，他的住宅被烧掉，但是他却不对那

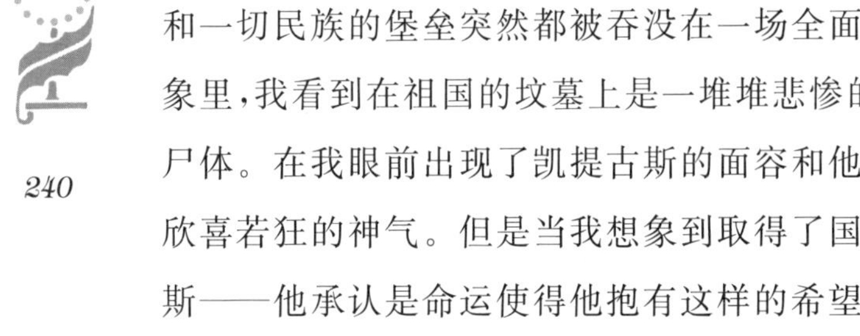

① 紫红是王室的颜色，这里暗示伽比尼乌斯将要在国王的宫廷担任重要的职务。——英译本注，有补充。

个奴隶给以最严厉的惩罚，那么看来他是温和和仁慈呢，还是最不人道和残酷呢？至少在我看来此人是冷酷无情和铁石心肠的，罪犯的悲伤和痛苦并不能使他的悲伤和痛苦有所减轻。而现在我们要处理的这些人是想屠杀我们，我们的妻子儿女，是试图摧毁所有我们的家庭和国家的公共建筑，他们这样做是为了在这座城市的废墟上，在一个彻底被烧毁的国家的灰烬上能够把阿洛布罗吉斯人这个部族树立起来，因此我们若是极其严厉，我们才会被人们认为是仁慈的；但是，如果我们想表现得比较宽大，我们便背上最残酷的恶名，因为这样我们便有了把祖国和公民们断送的危险。除非也许有谁认为路奇乌斯·恺撒[①]这位十分勇敢又极爱祖国的人前天在他当着他的姊姊——一位十分有魅力的女性——的丈夫[②]的面并在此人听到的情况下说此人应当处死，并且还说，他本人的外祖父便是因执政官的命令而被杀害的[③]，而他的一位还是青年的舅父，尽管是奉自己父亲之命作为一名使节前来的，却仍然在监狱中被处死[④]的时候，他是过于残酷了。他们那些人的哪些行动能够同今天的阴谋分子的勾当相比？他们哪里有过什么想摧毁国

① 路奇乌斯·恺撒(公元前64年度执政官)是公元前90年度即发生同盟战争那一年的执政官路奇乌斯·恺撒的儿子。他的母亲富尔维娅是支持盖乌斯·格拉古的玛尔库斯·富尔维乌斯·弗拉库斯的女儿。后来盖乌斯·恺撒出征高卢时，路奇乌斯·恺撒是他的副帅(公元前52年—公元前49年)。——中译者

② 即朗图路斯，他是路奇乌斯·恺撒的姐姐优利娅的丈夫。——英译本

③ 玛尔库斯·富尔维乌斯，弗拉库斯是被公元前121年度的执政官路奇乌斯·欧皮米乌斯处死的。——英译本

④ 公元前121年格拉古和弗拉库斯同元老院发生冲突时，他们曾派弗拉库斯的18岁的儿子去向元老院建议谈判以求和解，但元老院把这个青年投入监狱，后来又把他绞死在那里。——中译者

家的计划？当时在共和国流行的是一种大把花钱的倾向和一种党派对立的情绪。当时这个朗图路斯的祖父[①]就是那个拿起武器来反对格拉古的著名人物。那位朗图路斯为了保卫共和国的尊严不受任何侵害，当时甚至负了重伤。可是这个朗图路斯却把高卢人召来颠覆国家的根基，教唆奴隶起来作战，他召请喀提林，他把我们分配给凯提古斯来杀害，而把其他公民交给伽比尼乌斯去屠杀，要卡西乌斯在全城放火，把整个意大利交给喀提林去蹂躏和掠夺。我认为，你们担心的是在对待如此可怕、如此不义的罪行方面你们的措施过分严厉，但我们更应该担心的是，由于我们采取了温和的惩罚手段，我们似乎对我们的祖国未免残酷了。而不是由于我们厉害的报复措施而显得对这些罪大恶极的公敌太严厉了。

(7)但是，元老们，我不能装作没有听到传到我耳朵里来的报告。因为传到我耳朵里来的是那样一些人的话，他们似乎担心，我可能没有足够的守卫力量来实现你们今天所决定的事情。元老们，一切事情都已被预见到，有了准备并被决定下来，从而保全了人民政府，挽救了公共财富，这不仅由于我投入了极大的关注和拥有极大的能力，而且还由于罗马人民下了更大得多的决心。所有的人，所有等级，甚至各种年龄的人都在这里。广场上挤满了人，广场四周的神殿里挤满了人，这一地点和神殿的所有入口处也都挤满了人。自从罗马建城以来，这是所知的唯一案件，对于它的意见所有的人是绝对的一致，例外的只有那样一些人，他们由于看到他们只有死路一条，所以宁愿死在全面的屠杀里，而不愿自己孤零

① 参见《反喀提林第三演说》第5章有关注释。——英译本

零一个人死去。我把这些人排除掉，我倒是喜欢把他们放到一边，我也不认为应当只把他们归入邪恶的公民一类，而是应当把他们列为不共戴天的敌人。但是其余的人，不朽的诸神，他们是何等踊跃，何等热情，何等勇敢地为了公共安全和光荣而团结起来啊！关于罗马骑士，在这里我应当说些什么呢？[1] 虽然在地位和国事的商讨方面，他们把首位让给了你们，但是在爱国上面他们却要和你们比试比试。在同这个等级进行了持续多年的斗争之后[2]，今天这一案件已使他们重新同你们衷心地联合起来，使他们和你们团结在一起了。而如果我们今后使在我担任执政官期间所实现的这一结合永远保持下去，我向你们保证今后在国家的任何地区都不会发生内战和内讧。我看到同样的保卫国家的热情已经把司库们、那些最勇敢的人团结到一起。我看到今天偶然大量集合到国库这里来的书记员也把他们的注意力从地点的分配转到公共安全上来[3]。全体自由人的大群都在这里，甚至那些贫苦的公民。有谁对于这些神殿、罗马城的景色，对于享有自由，最后对于这光明本身以及祖国的公共土地能不感到亲切、可爱和高兴呢？

（8）元老们，看一看被释奴隶表现出来的热情是有意义的事

① 西塞罗总是不忘记提醒骑士等级的作用，但这里显然是没有必要的。——中译者

② 争论的问题：“哪个等级，元老还是骑士，应当在刑事审判中担任陪审员？”先前由元老享有的这一特权直到公元前122年才由盖乌斯·格拉古给予骑士。苏拉又把它收了回去。公元前70年奥列利乌斯法（Lex Aurelia）把陪审员在两个等级中间平分；这一法律把司库（tribuni aerarii）列在骑士的下面。他们职责是收集和付出为军队征收的税金。但是在西塞罗时期他们的任务是什么还不清楚。——英译本

③ 12月5日，也就是发表这篇演说的日子，财务官在国库这里抽签以确定他们担任的职位。他们的书记员（scribus）也和他们一道来参加抽签活动。——英译本

情,他们通过自己的努力在国内赢得了一席地位,并且正当地把这个国家认成是他们的祖国,而另一方面,某些生在这里并且生在显贵之家的人却不把它看成是他们的祖国而看成是敌人的城市。私人的财产、共和国、最后还有最可爱的自由使得这些等级和这些人都来保卫国家的安全,但是为什么我要谈到这些等级和这些人呢?没有一个奴隶——只要他的被奴役的处境还过得去的话——看到这些堕落的公民的胆大妄为不感到战栗,不希望这些东西保存下来,不尽其所敢做和所能做的向国家的安全提供尽可能多的善意。也许外面正在流传的这样一个传说会使你们任何人都受到感动:朗图路斯的一个给他拉皮条的家伙正在到各个店铺去,想用金钱收买那些贫苦并且没有经验的人们的支持——他开始这样干了起来,但是却找不到一个人落魄或堕落到不希望自己每天干活、劳累和赚钱的这个地方,不希望他自己的躺椅与床榻,最后还有这一和平的生活过程是安全的。但绝大多数店铺里的人们,甚至更多是——应当指出这一点——整个这一类人都是最爱和平的。因为他们的货品、他们的工作和生计都是靠公民之间的交往来维持的,都是在和平生活的抚育之下的;如果店铺关门,他们的利润就要减少,那么如果店铺被烧掉,后果又将如何?

情况既然是这样,元老们,罗马人民的保卫者不会辜负你们,你们也要注意不要使人看来有负于罗马人民。

(9)你们目前有的是这样一位执政官,他曾从多次的危险和阴谋中得救,从九死一生的危急状态下得救,但这不是为了他个人,而是为了使你们能够保存下来。为了拯救共和国,所有的等级在目的、心愿、意见方面都已团结到一起。我们的祖国遇到了一次邪恶不义的阴谋的火与剑的威胁，她在向你们伸出恳求的双手。她把她自己托付给你们，她托付给你们的还有全体公民的性命，卫城和朱庇特神殿，她的家神的神龛，维斯塔[1]的永不熄灭的圣火，所有的神的神殿和庙宇以及我们罗马城的城墙和住宅。而且，今天你们的性命、你们的妻子儿女的性命、所有人的财产，他们的房屋和炉灶，这一切都有赖于你们作出决定。你们有一位关心你们，但是忘掉他自己的领袖——这并不是任何时候都会有的一个有利条件；你们有所有的等级、所有的人、全体罗马人民的支持，绝对一致的支持：在政治事务方面，我们在今天是第一次看到这样的事情。请想一下怎样在一夜中间便几乎摧毁了经过千辛万苦才建立起来的统治大权，摧毁了需要极大的勇气才确立起来的自由，摧毁了通过诸神何等的垂爱才增加和积累起来的财富吧。今天我们必须注意使公民在今后永远不会做出这样的事情，甚至想一下这样的事情。而我讲这些东西并不是想激励你们，因为你们的热情往往比我还高。我只是把在共和国里应当第一个发出来的呼声要人们听到，以完成一位执政官应尽的职责而已。

(10)现在，元老们，在我继续向你们征求意见之前[2]，关于我个人我也要简单讲几句话。我看到我已经给自己造成了像阴谋分子那样多的敌人——你们知道，阴谋者的人数是很多的。但是我

---

① 罗马人家家供奉的灶神，她的圆形神殿里点着不灭的圣火(每年3月1日重新点燃一次)由所谓维斯塔贞女看管。维斯塔神的节日即维斯塔利亚节(Vestalia)在每年6月9日。——中译者

② 西塞罗之前已有一些元老发言，在他之后自然还要有别的元老发言。——中译者

认为他们是卑鄙、软弱无力的。即使如果在什么时候这帮匪徒在某个人疯狂罪行的教唆下压倒了你们的威望和共和国的威望，即使如此，元老们，我也绝不后悔我做的事情和我提出的意见。要知道，也许他们用来进行威胁的死亡等待着我们所有的人。你们明令加给我的赞颂之词是任何人在他生前也不曾得到过的；你们曾明令对其他人表示感谢，因为他们尽心国事，而只有对我表示的感谢，是因为我保存了共和国。且假定斯奇比奥①有名是因为他通过自己的智慧和勇气迫使汉尼拔退出意大利；假定那另一位阿非利卡努斯②特别受到赞扬是因为他摧毁了我们最大敌人的两座城市，即迦太基和努曼提亚这两座城市；假定那位杰出的保路斯③所以是一位有声望的人是因为一度是强大的和高贵的国王佩尔赛乌斯给他的凯旋式添加了光彩；假定马略取得了永恒的光荣是因为他曾两次从围攻和被奴役的恐惧中把意大利解放出来④；假定庞培超出了他们所有的人是因为他的事业和德行遍及于太阳照射所

① 这里指普布利乌斯·科尔涅利乌斯·斯奇比奥·阿非利卡努斯(Publius Cornelius Scipio Africanus，公元前236年—公元前184年)，即所谓大斯奇比奥，公元前205年度执政官，公元前202年他因扎玛一役的胜利而结束了第二次布匿战争。——中译者

② 这里指小斯奇比奥(公元前185年—公元前129年)，他是路奇乌斯·埃米利乌斯·保路斯的次子，后过继给大斯奇比奥为养子。公元前146年他攻占并摧毁了迦太基并建立了阿非利加行省，公元前133年他攻占并摧毁了努曼提亚。——中译者

③ 路奇乌斯·埃米利乌斯·保路斯，小斯奇比奥的生父，公元前168年他在第二次担任执政官时因披得那一役的胜利，结束了第三次马其顿战争并生俘国王佩尔赛乌斯。——中译者

④ 马略战胜了日耳曼人的两个部族。公元前102年他战胜了条顿人，公元前101年他战胜了金布里人。——英译本

及的地区和边界[①]:确实,在对这些人的称赞中,也有我的一份光荣,除非也许给我们自己开辟行省以便我们能够前往较之保卫使那些出去的人们能够得胜返回的一个地方是更重要的一件事[②]。但是在某一方面,在国外取得的胜利比对国内叛乱者取得的胜利要好,这是因为国外的敌人不是被征服而变成了奴隶,就是被接纳为朋友而认为有义务对我们表示善意。但是我们本国公民中的那些敌人,一旦他们发疯而变成了我们祖国的不可救药的敌人,则你们要挫败他们的想摧毁国家的企图时,你们既不能用武力强制他们,也不能用善意去争取他们。因此我看到我已经同邪恶的公民展开了一场永远完结不了的战争。不过借着你们的帮助,借着所有正直的人们的帮助并且由于不仅是已经得救的罗马人民而且还有一切民族的语言文字和思想都永远不会忘记的这些巨大的危险,我相信我可以容易地使我和我的国家和人民[③]避免于此。并且肯定不会有任何力量强大到足以粉碎和破坏你们同罗马骑士的联盟以及所有正直的人们之间这一亲密无间的和谐。

(11)既然事情是这样,为了回报我已经放弃的权力、军队和行省,回报我为了照顾罗马城和你们的安全而拒绝的凯旋式和其他荣誉标记,回报由于我在城内的影响而费力地保持下来的被保护人以及我同行省居民的友好关系——保持它们并不比取得它们更省力,回报所有这一切事物,回报为了你们而我表现的极大热情以

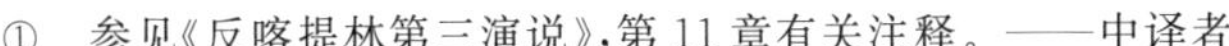

① 参见《反喀提林第三演说》,第 11 章有关注释。——中译者

② 西塞罗的意思是,这些人虽然进行了广泛的开拓,但是我却保存了他们可以光荣的返回的祖国。——中译者

③ 原文是我和我的(事物),这是据演说上下文的意思补充。——中译者

及回报你们看到的在保全国家方面的我的警惕性，我不要求你们别的任何东西，而只要求你们记住这一时刻和我担任执政官的全部时期。要知道，只要你们把它牢牢记住，我认为我就得到了铜墙铁壁似的保护。但是如果罪犯们的力量不像我所设想的那样并且得到了胜利，那么我就把我的小儿子托付给你们，而只要你们记住，这个孩子的父亲曾经冒着他个人的生命危险挽救过整个国家，那么不仅是他的安全而且他的事业便得到充分的保护了。因此，既然你们已经开始，那么就尽心地和勇敢地设法保护你们自己和罗马人民，设法关心你们的妻子儿女、你们的祭坛和炉灶、庙宇和神殿、全城的住宅和家庭、统治大权和自由、意大利的安全、整个国家吧。你们的执政官会立刻服从你们的命令的，只要他活在世上，他就能支持你们的决定，他自己也保证执行这些决定。

朱古达战争

(1)人们确实总是毫无道理地抱怨自己的本性,说什么那是因为它是软弱的并且是短促的,并且它与其说受德行,毋宁说受机会的支配。但是仔细思考一下就会看到情况恰恰相反:没有什么比人类的本性更伟大、更崇高,它本身并不缺乏力量或耐力,而更加缺乏的却是勤奋。精神乃是人的生活的引导者和主人;如果它通过德行的途径取得光荣,那么它就会有大量的力量、能量以及荣誉。它甚至不需要命运,因为命运不能把诚实、勤奋或其他优良品质给予任何人,也不能把它们从他们身上夺走。但是如果精神由于卑劣欲望的引诱而陷入懒散和肉体的享乐,当它一时里放纵于有害的情欲的时候,当精力、时间和才能在懒散无所事事中浪费掉的时候,人们就指责人的本性的弱点,而犯了过错的人又把责任推到环境上去。

但是,如果人们对于正义事业的关注,可以同他们追求对他们没有好处并且肯定是无益的并往往甚至是危险的事物的热情相比的话,他们便可以掌握命运,而不受命运的摆布,他们便可以达到如此伟大的程度,就是说,他们虽然是凡人,但他们的光荣却使他们不朽。

(2)正有如人是由躯体和灵魂构成的,因此我们一切行为和追求有些具有躯体的性质，有些具有精神的性质。因此漂亮的容貌、巨额的财富以及体力还有诸如此类的天赋很快便会消逝，但是才智的光辉成就却和灵魂一样是不朽的。

总之，躯体方面的优点和幸运的财富既然有开始也就有结束[①]。它们都有起落和盛衰；只有精神是纯洁的，是永恒的，是人类的主人，它赋予一切事物以生命并支配着它们，而它自身却不受支配。因此下述情况便更加使我们对这样的人们的邪恶感到惊奇：他们成为肉体享乐的俘虏而把生命消耗在放荡的生活和懒散之中，却使人的本性中比任何其他事物都更要美好和伟大的精神由于被忽视和无所事事而消沉下去；特别是当人们拥有这样多、这样千差万别的智力追求并可以借此取得最高荣誉的时候。

(3)但是，按照我的看法，在这些追求当中，这时最不为人所喜的是高级官吏的职位和军事统帅权，简言之，就是公职[②]，因为有功者得不到荣誉，而通过不正当的手段取得了荣誉的人并不因为有了荣誉而得到安全，也并不因此而更加提高自己的声望。因为用武力统治自己国家或臣民，即使你有权力纠正弊端并且确实纠正了弊端，但这种统治依然是一种暴政的统治[③]；特别是想进行变革的一切试图都预示着流血、流放和战争的其他恐怖行为。而且，白白地费了许多气力而劳苦之后的代价却只是招来憎恨，这乃是极大的蠢事，除非也许有谁有一种不光彩的和邪恶的爱好，为了一小撮人的权力而宁愿牺牲他自己的荣誉和自由。

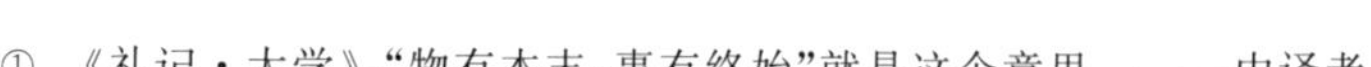

① 《礼记·大学》："物有本末，事有终始"就是这个意思。——中译者

② 作者写作这话时，正是恺撒被刺后的混乱时期。——英译者

③ 这里指的似乎是作者的友人恺撒。——中译者

(4)但是在智力的追求中，记述过去的事件是特别有用的。关于这种能力我用不着再说什么，因为许多人已经谈过它的价值，同时也为了不让任何人认为我是出于虚荣心才称颂我自己的心爱的事业的。我还认为，既然我已决心在生活中不再接触政治，某些人会对我的这一艰巨但有用的工作冠以懒散之名，特别是那些把用宴会讨好民众和猎取好感的做法看成是勤劳的最高表现的人们。但是，如果这样的人只要记得，我是在什么时候当选为高级官吏的[①]，哪些有功业的人却得不到同样的荣誉[②]，而哪种人从此又进了元老院[③]，他们一定会相信，我改变了自己的看法有其正当的理由而不是由于懒散，并且我的无所事事较之别人的积极活动对我们的国家会有更大的利益。

我常常听说，克温图斯·玛克西姆斯、普布利乌斯·斯奇比奥[④]和我们的其他著名人物都惯于宣称，每当他们看到自己祖先的面具[⑤]的时候，他们心中都会燃起追求德行的熊熊烈火。当然，

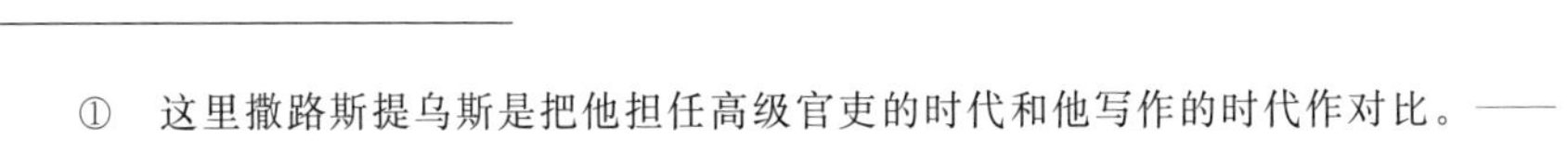

① 这里撒路斯提乌斯是把他担任高级官吏的时代和他写作的时代作对比。——英译本

② 比如加图，他在公元前55年竞选行政长官时便失败了。——英译本

③ 指优利乌斯·恺撒允许高卢人进入元老院，以及玛尔库斯·安托尼乌斯以恺撒的遗嘱的名义允许“奥尔奇尼人”（这种名称显然同奥尔库斯，Orcus即冥界一词有关）进入元老院（参见苏埃托尼乌斯：《优利乌斯传》，第80章；《奥古斯都传》，第35章）。——英译本

④ 从和克·（法比乌斯）·玛克西姆斯并举这一情况来判断，这里的斯奇比奥是在扎玛打败汉尼拔的那位，而不是斯奇比奥·埃米利亚努斯。——法译本注，有删节。

⑤ 一个罗马人的祖先里有担任过高级官吏（执政官、行政长官、监察官、高级营造官）的，有权利制作他们的蜡制面具，放在他们家里中庭（atrium）地方。在家里人举行葬礼时，由扮演死者的优伶戴上这些面具参加，在其他郑重的场合也要把面具陈列出来。——英译本

他们的意思并不是说制造肖像的蜡对他们会有任何这样的力量，而只是说，由于回忆起祖先的丰功伟绩时他们的心情无法平静，直到他们以他们自己的勇敢精神也干出了无愧于他们祖先的声誉和光荣的事业。

但是，相反地，在当前这种堕落的日子里，有谁不是同他们的祖先比财富和豪奢，而不是比公正和勤劳呢？甚至先前总是想在德行方面超越贵族的"新人"[①]现在也用阴谋和公开的欺骗而不是用崇高的行动来取得权力和荣誉了。正仿佛行政长官、执政官的职位或诸如此类的东西它们本身就是尊贵显赫的，而不是按照建立了功业的人的功业大小加以评价的。但是在对于我们国家的风气表达自己的悲伤和愤慨之情时，我的话讲得太随便并且扯得离题也太远了。现在我就回到本题上来。

（5）下面我打算叙述的是罗马人民同努米底亚人的国王朱古达所进行的一场战争：首先因为这是一场长期的、血腥的、胜负难分和反复无常的战争；其次因为这在当时是第一次对贵族的横傲[②]进行抵抗的战争——它是这样一场斗争的开始，这场斗争打乱人和神的一切事物，并且激烈到如此程度，使得国内的争端结果

① 参见《喀提林阴谋》第23章有关注释。——中译者

② 盖乌斯·格拉古的死亡使得他所领导民主派遭到了失败（他在公元前121年竞选保民官失败），而贵族派从这时起掌握了权力。所谓贵族派，应当理解为所谓"新贵"（nobilitas），新贵是由通过人民的选举而担任过高级官吏的人构成的。但是他们和传统的贵族不同，他们不是一个封闭的阶级，甚至不是一个拥有实际特权的阶级，而毋宁说是一个开放的集团，比如在选举中当选高级官吏的"新人"立刻便可以成为这个集团的一员。但这时他们已认为只有他们才享有一切高级官吏职位的特权。——法译本注，有删节。

发展成战争[①]并使意大利化为一片焦土。但是在我具体叙述这一事件之前，我得把更早的一些事情谈一谈，这样我们就可以更好地理解一切，也能够更清楚地揭示一切。

在第二次布匿战争正在进行的过程中，正当着迦太基人的领袖汉尼拔对意大利的统治给予自罗马国家成长壮大以来最沉重的打击的时候，努米底亚的国王玛西尼撒[②]由于他的勇敢而成了普布利乌斯·斯奇比奥[③]——后来有了阿非利加努斯的名号的——的友人，并且成就了许多赫赫战功。为了还报，在迦太基人被打败并且在阿非利加拥有广大领地的西法克斯[④]被俘获之后，罗马人民把他们在战争中取得的所有的城市和领土作为一项自由的礼物赠给了玛西尼撒。因此玛西尼撒一直是我们真诚和忠实的友人。但是他的生命的终结也就是他的统治的终结[⑤]。于是他的儿子米奇普撒就成了唯一的统治者，因为他的兄弟玛斯塔那巴尔和古鲁撒都已经病死了。米奇普撒是阿多儿巴尔和希延普撒尔的父亲，他像对待自己的孩子一样地在宫中抚养了他的兄弟玛斯塔那巴尔的一个名叫朱古达的儿子。过去玛西尼撒在他的遗嘱里不许朱古

① 指共和末期的内战。——法译本

② 玛西尼撒是玛西利安人或东努米底亚人。开头他支持迦太基派反对同罗马人结盟的西法克斯，但是在西法克斯背叛罗马转向迦太基的那天，他却转而反对迦太基。斯奇比奥到达阿非利加之后，得到玛西尼撒坚强有力的支持，而在打败西法克斯之后，斯奇比奥使玛西尼撒成为全部努米底亚的国王。——法译本注，有删节。

③ 这里指在扎玛获胜的那个斯奇比奥。——法译本

④ 西法克斯是玛撒西利安人或西努米底亚人的国王(今天的阿尔及尔和奥兰)，他是在公元前203年被盖乌斯·莱利乌斯打败和俘虏的。——法译本

⑤ 玛西尼撒死于公元前148年(一说公元前149年)。——中译者

达保有王族的身份因为他是侍妾生的儿子[①]。

（6）朱古达身体强健，仪表英俊，特别是智力超群，但他一旦长大成人后却没有使自己沾染上奢侈和懒散的恶习，而是遵照本民族的习惯，骑马、投枪、击剑，并且和自己的同伴赛跑。虽然他的名声超过所有的人，但是他仍然赢得了所有人的爱戴。此外，他把许多时间用到狩猎上面，他总是走在最前面或走在前列把狮子和其他野兽打死，他是个出类拔萃的人物，但是他对自己的功业却很少谈到。

米奇普撒开头对朱古达的这种行为是感到高兴的，他相信朱古达的勇敢会增加他的王国的光荣。但是当他看到此人年轻并且实力不断加强，而另一方面，他自己已经上了年纪并且自己的孩子们也都年幼的时候，他便对这种局势感到严重的不安并且经常在考虑这个问题了。他对人类的本性感到害怕，因为这

① 努米底亚国王的家系记述如下：玛西尼撒（公元前 238 年—公元前 142 年）有三个儿子，他们是米奇普撒（死于公元前 118 年）、古鲁撒（死于公元前 118 年）和玛斯塔那巴尔（死于公元前 118 年）。米奇普撒也有三个儿子，他们是阿多儿巴尔（死于公元前 112 年）、希延普撒尔一世（死于公元前 117 年）和米奇普撒（?）；古鲁撒的儿子叫玛西瓦（死于公元前 111 年）；玛斯塔那巴尔的后裔则有如下表：

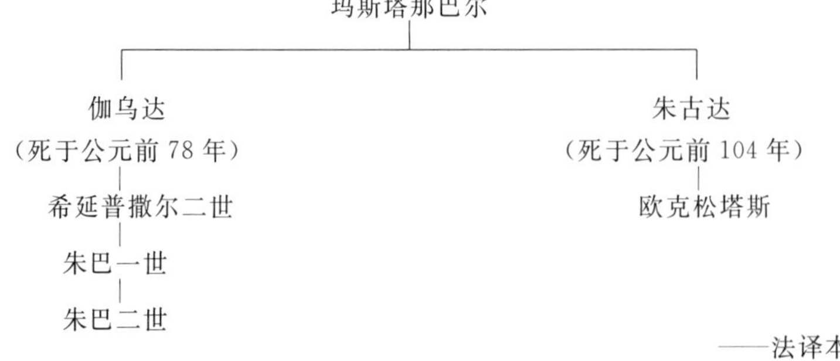

——法译本

种本性渴望权力并且为满足自己的欲望又是贪得无厌而不择手段的。另一方面,他自己的高龄和儿子们的年幼却提供了一个绝好的机会,这种机会甚至使得没有什么野心的人由于得来容易也都是难以抗拒的。他还注意到,朱古达深受努米底亚人的爱戴,因此他担心如果他想把朱古达谋害致死的话,这很可能引起一场叛乱或一场战争。

(7)为这些问题感到困惑的国王看到如此受人民爱戴的一个人是不可能用暴力或者用计谋铲除掉的,因此他决定在朱古达精力充沛和渴望取得军事荣耀的时候要他去经受战争的危险,要他的命运去经受考验。因此,当米奇普撒派遣骑兵和步兵帮助罗马人对努曼提亚作战的时候[1],他便把这统帅权交给了朱古达[2]。朱古达奉派去了西班牙,米奇普撒指望他为了表现自己的勇敢,或为了冲向无情的敌人而很容易死在战场上。

但是结果根本不是像他所预料的那样。原来精明强干的朱古达很快就熟悉了当时罗马人的统帅普布利乌斯·斯奇比奥的性格和敌人的战术。继而,由于他积极肯干、忠于职守,同时又由于他十分听话而往往又不避危险[3],很快地他便取得了如此高的声誉,乃至他不仅受到罗马士兵的很大爱戴,而且成了努曼提亚人十分害怕的人物。事实上,他不但作战时勇敢,在讨论问题

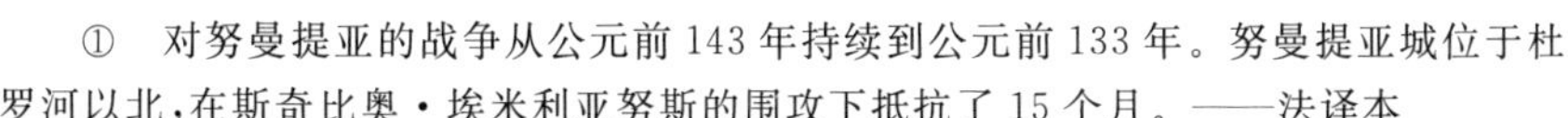

① 对努曼提亚的战争从公元前 143 年持续到公元前 133 年。努曼提亚城位于杜罗河以北,在斯奇比奥·埃米利亚努斯的围攻下抵抗了 15 个月。——法译本

② 联盟者在罗马人一方作战时例由本地的军官率领,但他们要受到罗马上级军官的节制,这些罗马军官称联盟长官(praefecti socium)。——法译本注,有删节。

③ 朱古达在作战中有决断和果敢的主要特点。——法译本注,有删节。

时又具有卓见，这是非常难以做到的一件事，因为智慧往往由于谨慎而走向胆怯，而勇敢又由于大胆而走向冒失。因此斯奇比奥把几乎所有困难的任务都委托给朱古达，把他当作自己的朋友看待并且对他日益赏识，因为这个年轻的努米底亚人无论作判断还是做别的任何事情从来没有失败过。在这之外还要加上他的慷慨大度的性格和敏捷的才智，这些品质使得许多罗马人成了他亲密的朋友。

(8)当时在我们军队里有许多更关心财富而不讲道德不自尊重的新人和贵族。这些人在国内是阴谋家，他们对联盟者虽有影响，但与其说是受到尊重，毋宁说是臭名昭著。这些人煽动朱古达的野心，办法是让他怀有这样的希望，即如果国王米奇普撒去世，他可以独揽努米底亚的大权，因为论功业他是首屈一指的[①]，而且在罗马没有用金钱买不到的东西。

因此当努曼提亚被摧毁[②]而普布利乌斯·斯奇比奥在把礼物送给朱古达并且当着集合的士兵的面给了他极高的赞扬之后，决定解散他的辅助部队并且自己也准备返回罗马的时候，他把朱古达领进了自己的营帐。在那里他以私人的身份劝告这个年轻人要培养同整个罗马人民的友谊，而不是同个别一些罗马公民的友谊，并且不要养成贿赂的习惯。他说，向少数人购买属于多数人的东西是危险的。如果他像他开始时那样坚持干下去，那么名声和王位自然会降临他的身上。但是，如果他操之过急，则甚至他自己的

① 与米奇普撒的儿子希延普撒尔和阿多儿巴尔相比。——英译本

② 公元前133年。——中译者

金钱也会给自己招来杀身之祸。

(9)在讲完了这一番话之后,斯奇比奥便把这个年轻人打发回去,并且要他带一封信给米奇普撒,信里写下了大意如下的这样一些话:

“你的朱古达在努曼提亚战争里的勇敢是极为突出的,我确信这一点会使你感到高兴。他的功业使我们对他深为眷恋,并且我们将尽一切力量使元老院和罗马人民对他怀有同样喜爱的感情。作为你的朋友,我祝贺你有这样一位配得上你本人和他的祖父玛西尼撒的英雄人物。”

国王从统帅的这封信里证实了他从外面传闻中所了解到的一切之后,在他的侄子的功业和声望的影响之下,便一反自己平时的做法,而试图用他的恩惠来争取朱古达对他的好感。他立刻过继朱古达为自己的儿子[①],并且在自己的遗嘱里规定他和自己的儿子为联合继承人。几年之后,由于年事日高而体力不支,又苦于疾病并且看到他的大去之日日渐临近,据说出于他个人的意思,他把朱古达叫到自己身旁,当着他的朋友、亲属和两个儿子阿多儿巴尔和希延普撒尔的面,说了大意如下的一番话。

(10)“朱古达,当你还是个小孩子,一个无依无靠的孤儿的时候,是我把你收养到王室里来的,因为我相信,由于我的仁慈,你会像我的亲生儿子一样地爱我。而我这样做并没有错;因为,且不说你的其他的伟大而崇高的行为,最近在你从努曼提亚返回时,通过你取得的光荣给我和我的王国带来了荣誉,并且由于你的勇敢,你

① 从本书第 11 章来看这是公元前 121 年到公元前 118 年间的事情,因为米奇普撒是公元前 118 年去世的。撒路斯提乌斯在年代的记述上比较随便。——英译本注,略有删节。

使得罗马人对努米底亚比先前更加友好。而我们一家的声名在西班牙又复活了[①]。最后，通过你取得的光荣，你竟然克服了人们对你的嫉妒，这是世人极难做到的一件事。

“现在，自然的规律已经给我的生命安排了一个结束的日子，因此凭着这只右手，凭着对王国应有的忠诚，我恳请你爱护这些孩子，他们是同你有血统关系的亲属，而由于我的好意，你们又成了兄弟。不要想望在陌生人中间交新朋友，而不爱和你有血统关系的那些人。能保卫王位的既不是军队也不是财富，而是朋友。用武力得不到朋友，用黄金买不到朋友，朋友是通过献身和忠诚取得的。除了兄弟之间的关系以外，还有更亲密的友情关系吗？如果你和自己的亲人结仇的话，你会发现哪一个外人对你会是忠诚的？如果你们的行为是公正的话，那我留给你们三个人的便是一个强大的王国，但如果你们干坏事，那么这个王国就是软弱无力的。因为和谐可以使小国变成伟大的国家，而内部的倾轧却会使最强大的国家削弱。至于其余的事情，朱古达啊，我所要托付的是要你而不是这两个孩子设法做到不要使我的希望落空，因为你比他们年龄大而且比他们明智。因为在所有的争斗当中，强者即使遭到不公正的对待也总会被视为侵略者，就因为他有更大的力量。至于你们俩，阿多儿巴尔和希延普撒尔，要爱和尊重这个成就了巨大功业的人，学习他的品德并尽力表明我的亲生儿子比得上我过继的儿子。”

(11)虽然朱古达知道，国王的这番话并非出自本心，虽然他自

① 指玛西尼撒过去的功业。——英译本

己心中另有一套打算，但是他的答复就当时的情况而论却是彬彬有礼而得体的。几天之后米奇普撒就去世了[①]。

王子们为他举行了与他的国王身份相匹配的隆重葬礼，然后他们便开会共商他们的事情。三个人当中年纪最小的希延普撒尔天性高傲，他甚至在这之前便瞧不起朱古达的母系方面的卑贱出身[②]，于是他便坐在阿多儿巴尔的右手边，为的是不叫朱古达坐在他们兄弟二人之间的位置上，而这个位置在努米底亚人看来却是一个尊贵的位置。但是当他的哥哥请求他尊重年长者的时候，他才很不情愿地坐到另一边去。

在这次会议上他们就王国的施政问题进行了长时间的讨论。其中朱古达建议废除过去五年中间通过的一切法律和政令，理由是在这期间，米奇普撒年事过高并且脑力也很难说是正常的。这时希延普撒尔却发言表示，他同意这个建议。他说，朱古达本人被过继和分享王国，这也正是前三年当中的事情。这句话使朱古达的内心所受的创伤超过任何人所能想象的程度。因而从这时起，他感到又恨又怕，便盘算策划，一心想用什么办法用什么计谋陷害希延普撒尔。但由于他的计划进行得太慢而他的自尊心又使得他的积愤难消，因此他下决心不惜用任何可能的办法实现他的计划。

(12)前面我已经说过，在王子们的第一次会议上，他们未能取得一致的意见，于是他们决定在三人当中分配财库并且瓜分

① 公元前118年。——中译者

② 朱古达的母亲没有正式配偶的身份，参见本书第5章。——中译者

王国[①]。因此他们规定了一个时间来办理这两件事。先是分开钱财[②]。

就在这期间，他们三个人分别从不同的道路来到财库附近的一个地点。希延普撒尔这时正好住在提米尔达那个城镇中属于朱古达的最贴心的侍从[③]的一所房屋里，这个侍从一直是他的主人的最亲爱的朋友。朱古达于是向恰巧成了他的间谍的这个人作了大量的许诺，要这个人以检查为名到自己的房屋那里去，给各个门户又配了仿制的一套钥匙，因为原来的一套按惯例是要交给希延普撒尔的[④]。此外朱古达还亲自答应在适当的时候率领一支强大的队伍前来。

努米底亚人迅速地执行了自己主人的命令，并且按照他所指示的，在夜里把朱古达的士兵引了进来。他们冲进房屋后便分散开来搜寻国王，杀死了正在家里睡觉的一些仆从，又杀死了另一些进行反抗的仆从。搜遍了所有可以隐藏的地点；他们把门砸开，使这个地方充满了喧闹声和混乱。就在这时，人们发现希延普撒尔藏在一个女仆的房间里，他是由于害怕，又不熟悉住宅的情况，在慌乱中随便躲到这里来的。努米底亚人按照命令行事，把希延普撒尔的首级带给了朱古达。

---

① 事实上过去米奇普撒、玛斯塔那巴尔和古鲁撒并没有分割王国而只是分掌不同的行政部门（P. 托玛斯）。阿多儿巴尔、朱古达和希延普撒尔于是接受了这一局面。——法译本

② 财库（thesaurus）不但保存钱，一般也保存珍贵物品。——法译本注，有删节。

③ 原文的 lictor 原指为罗马高级官吏开路的侍从，但这里系借用，因为努米底亚人似乎没有采用罗马人的制度。——英译本

④ 在每天晚上。——英译者

(13)这一可怕的罪行的消息在很短的时期内便传遍了整个阿非利加。这个消息使阿多儿巴尔和米奇普撒先前的全部臣民深感恐惧。于是努米底亚人形成了两派:大多数的人站在阿多儿巴尔一面,但是精锐的士兵却拥护朱古达。于是朱古达武装起尽可能庞大的一支军队,用武力占领了一些城市,还有一些城市是经过它们的同意而被朱古达控制的。朱古达这样做是准备使自己成为整个努米底亚的统治者。虽然阿多儿巴尔立刻把使节派到罗马去,向元老院报告他的弟弟被杀害和他本人的处境;但另一方面他还是仰仗着自己军队在数量上的优势作了开战的准备。但是刚一接战他便被击败并且逃到我们的行省①来,又取道那里来到了罗马。

朱古达在实现了自己的计划并且占领了整个努米底亚之后,才有了余暇回想他做过的一切,这时他才开始对罗马人民感到害怕,并且认为除非利用罗马贵族的贪欲和他自己的财富作为手段,否则他是无法逃脱他们的愤怒的。于是,几天之后,他便派遣使节带着大批金银到罗马去,指示他们首先送礼给他的老朋友,然后用礼物争取新朋友——简言之,赶紧把大把的金钱撒出去,尽可能达到他们的目的。

当使节们到达罗马并且按照国王的命令把大批的礼物送给他的友人以及这时很有势力的其他元老时,于是发生了情绪上的转变:朱古达面临的已不是罗马贵族的公然的敌视态度,而是他们的关照和支持了。由于他们一些人是受到许诺的引诱,还有的人是

① 原迦太基的领土,它在第三次布匿战争之后,便成了罗马的一个新的阿非利加行省的核心。——法译本注,有改动。

受到贿赂的引诱，因此他们便四出向元老院的个别成员进行活动，要他们不要对朱古达给以过于严厉的惩处。当着由于这一情况而使节们开始感到有了足够信心的时候，便指定了一个双方到元老院来的时间，据说阿多儿巴尔于是在那里讲了如下的一席话：

(14)"元老们，我的父王米奇普撒在临终时告诫我，要把自己只看作是努米底亚王国的一名管家，而主权和最高的权力是属于你们的。同时他还告诉我，无论在和平时期还是在战争中都要尽力做到对罗马人民有所帮助，把你们看成是我的族人和亲属。他说如果我这样做了，我将会发现你们的友谊当得上我的王国的一支军队、财富和屏障。但是正当我遵循着先父的这些教诲去做的时候，朱古达这个世界上最坏的人却无视你们的权力，掠夺了我、玛西尼撒的孙子和罗马人民世世代代的友人和联盟者的王位和我的全部财产。

"至于我本人，元老们，既然我注定要遭到如此巨大的不幸，我可以期望的是：我能够由于我自己的服务而不是由于我的祖先的服务而请求你们的帮助；我可以期望的特别是：罗马人民应当给我以照顾，而我不需要它；而如果做不到这点，我可以期望的则是：当我需要这种照顾的时候，我能够理所当然地得到它们。但是既然只有品德不能自己保护自己，既然我没有能力塑造朱古达的性格，所以我来向你们求助了，元老们，而对您们来说，在我成为一种助力之前我不得不成为一个负担——而这乃是我的不幸的最大的部分。

"其他许多国王都是在战争中通过武力被征服之后才成为你们的朋友的，或者在他们处于危险之中的时候才要求同你们结成联盟的;而我们的家族是在同迦太基作战时期[1]才同罗马建立了友好关系的,当时对我们来说,罗马作出的保证较之它的命运是一种更大的引诱[2]。因此不要让我,他们的后人和玛西尼撒的孙子,乞求你们的帮助而毫无所得吧。

"如果除了我的可怜的命运——不久之前,还是就家族、名声和命运而论都十分强大的国王,现在,在被灾难压倒之后,已经变得一无所有,要请求别人的帮助了——之外,没有任何别的理由来请求你们的关照的话,那么保护我不受邪恶势力的侵犯并且不允许任何人通过罪行而变得强大起来,这一点依然是和罗马人民的尊严相适应的。但事实上我却被逐出了罗马人民给予我们祖先的土地——而我父亲和祖父就是以这片土地为根据地帮助你们赶跑了西法克斯和迦太基人的。元老们,从我手里夺去的是你们的礼物,而加到我身上的不义之行也就是对你们的藐视。

"我是多么不幸啊!我的父亲米奇普撒呀,你发善心的后果就是这样:你像对自己的孩子一样公平对待的那个人,你使之分享你的王国的那个人,在所有的人当中竟然是毁了你一家的人!这就是你的善心的后果么?

"我的一家难道就永远不得安宁了么?难道我们就永远生活在血泊、战争和流放之中么?当迦太基人还没有被征服的时候,我们当然要经受各种各样的苦难;敌人就在我们身旁,而你们,我们的朋友,却还远在千里之外。我们的全部希望就在我们的军队身

① 参见本书第5章有关玛西尼撒的注释。——中译者

② 就是说,和罗马联盟较之当前的援助可以为未来提供更大的希望。——英译本

上。在那一灾难从阿非利加被清除[①]之后，我们享受了愉快的和平生活，因为我们已没有任何敌人，除非偶尔在你们的统率之下[②]。但是，请看，突然间，由于不可容忍的胆大妄为、邪恶与狂傲而冲昏了头脑的朱古达在杀死了同他也有亲属关系的我的弟弟之后，先是把希延普撒尔的领土变为他的罪行的战利品；随后，当他不能以同样的阴谋诡计骗过我的时候，当在你们掌握宗主权的条件下，我只能使用暴力或战争以外的任何手段时，正如你们看到的，他使我变成了抛弃家国的亡命者，成了贫困悲惨的人并且任何地方都比我自己的王国安全。

“我始终习惯于认为，元老们，正像我听我父亲常说的那样，热心于培养同你们之间的友谊的那些人负有一项艰巨的任务，当然，他们也比所有其他的人更加安全。我们的家族在所有你们的战争中都尽全力帮助你们；元老们，而你们也有力量使我们享受和平与安全。我们的父亲留下了我们两兄弟，对于第三个即朱古达，他希望通过他的恩惠使这个人也成为我们的兄弟。但是三人之中有一个已经被杀死了；我本人也差一点遭到另一个人的渎神之手的屠杀。我该怎么办？在我身遭困难的时候，我该向哪里去寻求特殊的保护呢？保卫我的家族的一切力量都被摧毁了。我父亲不可避免地要服从大自然的规律[③]。我的弟弟由于一名亲属的罪行而丧了命，这本是一个最不应当对他下毒手的人。亲戚、朋友和同我接

① 指迦太基被罗马摧毁一事。——中译者

② 这是说，由于他们和罗马人结成联盟，则罗马人的敌人也必然成了他们的敌人。——英译者注，有改动。

③ naturae concessit，意谓死亡。——中译者

近的其他人在接二连三的打击下都倒下去了。在被朱古达所俘虏的人们当中，有些人被钉上十字架，有些人被送到野兽那里去；有少数人虽然保住了性命，却被关在阴暗的地牢里，过着不如死去的悲惨凄凉的日子。

但是，如果我保存了我所失掉的一切[①]或者如果本来应当支援我的一切力量不是反转过来敌视我的话，即使如此，如果我遇到料想不到的任何灾难的话，元老们，我仍然要向你们求助，而所以应当这样做，是因为你们的广大的国土使得你们要在所有的地方，在一切事物上奖善惩恶，主持公道。但是，实际的情况却是：我是一个已经失去了家园和祖国的亡命者，我孤苦伶仃，被剥夺了应有的一切荣誉，我要逃到什么地方，要向谁去求助呢？难道我要向由于我们同你们的友谊而对我们家族采取敌视态度的所有那些民族或国王去求助么？我能到什么地方去，而能够不在那里发现有关我的祖先的敌视行动的记录呢？曾经同你们为敌的人，有谁会同情我们呢？

“最后，元老们，玛西尼撒曾教导我们，除了同罗马人民之外，不要同任何人交朋友，也不要缔结任何新的协定和联盟；他说，同你们的友谊可以为我们所有的人提供充分的保护，如果你们的国家会有什么意外，我们一定要和你们共命运。

“由于你们的勇敢和诸神的眷顾，你们是强大有力的，一切事物都有利于你们，都听命于你们；因此你们更加便于关心你们的联盟者所受到的伤害。而我唯一担心的却是，你们的某些公民同这

① 指他的父兄之爱。——法译本

个真面目还没有显露出来的朱古达结成的私人友谊是不是会把这些人引入歧途。因为我听说他的那一派人正在尽一切努力，分头恳求你们每一个人不要在他不在场，未经审讯的情况下作出任何判决。他们说我是在说谎，并且是在本来可以留在自己王国里的情况下装作不得已逃出来的。说到这一点，我倒是希望我也能看到那个通过渎神的罪行而使我遭到这些苦难的人也提出同样的托词；希望你们或不朽的诸神最终会开始关心人间的事物！那时那个在今天犯了大罪反而洋洋自得的坏蛋将会由于他背叛了我们的父亲，由于杀害我的兄弟并给我造成不幸而受到种种灾祸的折磨并付出沉重的代价。

“最后，我最亲爱的兄弟，虽然最不应当杀害你的人过早地夺走了你的生命，但你的命运在我看来反而是一件值得高兴，而不是值得悲伤的事情。因为，当你失掉性命的时候，你却没有失掉王位，但是现在把我压垮的却是逃跑、亡命、贫困和所有诸如此类的灾难。像我这样一个从我父亲的王位上被投入这一无边的苦难的可怜人正好体现人世无常的一个悲剧，因为在这样的时刻，我简直不知道应该怎么办：是在我自己还需要帮助的时候，便设法为你所遭到的不幸报仇，还是在我个人的生死问题还有赖于别人的帮助时还要为我的王位而担心。对于处在我这样地位的人来说，但愿死亡是一个光荣的解脱手段！但愿在备受痛苦的折磨之后我得以被迫害致死，而却不被人们认为我理应受到蔑视！其实生活对我是一点引诱力也没有了，但我是不能不在忍辱含羞中死去的了。

“元老们，凭着你们自己的名义，凭着你们的孩子和双亲的名义并且凭着罗马人民的尊严的名义，我请求你们在我身遭不幸的时候帮助我，正视不公道的行为，别让属于你们的努米底亚王国由于邪恶的行径和我的家族被杀害而遭到毁灭。”

(15)在国王结束了他的发言之后，朱古达的使节们仰仗着他们已经进行了贿赂，不是因为他们干的事公正，而作了简短的回答。他们说希延普撒尔被努米底亚人杀死是因为他残酷暴虐；无端挑起战争并且遭到失败的阿多儿巴尔之所以抱怨，是因为人们不允许他干伤害他人的坏事。他们说，朱古达请求元老院不要认为他和在努曼提亚时表现出来的那个他有所不同，也不要只听一个敌人的言语而不看他的行动[1]。

争论的双方随即离开了元老院，而元老院则决定立刻对之展开讨论。站在使节一面的人和在他们的影响下被收买的其他元老中的许多人嘲笑阿多儿巴尔讲的话并且赞扬了朱古达的美德。他们尽量运用自己的声望、口才和每一种可能的手段极力为一个外国人的可耻罪行辩护，就仿佛他们都在力图获得荣誉似的。另一方面，珍视正义与公道甚于财害的少数人则建议帮助阿多儿巴尔，严惩杀害希延普撒尔的罪行。在这些人中间表现突出的是一个精力充沛的贵族埃米利乌斯·司考茹斯[2]，这是一个派别性强，渴望权力、荣誉和财富并且善于掩盖自己缺点的人。此人一经看到国王如此不顾脸面，如此明目张胆地进行贿赂，便担心在这类情况下

① 这就是所谓 factis, non verbis(看行动，不听言语)，我国的古训则是听其言，观其行。——中译者

② 司考茹斯是元老院保守派领袖，西塞罗在《布路图斯》(xxix,111—112)中说他品格贤明公正，讲话时有君父一样的威严，为被告辩护时听来像是证人陈述证词。这种讲话方式虽不适于辩护，但很适合于元老院的讨论。——法译本注，有删节。

通常会出现的后果，即这种严重的腐化行为会引起公愤，因此他便克制了自己惯常的贪欲。

(16)不管怎样，元老院里把金钱和包庇的行为看得比公道还重的那一派还是占了上风。表决结果是，应当由十名委员主持在朱古达和阿多儿巴尔之间分割米奇普撒先前的王国。这个委员会的主持人是一位很有地位的人路奇乌斯·欧皮米乌斯，他在当时的元老院里是一位举足轻重的人物，因为他就是那一年的执政官[①]。在这之前，他曾杀死了盖乌斯·格拉古和玛尔库斯·富尔维乌斯·弗拉库斯[②]，随后又残酷地利用了贵族对平民的胜利。虽然在罗马欧皮米乌斯曾是反对朱古达的人物之一，但是国王还是极为隆重地接待了他，并且不久便通过大量的礼物和许诺诱使他把朱古达的利益看得比他自己美好名声更为重要，简言之，就是比一切个人的考虑都更为重要。朱古达对其他使节也采取了同样的手法，结果争取了他们中间的多数。只有少数人把自己的荣誉看得比黄金还要贵重。当王国分割完了之后，努米底亚同玛乌列塔尼亚相邻的那部分[③]分给了朱古达，这部分土地比较肥沃，人口也稠密。另一部分给了阿多儿巴尔，地貌看起来较好，但实际上不如西部的这一部分有更多的港口，更多的建筑物。

---

① 欧皮米乌斯是公元前121年度的执政官(同僚也是贵族出身的克温图斯·法比乌斯·玛克西姆斯)。他领导了对阿温提努姆山的进攻，因为盖·格拉古和他一派的人逃到了那里去。他为叛乱者的头悬赏了同样重量的黄金。据说在罗马街道上或在后来的公敌宣告中被杀死的有3000人。——英译本注，有补充。

② 盖·格拉古的追随者，平民派领袖之一。——中译者

③ 即今天同摩洛哥相邻的奥兰省(属阿尔及利亚)，今天的希利夫平原和西格平原可以说就是作者这里所说的肥沃地带。——法译本注，有删节。

(17)本书的主题使我有必要对阿非利加的地理作一简略的叙述,同时讲一下那里和罗马人民为敌或结盟的民族。但是,关于因酷暑而人迹罕至、无人居住的地区或那些沙漠地区,我却无法轻易地提出有确实依据的记述。其余的地方我只是尽可能简略地交代一下罢了。

按照地理学家对大地表面的划分,他们通常把阿非利加看作它的第三部分,有一些人只承认亚细亚和欧罗巴,而把阿非利加包括在欧罗巴之内[①]。阿非利加的最西面是我们的海[②]和大洋之间的海峡[③],最东面是一片广阔的倾斜地带,当地人则把这块地方称为“卡塔巴特莫斯”[④]。那里的海是波涛汹涌的,没有港口,但是土地肥沃盛产谷物,也便于作牧场繁育牲畜,不过那里的林木却不多。天上和地下全都缺水[⑤]。当地的居民身体健壮,跑起路来很快,又非常能吃苦耐劳。他们通常都是能以终天年的,除非他们在战场上被杀死或是被野兽杀死;因为他们当中几乎没有得病的人。此外,当地却有很多危险的野兽。

阿非利加最早的居民是些什么人?哪些人是后来才迁移来的?这些不同的种族又是怎样混合到一起的?我将只作尽可能简

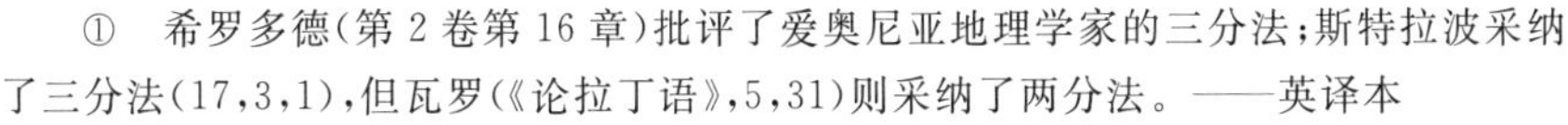

① 希罗多德(第2卷第16章)批评了爱奥尼亚地理学家的三分法;斯特拉波采纳了三分法(17,3,1),但瓦罗(《论拉丁语》,5,31)则采纳了两分法。——英译本

② 地中海——中译者

③ 直布罗陀海峡,海峡外的大西洋当时被认为是环绕大地的海洋,是不可知的。——中译者

④ 意为“下坡地”,位于昔兰尼和埃及之间,这地方被本书作者和其他一些人认为是亚细亚的一部分。——英译者

⑤ 即雨量很少,湖泊和河流也很少。——英译者

短的叙述。虽然我的说法和外面流行的说法有所不同，但我这里的说法却是人们给我从布匿语的一些著作翻译过来的，据说这些书是国王希延普撒尔[①]写的并且是根据当地居民所认为的那样写的。但是实际情况是否如此，这就要由原作者负责了。

(18)阿非利加最早的居民是盖土勒人和利比亚人，他们都是粗野和没有文化的民族，他们和兽类一样以野兽为食，也吃地上生长的东西。他们没有一套政治体制[②]也没有法律，也不受任何人的统治。他们始终到处流浪，在天黑时走到什么地方就在什么地方停下来休息。

但是在赫邱利斯死后(根据阿非利加人的说法，他死在西班牙)，他那由各种各样的民族组成的军队既然失掉了领袖，并且成了渴望统帅权的许多人的争夺对象，因此很快就解体了。在组成这支军队的民族当中，米底人、波斯人和亚美尼亚人乘船渡海来到阿非加利，住在离我们的海最近的地区，波斯人则离大洋更近[③]；这些人把他们的船翻过来当作住所，因为这里没有木材[④]，而且他们也没有机会通过购买或以货易货的方式从西班牙人手中取得这些东西，因为广大的海域和言语不通使双方无法交往。波斯人和盖土勒人通婚后二者逐渐融合为一，并且由于他们常常从一个地方迁到另一个地方以寻求适合的土地，所以他们把自己称为“诺玛

① 这个希延普撒尔不是阿多儿巴尔的弟弟，而是同名的另一位国王希延普撒尔二世，他是后来同庞培联盟的朱巴一世的父亲。参见本书第5章有关注释。——英译者注，有补充。

② 参阅《喀提林阴谋》，第6章。——英译本

③ 这里指住在连接大西洋和地中海的海峡以外的地方。——英译本

④ 即指前章所说的林木稀少。——中译者

德人”[1]。甚至直到今天，农村里的努米底亚人的叫做“玛帕利亚”[2]的住所还是长方形的，并且有着船体那样的两侧为弧形的屋顶，这是一个很有趣的事情。

但是米底人和亚美尼亚人的最近的邻居却是利比亚人；利比亚人的住地更接近阿非利加海[3]，但盖土勒人的住地则更向南，离酷热的地区不远。这三个民族[4]很快便有了自己的城市，而由于他们和西班牙人相隔只有一个海峡，所以双方便开始建立了交换商品的关系。利比亚人逐渐改换了米底人的名称，而且他们的蛮族语言把利比亚人叫做“玛乌里人”[5]。

但是波斯人[6]的这个国家迅速地壮大起来，最后由于人口过多，被称为努米底亚人的青年一代便同他们的父母分开，占据了迦太基附近一处今天称为努米底亚的地方。后来这两个民族[7]在相约互助的情况下通过武力或是通过恫吓把同他们相邻的民族收归自己的统治之下，并获得了声名和光荣，特别是离我们的海更近的那些人，因为利比亚人并不像盖土勒人那样好战。最后，较大部分的北部阿非利加落到努米底亚人之手，并且所有被征服的人无论

① “诺玛德人”意为流浪者，和努米底亚人（Numidae）是一个词。希腊语 νομάδες 一词可能是通过西西里传到阿非利加的。——英译本

② mapalia，当地土语。——中译者

③ 即地中海的西部。——英译本

④ 指米底人、亚美尼亚人和利比亚人。——英译本

⑤ Mauri（玛乌里人）一词当然不可能从 Medi（米底人）变化而来。英语的 Moors（摩尔人）似乎是源自埃塞俄比亚的一个词。——英译本

⑥ 指波斯人和盖土勒人。——英译本

⑦ 较早的努米底亚人（波斯人）和住在大洋近旁及定居在迦太基附近的盖土勒人。——英译本

种族还是名称都和他们的统治者融合起来了。

(19)后来腓尼基人有时为了使自己摆脱国内过剩的人口，有时是出于想获得领土的愿望，便劝诱他们的平民和想改变一下环境的其他人走出来，在沿岸地带建立了希波①、哈德路美图姆②、列普奇斯③以及其他城市。这些城市很快就变得十分强大，它们在某些情况下对母国起有保卫作用，在另一些情况下又是母国的一种光荣。至于迦太基，我以为如果谈得太少，还是以不谈为妙，因为时间提醒我要快一些转向其他题目④。

在把埃及和阿非加利分开的卡塔巴特莫斯⑤附近地区，如果人们沿着海岸行进⑥，首先便到达提腊的移民地昔勒尼⑦，然后是两个西尔特斯⑧和它们之间的列普提斯⑨。随后我们便来到了腓莱尼·阿莱⑩，这里过去被迦太基人看成是他们的国家和埃及之间的界限。这之后又是布匿人的另一些城市。其余的地区直到玛

① 有两个名为希波的城市，这里指的可能是乌提卡附近的希波·狄亚里图斯而不是远在西面的希波·列吉乌斯。——英译本

② 今天突尼斯的苏萨。——中译者

③ 指小列普奇斯，即今天突尼斯的兰普塔。——中译者

④ 由于这文章可能要交给“出版”商发表，所以有一个交稿时间的约定。关于罗马共和时期“出版”界的情况参阅译者在《读书》中发表的两篇文字。——中译者

⑤ 参阅本书第17章有关注释。——中译者

⑥ 指向西行进。——英译本

⑦ 这个城市是公元前631年由巴托斯遵照戴尔波伊的神谕建立的，公元前321年臣服于埃及，后来(公元前67年)和克里特合并为一个罗马行省。它大约相当于今天的巴尔卡并以土地肥沃而知名。——中译者

⑧ 按顺序应当是大西尔提斯、菲莱尼·阿莱、大列普提斯、小西尔提斯——英译者

⑨ 这里指大列普提斯，而不是前面提到的小列普提斯。——英译本

⑩ 意为腓策尼兄弟的祭坛。——中译者

乌列塔尼亚则掌握在努米底亚人手里，而离西班牙最近的是摩尔人（玛乌里人）。人们告诉我们说，努米底亚的南边是盖土勒人，他们之中有些人住在茅舍里，另一些人还过着不大文明的游牧生活。再向南则是埃塞俄比亚人，最后便是日光灼热伤人的地带了。

在同朱古达进行战争的时候，罗马人正通过他们的官吏统治着几乎所有布匿人的城市以及不久之前属于迦太基人的领土[①]。盖土勒人地区的大部分、努米底亚直到穆路卡河[②]的地方都是属于朱古达的。全部摩尔人[③]是在国王波库斯的统治之下，波库斯除了罗马人民的名称之外对他们一无所知，反过来，在当时之前，无论在和平时期还是在战争时期我们也都不知道此人。

从本书的需要的角度来看，有关阿非利加和它的民族的记述已足够了。

(20)一旦使节们在王国分割之后离开阿非利加而朱古达，尽管他暗中感到害怕，但他发现他已经为他的罪行付出了代价，他就确信这样一个真理，这便是他在努曼提亚的朋友们告诉他的：在罗马，任何事物都是可以买到的[④]。于是在不久之前收受了大量贿赂的人们的诺言的刺激下，朱古达开始有了夺取阿多儿巴尔的王国的念头。他本人是一个进取心强而又好战的人，另一方面，他想制服的对手却是一个温顺、平和、禀性安静、易受欺侮、宁可受人威

① 在第二次和第三次布匿战争之间。——法译本

② 即今天在阿尔及利亚和摩洛哥之间穆路雅河。——法译本

③ 玛乌里人，下同，不另注明。——中译者

④ 这样的说法古今中外可以说俯拾即是，我国早就有“钱能通神”、“有钱能使鬼推磨”之类的话，英谚里这类的话也极多，如“法典及其注解要由黄金来解释”、“金钱是最好的辩护士”等等。——中译者

胁也不威胁他人的人。

因此，当朱古达率领着一支大军出其不意地攻入阿多儿巴尔的领土时，他俘获了许多人口和牲畜以及其他战利品，放火烧了建筑物并且用他的骑兵袭击了一些地方。然后他把自己的全部军队撤回自己的王国，以为阿多儿巴尔出于气愤会诉诸武力以报复自己受到的侮辱，这样他便有了进行一场战争的借口。但是阿多儿巴尔看到在武力方面他根本不是朱古达的对手，并由于他更信赖的是罗马人民的友谊而不是努米底亚人，于是他便派遣使节到朱古达那里去对暴行提出抗议。虽然使节们带回来的是一个横傲无礼的答复，但他还是把一切都容忍下来而不是诉诸战争，因为在前次的战争里他遭到了惨败。

但即使这种做法也没有使朱古达的野心有所收敛，在内心深处，他已经把自己看成是阿多儿巴尔整个王国的主人了。因此，他就便集合了一支大军，开始挑起战争，而不是像先前那样，只是派出一支打劫的队伍。他所到之处毁城掠地，赶走牲畜，从而使得他手下的人胆子更大了起来，却使敌人感到很大的恐惧。

(21)当阿多儿巴尔看到，事情已经发展到他必须在两条道路中选择一条——或者放弃自己的王国，或者用武力保卫它——的时候，他在迫不得已的情况下才集合了一支军队去抵抗朱古达。最初两支军队都驻扎在奇尔塔附近离海不远的地方[①]，但是由于天晚了，所以他们并没有打起来。但是当黑夜的大部分已经过去，但天仍然没有亮起来的时候，朱古达的士兵按照约定的信号向对

① 撒路斯提乌斯忘记了奇尔塔离开海岸至少有40英里之远。——法译本

方发起了进攻，面对这次出其不意的袭击，对方的士兵有的还没有完全醒来，有的只是刚刚拿起了武器，结果他们被打败了。阿多儿巴尔和少数骑兵一道逃往奇尔塔，而如果不是有一群罗马平民[①]在城门处拦住了追击的努米底亚人，那么两位国王之间的战争就会在同一天开始和结束了。

朱古达于是包围了这座城市，试图用活动雉堞[②]、塔楼[③]和各种各样的器械把它攻占下来。他所以干得这样急，是因为他听说阿多儿巴尔在开战前便已经派使节去了罗马，因此他想在使节采取行动[④]之前先发制人。

在元老院得到他们又开战的消息之后，有三个年轻人被派往阿非利加，他们奉命面见两位国王，并以罗马元老院和人民的名义宣布，他们希望并命令：交战双方应当放下武器，通过法律而不是通过战争来解决他们的争端；只有这样做才符合罗马人和他们自己的身份。

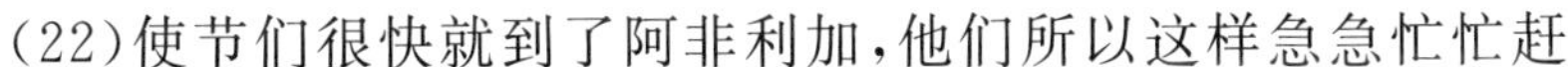

(22)使节们很快就到了阿非利加，他们所以这样急急忙忙赶

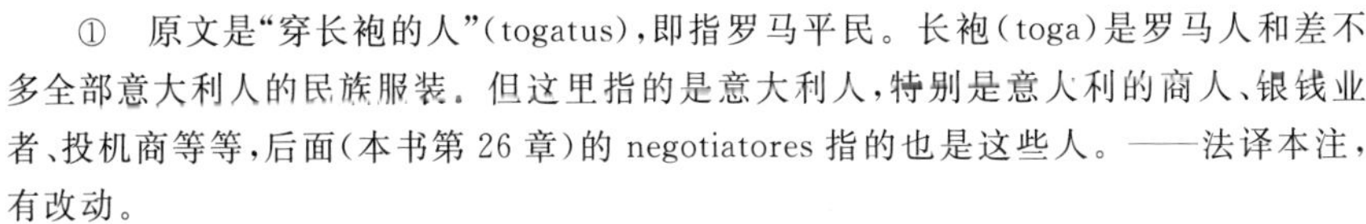

① 原文是“穿长袍的人”(togatus)，即指罗马平民。长袍(toga)是罗马人和差不多全部意大利人的民族服装。但这里指的是意大利人，特别是意大利的商人、银钱业者、投机商等等，后面(本书第26章)的negotiatores指的也是这些人。——法译本注，有改动。

② 顶盖倾斜的一种活动掩体，士兵在发射弩石之类的东西或试图从下部摧毁城墙时用它做保护。——英译本

③ 塔楼下有轮子，也是活动的。它分若干层，最高一层往往和城墙一样高。它内部有各种机械装置，可以投射各类打击敌人的东西，可以把士兵送到城上去，也可以掩护自己的士兵，是一种有多种用途的战具，这既是活动堡垒又是今天的装甲车和坦克。——中译者

④ 或译为“在使节到达之前”。——中译者

来，是因为在他们准备离开罗马的时候，已经有消息传来说战争已经开始，并且奇尔塔受到了围攻；但是传闻并不符合实际情况。当朱古达听了他们的传达时，他回答说，对他来说，没有比元老院的意旨更有分量，更值得珍视的事物了。从年幼的时候起，他便极力想得到所有好人的赞许；他是通过功业而不是通过卑躬屈膝才取得伟大的普布利乌斯·斯奇比奥的赏识的，而米奇普撒之所以要他继承王国的一部分是因为他的同样的那些品德而不是由于国王没有子嗣。但是，他说，表现他的品德和勇敢的行为越多，他内心就越是不想容忍别人对他的侮辱。阿多儿巴尔阴谋陷害他的性命，而他发现并且反抗了这一罪恶企图。如果罗马人民不许他行使通行于各国的万民法的特权，那么他们的做法就会是既不公道又不合理的。最后，他说他很快就会把使节派到罗马去，对整个事件作出解释。跟着双方便分手了。元老院的使节根本没有得到同阿多儿巴尔对话的机会。

（23）朱古达一直等到他认为使节已经离开了阿非利加的时候，但他随后便发现他并不能用猛攻的办法拿下奇尔塔，于是他便用一道壁垒和一道壕沟把奇尔塔包围起来。他修造塔楼，里面满都是士兵①，此外他还不分昼夜地用武力或者用计谋来进攻，时而贿赂守城者，时而又威胁他们，同时还用勉励的言辞激发自己一方士兵的勇气，从而表现了他在全力督战中极为充沛的精力。

当阿多儿巴尔看到他的命运即将陷入山穷水尽的地步，看到

① 这里的塔楼也应当是活动的塔楼，士兵可以在塔楼贴近城墙时，在矢石的掩护下从上面直接登上敌人的城墙，另外推动塔楼的士兵则有活动雉堞或盾牌保护着。参见本章前面的有关注释。——中译者

他的敌人非把他置之于死地而后快，而他并没有得救的希望，同时看到由于缺乏生活必需品，他没有力量维持一场长期的战争的时候，于是他便从同他一道逃到奇尔塔来的士兵中选出了两名胆子最大的，通过许多诺言并且通过向他们强调指出自己的绝望处境而促使他们在夜间穿越敌人的防线到最近的海岸去，然后从那里去罗马。

（24）不多几天这两个努米底亚人便实现了阿多儿巴尔的指示，他的一封信在元老院里被宣读，信的内容是这样：

“元老们，我接二连三地向你们提出请求，这并不是我的过错；恰恰相反，我是迫于朱古达的横暴行为而不得不这样做的。朱古达想除掉我到这样一个程度，乃至他根本不把你们和不朽的诸神放在眼里，而他渴望的首先就是我的血。因此，正是我，虽然身为罗马人民的联盟者和朋友，现在却处于四个多月的包围之中，而无论我父亲米奇普撒的服务还是你们的命令都无补于我；我不知道我受到的战争的威胁和饥饿的威胁哪一种更厉害些。我的处境不容许我更多地写到朱古达；因为我已知道，人们对于不幸者是很少信任的。除非我能肯定，他有一个比摧毁我本人更高的目标，并且他并不同时既希望取得你们的友谊又要我的王国。这二者他更重视哪一个，这一点每一个人都看得清清楚楚。要知道，他先是杀死了我的兄弟希延普撒尔，然后把我赶出了我父亲的王国。你们根本不关心我个人受到的侮辱，但是他用武力控制的是你们的王国，他现在围攻的是我，而我却是被你们指定为努米底亚的统治者的。我所处的危险的地位正好说明他对你们使节的命令尊重到什么程度。能对他发生影响的除了你们的威力之外还能有什么呢？就我

个人来说，我所能期望的却是现在我写的这些话以及我过去在元老院所作的抱怨都是不符合事实的，而不是用我自己的苦难来证明这些话是真的。但是，既然我生来就只不过是证明朱古达的罪行的一个标志，我不再乞求使我摆脱死亡或不幸的命运，我乞求的只是我可以逃避一个敌人的残暴统治和肉体的折磨。至于努米底亚，因为这是属于你们的，你们可以对它采取任何行动，但请把我从这双邪恶的手中拯救出来吧！凭着你们的国家的尊严，凭着你们的友谊的忠诚，我恳求你们，如果你们对于我的祖父玛西尼撒竟还有任何一点记忆的话。”

（25）在宣读这封信之后，有些人主张应尽快派一支军队去阿非利加，帮助阿多儿巴尔，并建议就在这同时，元老院应当审理朱古达未能服从使节的安排一事。但是前面我提到的包庇过国王的那些人却用一切办法妨碍这一命令的通过。因此，就像在很多情况下所发生的那样，人们为了私人的利益而牺牲了公共的福利。尽管如此，在国内担任最高官职的、年高位显的人们还是被派往阿非利加，其中就有玛尔库斯·司考茹斯。关于此人，上面我已经提过，他担任过执政官，这时则是元老院的领袖①。

这些受到公众的义愤情绪的影响，同时也受到努米底亚人的请求的影响的人不到三天就上船了。很快地他们就在乌提卡上岸，然后他们送一封信给朱古达，指令他尽快到罗马行省来，还说他们是被元老院派来的。当朱古达得知，据说在罗马非常有势力的一些显要人物已经到来反对他的企图时，最初他感到很大的不

① 即首席元老(princeps senatus)。参见本书第15章有关注释。——中译者

安并开始在恐惧和贪婪之间摇摆不定。他害怕在他不服从使节时元老院表现的愤怒；但与此同时，为贪欲冲昏的头脑却又促使他把这一罪行干到底。但是在他的贪得无厌的心灵中，最邪恶的想法占了上风。于是他便用他的军队包围了奇尔塔并且极力想把这个城市攻下来，他满以为通过把敌人的防御线拉长，他可以在武力或策略方面找到一个制胜的机会。但是当他在会见使节之前并未能做到这一点，也未能达到控制阿多儿巴尔的目的的时候，他不想因为再拖下去而触怒司考茹斯，司考茹斯是他特别害怕的人物。于是他便带领几名骑兵进入我们的行省。虽然由于他没有放弃围攻而以元老院的名义对他进行了可怕的威胁，但使节们在白白费了一番口舌之后还是劳而无功地回去了。

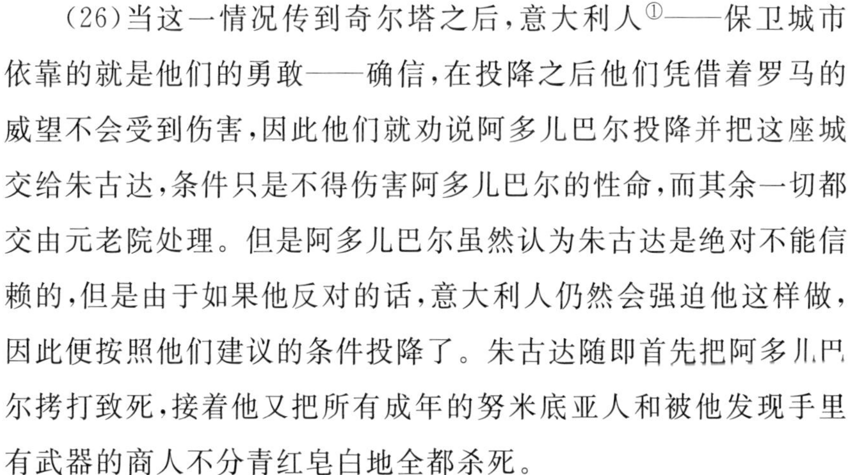

(26)当这一情况传到奇尔塔之后，意大利人[①]——保卫城市依靠的就是他们的勇敢——确信，在投降之后他们凭借着罗马的威望不会受到伤害，因此他们就劝说阿多儿巴尔投降并把这座城交给朱古达，条件只是不得伤害阿多儿巴尔的性命，而其余一切都交由元老院处理。但是阿多儿巴尔虽然认为朱古达是绝对不能信赖的，但是由于如果他反对的话，意大利人仍然会强迫他这样做，因此便按照他们建议的条件投降了。朱古达随即首先把阿多儿巴尔拷打致死，接着他又把所有成年的努米底亚人和被他发现手里有武器的商人不分青红皂白地全都杀死。

(27)当罗马得知这一暴行并且把这一事件提交元老院讨论的时候，又是朱古达的那些工具，通过阻止讨论和浪费时间，往往通

① 参见本书第21章。——英译者

过他们个人的影响，往往也通过争论试图掩盖这一事件的残酷性。而如果不是当选的保民官盖乌斯·美米乌斯[①]，这位果敢有为又和统治阶层的权贵为敌的人物明确地要罗马群众知道，这些手法的动机乃是通过包庇朱古达的那一派的少数人的影响来宽恕朱古达的罪行，而元老院的讨论肯定会给拖下去，直到一切义愤情绪烟消云散。国王的影响和金钱的力量竟是如此之大！当元老院由于意识到自己在犯罪而开始害怕起人民的时候，努米底亚和意大利，正像显普洛尼乌斯法[②]所要求的，便指定给了应当在随后当选的执政官。而这里所提到的执政官就是普布利乌斯·斯奇比奥·纳西卡[③]和路奇乌斯·卡尔普尔尼乌斯·贝斯提亚[④]。努米底亚归贝斯提亚，意大利归斯奇比奥。于是征募了一支军队运往阿非利加，还决定了士兵的待遇和其他军事开支的问题。

(28)当朱古达听到这一没有料到的消息时（因为他坚信在罗马用金钱能够买到一切），他便派出了他的儿子，还有他的两个友人陪伴着作为使节去元老院，他给他们的指示和在杀死希延普撒

① 西塞罗说他是一位不错的演说家。公元前104年他任行政长官，他又和盖乌斯·谢尔维利乌斯·格劳奇亚竞选公元前99年度执政官，但格劳奇亚勾结保民官撒图尔尼努斯使人在人民大会开会时暗杀了他。——法译本注，有删节。

② 显普洛尼乌斯法是公元前123年由盖乌斯·格拉古主持通过的法律，法律规定元老院在执政官选出之前便把他们要统治的行省指定给他们，然后通过协议或用抽签办法加以分配。——法译本

③ 此人是同提贝里乌斯·格拉古作战的那个斯奇比奥·纳西卡的儿子。——法译本

④ 作为公元前121年度的保民官，贝斯提亚反对过盖乌斯·格拉古。在担任公元前111年度执政官时，他被朱古达所收买，同他缔结了一项不利于罗马的条约。——法译本注，有删节。

尔后给予派出的使节的那些指示是相同的，那就是，在每个人身上都试一下金钱的力量。当这个使团走近城市时，贝斯提亚向元老院提出了这样一个问题，即他们是否同意在罗马城内接待朱古达的使节。元老们于是决定，除非使节此行是来交出国王和他的王国的，否则他们必须在今后 10 天之内离开意大利。执政官发出命令，元老院的做法应当叫努米底亚人知道；这样，他们没有完成自己的使命便回去了。

就在这同时，卡尔普尔尼乌斯把他的军队征集起来之后，便挑选显贵出身并且有强烈派别情绪的人做自己的副帅，他希望能利用这些人的势力来支持他干的任何贪污渎职的行为。其中便有司考茹斯，而关于此人的性格和品行我前不久已经作了描述[1]。要知道，我们的执政官虽然在思想上和体魄上有许多优良的品质，但是这些品质都被贪婪给抵消了。他有巨大的耐力，才智锐敏，颇具先见之明，有丰富的作战经验，并且面对着危险和阴谋他又是坚强的。现在军团已经穿过意大利到达列吉乌姆[2]，从那里去西西里，从西西里再去阿非利加。继而卡尔普尔尼乌斯在给自己置办了军需用品之后，便开始对努米底亚人展开了猛烈的进攻，他们抓到了许多俘虏并且袭击了他们的一些城市。

(29)但是当朱古达通过他的间谍开始在卡尔普尔尼乌斯身上一试金钱的力量，并且指出他正在进行的战争的困难时，执政官那事实上贪欲而堕落的思想就很容易偏离自己的目标。此外

① 参见本书第 15 章。——英译本

② 今天的列吉欧，和西西里的麦撒纳隔海峡相对。——法译本

他还拉司考茹斯与他同流合污,要司考茹斯为他的全部计划效力。要知道,虽然在开头,甚至在他自己一派的许多人受到引诱之后,司考茹斯仍是坚决反对国王的,但是一笔巨大的贿赂却使他从荣誉与德行走上了犯罪的道路。不过起初朱古达只是用金钱买到战事的拖延,他认为在这期间他可以通过贿赂并通过个人的关系在罗马发挥自己的一些影响。但是一旦他得知司考茹斯也被卷了进来,他便有了求得和平的强烈希望并决定亲自和使节讨论全部条件。

但是在这同时,作为守信义的标记,执政官把他的财务官赛克斯提乌斯派到朱古达的城市瓦伽①去,表面上是去收取卡尔普尔尼乌斯公开向使节②要求的粮食,这乃是安排一次投降之前应当遵守的一个停战条件。于是国王,有如他已经同意的,便来到了营地,当着军事会议③的面讲了几句为自己的行为辩解的话,并要求接受他的投降之后,其余事项都是他在私下里和贝斯提亚与司考茹斯安排的。继而在第二天进行了一次不正规的投票④并接受了对方的投降。按照军事会议所命令的,30头象、许多家畜和马匹还有少量的银子⑤交给了财务官。卡尔普尔尼乌斯去罗马主持选

① 今天突尼斯的贝嘉。——法译本

② 指代表朱古达和罗马方面接触的人。——中译者

③ 这个军事会议是罗马方面召集来考虑投降条件的,参加会议的通常有副帅、军团司令官和主要的百人团长。——英译本

④ 这里是说把一切有关问题都放到一处以混乱而不正规的方式进行投票。——英译本注,有删节。

⑤ 这是朱古达和司考茹斯与贝斯提亚的私下里的安排之外,支付给罗马的东西。——英译本

举事宜。努米底亚和我们的军队都平安无事，没有任何举动。

(30)当在阿非利加发生的事情以及它的处理方式的消息在罗马传开来的时候，执政官的行为就成了人们到处议论的话题。平民感到十分气愤，另一方面元老们则犹豫不定，下不了决心是赦免这样一个暴行还是取消执政官已作出的决定。特别是司考茹斯的势力使他们无法公正和诚实地行事，此人据说是贝斯提亚的教唆者和同谋者。但是正当元老院拖延和迟疑不决的时候，盖乌斯·美米乌斯——关于此人的独立不倚的精神和对于贵族权力的憎恨我在前面已经谈过了[①]——要求集会的民众进行报复，告诫他们不要背叛自己的祖国和他们自己的自由，要他们注意贵族的许多横傲和残酷的行为：简而言之，他用一切办法尽力煽动民众的情绪。而既然美米乌斯的口才在当时的罗马是有名的[②]并且是有影响的，所以我认为值得把他的许多演说在这里重述其中的一篇，而我所要选出的是在贝斯提亚返回之后，美米乌斯在人民面前发表的一篇。演说的内容如下：

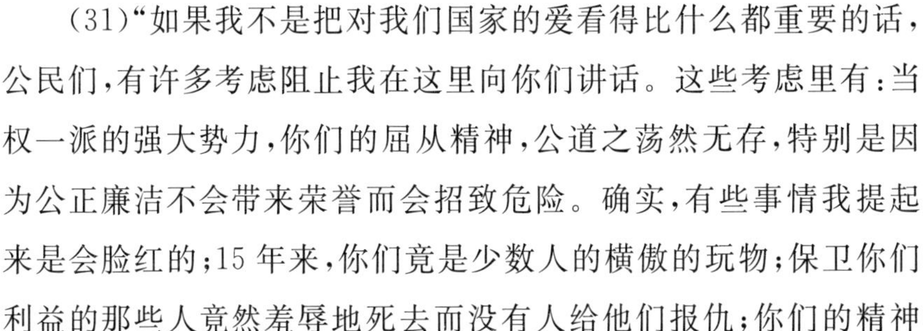

(31)“如果我不是把对我们国家的爱看得比什么都重要的话，公民们，有许多考虑阻止我在这里向你们讲话。这些考虑里有：当权一派的强大势力，你们的屈从精神，公道之荡然无存，特别是因为公正廉洁不会带来荣誉而会招致危险。确实，有些事情我提起来是会脸红的；15 年来，你们竟是少数人的横傲的玩物；保卫你们利益的那些人竟然羞辱地死去而没有人给他们报仇；你们的精神

① 参见本书第 27 章。——英译本

② 但是西塞罗(《布路图斯》，第 136 章)说美米乌斯和他的兄弟只是 oratores mediocres(平庸的演说家)——英译本

已经给懦弱和卑怯腐蚀到如此程度，乃至现在当敌人在你们的支配之下时，你们都不起来，却仍然害怕那些应该是害怕你们的人。但是，虽然当前的情况是这样，我的良心还是促使我去触犯这一派的强大力量。至少我将要利用从我父亲那里继承下来的言论的自由；但是，同胞们，我的发言是失败还是成功，这要取决于你们。我并不敦促你们拿起武器来反抗压迫你们的人们，像你们的父辈们经常做的那样。根本不需要使用暴力，也不需任何分裂。他们必然自行走向灭亡[①]。在杀害了被他们指控说自己要做国王的提贝里乌斯·格拉古之后，对罗马平民就进行了追究[②]。还有，在盖乌斯·格拉古和玛尔库斯·富尔维乌斯被杀害之后，属于你们等级的许多人死在地牢里[③]。在两种情况下，屠杀的结束都不是根据法律，而是由于胜利者的一时高兴。

"我们且承认，恢复平民的权利和觊觎王位是一回事，并且承认，不通过公民的流血便不能进行报复的任何事情都是做得公正合理的。但是若干年来，你们敢怒而不敢言的是国家的财库受到劫掠，国王和自由民族在少数贵族面前卑躬屈膝，最高的荣誉和巨大的财富都掌握在那些权贵手里。然而，他们干了这些滔天的罪行之后不受惩罚还不满足，而最后竟然把法律，你们的主权以及人间的和诸神的事物都送给了你们的敌人，而且干出了这些事情的那些人既不感到羞耻也不感到难过，却反而神

① 即所谓多行不义必自毙之意。——中译者

② 通过特别组成的一个法庭来审判支持提贝里乌斯·格拉古的人们的叛国罪。——英译本

③ 参见《喀提林阴谋》第55章有关注释和本书第16章。——中译本

气十足地在你们面前走来走去，有些人夸耀他们的司祭[1]和执政官的职位，有人夸耀他们的凯旋式，就仿佛这些都是荣誉而不是偷来的财物似的。

“用钱买来的奴隶尚且不能容忍他们的主人对他们的不公正的待遇；生来就应当执掌权力的罗马公民却要耐心地忍受奴役吗？

“但是把持了我们国家的人们是何许人？他们是这样的一些人，他们犯过罪，手上沾满了鲜血，贪得无厌，无恶不作，而与此同时却又洋洋自得自视甚高，他们把荣誉、名声、忠诚，简言之，一切光荣和可耻的事物都变成谋取私利的手段。他们中间的某些人杀死了保民官来保证自己的安全，另一些人通过罪恶地迫害无辜者来保证自己的安全，许多人要你们流血来保证他们的安全。因此他们的行为越是凶残，他们也就越是安全。他们本来是应该为自己的罪行而害怕的，但是由于你们的怯懦，却反而使你们感到害怕了。他们是通过同样的愿望，同样的恨，同样的恐惧而结合在一起的。在善良的人们当中，这些东西构成友谊，而在邪恶的人们中间，这些东西使他们结成帮派。但是，如果你们对自由的爱和对于唆使他们干坏事的残暴统治的渴望同样强烈，我们的国家肯定不会像现在这样被搞得四分五裂，并且你们的赞同将会加到那些最有道德的人身上，而不会加给最狂妄无耻的人了[2]。你们的祖先为了坚持自己的合法权利和确立自己的主权地位曾两次分离出

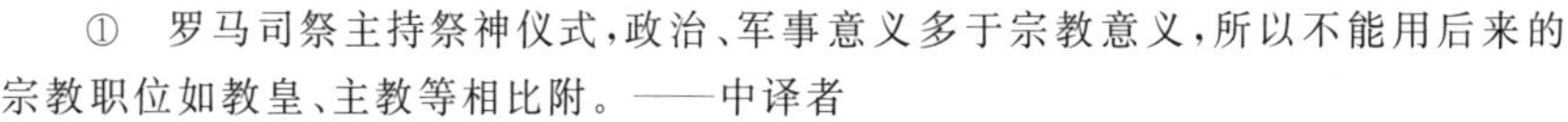

① 罗马司祭主持祭神仪式，政治、军事意义多于宗教意义，所以不能用后来的宗教职位如教皇、主教等相比附。——中译者

② 指选举官吏时民众的态度。——中译者

去，并且用武力占领了阿温提努姆山[①]；而你们自己为什么却不尽全力来保持他们送给你们的自由？为什么你们不表现出更大的热情？要知道，失掉已经争得的东西比从来不曾争得它更为可耻啊！

“我似乎听到有人问我：‘那么你的意见怎么样？’我回答：让那些把自己的国家出卖给敌人的人受到惩罚，不过不是受到武力或暴行的惩罚——这类惩罚加给他们可以说是罪有应得，但是却不大适合你们的身份——而是由法庭和朱古达自己提供的证据加以惩罚。如果他因为挑起战争而犯了罪的话，他肯定会服从你们的命令的；但是，如果他根本不把你们的命令放在眼里，那么你们就要好好考虑考虑这一类的和平或投降的价值到底如何了，因为它们不但使朱古达的罪行免受追究，还使少数有权势的人物发了横财；而另一方面，我们的国家却遭到了损失和侮辱。除非你们也许对他们的残暴统治甚至还没有厌倦？除非是你们喜欢当前的时代还不如你们喜欢过去那样的时代，那种把王国、行省、条文、法律、法庭、战争与和平，总而言之，人间和诸神的万事万物都集中于少数人之手的时代？那种你们，也就是说，不能为你们的敌人所战胜的罗马人民，一切民族的统治者只满足于苟延残喘的时代？你们当中有谁敢于反对自己身受的奴役呢？

“就我本人来说，虽然我认为对于一个真正的男子汉来说，受到侮辱而不报复，这乃是极为可耻的事情，但是我仍然能够心甘情愿地允许你们宽宥那些罪大恶极的人们，因为他们毕竟同属罗马

① 去阿温提努姆山的只有公元前 449 年的一次分离，另外两次一次是公元前 494 年去撒凯尔山，一次是公元前 287 年去雅尼库路姆山。——英译本

公民，如果怜悯为怀最后不会导致毁灭的话。实际上，他们的狂妄自大已经到了如此地步，乃至他们将不满足于他们过去做坏事而不受惩罚，除非你们不给他们以继续为非作歹的机会。这样你们也就陷入一种永恒的焦虑之中，因为你们意识到，你们只能或者屈从于奴役，或者使用武力维护你们的自由。

“请问，你们希望的是怎样的相互信任或和谐呢？他们要做专制的主人而你们想要自由；他们要行不义之事而你们不许他们这样做；他们把我们的联盟者看成敌人，而把我们的敌人看成联盟者。和平与友谊能够同如此不同看法共存么？不能的，因此我提醒并且恳求你们不要使这种邪恶的行为逍遥法外。这不是一个掠夺财库或者向我们的联盟者勒索金钱的问题。确实，这些都是严重的罪行，但是它们在今天已经司空见惯，简直算不得什么了。可是这一次是元老院的尊严受到了一个冷酷无情的敌人的蹂躏，无论在国内还是国外，你们的主权都被背叛，你们的国家都被出卖了。除非对这些暴行加以审理，除非对罪犯加以惩处，那么我们就只能在犯下了这些罪行的人们的统治下屈辱地度过一生。要知道，无论想做什么都不会受到惩处的，那就是一个国王[①]。

“公民们，我并不是一定要你们为本国的公民成为罪犯却不是清白无辜的人而感到高兴，但是你们一定不可宽恕恶人而毁了好人。而且，在共和国里，忘掉给别人做的好事比忘掉自己受到的伤害要好得多。诚实善良的人在受到你们的不当的冷遇时只不过是在做好事方面不再那么积极而已，但坏人却会变得更加肆无忌惮。

① 专制的国王是最能引起罗马人憎恨的一个词。——中译者

最后，如果没有伤害他人的事发生，你们也就不会经常需要帮助了。”①

(32)通过一再发表诸如此类的看法，美米乌斯说服人民把当时的一位行政长官路奇乌斯·卡西乌斯②派到朱古达那里去。卡西乌斯的使命是在国家信誉的保证下把这个国王带到罗马来，以便通过他的作证，人们可以容易地揭露被控以贪污受贿的司考茹斯和其余人等的罪行。

正当在罗马发生这一切的时候，给贝斯提亚留在努米底亚统率军队的那些将领也学了他们的统帅的样子干下了许多无耻的丑恶行为。有些人接受贿赂，把象还给了朱古达③，还有人把从他那里跑过来的人又卖回给他，还有一部分人掠夺了并没有同我们作战的人们④；他们爱钱爱到使心灵受到了极大的毒害。

但是，当盖乌斯·美米乌斯的建议被通过，而全体贵族感到巨大惊恐的时候，行政长官卡西乌斯到朱古达那里去，而尽管朱古达感到害怕并由于他自知有罪而谁都不敢信任，卡西乌斯还是要他认识到，既然他已经投降了罗马人民，那么接受他们的仁爱措施不是比尝试他们的力量更明智么？此外他还以他个人的信誉来保证

① 这里的意思似乎是说，人民可以不需要为了受到保护而向谁表示好意，在将来也不需要去寻求保护，这样他们会更具有独立的精神。——英译本

② 行政长官路·卡西乌斯·隆吉努斯应是4年后(公元前107年)和马略一道当选为执政官的人。此人后来中埃尔维特人的伏击而死。参见恺撒：《高卢战记》第1卷，第7、12章。——法译本注，有删节。

③ 参见本书第29章。——法译本

④ 以征服者的姿态对待长期同罗马和平相处的国家被认为是最可怕的罪行，因此在古代元老院对此要作出最严厉的惩处。——法译本

朱古达的安全，而他个人的信誉在朱古达的心目中并不比国家的信誉轻。卡西乌斯的声望在当时就有如此之高。

(33)于是朱古达便把国王的一切豪华装束改换成一套为引人怜悯而特别设计的衣服[①]，然后便和卡西乌斯一道来到了罗马。朱古达个人心里是蛮有把握的[②]，但是在受到所有那些人——正是通过那些人的势力或罪行，他才犯下了我上面说的那许多大罪——的鼓励之后，他竟然又用一笔重金收买了保民官盖乌斯·巴埃比乌斯[③]，以至通过此人厚颜无耻的行为，他受到了庇护不受法律强有力的打击，不受对他个人的暴力侵犯。

但是当盖乌斯·美米乌斯召集了人民大会，而罗马民众对国王的行为感到如此的愤慨，乃至有些人要求把他关起来，还有人要求，如果他不把他的罪行的同谋犯交代出来，他将按照我们祖宗的惯例作为敌人而受到惩处[④]。但是更多是考虑罗马人民应有的身份而不是他们的愤怒情绪的美米乌斯平息了他们的激动情绪，对他们的愤怒进行了安抚，最后他宣布说，只要他有力量阻止这样做，国家的保证是不会受到破坏的。随后，当会场一片寂静而朱古

① 一般是丧服。这种习惯沿袭很久，在中世纪还有国王穿上丧服向教皇请罪的事例。——中译者

② 因为他的贿赂发挥了作用，罗马当政的权贵大部分是站在他的一面的，何况卡西乌斯本人又作了保证，这一保证正如作者所说，在朱古达心目中比一个“罗马人民”的空洞概念更有力量。——中译者

③ 胸有成竹的朱古达是在无耻的罗马友人的建议下这样做的，巴埃比乌斯的特殊作用和他的无耻进一步增加了他的安全感。——英译本注，有改动。

④ 按照这种惩处办法，被绑到柱子上或头被枷起来的罪犯先是受到笞打，然后由侍从用斧头(就是他扛着的棍束中插着的斧头)一下子把头砍掉。——法译本注，有删节。

达被带了出来的时候，美米乌斯在他的发言中提到了国王在罗马以及在努米底亚的行动并且叙述了他对自己的父亲和兄弟所犯的罪行。他对朱古达说，虽然罗马人民清楚国王是通过谁的教唆和帮助而干出了这些罪行的，但是他们仍然期望从他的口中取得更加明确的证据。如果他把真实情况交代出来，他就很有希望取得罗马人民的公正和宽大的处理；如果他保持沉默，他也救不了他的同谋者，却会毁了他自己和他的希望。

(34)美米乌斯的发言结束之后而人们要朱古达对此作出答复时，正像我刚才说的，那受贿的保民官盖乌斯·巴埃比乌斯立刻就命令国王沉默。虽然参加大会的民众非常气愤并试图用呼号、用愤怒的表情，往往也用威胁的手势以及愤怒促成的所有其他手段对保民官进行恐吓，但他还是厚着脸皮顶住了。于是人民在受到愚弄之后便离开了会场，但另一方面，朱古达、贝斯提亚以及害怕被定罪的其他人的信心又恢复了。

(35)当时在罗马有一个名叫玛西瓦的努米底亚人，这个人是古鲁撒的儿子，玛西尼撒[①]的孙子。他在国王之间发生争端的时候站在反朱古达的一面，因此在奇尔塔被攻克和阿多儿巴尔死后[②]他便逃离了阿非利加。在贝斯提亚之后的那年和克温图斯·米努奇乌斯·茹福斯[③]一道担任执政官的斯普里乌斯·阿尔比努斯[④]说服此

① 参见本书第5章有关注释。——法译本

② 参见本书第26章。——法译本

③ 此人曾在色雷斯同斯考尔狄亚克人作战，战后修建一座米努奇乌斯门。——法译本注，有删节。

④ 公元前110年度执政官斯普里乌斯·波斯图米乌斯·阿尔比努斯。——法译本

人向元老院提出继承努米底亚王位的要求，因为他是玛西尼撒的后裔，还因为朱古达由于他的罪行而受到恐惧和憎恨。要知道，这位执政官非常想挑起一场战争，他宁愿造成一场全面的混乱也不愿无所事事。他已经抽签得到努米底亚[①]而米努奇乌斯则得到马其顿。当玛西瓦为实现这些计划而开始展开活动时，朱古达在他的友人当中却找不到什么支持，一些人是因为本来良心有愧而不敢妄动，还有一些人不敢出头露面是因为名声已经败坏或害怕严重的后果。于是他便指示他的最亲近的也是对他最忠心的侍从人员波米尔卡通过金钱的手段——国王通过这一手段已经办成了许多事情——把玛西瓦暗杀掉。朱古达要他在暗中干这件事，如果可能的话。但是如果无法在暗中进行的话，那就不惜用任何手段也要把这个努米底亚人除掉。

波米尔卡赶忙着手执行国王的命令，他通过精于此道的那些奸细弄清楚了玛西瓦的行踪；总之，就是发现了在任何时间都可以找到他的那个地点。最后，当机会到来时，他便设下了埋伏。但是被收买来进行暗杀的一个人在下手时不太小心；他虽然把玛西瓦杀死，但是自己也被捉住了，并且在多数人，特别是执政官阿尔比努斯的恳求之下，他把全部情况都坦白了。波米尔卡之受到审判与其说是根据万民法，毋宁说是出于公道和正义的要求，因为他是陪伴着一个以国家的信誉担保其安全的人来到罗马的[②]。

朱古达虽然被确认要对这一滔天罪行负责，但他却一直对这

① 参阅《喀提林阴谋》第 26 章有关注释。——英译本

② 陪伴朱古达前来的波米尔卡在罗马理应享有和国王相同的保证。——法译本注，有删节。

一罪证加以否认，最后他才看到，人们对这一罪行的愤慨情绪是如此强烈，甚至他个人的影响和金钱都无能为力了。因此，虽然在审讯的第一阶段[①]，他提出了他的50位朋友作为保证人[②]，但他还是着眼于他的王位而并不把保证人放在心上，所以他竟然秘密地把波米尔卡送回努米底亚，因为他担心如果他被判罪，他的其余的臣民会不敢再听从他的命令。几天之后，他自己也回去了，因为元老院命令他离开意大利。在走出罗马城之后，据说他常常默默地回头张望这个城市，最后他说："这是一座准备出卖的城市，而如果它碰到一个买主的话，它注定很快会灭亡的！"[③]

(36)在这同时，阿尔比努斯恢复了战斗并且赶忙把给养，要付给士兵的饷银和其他战争器械运往阿非利加。他本人也立即出发，想通过武力、通过投降或任何可能办法在选举之前把战争结束，因为这时离选举已经为时不远了[④]。恰恰相反，朱古达却千方百计地试图争取时间，接二连三地制造拖下去的借口。他已答应投降，接着又装出害怕的样子，在执政官的进攻面前后退，但是为了不使他手下的人丧失勇气，随后又发动进攻；这样便一时用拖延作战，一时用拖延讲和的办法来耍弄执政官。

有些人认为，甚至在当时阿尔比努斯也不是不知道国王的计

① 准许被告保释的阶段。——英译本

② 担保波米尔卡出庭。——英译本

③ 这句著名的话和李维(第64卷提要)所记述的那句话连文字几乎都一样，但史书中这种名句大都出自传闻和后人的编造，有演义的性质，我们只能姑妄听之而已。——法译本注，有补充

④ 执政官在元旦就职，因此执政官的选举当在这一年的最后几个月进行。——法译本

划；他们认为，开始得这样迫不及待的一场战争竟会被国王朱古达这样轻易地拖延下来，要说这不是有人从中搞鬼而是出于无能，那是不可能有人相信的。而既然这时选举的日子一天天地临近，阿尔比努斯便乘船返回罗马，他的兄弟奥路斯[①]被留下来负责这里的营地[②]。

(37)保民官之间的斗争猛烈地震撼了当时的罗马。有两位保民官普布利乌斯·路库路斯和路奇乌斯·安尼乌斯[③]不顾他们同僚的反对[④]而试图延长自己的任职期限；这一斗争使得全年的选举无法进行[⑤]。由于这一拖延，奥路斯——我刚才说过，他被留下来负责营地——却很想或者把战争结束或者使国王由于害怕他的军队而给他一大笔贿赂。于是在正月里[⑥]他便把他的军队调出冬营作战，并且不顾恶劣的冬天气候而强行进军到一个叫苏图尔[⑦]的城镇，也就是国王的财库所在之地。但是由于气候恶劣和这座城镇的坚固防守，他既不能攻克它也不能包围它；它的城墙是沿着峭壁的边缘修造起来的，在城墙四周是一片泥泞的平原，经过冬雨这里就变成了一片沼泽之地。然而不知道他是想进行一次佯攻以

① 这个奥路斯·波司图米乌斯·阿尔比努斯后来是公元前99年度的执政官。——法译本

② 从原文 pro praetore 来看，奥路斯在这里是行政长官衔的副帅。——法译本

③ 这两个人除这里之外不见于其他文献。——法译本

④ 通过使用否决权而使选举无法进行。——英译本

⑤ 直到12月9日，即选举保民官的日子。——英译本

⑥ 公元前109年，奥路斯的战败可能是公元前109年1月以前的事情，因为在他战败之后梅特路斯和西拉努斯还被称为“当选执政官”也就是尚未就职的执政官(consules designati)。——英译者注，有补充。

⑦ 苏图尔后来叫卡拉玛，现在叫古埃尔玛。——法译本

便吓住国王，还是因为他想取得拥有财库的这一城镇而昏了头脑，他布置了活动雉堞，堆起土丘并且匆忙地进行一次进攻的其他准备工作。

(38)但是朱古达对于这位代理统帅的横傲与无能是深为了解的，他狡猾地设法助长对方的盲目自满情绪并不断向对方那里派遣请求缔结和约的使者，而另一方面，他本人，好像是为了回避相遇，却率领着他的军队穿过了林木葱郁的地区和小路。最后，他用缔结一项协定的希望诱使奥路斯离开了苏图尔，在一次假装的撤退中拖着奥路斯跟在他后面，一直把他拖到边远的地区。他认为这样一来罗马人的任何不正当行为便不大容易受到外界的注意了①。与此同时，国王还通过聪明伶俐的间谍不分昼夜地向罗马军队做工作，贿赂百人团长和骑兵中队队长要他们开小差或是在看到约定的信号时放弃自己的战斗岗位。

在朱古达把这一切都安排得满意之后，他便在一天的深夜里突然带领一批努米底亚人包围了奥路斯的营地。罗马士兵被这一不寻常的骚乱所惊醒；有些人抓起他们的武器，有些人躲起来，还有一部分人给害怕的人鼓劲；总之是一片惊慌气氛。敌人的兵力是庞大的，黑夜和云层使天空一片漆黑，不论他们怎样做都有危险②；简言之，留在原地不动和逃跑哪一种做法更安全谁也说不准。接着，正如我刚才所说，从那些被贿赂的人们当中，

① 这就是说，奥路斯和朱古达之间所进行的任何交易都不大可能引起元老院的注意。前面提到的“协定”事实上是一种勾结。——英译本注，有补充。

② 这就是说，留在军营之内，则由于人们惊惶情绪而有危险，在军营外也难以逃跑；下面的一句话便更明确地重复了这个意思。——英译本

利古里亚人的一个步兵中队和色雷斯人的两个骑兵中队以及少数普通士兵投向国王一面去；另一方面第三军团的一名主力百人团长则给敌人一个机会，使他们进入了他负责守卫的那部分防御工事，而所有的努米底亚人就是从这里冲进去的。我们的人在可耻的逃跑中大多是抛掉了自己的武器，他们跑到附近的一座小山上去。黑夜和对营地的劫掠拖住了敌人，使他们未能把这次胜利的袭击进行到底。第二天朱古达便和奥路斯进行了一次会谈。他说他完全可以使统帅和他的军队被饿死或被处死，然而鉴于人间事物的变幻无常，如果奥路斯和他缔结一项条约，那么他们在从轭下走过之后，他可以把他们所有的人释放，条件是奥路斯要在 10 天之内离开努米底亚。虽然条件苛刻并且是屈辱性的，然而不接受就有送命的危险，于是按照国王的条件罗马人接受了和谈。

(39)自从这一变故的消息传到罗马之后，全城都被恐惧和悲伤的情绪所笼罩。有些人为共和国的光荣感到悲伤，还有一些不通晓军事的人则为自己的自由担心害怕[①]。所有的人都对奥路斯的所作所为感到气愤，特别是在战争中屡立战功的那些人，因为奥路斯虽然手里有武器，却通过屈辱而不是通过战斗去寻求安全。于是阿尔比努斯这位执政官[②]由于害怕因他的兄弟的不当行为而引起的憎恶和以后会造成的危险，于是就向元老院建议讨论条约

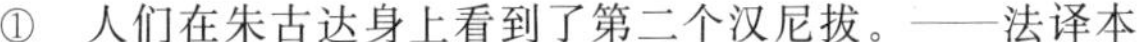

① 人们在朱古达身上看到了第二个汉尼拔。——法译本

② 实际上这时他已不再是执政官，因为他的职权已经在前一年的 12 月 31 日结束了。在他为后继者接替担任统帅之前他是同执政官(proconsul)级的长官。——法译本

的问题；但与此同时他征募后备的队伍，向联盟者和各拉丁民族请求援助，总之，积极地用一切办法进行准备工作。

元老院义正词严地申明，没有元老院和人民的命令任何条约都是没有约束力的[①]，而事实也确实像预料的那样。保民官不许执政官带走他刚刚征募的队伍，但在没有过几天执政官本人便动身去阿非利加了。原来全部军队已按照条约退出了努米底亚并正在那个行省过冬。但是，虽然阿尔比努斯在到达之后便急于追击朱古达，为他的兄弟雪耻，但是当他了解到他的士兵不仅因他们的失败，而且因纪律松弛造成的任性与放荡而士气败坏的时候，他便认定他无论怎样也不能再有任何作为了。

(40)这时在罗马，保民官盖乌斯・玛米利乌斯・利美塔努斯[②]向人民建议通过一项法令，依法追究唆使朱古达无视元老院命令的那些人；追究在担任使节[③]或统帅期间接受过朱古达的贿赂的那些人[④]；追究把象和逃兵送还给朱古达的那些人；还追究同敌人达成有关和平与战争的协议的那些人。有两种人正在准备阻挠这一法令的通过，一种人是所有那些自知已经犯了罪的人，还有一种是害怕派别仇恨引起的危险后果的人；但是既然他们不能公开反对这一法令——因为这样一来，就等于承认自己同意诸如此类的行动——他们便在暗中通过他们的朋友，特别是通过拉丁城市和意大利联盟者

① 公元前136年努曼提亚战争时盖・荷斯提利乌斯・曼奇努斯的著名的投降便援用了这一原则。——法译本

② 关于此人，除本书这里和后面第65章提到之外，不见于其他任何文献。——法译本

③ 比如本书第16章的欧披米乌斯。——法译本

④ 参见本书第29章。——法译本

的人们[1]进行活动。但是民众以难以想象的热心和热情通过了这一法令,这与其说是出于对国家的爱,不如说是出于对贵族的憎恨,因为这一法令预示了贵族的麻烦。派别的对立情绪竟是如此地强烈![2]

对此其余的人无不感到惊慌失措;但是正当人民兴高采烈而贵族派遭到失败的时候,玛尔库斯·司考茹斯——前面我说过,此人担任过贝斯提亚的副帅——趁着政治上一片混乱的机会使自己当选为因玛米利乌斯建议的法令而批准的三名委员[3]之一。尽管如此[4],调查是进行得相当粗野和横暴的,因为证据是道听途说的,民众愿意怎样办就怎样办。要知道,和过去贵族常见的情况一样,民众由于成功也变得横傲无礼了。

(41)公民分裂成为人民的一派和元老院的一派,这种体制和它们带来的一切灾难是在这之前几年在罗马产生的[5],而这正是和平与大量人类认为是最可宝贵的一切事物引起的必然结果。要知道,在迦太基被摧毁之前,罗马人民和元老院一道和平而稳健地治理着共和国。在公民中间没有任何争荣誉或争权力的纷争;对敌人的恐惧保存了国家的美好的道德风尚。但是当人民的内心摆脱了那种恐惧的时候,由繁荣幸福而造成的恶果,即放荡和横傲自

① 参见拙译科瓦略夫:《古代罗马史》(三联书店,1957 年版),第 200—202 页。——中译者

② tanta lubido in partibus erat 这话可称是本书的名句之一,这使人想起奥维德在《变形记》(I. 60)里的那句 tanta est discordia fratrum(兄弟不和乃至于是)。——中译者

③ 这些委员(quaesitores)无疑要分别主持三个法庭,以便能更加迅速地处理大量案件。——英译本

④ 尽管司考茹斯能发挥他的作用。——英译本

⑤ 在公元前 146 年迦太基被摧毁之后,参见随后的一句。——法译本

然而然地便产生出来了。这样，在苦难时期他们曾经渴望过的和平在他们取得了它之后，却表明它比苦难本身更加残酷和辛酸。因为贵族开始滥用他们的地位，人民则滥用他们的自由，他们每个人都为自己打劫、抢夺和抄掠。这样，社会便分裂成两派，而共和国就在这两派之间的争斗中被撕得粉碎。

但是贵族有他们更加强大的组织，而另一方面，民众的力量却不那么容易发挥出来，因为这种力量不是结合在一起的并且是分散在许多人中间的。国内和战场上的事务是按照少数人的意旨加以处理的，国库、行省、官职、光荣①和凯旋式都把持在这少数人手里。压在人民身上的是兵役与贫困。统帅们和他们的一些友人分享战利品。另一方面，士兵们如果同一个有势力的人为邻，那他们的双亲和年幼的子女就会从他们的家里被驱逐出去。这样随着权力便产生了贪欲，这无限的不受约束的贪欲蹂躏、破坏一切，不尊重任何事物并且在它心目中没有任何神圣的事物，直到它最后促成了它自己的毁灭。但是一旦出现了宁愿取得真正的光荣也不愿取得不公正的权力的贵族，这时国家便开始骚动起来，而内部的纷争就像地震那样爆发出来了。

(42)比如说，当提贝里乌斯·格拉古和盖乌斯·格拉古②——他们的祖先在布匿战争以及其他战争中对共和国的强大

① 这里原文用复数是由于其他词也用复数的影响；又 gloriae 也可能意味着“争取光荣的机会”。——英译本注，有删节。

② 提贝里乌斯生于公元前 160 年，公元前 133 年被杀害，盖乌斯生于公元前 155 年，死于公元前 121 年，他们是由德才兼备的母亲科尔涅利娅（斯奇比奥·阿非利加努斯的女儿）抚养起来的。普鲁塔克有他们兄弟的传记。——法译本注，有补充。

作过很大的贡献[①]——开始强调民众的自由并揭露寡头统治者[②]的罪行的时候，犯了罪的贵族因而惊恐非常。于是他们就反对格拉古兄弟的活动，反对的方式有时是通过联盟者和拉丁城市，有时是通过骑士——他们利用使骑士和元老院结盟[③]这样一个希望使骑士离开民众。而开头是提贝里乌斯，继而在几年之后是继承了自己哥哥的事业的盖乌斯死于刀剑之下，尽管前者只是一个保民官，后者是建立移民地的一个委员会的成员。和他们一同牺牲的有玛尔库斯·富尔维乌斯·弗拉库斯[④]。我们必须承认，格拉古兄弟求胜之心过于急切，以至他们的行动表现得不够持重。但是一个正直的人宁肯失败也不愿意用不正当的手段取得对不义之行的胜利[⑤]。

于是贵族便滥用他们的胜利到肆无忌惮为所欲为的程度；他们杀害和放逐了许多自己的敌人，但这样做并不是使自己在未来变得强大而只是使人们怕他们。通常正是这样一种情况毁了那些伟大的国家，因为这时是一派不择手段地想把另一派压倒，并且极为残酷地向被征服的另一派进行报复[⑥]。如果我试图详细地或按照题材的重要程度去论述派别的斗争和国家的一般性质，即使我

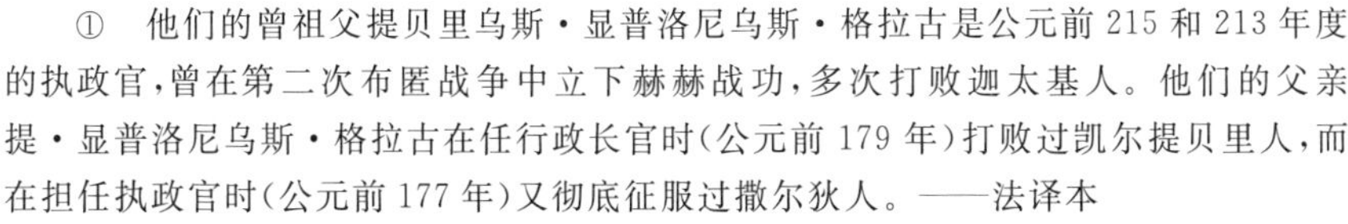

① 他们的曾祖父提贝里乌斯·显普洛尼乌斯·格拉古是公元前 215 和 213 年度的执政官，曾在第二次布匿战争中立下赫赫战功，多次打败迦太基人。他们的父亲提·显普洛尼乌斯·格拉古在任行政长官时（公元前 179 年）打败过凯尔提贝里人，而在担任执政官时（公元前 177 年）又彻底征服过撒尔狄人。——法译本

② 原文是“少数人”，当指当权的贵族寡头。——中译者

③ 要他们分享部分元老的特权。——英译本

④ 参见本书第 31 章。——法译本

⑤ 这里似乎是不同意格拉古兄弟的过火行动。——中译者

⑥ 罗马内战的残酷性说明作者论断的正确。——中译者

有材料时间也不容许[①]。因此我还是回到我的主题上来。

(43)在奥路斯缔结了可耻的条约和我们的军队的可耻的溃逃[②]之后，两位当选的执政官[③]梅特路斯[④]和西拉努斯便分配了行省；梅特路斯取得努米底亚；这是一个果敢有为的人物，他虽然站在同平民派对立的地位，但名声一直是清白无瑕的。当他就职的时候，考虑到他的同僚分担了他所有其他的事务[⑤]，他便把心思都用到他即将进行的战争上面。因此，对旧的军队不予信任的梅特路斯便招募新兵，又从四面八方召来辅助部队，收集武器、兵器、马匹和其他作战物品以及大量的给养；简言之，通常在一次性质多变并需要大量资源的战争中证明有用的一切东西他都准备了。此外，在进行这些准备工作时，元老院通过自己的权力帮助他，联盟者、拉丁城市和国王们帮助他的方式则是自愿提供辅助部队。总之，整个国家都表现了极大的热情。因此，在把一切事情都准备和安排得到满意的程度之后，梅特路斯就出发去努米底亚，他是背负着公民们的巨大期望离开的，而人们所

① 作者说时间不容许云云之类的话，说明作者的这篇文稿是和书商约定准备“出版”的，因为在罗马和地中海世界当时已经存在着一个相当活跃的书籍市场。既有市场，便有竞争，书籍的“出版”也有一个争取时间的问题。——中译者

② 撒路斯提乌斯在这里玩弄文字游戏：条约是 foedus，而可耻的逃跑是 foeda fuga，声音近似，又有头韵的效果。——英译本注，有补充。

③ 公元前 109 年度的。——英译本

④ 克温图斯·凯奇利乌斯·梅特路斯（后来在努米底亚的成功使他获得了“努米底亚的”（Numidicus）这一称号）。公元前 102 年他任监察官时，因受到保民官撒图尔尼努斯（在马略的支持下）的反对而于公元前 100 年流亡到罗得斯；公元前 99 年他返回罗马，公元前 91 年去世。——法译本注，有删节。

⑤ 但不是作战事务，作战是他的专门任务，因此他可以要西拉努斯在其他事务方面负主要责任，而不是平均分担了。——英译本注，有补充。

以对他寄予厚望，不仅是因为他具有一般的优良品质，特别是因为他具有一种蔑视财货廉洁奉公的精神。要知道，在当时之前使我们在努米底亚的前景暗淡并助长了敌人的野心的正是高级官吏的贪欲。

(44)但是当梅特路斯到达阿非利加的时候，这里的长官斯普里乌斯·阿尔比努斯交给他的是一支软弱而怯懦的军队，这支军队既经不得危险也吃不了苦，能说而不能做，打劫我们的联盟者而自己却为敌人所俘获，又不受任何纪律或限制的约束。因此他们的新统帅并不因为他的士兵人数众多而感到安全，却由于他们的这些坏习惯而深为忧虑。虽然选举的拖延[①]缩短了夏季战役的时间[②]，但是，尽管梅特路斯知道公民们迫不及待地希望他在战事方面有一个圆满的结果，他还是决定在使军队经受过去那样的艰苦训练之后再展开军事行动。

阿尔比努斯由于他还没有从他的兄弟奥路斯及其部队所遭到的灾难给他造成的冲击下完全恢复过来，所以决定不离开行省[③]；并且在夏季的那一部分时间里，也就是他还掌握着统帅权的时候，他在大部分时间里要他的士兵留在永久性营地[④]里，除非是恶臭的环境或需要饲料而使他不得不改变驻地的时候。但他的营地并没有防御工事加以保护，也没有人值班放哨，人们愿

① 参见本书第 37 章。——法译本

② 在古罗马，军事行动通常是在天气好的时候开始的。——法译本

③ 指阿非利加行省，参阅本书第 13 章有关注释。——英译本

④ 永久性营地(statiua castra)和活动营地(aestiua castra)(罗马士兵每晚要搭起的营地)不同，在没有战争时士兵便住在永久性营地里，营地由士兵自建，四周有防御工事，设有库房，各种各样的营房。——法译本注，有删节。

意什么时候离开都可以离开。随营人员[①]和士兵不分昼夜成群结队地四处游逛，他们在农村进行蹂躏，打家劫舍，争先恐后地掠夺牲畜和奴隶之类的战利品，然后拿它们去向行商们交换外国酒和其他奢侈品。他们甚至把国家分配给他们的粮食卖掉，然后再一天天地买面包吃[②]。总之，人们能够提到的或想象到的由于懒散和放荡而产生的任何可耻的过分行为都能在这支军队以及其他军队中看到。

（45）在遇到这些困难以及在作战时，我发现梅特路斯表现为一位既伟大又明智的人，因为他竟然能够在放任和严厉之间十分巧妙地保持了一个恰当的界限。据说首先他发布一道命令不许任何人在营地内部卖面包或任何熟食，不许小商贩跟随军队，不许普通士兵在营地里或在行军时带奴隶或驮畜[③]，这样便消除了造成懒散的原因；对于其他诸如此类的做法他也加以严格的限制。此外，他每天都要拔营，然后进行越野的行军，而每次设营都要围上一道栅栏和挖一道壕沟，就仿佛敌人已经迫近似的；他还设置了间隔不远的岗哨，由他在副帅的陪同下亲自巡视。在行军时，他时而走在前面，时而走在后面，往往也走在队伍当中，以便注意不使任

① 主要指聚集在军营四周靠军营为生的那些人，如小商店主、行商小贩、银钱兑换者（兼放债业务）、当地商贩、无业游民、妓女、乞丐、士兵自己带来的仆从和奴隶等等。从下一章也可以看到这种情况。罗马分布在各处的军营后来往往发展成为当地的城镇。——中译者

② 罗马士兵一般是给他们每人一个月的口粮（麦子），他们再用麦子向商人那里去交换葡萄酒和其他食品。——法译本

③ 士兵本来应当自己带着粮食和武器，但在阿非利加酷热气候条件下，罗马士兵往往利用奴隶、仆从或驮畜来承受这种艰苦的行军负担，梅特路斯现在恢复了过去的做法。——法译本注，有改动。

何人离开队伍，使他们环绕着军标以一个完整的队形行进，并且要士兵自己带着食品和武器[①]。他就用这种使他们不干坏事的办法，而不是用惩罚的办法，很快地就使他的军队的精神重新振作起来了。

（46）但就在这个时候，朱古达从自己的密探那里知道了梅特路斯的备战情况，同时他又从罗马方面得知，他的对手是一位廉洁奉公不能加以收买的人。于是他开始对自己事业感到悲观，并第一次试图安排一次真正的投降了。因此他便派遣使节带着归顺的标记[②]到执政官那里去，只要求保留他自己和他的孩子们的性命，而其余一切都任凭罗马人民处理。但是梅特路斯从过去的经验早已知道，努米底亚人是一个反复无常的种族，他们的性情难以捉摸，喜欢变化。于是他便把使节们分开来，同他们一个一个地进行接触。当他通过向他们逐步摸底而发现他们可以被利用来实现他的计划时，他便通过慷慨的许诺诱使他们把朱古达交到他手里；如果可能的话，把活的朱古达交到他手里；如果不能生擒他，那么死的也可以。但是在分开的场合，他却按照国王的期望，要他们把一项答复带回去。

几天之后，对战斗有高度警觉和准备的执政官和他的军队向努米底亚发动了进攻，但是在那里他没有发现任何表示已处于战争状态的事物。人们还都住在茅屋里，田地里还看得到牲畜和农

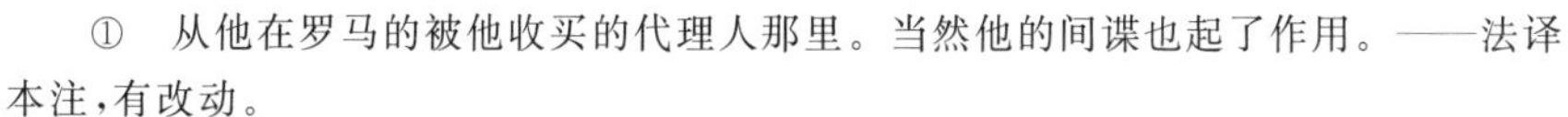

① 从他在罗马的被他收买的代理人那里。当然他的间谍也起了作用。——法译本注，有改动。

② 橄榄枝，说明他们是来乞求和平的。——英译本

民。国王的官吏从各城镇和乡村[①]出来迎接他们，表明愿意提供粮食、运送给养——总之，做罗马人吩咐他们做的一切事情。尽管如此，完全好像敌人就在近旁似的，梅特路斯在进军时在所有各方面都加以防卫；他在这个国家的广大地区里进行了侦察，而他得出的结论是：这些归顺的表示都是一种假象，而敌人正在寻求背叛的机会。因此他本人便率领着先头部队，还有一些轻武装步兵中队以及一支精锐的弩手和弓手，而他的副帅盖乌斯·马略和骑兵部队殿后，在两翼，他把辅助部队的骑兵分配给了军团司令官和步兵中队长官[②]。和这些部队混合在一起的是轻武装的部队[③]，他们的任务就是打退敌人的骑兵不管在什么地方发动的攻击。要知道，朱古达十分狡猾，对这一地区极为熟悉并且非常精通军事学，乃至人们无法确定，他不在场和他在场，在和平时期和战争时期，在哪一种情况下他更危险些。

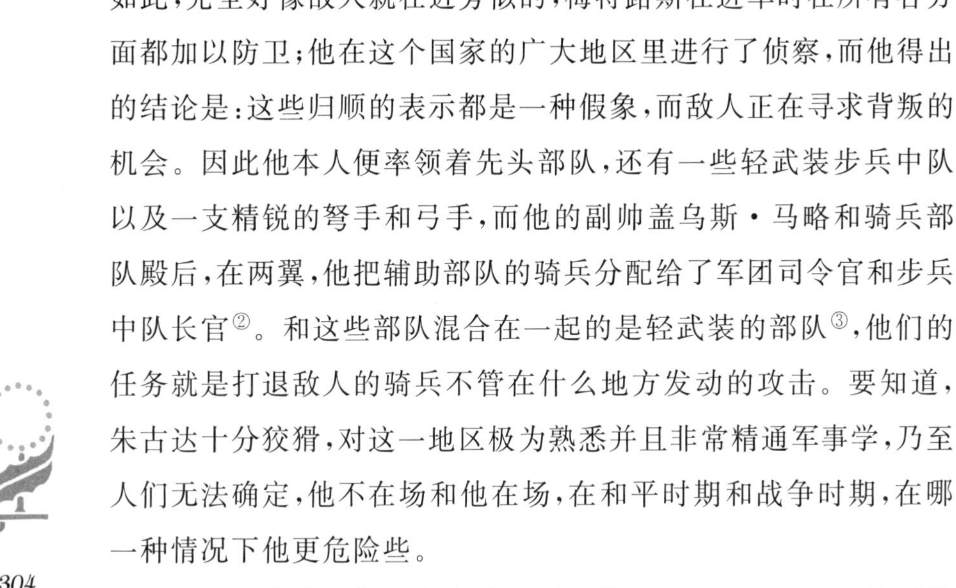

(47)离梅特路斯正在走的路不远的地方有努米底亚人的叫做瓦伽[④]的一个城镇，这是整个王国中来往人数最多的商业城镇，意大利族的许多人都在这里做买卖并安家落户。执政官在这里安排了一支卫戍部队，这既是为了看一下当地的居民是否接受他的建

① 原文 mapalia 一词是一个拉丁化的布匿词。它是阿非利加游牧民族圆顶帐篷的聚落。这种聚落随他们移动，择地而居。——法译本注，有改动。

② 这个头衔是罗马军队里联盟者部分特有的，这部分军队分成两翼，每一翼 10 个步兵中队；每个中队均由同民族的士兵组成，由本族的长官(praefectus)统率。——英译本

③ 轻武装部队在他们的队伍之间。——英译本注，有删节。

④ 瓦伽是今天突尼斯的贝嘉或拜加；参见本书第 29 章有关注释。罗马财务官赛克斯提乌斯曾被派到这里来接受向朱古达要求的粮食。——法译本注，有补充。

议,并且也是因为这一地点所处的有利地位。他还发布命令,把粮食和其他军需品都集中在那里,因为就当时情况而论,他认为大量的商人可以帮助他的军队取得给养并且保护他已经安置在那里的人们。

当这一切正在进行的时候,朱古达甚至更加执拗地派遣乞求和平的使节,并且向梅特路斯表示,除了他自己的和他的子女的性命之外什么都愿意献出来。对这些使节也和对先前的使节一样,执政官说服他们出卖朱古达,然后把他们送了回去,而对于国王要求的和平,他既不拒绝也不作出保证,并且就在这时,他等待使节实现他们的保证。

(48)当朱古达把梅特路斯的言与行加以比较的时候,他发觉他正在受到他自己的武器的进攻。因为从表面上看,他已经得到了和平,但实际上一场最难熬的战争正在进行。他已经失掉了他的一座主要城市,他的国家已经为他的敌人所熟悉,他的臣民对他的忠诚正在受到破坏。因此他不得不通过战争来试一试自己的运气。在对敌人的行军路线进行了侦察之后,他于是认为从本国的地形来看他有希望取得胜利。接着他便尽量把所有各种能作战的力量集合到一处,通过小道走在梅特路斯的军队的前面。

在努米底亚的过去分配给阿多儿巴尔的那一部分里①,有一条发源于南方的穆图尔河②,离这条河大约 20 哩的地方,有一条同河流平行的荒芜不毛和从未开发过的山脉。从这一山脉的中

① 参见本书第 16 章。——法译本注,有删节。

② 今天的赛伊布兹河,它流经古埃尔玛地区,终点在波尼附近,全长 160 公里。——法译本

部，又有一条支脉延伸出很长一段距离，在这条支脉的干燥的沙质土壤上却生长着野橄榄树①、桃金孃和其他各种树木。在这中间的平原②上由于缺水而无人居住，只有沿河的某些部分是例外，在这些地方生长着灌木丛，并且常常有牲畜和农民前来。

(49)我前面已经说过，就在罗马人进军路线一侧的这个山上③，朱古达设置了战线漫长的一处阵地④。他把象群和部分步兵的指挥权交给了波米尔卡⑤并且把自己的作战计划告诉给他。他把他自己的军队布置在更靠近山的地方，这里还有他的全部骑兵和他的步兵的精锐。然后他就到各个分队和小队去巡视，告诫并请求他们不要忘记他们昔日的勇敢和胜利，要保卫他们自己和他们的国家不受罗马人的贪婪之手的侵犯。他说，他们即将对之作

① 在古埃尔玛，橄榄在今天仍是这里的主要商品。——法译本

② 在山脉和穆图尔河之间的平原上。——英译本

③ 此处有人把这支山脉理解为同那平行的山脉形成直角，有人理解为横在梅特路斯进军路线的前面，两种情况分别见所附甲乙二图。——英译本

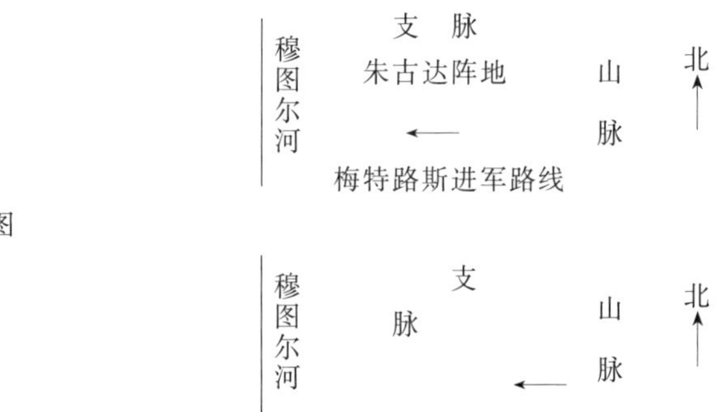

④ 朱古达这样安排的原因见下章。——法译本

⑤ 参见本书第 35 章。——法译本

战的人们是已经被他征服并且从轭下走过的那些人[1];那些人的统帅虽然换了人,但是他们的士气还是原来的士气。从他本人这方面来说,一位领袖应当提供给他的士兵的一切他都提供给他们了:他们处于居高临下的地位并且做好了战斗的准备,这样他们便可以向受到出其不意的袭击的敌人作战;这样他们就不会非以少战多不可;而且也不会是没有训练的军队同更精锐的士兵作战。因此他们必须作好准备并在看到约定的信号时积极发起进攻,要知道,这一天或者是结束他们的一切劳苦和取得过去胜利的果实的一天,或者是最大苦难开始的一天。他还向他们个别进行谈话,要每一个士兵记起他的恩惠,这是因为对于任何战功他都以金钱或荣誉的形式给予士兵以报偿,还把取得报偿的士兵指给他的同伴看[2]。最后,他通过许诺、威胁或恳求的办法一个接着一个地激励士兵,根据对方的性格而使用不同的方法,而在这同时,率领着军队从山上下来并且没有注意到敌人的梅特路斯看到了他们。开头这个罗马人不了解这些事物的不寻常的出现是什么意思,因为努米底亚人和他们的马匹都躲在森林里,但又由于林木矮小,不能把他们完全遮住,不过要弄清楚他们到底是些什么却又是困难的,要知道,天然的地形和伪装对士兵和他们军标都起有掩护作用。但是执政官很快便看出了这是一支伏击的队伍,于是下令他的队伍暂时中止前进,然后便改换了队形。他用三道后备的士兵来加强离敌人最近的右侧。他把弩手和弓手配置在小队中间,而骑兵

① 参见本书第38章。——法译本

② 表明他有功必赏。——中译者

则全都配置在两翼。在时间允许的情况下简短地对士兵进行了勉励之后，就以他刚才变换的那种队形把军队率领到平原上来，这样原来处于先头的队伍现在就处于侧翼的地位了[①]。

(50)当梅特路斯看到努米底亚人静静地留在原处而不从山上下来时，他便担心在那样一个季节并且由于缺水而他的军队会渴坏了。于是他便派出他的副帅茹提利乌斯带领轻武装的步兵中队和一部分骑兵到河边去，要他先占领一个阵地以便扎营。原来他认为敌人会试图用不断攻击侧翼的办法拖住他的进军，而敌人既然不大相信自己的武力，于是他们就想用口渴和疲劳来拖垮他的军队。继而他根据当时的条件和情况，用从山上下来时的同一队形缓缓向前推进，而使马略走在原来的前列士兵的后面[②]，而他本人则和这时已处于前列地位的左翼的骑兵在一起。

朱古达一看到梅特路斯的后卫队伍走过他自己最前面的队伍[③]，他立刻把一支大约两千步兵的队伍安置在山上罗马士兵刚刚经过的地方，这样，如果他的敌人后退的话，那在他们后面将找不到逃避和庇护的场所。继而他便突然发出信号，展开了进攻。一些努米底亚人砍倒了走在最后的那些罗马士兵，同时还有一部分人进攻罗马士兵的左右两侧，他们进攻得十分猛烈，使罗马军队

---

① 他使行进的队列面向右方(向着敌人)，而在部队面向这一方向时把骑兵配置在两翼；然后他又掉转方向向河的方向行进，这样原来在前列的便侧面向着敌人，也就是说，成为行进队伍的侧翼了。换言之，原来面对敌人的现在敌人位于他们的右手。——英译本

② 这就是说，如果军队转而面向敌人，他们就处于前列地位。——英译本

③ 就是离梅特路斯刚下来的山最近的那部分人。——英译本

的队列陷入一片混乱之中。要知道，甚至那些坚定勇敢地抗击敌人的进攻的人也被这种非正规的作战方式搞得措手不及，因为在这种战斗之中，他们是由于来自远处的袭击而受伤，却没有还击或进行贴身搏斗的机会。朱古达的骑兵则按照先前给他们的指示，不论罗马的一个骑兵中队在什么时候开始向他们发动进攻，他们都撤退，不过不是整体地或是向着一个方向撤退，而是尽量向四方分散地撤退。这样，即使他们不能制止敌人的追击，他们却以本身人数上的优势，把落在后面的人或在两侧的人们切断。如果这山表明较之平原更便于他们的逃跑的话，熟悉地形的努米底亚骑兵则易于逃到那里的树丛里去，而陡峭的和不熟悉的地形对我们的士兵则是一种障碍。

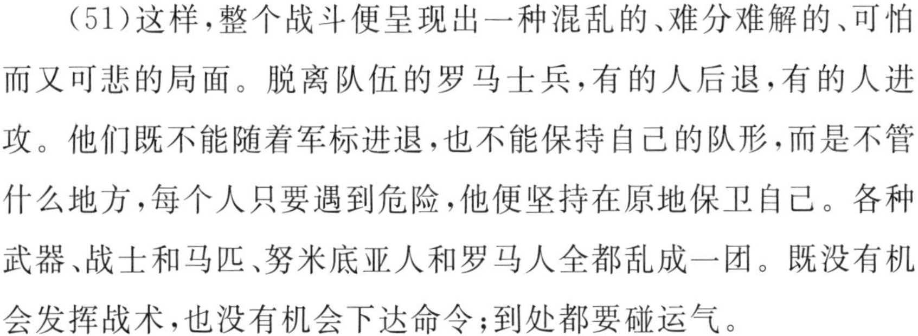

(51)这样，整个战斗便呈现出一种混乱的、难分难解的、可怕而又可悲的局面。脱离队伍的罗马士兵，有的人后退，有的人进攻。他们既不能随着军标进退，也不能保持自己的队形，而是不管什么地方，每个人只要遇到危险，他便坚持在原地保卫自己。各种武器、战士和马匹、努米底亚人和罗马人全都乱成一团。既没有机会发挥战术，也没有机会下达命令；到处都要碰运气。

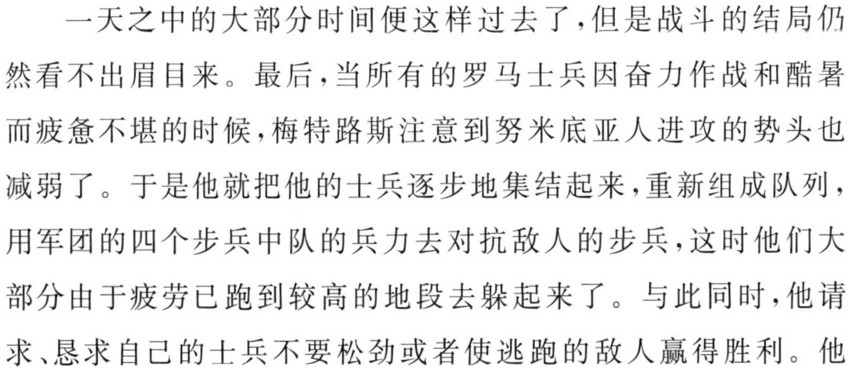

一天之中的大部分时间便这样过去了，但是战斗的结局仍然看不出眉目来。最后，当所有的罗马士兵因奋力作战和酷暑而疲惫不堪的时候，梅特路斯注意到努米底亚人进攻的势头也减弱了。于是他就把他的士兵逐步地集结起来，重新组成队列，用军团的四个步兵中队的兵力去对抗敌人的步兵，这时他们大部分由于疲劳已跑到较高的地段去躲起来了。与此同时，他请求、恳求自己的士兵不要松劲或者使逃跑的敌人赢得胜利。他

指出说，罗马人没有营地或要塞可以躲避，因此必须完全依赖他们的武器。与此同时，朱古达这方面也不是毫无作为，他也是四处跑动，鼓励自己的士兵并且试图恢复战斗。他亲自率领着他的精锐队伍尽全力作战，或者帮助自己一方的士兵，或者对动摇的敌人发动攻击，并且通过从远处进攻的方法使得他发现战斗得十分坚决的敌人无法前进。

(52)都称得上是伟大统帅的这两个人相互间就是这样地进行斗争的；就个人而论，他们两个人是难分高下的，但是就拥有的条件而论，两个人却不是对等的；因为梅特路斯有勇敢的士兵但是地形对他不利；另一方面，朱古达除了士兵的条件之外一切都对他有利。最后罗马人看到自己没有地方可以逃避而敌人又不给他任何战斗的机会——这时已经是傍晚了——于是便按照命令向小山发起了进攻并且突破了敌人的防线。努米底亚人失去了这个阵地之后就退却并逃跑了。一些人被杀死；大多数人所以得救是由于他们跑得快和罗马人对那里的地形不熟悉。

就在这个时候，我前面已经说过，奉朱古达之命指挥象队和一部分步兵的波米尔卡，在茹提利乌斯经过他那里时，便慢慢地把他的队伍引到平原上来；而当副帅匆忙地走向河那边去——这里是指定给他的地方——的时候，波米尔卡适应着当时的环境不声不响地列起了自己的队伍，继续监视平原所有各处敌人的活动。当他发现茹提利乌斯已经设了营并且现在是松了一口气的样子[①]，同时朱古达那边战斗的声音越来越大的时候，他担心副帅如果知

① 即没有意识到危险。——英译本

道罗马士兵所处的危急情况时会去帮助他们。因此，为了截断罗马士兵的推进，于是他便拉开了自己的战线——起初他因为不相信自己士兵的勇气而把士兵排成密集的队列——并以这种队形迫近茹提利乌斯的营地。

(53)罗马人突然间看到了大量飞扬的尘土，但是遍地的灌木丛挡住了他们的视线。起初他们以为是风把干燥的尘土刮起来的；但是随后，由于他们看到那一团尘土保持不变并且随着队列的推进而越来越近，他们才看清楚实际情况是怎么一回事，于是按照命令赶忙拿起了武器在军营前作好了战斗准备。后来当他们展开近战时，交战双方都高声呼啸着进攻。努米底亚人只有在他们认为大象能够保护他们的时候，才坚持自己的战斗岗位；但是当他们看到这些兽类被缠在树枝中间，从而被分割和包围起来的时候，他们便逃跑了。大多数人在抛掉他们的武器之后不受伤害地逃跑了，这是因为有小山和即将到来的黑夜的缘故。四头象被捉住，其余的多达 40 头的象被杀死了。罗马人虽然因为进军、设营和作战而十分疲倦，但由于梅特路斯未能在他们预期的时间到来，于是他们就在保持警惕的情况下排成战斗的行列去会他。要知道努米底亚人的狡猾是不允许人们有任何放松或疏忽的。这时已经到了黑夜，而在开头，当两支军队相距不远时，一支敌人队伍迫近时发出的音响给双方都造成了恐惧和混乱；而如果不是被双方派出进行侦查的骑兵弄清了情况的话，那么这次的误会可能会造成可悲的惨祸。恐惧立刻变成了欢呼。欢喜雀跃的士兵相互高声致意，叙述自己的战功并听取别人经历的事情。每个人都把自己的战功吹嘘到天上去。人间的事情就是这样；在胜利的时候，甚至胆小鬼都

说起大话来，而失败甚至使勇敢的人蒙受耻辱[1]。

(54)梅特路斯就在同一营地里停留了4天，他给予伤员以细心的照顾，把军事方面的奖赏[2]给予在战斗中立了功的人，对全部军队加以称颂和感谢。对于剩下的易于完成的任务，他要他们以同样的勇气去对待；他们的争取胜利的战斗已经结束，他们其余方面的努力就是为着战利品了。但是，就在这同时，他又把跑过来的人和其他可以利用的密探派出去以便弄清楚朱古达到底在什么地方，他正在做什么，他手下是只有少数追随者还是有一支军队，在失败中他的表现如何。实际上，国王已经撤退到一个形势险要的有森林覆盖的地区，并且正在那里征集一支就人数而论比先前还要庞大的军队，不过这支军队却不能作战并且是软弱的，他们对农耕和畜牧比对战争更要熟悉。所以造成这种情况，是因为除去作为他的亲卫队的骑兵部队之外，在一次战败之后没有一个努米底亚人追随国王，而是各自分散到他们认为可去的地方。而士兵们这样做并不觉得可耻。他们的风气就是这样。

因此，当梅特路斯看到国王依旧信心十足，看到他正在面临着一次新的战争，而且这战争如何打法又只能取决于他的对手的时候，他便认识到他同这个敌人的斗争是一场并非对等的斗争，因为失败使他们付出的代价比罗马人为胜利而付出的代价还要少。因此他认定，他必须这样进行战争：那就是不开展正规的战斗，而是用另一种方式进行斗争。因此他便把队伍开入努米底亚最肥沃的

---

① 我们则有“不以成败论英雄”的说法，比这里的说法全面多了。——中译者

② 某些这类奖赏参见本书第85章。——英译本

地带。蹂躏了农村地区,攻占和烧掉了许多匆忙加以防御或没有卫戍部队防守的要塞与城镇,下令处死所有成年人并把其余的一切都交给他的士兵作为战利品。他就以这种方式造成了如此的恐怖气氛,乃至许多人质被交到罗马人手里,还把大量的粮食和其他必需品提供给罗马人,而凡是梅特路斯认为有必要这样做的地方都安置了卫戍部队。

这些做法比国王的士兵遭到的失败使国王感到更大的惊恐。因为原来他的全部希望在于逃跑,可现在却被迫要去追踪敌人了。当他不能保卫有利阵地的时候,却又不能不在对他不利的阵地上作战。但是他采取了就当时情况而论看来是最明智的一个计划,他命令他的大部分军队留在原地不动,而他本人则率领着一支精锐的骑兵跟在梅特路斯后面。他在夜间通过小路行进,然后突然间向那些跟不上队伍的罗马士兵发动完全出乎他们意料之外的进攻。他们的大部分人在他们能够拿起武器之前就被杀死了,许多人被俘获,没有一个人能不受伤害地逃脱。而在罗马人能够从营地把支援的队伍派来之前,努米底亚人已经按照命令分散到最近的小山上去了。

(55)就在这同时,罗马方面在得知梅特路斯建立的功勋时感到十分欢欣鼓舞。他们知道,梅特路斯是按照古人的方式对待自己和他的军队的;他虽然处于不利地位却依旧凭借着自己的勇气赢得了胜利;他现在正在占有敌人的领土;并且迫使由于阿尔比努斯的无能而变得横傲起来的朱古达只能把求得安全的希望放在沙漠或逃跑上。元老院于是决定对不朽的诸神进行一次感恩活动,因为在他们的庇护下罗马人取得了胜利;另一方面,先前为了这一

战争的结局而感到害怕和焦虑的公众则沉浸在欢乐的情绪之中。梅特路斯的声名如日中天。因此他便更加努力地追求胜利，用一切办法加紧进行战争，却又注意在任何地方都不给敌人以可乘之机，因为他没有忘记，嫉妒总是紧紧地跟在光荣后面的。因此他的声誉越高，他也就越是小心谨慎。在朱古达的伏击战术得手之后，他就不再杂乱无章地带领着自己的军队蹂躏农村地区：当他需要粮食或秣草时，他一定要一些步兵中队[①]和全体骑兵部队担任警卫工作；他自己率领一部分军队，其余部分交给马略。但是这时不是用打劫而是用放火焚烧的办法蹂躏努米底亚的国土了。执政官和他的副帅习惯于在相隔不远的两个地方设营。当有必要使用兵力时他们就把自己的部队联合起来；在其他情况下他们就分别活动，以便能够更广泛地在敌人中间制造恐怖气氛，使更多的人逃离自己的家园。

与此同时，朱古达则是沿着小山跟踪在罗马人后面，寻求一个适当的时机或地点以便展开战斗。他打听到敌人要经过哪些地方，便破坏那些地方的秣草并在为数很少的泉水里放毒。他时而出现在梅特路斯面前，时而又出现在马略面前。他对部队的最后部分发动袭击，又立刻撤退到小山上去；他对一部分，然后对另一部分摆出作战的势态，但是并不展开战斗也不叫敌人休息，而只是不使他们实现自己的计划。

(56)当罗马的统帅开始看出，他正在被他那不给对方以任何作战机会的对手的策略搞得疲于奔命时，他便决定围攻一座名叫

① 指联盟者提供的步兵中队。——中译者

扎玛[①]的大城市，这乃是王国这一部分里的要塞。他认为朱古达理所当然地会来帮助他的陷入苦难之中的臣民，这样就可以在这里展开一场战斗了。但是朱古达从跑过来的人们那里知道了梅特路斯的计划，于是他就以强行军的方式走在了梅特路斯的前面。他鼓励城市居民保卫自己的城市，并且拨给他们一队逃过来的罗马士兵来帮助他们。这队罗马逃兵是国王兵力中最强的部分，因为他们不敢再背叛了[②]。他还保证在适当的时候他自己也会率领一支军队前来的。国王在作了这些安排之后，便撤退到尽可能边远的地区去，并且不久就得知，马略已奉命离开进军路线，和几个步兵中队到西卡[③]寻求粮秣去了。西卡正是国王战败之后第一个背叛了他的城镇。朱古达于是在黑夜里带领他最精锐的骑兵部队赶到那里去，就在罗马人正在出城时在城门那里向他们发动了进攻。与此同时，他还高声呼叫要西卡的人民从后面包抄那些步兵中队；他说，命运给了他们一个建立殊勋的机会。如果他们利用这一优势，他将会重新取得这一王国，而在今后他们将能过自由的和免于恐惧的生活。而如果马略不是赶忙向前推进并且离开了这一城镇的话，肯定城镇居民的大部分，如果不是全体居民的话，会改变他们效忠的立场。努米底亚人就是如此地反复无常！朱古达的那些士兵由于国王在场而坚持了一个时期，但是当敌人以优势的

① 今天凯夫(古时的西卡)以南的祖阿里姆。公元前 216 年斯奇比奥在这个城市附近对汉尼拔取得了决定性的胜利。——法译本

② 罗马人对逃兵的惩罚是十分严厉的。逃兵有时被钉死在十字架上，有时被抛给野兽为食。参见瓦列里乌斯·玛克西姆斯(2,7)。——英译本

③ 今天的凯夫，参见本章有关扎玛的注。——中译者

兵力进攻的时候，他们就在只受到轻微损失的情况下乱糟糟地逃跑了。

(57)马略向扎玛行进。扎玛位于一片开阔的平原之上，这座城市无天险可作为屏障，它是用人工的力量加以防守的。它不缺少任何主要的东西，武器和人员都很充足。因此梅特路斯适应着情况和地形作了准备之后，便用他的军队把这座城整个地包围起来，并指定给每一位副帅一个特定的进攻地点。随后，按照规定的信号，从四面八方同时发出强烈的呐喊声，不过努米底亚人对此一点也不感到害怕。斗志旺盛的努米底亚人早已作好了准备，他们秩序井然地等待着战斗。接着战斗就开始了。罗马人是根据每个人自己的品质各自作战：有人用弩石进行远距离的战斗，有人向前进击，从下面破坏城墙或把云梯搭起来，力图同敌人展开白刃战。为了对付他们的进攻，城里的人们把石块从上面滚向走在最前面的人，向他们投掷枪棒之类的武器、混合着硫磺的燃烧的沥青[①]和火把。我们军队里由于胆小而不敢冲到前面去的那些人也不能完全得到他们的怯懦的保护，因为他们中间有许多人被用机械或用手投射过来的投枪所伤。这样，勇敢者和胆小鬼便有同等的遭到危险的机会，但是声誉却大不相同。

(58)当这一斗争正在扎玛进行的时候，朱古达出其不意地率领着一支大军向罗马营地发动了进攻，而由于哨兵万万也没有料

① 恺撒的《高卢战记》也有类似的记载，守城者把装有树脂和松脂的桶点着然后把它们从城上滚下来。——法译本

想到会有一场战斗发生，他们的疏忽竟使敌人攻占了营地的一座大门。我们的士兵突然间感到惊恐，于是便按照每个人的气质各自去寻求安全的场所。有些人逃掉了，另有一些人拿起了武器，几乎所有的人不是被杀死便是负了伤。在所有这些人当中至多也只有40人还记得他们是罗马人。这些人集合起来，占据了比别处略高的一处阵地，敌人尽了最大的努力也未能使他们离开那个地方，他们把从远处投向他们的武器又投了回去，并且因为是少数人向多数人投掷，所以几乎是不可能有失误的。但是如果努米底亚人迫近，那他们便显示出了真正的战士品质，怀着极大的愤怒向对方发动进攻并把敌人击败和驱散。

在这同时，正在对城镇进行猛烈攻击的梅特路斯则在他的后面听到了敌人的战斗呼号；于是他转过马来，看到人们向他这边跑过来，这说明他们都是罗马士兵。于是他便赶忙把全部骑兵派到营地去并且命令盖乌斯·马略立刻带领着联盟的步兵中队前往接应，他以他们的友谊和他们共同祖国的名义含着眼泪恳求马略不要使他们的胜利的军队受到任何耻辱的玷污，不要使敌人在不受惩处的情况下跑掉。马略立刻按照命令去做了。至于朱古达，他受到了营地工事的阻拦，因为他的一些士兵绊倒在壁垒上，还有一些人在人多拥挤的地方还要向前冲，结果相互干扰而乱作一团；因此在受到了相当的损失之后，他才退到一个安全的地点去。由于黑夜的到来，梅特路斯未能把胜利的追击进行到底，就带领着自己的军队返回了营地。

(59)因此在第二天，在出发进攻这个城镇之前，梅特路斯命令他的全部骑兵在国王可能进攻的那部分营地的面前驰来驰去，给军团的一些将领们[①]指定了他们应保卫的营门及其附近地区，然后，他本人便向城镇进发，像头一天那样地攻城。正在这时，朱古达突然从伺伏的地方冲出来向我们的士兵发动进攻[②]。离他们的进攻地点最近的那些人大吃一惊，一时里陷入混乱，但其余的人很快便来援助他们了。而如果不是努米底亚的步兵骑兵联合部队[③]在混乱中进行了大量杀伤的话，努米底亚人本来是无法长期抗击下去的。原来在这支步兵支援下的努米底亚骑兵并不是像在通常的骑兵战斗里那样用一进一退的作战方法，而是全速地向前进攻，结果便冲进并突破了我们的战线；这样，他们用轻武装的步兵便几乎打败了他们的敌人。

(60)在这同时，扎玛城下的战斗也在极为激烈地进行着。每一位副帅或将领负责进攻的不管什么地方都有最激烈的战斗，每一个人只能依靠他自己而不能指望别人。城里的居民表现得同样英勇；在所有的地点人们都在战斗或做战斗的准备，双方都更加热衷于杀伤对方而不是保护自己。

战场的声音里既有激励的言辞，也有欢呼声和呻吟声。兵器的撞击声也响彻云霄。大量的投枪投向战斗的双方。但只要攻城者稍稍放松他们的进攻，守城者就十分关心地眺望远处的骑兵战斗。随着朱古达一方战斗形势的变化，你可以看到他们时而高兴，

① 军团由六位将领统率，他们逐月接替或者逐日传递领导权。他们照例选自名门的年轻子弟，这是他们从政的开始。——法译本

② 伏击是朱古达爱用的战术。——中译者

③ 不仅是努米底亚人有把步兵和骑兵混合编队的习惯，在其他蛮族，特别是在日耳曼人那里也有类似的习惯。——法译本

时而吃惊；他们的行动就好像他们同胞能够看到或听到他们似的，有些人高呼要警惕，另一些人则鼓励他们前进；他们做手势或是晃动身体，向这边或另一边移动，就仿佛是在躲避或投掷武器似的[①]。

当马略看到这一切时（他就负责那里的进攻），他故意放松了他的进攻，并且装作气馁的样子，而且不加干涉地让努米底亚人亲眼看到他们的国王是怎样战斗的。而当努米底亚人因而全神贯注地注视着他们的同胞时，他突然极为猛烈地向城墙发动了进攻。在爬上了云梯的我方士兵几乎到了城上面的时候，城市居民便冲了过来，把石块、火把还有其他投射物雨点般地投了过来。在开头我们的士兵进行反抗；后来由于云梯相继损坏，上面的人被摔到地面上，其余的人便尽其所能地跑开了。少数人没有负伤但大部分人却负了重伤。黑夜最后结束了双方的战斗。

（61）既然梅特路斯看到他的企图没有成功，看到这座城绝不是很快就能攻下来的，看到朱古达除非通过伏击或在他自己选择的时间和地点绝不展开战斗[②]，并且看到夏天现在已经过去了，于是他便离开了扎玛并把卫戍部队配置在投到他这一面来的城市当中由于自然形势险要或城墙完好而防守得足够坚固的那些城市里。而他的其余的军队则给他安排在我们行省[③]的离努米底亚最近的那一部分，以便他们可以在那里过冬。但是他并没有像别人

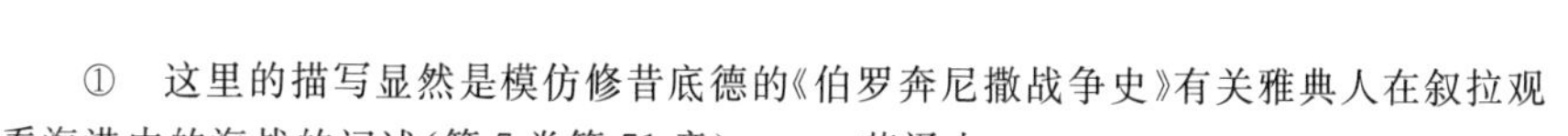

① 这里的描写显然是模仿修昔底德的《伯罗奔尼撒战争史》有关雅典人在叙拉观看海港内的海战的记述（第 7 卷第 71 章）。——英译本

② 参见本书第 54 章。——法译本

③ 即阿非利加行省。——中译者

通常做的那样，把那个季节完全用于休息或过放荡的生活，而是由于战争通过武力取得的进展有限，他便准备通过国王的友人来陷害国王，把这些人的背叛作为一种武器。

再说波米尔卡是曾经陪同朱古达一道去过罗马的[①]，而在保释之后就为了逃避杀害玛西瓦一案的审判而跑掉了。既然这个人和朱古达的特别亲密的关系使他有特别的机会欺骗朱古达，所以梅特路斯便试图通过大量的许诺争取他的合作。首先，他设法要这个努米底亚人来同他进行一次秘密的会谈。继而在他用自己的名誉保证，如果波米尔卡能把活的或死的朱古达交到他手里，元老院将宣布他无罪并且归还他的全部财产之后，他并不费力地便说服了波米尔卡。要知道，波米尔卡生来是个反复无常的人，此外他还担心，如果同罗马人缔结和约，其中的一个条件会是他自己的投降和被处死。

(62)一旦一个适当的时机到来，就是说，当朱古达感到烦恼并且为自己的命运而悲叹时，波米尔卡就同他接近。他向国王提出忠告，并且含着眼泪恳请他终归要为他自己、他的孩子和对他表现得极为忠诚的努米底亚人民着想。他提醒朱古达，朱古达他们在每一次战斗里都被打败，他的国家受到蹂躏，他的许多臣民被杀害或是被囚禁并且他的王国的资源也枯竭了。现在对于他的士兵的勇气以及命运的意旨他已经进行了充分的考验，因此他必须注意，如果他还不拿定主意，努米底亚人就会为了自己的安全而采取措施了。

① 参见本书第 35 章。——法译本

他便通过这些和诸如此类的论点使国王同意了投降的想法。使节被派到罗马统帅那里去，传话说，朱古达愿意听从他的命令，无条件地把自己和他的王国交给统帅处理。梅特路斯立刻发布命令，把所有元老级别的人都从各个冬营里召来；他就和他们以及他认为合适的其他人开了一次会[①]。他遵照会议的决定——这是符合我们父辈的惯例的[②]——把使节派出去，向朱古达要求 20 万斤的白银[③]、他的全部的象和数量很大的马匹和武器。当这些条件很快为对方所接受时，他便下令把所有的逃兵上着镣铐带到他这里来。逃兵的大部分按照他的命令被带来了，但是也有少数人在一开始商讨投降条件时就跑到玛乌列塔尼亚的国王波库斯那里去寻求庇护了[④]。

朱古达被剥夺了武器、士兵和金钱之后他本人奉召去提西狄乌姆[⑤]，以便在那里听候执政官的命令。但这时他开始再次对自己的决定动摇起来，并且由于良心有罪而害怕对他的罪行给以应有的惩处。他在许多天当中都拿不定主意，在一个时期里他对身受的灾难感到如此的厌倦，乃至认为任何事情都比战争要好，但转而他又想从国王变成奴隶，这是一个多么可怕的跌落，而且他的许

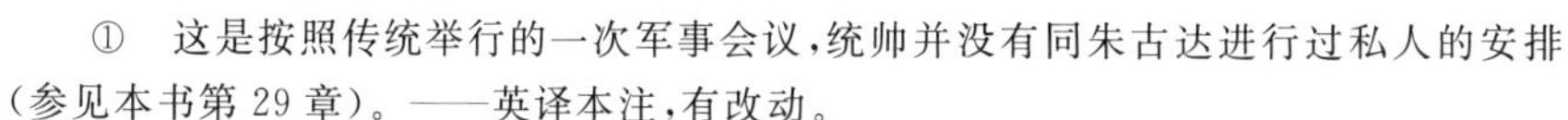

① 这是按照传统举行的一次军事会议，统帅并没有同朱古达进行过私人的安排（参见本书第 29 章）。——英译本注，有改动。

② 作者是说会议作出的决定符合在这种情况下所有军事会议遵守的传统。——法译本

③ 等于罗马货币 6720 万谢斯特尔提乌斯，而据法译本注者计算几乎等于 20 年代的法国的 1350 万法郎。——中译者

④ 因为罗马人对待逃兵是极为残酷的，参阅本书第 56 章有关注释。——法译本注，有删节。

⑤ 未详今天的什么地方。——法译本

多重要资源都白白地丢掉了，经过这样的反复之后，他终于决定再度挑起战争。与此同时，当罗马方面讨论行省问题时，元老院便把努米底亚分配给梅特路斯了[①]。

(63)大约在这同时，恰巧盖乌斯·马略在乌提卡向诸神奉献牺牲，这时一名预言者向他预言说他将会成就惊天动地的事业；预言者于是劝告他，相信诸神的意旨，去成就他心里想望的东西，不管多少次也要试试自己的命运；他还预言说他的一切事业都会有一个完满的结局。原来，甚至在这之前，马略便有过想担任执政官的强烈愿望，而除去古老的门第之外[②]，他担任执政官的每一种条件都十分充分。这些条件是：勤劳、正直、杰出的军事教养、作战时百折不挠的精神、和平时期的作风谦逊朴实[③]、生活正派严谨，不喜财货，而只是渴望光荣。更有甚者，由于他生长在阿尔皮努姆[④]，并且在这里度过了全部自己的童年，因此他刚一达到可以过军事生活的年龄，便全心全意地投入了现役军人的训练，却看不起

① 作为执政官，梅特路斯的任期已满，但是元老院却有权依法把他任命为同执政官的长官，从而延长了他在努米底亚的权力。——法译本

② 自从公元前367年起法律便取消了贵族的特权，平民也可以担任执政官；但单是平民这一个条件不足以竞选执政官，他不仅要列举他在先前担任高级官吏时对国家所作的切实的贡献，还要举出门第的显赫与古老，这是最为民主派所嫉妒的条件。这一点之不合理，马略在他的演说里已明白指出，参见本书第85章。——法译本注，有改动。

③ 参见本书第85章。——英译本

④ 阿尔皮努姆在罗马东南，是拉提乌姆的城市，然而是沃尔斯奇人的住区，这里也是西塞罗的故乡，西塞罗曾以有马略这样的同乡而引以为荣。但按普鲁塔克的说法，马略不是生在阿尔皮努姆本城，而是生在阿尔皮努姆地区的一个名叫凯列阿泰的村庄(今天叫卡撒美腊)。——法译本

希腊人的雄辩术[①]或都市居民的文弱风气。由于潜心于这种对健康有益的追求，他那刚正的品质很快就成熟了。其结果却是，当他第一次向人民要求担任军团将领[②]时，他们大多数人甚至没有见过他；不过人们对他的功业却是熟悉的，结果所有的特里布斯一致投他的票。接着，在那次成功之后，他又相继担任其他官职，而在每一个岗位上他总是洁身自爱恪尽职守，从而使人们认为他应当担任比他当时担任的更高的官职。尽管如此，他虽然到当时为止一直表现为这样一位非凡的人物（要知道，后来野心使得他什么都不顾了！），他却不敢想望竞选执政官的职位；因为甚至到当时为止，虽然民众能够被授予其他高级官吏的职位，但执政官的职位却只在贵族等级中间传来传去。没有一位“新人”由于其勋业而出名或显赫到人们认为他够得上担任这一职位的程度，就好像他担任这一职务会把它玷污了似的。

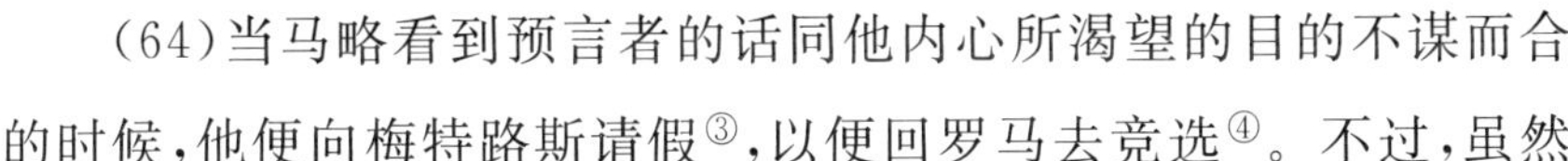

（64）当马略看到预言者的话同他内心所渴望的目的不谋而合的时候，他便向梅特路斯请假[③]，以便回罗马去竞选[④]。不过，虽然

① 当时认为所有的名人都要学习希腊的作品，特别是演说作品，作为有教养的一个标帜。——法译本注，有改动

② 参阅本书第 59 章有关注释。按将领最初全部由执政官任命；从公元前 362 年起人民取得了在军队定员的 24 名将领中选出 6 名将领的权利，从公元前 311 年起，他们选出 16 名，而在公元前 207 年就是全部了。这样，将领也被看成是高级官吏。如果军队超过 4 个军团，则其他将领由执政官或统帅任命。——法译本注，有改动。

③ 如果马略是请假离开一个时候，按说应当用 commeatus，但作者这里用 missio 一词，实有永久离开的意思。可能作者是要说明，如果马略当选，他就不再是梅特路斯的下属了。——法译本

④ 当时还没有竞选人必须在罗马的规定，马略回去是为了发挥他个人的影响。——法译本

梅特路斯富有勇气、名声和一个正直的人应有的其他品质，但是他仍有一种目空一切的傲慢性格，这乃是贵族的通病。因此开头他对这一不寻常的请求感到吃惊，他表示对马略的想法觉得意外，并且装作出于友情的样子，劝他不要干这种十分不理智的事情或抱有超越自己地位的想法。他说，所有的人不应想望一切事物。马略应当满足于自己的地位。最后，他必须注意不要向罗马人民提出他们有理由拒绝的请求。

梅特路斯虽然说了诸如此类的话，但他却没有动摇马略的决心，最后他只好回答说，一旦公务允许，他就可以照他所要求的做。后来，由于马略一再提出同样的要求，据说梅特路斯曾回答说："不要急着到罗马去竞选；当我的儿子成为一名竞选人的时候，你还有足够的时候竞选执政官呢！"[①]原来这个青年人在当时只有20岁左右，当时正在他父亲的个人的麾下服役[②]，因此这种奚落对方的回答反而激起马略追求他所想望的荣誉的更大决心，同时也就使他更加憎恨梅特路斯了。结果，他使自己受到了最坏的顾问、野心和愤懑的摆布。从此他的无论任何言论与行动都是向着这样一个目标，这就是取得人们对他的好感。对于冬营里他麾下的士兵的纪律，他要求得也不像先前那样严格了，并且他以一种既贬抑[③]又吹嘘的口气与商人们谈论战争，其中许多商人在乌提卡，说什么只要把一半的军队交他指挥，几天之中就可以把朱古达捉住。他说

① 梅特路斯的儿子凯奇利乌斯·梅特路斯·皮乌斯是公元前80年度的执政官，但这时他虽只不过20岁左右，而马略却48岁了。——法译本

② 这时他刚刚开始从政。——中译者

③ 这里当然是对梅特路斯而言，也是一种宣泄不满情绪的表现。——中译者

他的统帅是有意识地拖延战争，因为他是一个虚荣心极为强烈、具有国王般傲慢性格的人[①]，因而特别喜欢玩弄权力。所有这些谈话之所以特别能打动商人，是因为长期拖延的战争损害了他们的利益，而对于贪心的人来说，无论别人动作多么快也只是觉得他迟缓。

(65)此外，当时在我们军队有一个名叫伽乌达[②]的努米底亚人，此人是玛斯塔那巴尔的儿子、玛西尼撒的孙子，米奇普撒曾把此人列为第二级的继承人[③]。他体弱多病，因此他在精神方面也就多少有点懦弱。此人曾请求梅特路斯给予他王族应享的特权，允许他在梅特路斯身边设一个座位，后来又要求给他一个罗马骑兵中队作为他的亲卫队。但是这两个要求梅特路斯都拒绝了：因为这一荣誉只给予罗马人正式授以国王头衔的人；至于亲卫队，那么要罗马骑士给努米底亚人去做侍卫，这对他们会是一种侮辱。正当伽乌达回味这种拒绝的含义时，马略同他接近，劝他对他受到的侮辱向统帅进行报复，并答应帮他的忙。他以恭维的口吻称赞这个因生病而精神懦弱的人，说他就是一位国王，一位强大有力的英雄，因为他是玛西尼撒的孙子。他还说，如果朱古达被捉住或者被杀死，他立刻就会被定为努米底亚的国王；而且马略还坚持认为，如果他当选为执政官并被派来领导战争，这件事很快就会实现

① 这对梅特路斯是一种极为严厉的指责，因为从王政时期以来，罗马人对国王的横傲和胡作非为便极为反感，这是带有挑拨性的批评。——法译本注，有改动。

② 参见本书第5章有关注释。——中译者

③ 意谓第一级的继承人(primi heredes)没有继承能力时由第二级继承人继承。——英译本

的。

就这样，有些是通过他个人的影响，但大多是由于希望和平早日到来，他促使伽乌达和罗马骑士——在军中服役的和在城里经商的[①]——写信给他们在罗马的朋友，批评梅特路斯的作战方法并要求任命马略为统帅[②]。结果有许多人以高度称许的口吻支持马略竞选执政官[③]。而且，恰恰在那个时候，玛米利乌斯法[④]冲击了贵族的统治地位，而民众则力图把“新人”推举出来。这样看来，一切对马略都是有利的。

(66)与此同时，朱古达既然已经放弃了投降的念头并且重新开始了敌对行动，于是便加紧而又十分细心地进行他的一切准备工作。他在重新征募一支大军，试图用恐吓或悬赏的办法把背叛了他的那些城市争取回来，并且在那些形势有利的地点设防。他制造或购买武器、战械和过去由于想求得和平而放弃了的其他事物。他还试图诱使罗马奴隶起来造反，甚至试图向罗马卫戍部队的士兵行贿。一句话，他不惜使用一切办法进行骚扰并且把一切全都搞乱。

由于他进行的活动，瓦伽城的居民——起初，在朱古达请求缔

① 从前面(本书第 62 章)我们已经看到，“罗马骑士”一词既指骑兵本身也指所有具有骑士财产资格的人，也就是说他们包括骑兵和从事商业或兑换业活动的骑士等级的人。——法译本注，有改动。

② 罗马人在广场上的社会活动使得个人的看法很容易传播开来并形成舆论。——中译者

③ 这种支持对马略是一种高度的赞扬，因为它不是用贿赂而是用功业换来的。——英译本

④ 参见本书第 40 章。——法译本

结和约时，梅特路斯曾在这里设置了一支卫戍部队——应允了他们对之一直抱有好感的国王的恳求，于是城里的领袖人物组织了一次有利于国王的阴谋。至于民众，他们照例是善变的，而努米底亚人尤其是这样，他们喜欢闹事和制造乱子，喜欢变动而反对和平与安宁。在他们中间作了安排之后，他们便规定从那时起的第三天起事，因为那天是全阿非利加的一个节日，这时举行的各种游艺和庆祝活动会使人忘掉危险。于是当约定的时间到来时，他们就分别把百人团长和将领，甚至该城的长官本人[①]，一个名叫提图斯·图尔皮利乌斯·西拉努斯的人请到他们家里。在饮宴期间，他们所有的人都被杀死了，只有图尔皮利乌斯是例外。阴谋者继而又向普通士兵发动了进攻，因为在他们没有任务的日子里，他们照例是不带武器到处闲逛的。民众也参与了这一屠杀，他们有些人是在贵族的教唆下这样干的，有些人就是生来喜欢干这类事情；尽管他们既不知道他们干的是什么事情也不知道这样干的目的何在，但他们单是在变动和骚乱中也能找到充分的刺激。

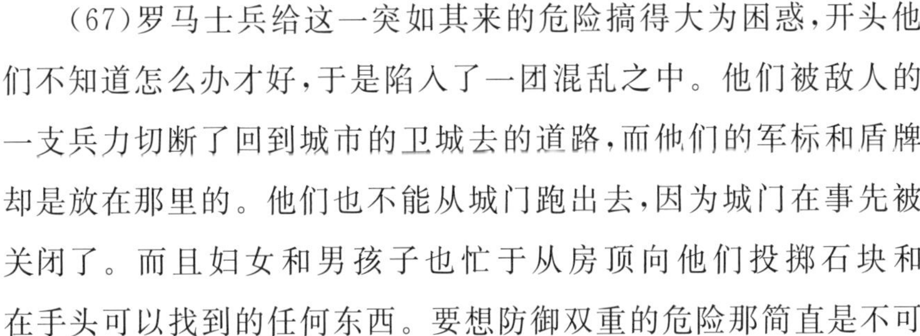

(67)罗马士兵给这一突如其来的危险搞得大为困惑，开头他们不知道怎么办才好，于是陷入了一团混乱之中。他们被敌人的一支兵力切断了回到城市的卫城去的道路，而他们的军标和盾牌却是放在那里的。他们也不能从城门跑出去，因为城门在事先被关闭了。而且妇女和男孩子也忙于从房顶向他们投掷石块和在手头可以找到的任何东西。要想防御双重的危险那简直是不可

① 此人大概是卫戍司令官，也可能是步兵中队长（praefectus cohortis）。普鲁塔克（《马略传》，第 8 章）则说他是工兵长官（praefectus fabrum）。——英译本

能的[①]。勇敢的人在最弱的敌人面前束手无策。勇敢的和胆怯的，强大的和软弱的都在未能进行一次打击的情况丧命了。

在这样一场无情的屠杀当中，尽管努米底亚人杀人像发了疯一样并且城门也全都关闭了，但是那位卫戍长官图尔皮利乌斯却一点没有受伤地逃了出来，他在所有的意大利人当中是唯一的一人。他做到这一点是由于主人[②]的开恩，还是受到默许，还是什么偶然的机会，我就无法说清楚了；总之，既然在这样一场巨大的灾难里，他宁愿耻辱地偷生，而不愿带着清白无瑕的声誉死去，我认为他似乎是一个极为可恶的无耻之徒。

(68)当梅特路斯得知在瓦伽发生的一切时，一个时期里他感到十分痛苦，乃至闭门谢客谁都不愿见。后来，当悲伤和愤怒混合在一起时，他便把他的全部思想集中在如何为这次暴行迅速进行报复上面。太阳刚一落山，他便亲自把正在军营过冬的军团以及他能征集到的尽可能多的全部轻武装的努米底亚的骑兵率领出来，并且在第二天大约第三个时辰，[③]他到达了四周都有比较高的地段环绕的一处平原地带。在那个地方，由于他发现他的士兵因为长途行军而疲惫不堪并到了即将发动兵变的程度，他便告诉他们，这里离开瓦伽只有一哩了。他说，他们应当耐心地忍受后面的

① 一方面是阻挡他们进卫城的武装力量；另一方面是房顶上的妇女和男孩子。——英译本

② 这里指分别邀请他们赴宴的主人，这个主人庇护他可能是为自己留一条后路。——中译者

③ 据罗马历法，从日出到日落白天平均分为12份，但它们的长度却随季节而有所变化。由于向瓦伽的这次进军是在冬天，白天第三个时辰大约相当于今天的早上9点。——法译本

劳苦，以便为他们的勇敢的公民同胞的不幸命运报仇。他还就战利品问题，向他们作了慷慨的许诺。当他用这种办法使他们的精神振作起来的时候，他便下令骑兵以散开的队形走在最前面，而步兵则以尽可能密集的队形（军标不露出来）跟在后面。

（69）当瓦伽的民众看到一支军队向他们开来的时候，开头他们以为是梅特路斯率领着它（事实上正是他），于是就把城门关了起来。后来他们看到田地并没有受到蹂躏并且走在最前面的骑兵是努米底亚人，于是他们改变了看法，把新来的人认为是朱古达了，便兴高采烈地出城去迎接他。接着突然响起了一个信号，一些骑兵和步兵开始砍杀从城里涌出去的人群；一部分人则冲向城门，而还有一部分人占领了塔楼；愤怒和想取得战利品的愿望使他们克服了疲劳。

这样看来，瓦伽的居民为他们的背叛只高兴了两天！跟着他们的这个富有的和人口众多的城市就完全成了报复和掠夺的牺牲品。这个城市的卫戍长官图尔皮利乌斯，正如我在上面所说[①]，是唯一能逃了活命的人。梅特路斯在军事法庭上对他进行审讯，而由于他不能为自己进行辩解，便先在处以笞刑之后被处死了；要知道他只是一个拉丁姆公民[②]。

（70）就在这同时，曾经劝说朱古达进行有关投降的谈判——这一谈判由于朱古达有所顾虑而被他中断了——的波米尔卡[③]受

① 参见本书第 67 章。——法译本

② 他不能援用要高级官吏尊重全体罗马公民的个人自由和生命的那些法律给予的特权，因为拉丁公民的地位和联盟者差不多。据普鲁塔克《马略传》，此人是无辜的，处死他马略有责任。——法译本注，据英译本补充。

③ 参见本书第 61—62 章。——法译本

到了朱古达的怀疑，他自己也怀疑起国王来，因此他便产生了想把朱古达推翻的想法。于是他开始寻求把朱古达搞掉的办法，为此而日夜绞尽脑汁。最后，当他在尝试每一个办法时，他赢得了一个名叫纳布达尔撒的人的支持，这是一个有地位又有财富的知名人士，在努米底亚同胞中间有很高的声望。这个人独立于国王，习惯于自己带领一支军队，并且习惯于处理在朱古达感到疲倦或从事更加重要的事务时不能亲自处理的一切事务。他便用这种方式取得了名声和权力。因此他和波米尔卡共同计议以便选定一个发动阴谋的时间，至于细节，则他们决定按照情况就地加以安排。纳布达尔撒随后便到军队去，这支军队是他按照国王的命令安排在罗马人的各营之间的[①]，目的在于不使敌人不受惩罚地蹂躏他的国家。但是在那里，想到计划中的罪行的严重他又害怕了，并且由于他没有在约定的时间出现，他的恐惧使这一阴谋失败了。于是，极想实现自己的计划同时因担心他的同谋者的胆怯会使他放弃他们先前的计划因而又极想寻求一个新的计划的波米尔卡，于是通过心腹的使者送一封信给对方。在这封信里他谴责对方的软弱和怯懦，要他曾借以发誓的诸神来作证，警告他不要使梅特路斯提供的奖赏变成他们的毁灭。他说，朱古达的末日已迫在眉睫；仅有的问题是朱古达应当死于他们的还是梅特路斯的果敢行动。因此纳布达尔撒必须考虑，他是想取得报酬，还是受到严刑拷问。

(71)当这封信送到纳布达尔撒那里时，他正好躺在床上，因为他刚刚做完体操而感到疲倦了。读了波米尔卡的信之后，他先是感

① 他一直使这支军营流动于罗马各处的驻军之间。——英译本

到心烦意乱，不知怎样才好，随后就像一个考虑问题考虑得疲倦的人常见的情况那样，陷入了沉睡之中。他有一个努米底亚人的秘书，一个受他信任和喜爱的人，他使这个秘书了解除了最后这个计划外的所有他的计划。当这个人听说有一封信送来时，他认为他的服务或他的意见照例是他的主人所需要的。于是他便走进他的主人正在睡觉的帐篷，拿起了纳布达尔撒不经心放在他头部上方枕头上的信看了；而当他看到这一阴谋之后，便赶忙到国王那里去了。

稍后当纳布达尔撒醒来并且没有找到那封信，从而意识到一定是出了什么事情的时候，他先是试图赶上那个告密者，但是没有赶上，于是他便到朱古达那里去想安抚他一番。他说他自己本来想做的事情已被他的不忠的侍从人员抢了先。他哭着恳求国王看在他对国王的友谊和过去他本人的忠诚服务的面上不要怀疑他会犯这样的罪行。

(72)听了这话之后，国王把真实的感情隐藏起来，却用好言抚慰了纳布达尔撒一番。在处死了波米尔卡和他知道参与了阴谋的其他许多人之后，他抑制了自己的怒气，因为他担心这会引起一场叛乱。但是从那时起，朱古达便从来没有过上一个安宁的白天或夜晚。他对任何地点、任何人、任何时间都不放心；他害怕自己的同胞就和害怕敌人一样。他永远处于戒备状态；听见任何声音都会吓一跳，并且他在不同的地方度夜，其中有许多地方是同国王的尊严很不相称的。有时他在睡梦中被惊醒，他会叫起来并且拿起自己的武器。他始终处于一种接近于疯狂程度的惊恐之中。

(73)而当梅特路斯从跑过来的人那里得知波米尔卡的命运以及阴谋被发觉一事时，他再次赶忙进行各种各样的准备工作，好像是要进行一场新的战争的样子。由于马略不断要求给假，梅特路斯便把他送了回去，[①]因为他认为一个对他不满又和统帅意见不合的人是起不了什么作用的。在罗马方面，民众得知人们就梅特路斯和马略的问题所写的那些信之后，也立刻就相信了信中关于这两个人的看法。统帅的贵族地位在这之前对他本来是一种荣誉，这时却成了他不受欢迎的根源，而另一方面，马略卑微的出身却使他的声望大为提高；但就这两个人的情况来说，他们自己的好的或坏的品质并没有派别情绪那样大的影响。更有甚者，那些好闹乱子的高级官吏[②]也在煽动民众的情绪，在每一个集会上都指责梅特路斯的背叛行为，却过分夸大了马略的功业。民众最后竟然兴奋到如此程度，乃至完全依靠自己双手的劳动来维持生计和声誉的全体手工业者和农民也放开了他们的本业来追随马略，把马略的成功看得比他们自己的需要更为重要，而这结果则是权贵被击败，而经历了多年之后，执政官的职务终于授予了一位"新人"。[③] 后来，当保民官提图斯·曼利乌斯·曼奇努斯问民众[④]，他们希望由谁来领导对朱古达的战争时，绝大多数人都选择了马略。

① 根据普鲁塔克的记述，马略是在选举执政官的民会召开之前 12 天才获准离开的，他用了两天一夜到达乌提卡，从那里又经 4 天的海路到达意大利。——法译本

② 这里指保民官，参见《喀提林阴谋》第 38 章。——英译本

③ 马略和路奇乌斯·卡西乌斯·隆吉努斯一道当选为公元前 107 年度的执政官，参见本书第 32 章。——法译本

④ 我们已经知道(参见本书第 27 章)，公元前 122 年盖乌斯·格拉古曾主持通过一项法律，据此元老院应当在执政官选举之前指定执政官的行省，以后再由他们通过协议或抽签的方式加以分配。先前元老院曾作出决定延长梅特路斯在努米底亚的权力(作为长官)。保民官提图斯·曼利乌斯·曼奇努斯利用干预权提出的建议，实际上起了取消元老院决定的作用。——法译本

确实,在当时不久之前元老院曾作出决定把努米底亚分配给梅特路斯,但是他们的决定报废了。

(74)就在这时,朱古达却失掉了他所有的朋友,因为他亲手杀死了其中的大部分,而其余的人因为害怕而逃到罗马人或国王波库斯那里去寻求庇护去了。[①] 因此,既然他不能在没有军官的条件下进行战争,同时又认为相信新朋友的忠诚是危险的(当老朋友已经表明是不可靠的时候),于是他就生活在这样的情绪之中,即对任何事都怀疑,都不能作出决定。没有一件事情,没有一个计划,没有一个人是他能完全放心的。每天他都要更换他走的路线,更换他手下的官员,时而出去应付敌人,时而又跑到沙漠里面去[②]。他常常寄希望于逃跑,随后不久又把希望寄托在武力上;他不知他的同胞的勇气和忠诚,哪一种更不值得信任:因此,不管他转向哪里,他都会遇到困难。

当梅特路斯和他的一支军队出其不意地出现在国王面前的时候,他还在这样的徘徊观望着;于是朱古达便在时间许可的情况下作了应战的准备,把努米底亚人列为战阵。战斗跟着开始了。凡是在国王亲临的地方,那里的努米底亚便作出一点抵抗的样子;在其余的地方,他的士兵刚一接战便被突破,然后就逃散了。罗马人虏获了相当数量的军标和武器,但俘虏的士兵却很少;原来在努米底亚人的几乎所有的战斗中,他们更多依靠的是他们跑得快,而不是他们的武器。

① 参见本书第19章。——法译本

② 在他活动的地区里并没有许多通向沙漠的道路,当地人反抗罗马人的战术,这也是一种。而罗马人在胜利时如果穷追不舍,就可以发现这些道路了。——法译本注。节录。

(75)在这次溃败之后,朱古达对自己的处境更加绝望了,于是他便和一些从罗马那边逃过来的士兵还有一部分骑兵逃到沙漠里去,然后又去塔拉,[①]因为他的大部分财宝都在这里,他的孩子们就是在这里养尊处优地长大的[②]。梅特路斯一得知此事,虽然他知道在塔拉和最近的一条河[③]之间横亘着50英里的干燥不毛之地,然而为了想通过攻占这样一个重要的城镇以结束战争,于是他便设法克服一切困难,甚至想排除天然的障碍本身。为此他便下令所有的驮畜只驮10天的粮食而不驮其他任何东西,此外只带上盛水的皮袋和其他容器。[④] 而且他还搜括农田以寻得尽可能多的家畜,要它们驮载各种容器,特别是他从努米底亚的茅舍中取得的木制容器。此外他还下令住在附近的所有的人(他们在朱古达逃跑后就向梅特路斯投降了)每个人都带上尽可能多的水,并且为他们指定把水带到的日期和地点。他本人则从河里把尽可能多的水驮在牲畜上,这条河,我前面说过,就是离城最近的那条河。他就带着这些东西开始了向塔拉的进军。当梅特路斯和努米底亚人到达了他指定的地点,并且设营和构筑了工事之后,据说突然间一场大雨自天而降,而单是这场雨供应的水便不但足够而且有余了。带给他的水[⑤]其数量也

① 塔拉后来叫提列普特,是努米底亚西南部、西卡以南的一座城市,它位于一片沙漠的边缘地带。——法译本

② 这里似乎有些豪华的设施,专供王子们过同他们身份相适应的生活的。——英译本注,有改动。

③ 巴格拉达斯河,今天的美吉尔达河。——法译本

④ 备水是沙漠行军的最重要措施。——中译者

⑤ 这里指附近的努米底亚居民带给梅特路斯的部队的水,这也是一项相当艰苦的差事。——中译者

比他预期的要多，因为刚刚在一次投降之后，他们干的通常总是比指定他们干的要多[①]。但是宗教的理由使得士兵更愿意用雨水，而且这场雨大大地鼓舞了他们的士气。因为他们认为这是不朽的诸神加给他们的恩惠。

第二天，出乎朱古达的预料，罗马人到了塔拉。城里的居民因这座城的难以克服的天然屏障而有恃无恐。他们虽然对于罗马人的这一出乎意料的举动而深感惊讶，但他们仍然积极地进行备战工作。我们一方的士兵也是这样。

(76)国王这时才相信，没有任何事梅特路斯做不到，因为他的毅力使他克服了一切障碍：武器、军械方面的、地点方面的、季节方面的，甚至天然障碍（对于这种障碍所有其他人是无能为力的）。于是朱古达在夜里带着自己的孩子们和他的大部分财宝逃离了这座城市。而在这之后，他在任何地方都不停留在一天或一夜以上；而事实上他是害怕有人出卖他，而认为迅速的移动能使他逃避这种出卖，因为这种出卖的计划需要从容的时间和有利的机会。

但是当梅特路斯看到这里的居民渴望战斗，又看到这座城市不但形势险要而且有防御工事的时候，他便用一道栅栏和一道壕沟把城墙包围起来。然后在他能够找到的最合适的两个地方他设置了掩护装置[②]，堆起了一个土丘[③]，上面放置了塔楼以保护围攻

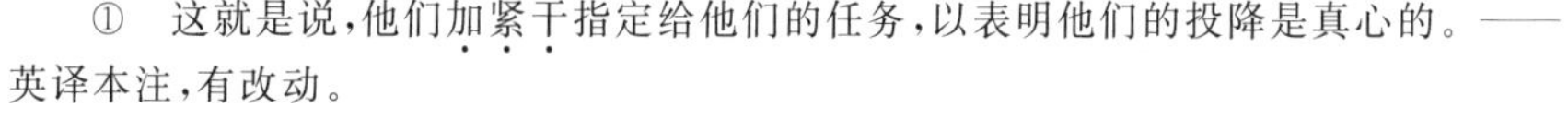

① 这就是说，他们加紧干指定给他们的任务，以表明他们的投降是真心的。——英译本注，有改动。

② 这种装置8尺高、16尺长、7尺宽，它的顶子为了能不被火点着，通常用刚刚剥下不久的兽皮蒙覆。——法译本

③ 土丘通常是用泥土、树干和木块混杂沿城墙堆起来的，最高处和城墙一样高，和地面形成一个斜坡，攻城的士兵可以从这里爬上去。——法译本注，有修改。

的士兵和他们的工事。城市居民这方面也加紧他们的准备工作；确实，双方都在拼命了。

在大量的艰苦劳作和多次的战斗之后，罗马人在到达40天之后才终于占领了这座城市，但是所有的战利品都被逃兵毁掉了。原来当这些人看到城墙受到攻城槌的冲击并且看到一切都已保不住的时候，他们就把黄金、白银和其他值钱的东西带到皇宫去。他们在那里酒足饭饱之后，便放火把财宝，连同皇宫和他们自己一道烧掉，这样，他们担心会在胜利的敌人手里备受折磨，因此还不如自愿受罚反而更好些。

(77)就在塔拉被攻克的同时，列普提斯城[①]的代表来到梅特路斯这里，请求派一支卫戍部队和一位司令官到他们那里去。他们说，一个名叫哈米尔卡[②]的怀有野心的有地位的人正在阴谋发动一场变乱，而无论高级长官的命令还是法律都限制不住他；除非梅特路斯赶紧行动，否则他们的生命就会受到极大的威胁，而罗马人则有失去他们的联盟者的极大危险[③]。而且，事实上列普提斯的公民在对朱古达的战争一开始时便已经派遣使节去见执政官贝斯提亚，后来又派遣使节到罗马去要求同罗马结成友谊和联盟。在他们的要求得到允许之后，他们始终是真诚而又忠实的并且热心执行贝斯提亚、阿尔比努斯和梅特路斯的一切命令。因此梅特

① 这里当指大列普提斯，参见本书第19章有关注释。——法译本

② 这个哈米尔卡不是前面提到的那个同名的人，这个名字在阿非利加北部是常见的。——法译本注，有改动。

③ 该城的安全受到威胁，这样由于哈米尔卡的阴谋罗马人便有了失去作为联盟者的列普提斯人的危险。——英译本

路斯很高兴同意他们的请求，并把利古里亚人的四个步兵中队[1]派去帮助他们，率领这支队伍的则是盖乌斯·安尼乌斯[2]。

(78)据说由于内乱而离开了自己的故土的西顿人就是在这一地区登陆的，并且建立了列普提斯[3]这座城市。它位于两个西尔特斯之间，西尔特斯则是由于它们的自然条件而得名的。它们是几乎位于阿非利加尽头的[4]两个海湾，这两个海湾大小不同但自然形势相似[5]。海岸附近的海水非常之深，别的地方有时深有时浅这要看情况[6]。当风刮起来使得海上波涛汹涌时，波浪就冲刷泥沙和巨大的石块，这样当地的面貌便随风而发生变化。西尔特斯(Syrtes)这个名字就是从这个“冲刷”[7]的意思来的。

只是这个城市用的语言由于和努米底亚人的语言混合在一起的影响，已经不是原来的语言了。它的法律和风俗习惯大部分还

① 这是军团中由利古里亚人组成的辅助步兵队伍。——法译本

② 此人可能是公元前81年参加对谢尔托里乌斯的战争的那个人，如果是这样，那么他就是盖乌斯·安尼乌斯·路斯库斯(参见普鲁塔克:《谢尔托里乌斯传》，第7章)。——法译本

③ 腓尼基最古老的城市西顿的居民所建立的列普提斯是今天的列布达(在的黎波里塔尼亚)。——法译本

④ 撒路斯提乌斯把这里理解为阿非利加最东端的地区，他不把埃及算进世界的这一部分。参见本书第17章和第19章。——法译本

⑤ 这两个西尔特斯位于今天的突尼斯和的黎波里塔尼亚之间，西边的是小西尔特斯(Syrtes minor)，即今天的伽贝斯湾，东边的是大西尔特斯(Syrtes maior)，即今天的西德列湾。——法译本

⑥ 即看风和气候的情况而定。——英译本

⑦ 作者这里大概考虑到希腊语的 σμρειυ(相当于拉丁语的 trahere)，这个词法译者译为 traîner，英译者译为 sweep，有“拖带”、“冲刷”之意。但法译本注认为这个词应当来自阿拉伯语 sert(意为大沙漠)，今天那里对附近的地区还在用这个词。——中译者

是西顿人的，他们所以比较容易地保留这些东西，是因为他们生活在同努米底亚人的首都有一段距离的地方。要知道在他们和努米底亚的人口稠密地区之间是一片大沙漠。

（79）既然列普提斯的人民的事件使我们谈到了这一地区，那么谈一谈两个迦太基人的崇高的和值得怀念的行为看来是适宜的。这个地方使我想起了这件事情。当迦太基人统治着阿非利加的大部分的时候，昔勒尼的人民同样是强大和繁荣富裕的。在昔勒尼和迦太基之间是一片外观单调的沙漠平原。那里没有河或是山作为边界，这一情况使得这两个民族之间进行着一场长期的、激烈的斗争。

在双方都有许多陆军和海军被消灭和打散并且双方都对长期的斗争感到有些厌倦之后，他们就开始担心很快地会有一个第三方进攻同样被削弱的胜利者和战败者双方。于是他们便缔结了一项休战协定并作出如下决定：在规定的那一天，双方都派出使者从本城出发，而他们会见的地方就是两城人民的共同边界。于是从迦太基派出了腓莱尼两兄弟，他们赶忙完成了这一行程。从昔勒尼出发的人们走得比较慎重。这是由于偷懒还是偶然发生了什么情况我就说不清楚了，不过在那里，一阵暴风往往会造成和海上同样的耽搁。因为当着在那些平坦和什么都不生长的沙漠上刮起了风的时候，它把沙子从地上卷了起来，其势之猛可以使行人的嘴里和眼里满都是沙子。这样，人们由于看不到东西而不得不停下来。当昔勒尼的人们看到自己来得比对方有点晚的时候，[①]担心返回

① 有人估计这地点离迦太基约1200公里，而离昔勒尼只有520公里。——法译本引B.托玛斯语。

时会因为失败而受到惩罚，便指责迦太基人提前离开本城并拒绝遵守协定；事实上，他们无论什么事都愿意干，就是不愿意在失败的情况下回去。迦太基人要求重新约定条件，只要它们对双方都是公平的就行，这时希腊人[①]便提出两个条件要对方选择，或者是在他们宣称是他们国土的边界的地方被活埋，或者是在同样的条件下让希腊人向前一直走到他们愿意停下来的地方。腓莱尼兄弟接受了对方的条件，为了他们的国家献出了生命，这样他们就被活埋了。迦太基人于是在那个地点[②]向腓莱尼兄弟奉献了祭坛，在国内也给予他们其他的荣誉。现在我的话再转入正题。

（80）由于朱古达在塔拉被攻陷之后，对于任何事物都无法同梅特路斯抗衡这一点已深信不疑，于是他便带领几名侍从穿过巨大的沙漠地带一直来到盖土勒人[③]的国土，盖土勒人是一个野蛮而未开化的种族，他们在当时从来没有听说过罗马的名字。他把盖土勒人召集到一个地方，逐步地训练他们列队，跟在军标后面行进，服从命令并且执行士兵的其他任务。通过大量的礼物和更为慷慨的许诺，他还争取到了国王波库斯的最亲近的友人对他的好感，并且通过他们的帮助同国王接近，诱使他对罗马人作战。这是一件比较容易和简单的事情，因为就在这次战争开始时，波库斯曾把使节派到罗马去请求缔结联盟条约，但是对于在进行的战争十分有利的这一安排却被利欲熏心、习惯于拿一切荣誉的或可耻的

① 昔勒尼是提拉的移民地，提拉则是库克拉德斯群岛中的一个岛，参见本书第19章。——法译本

② 大概在今天的埃尔巴尼亚。——法译本

③ 参见本书第18章。——法译本

事物做交易的几个人给破坏了。甚至在这之前，波库斯便娶了朱古达的一个女儿，但是这样一种关系在努米底亚人和摩尔人中间并不被认为是一种很有约束力的关系，因为他们每一个人只要财力许可都可以娶随便多少妻子——一些人有10个妻子，另一些人还要多些，国王的妻子当然更多了。没有一个妻子被看成是他真正的配偶，所有的妻子同样都是无所谓的。

(81)军队[①]于是在相互约定的一个地点会师了。在相互发了誓之后，朱古达就力图用言语激发波库斯的勇气。他说，罗马人既不主张公道，又贪得无厌，他们是全人类的共同敌人，他们同波库斯作战的动机和他们同朱古达以及同其他国家作战的动机是相同的，这就是他们进行统治的欲望和对于一切王国的憎恨。今天朱古达是他们的敌人，而就在不久之前，他们的敌人是迦太基人和国王柏尔修[②]，在将来，不管是谁，只要罗马人认为他最强大，他就是罗马人的敌人。在他讲了这些和诸如此类的话之后，两位国王便向着奇尔塔城进军了，因为梅特路斯把他的战利品，他的俘虏和他的行李辎重都安置在这座城市里了。因此朱古达认为，如果把这个城市攻下来，那么他们付出的努力是值得的，而如果罗马的统帅前来帮助他的同胞，那就展开一场战斗。但实际上，这个诡计多端的国王是想尽快地把波库斯拖入战争，因为事情拖下去，这会使他改变主意。

---

① 两个国王的军队。——中译者

② 迦太基之被摧毁是公元前149年的事情，至于马其顿国王柏尔修，则他是在所谓第三次马其顿战争中，于公元前168年被埃米利乌斯·保路斯击败的。参见拙译科瓦略夫《古代罗马史》第381—388页。——法译本注，有补充。

(82)当罗马统帅得知两个国王联合起来的时候，他并不轻率地不顾任何地点地同对方作战，而过去在他多次击败朱古达之后，已习惯于这样对付他。但这次他却在离奇尔塔不远的一处设防的营地那里等候他们的到来，因为他认为，自从这个新的敌人摩尔人出现以来，最好是先设法对他们加以了解，这样才能进行比较有利的战斗。在这同时，他从来自罗马的书信得知，努米底亚行省已经给了马略；要知道，他早已听到马略当选为执政官的事情了。这个消息使他感到十分苦恼，虽然，无论从道理上来说，还是就他的身份来说，他都不应当苦恼到这样的程度，他既抑制不住自己的眼泪，又管不住自己的舌头；尽管他具有一位伟大人物的其他优良品质，但是在忍受屈辱方面却表现得很不坚定。有些人把在这件事上他的行为归之于他的狂妄自大；另一些人则认为这是一位品格高尚的人在遭受侮辱时的气愤表现；还有许多人认为这是由于如下的事实，即他已经取得的胜利被人从他手里夺走。从我个人来说，我深信，更加使他感到痛苦的是马略得到的荣誉，而不是他个人所受到的侮辱；如果把从他手中拿走的行省是给予任何别的人，而不是马略，那他是不会那样烦恼的。

(83)梅特路斯由于心情沮丧而没有兴致去干任何事情，再加上他认为，为了推动别人的事业而自己却要去冒险，这乃是一种愚蠢的行为，于是他把使者派到波库斯那里去，要求他不应当无缘无故地变成罗马的敌人。他说，在他们面临的危机中，国王有一个极好的机会缔结一项友好的联盟，一项比战争更值得期望的联盟，而且不管他对自己的力量会有多大的自信，他也不应当用有把握的东西去换取没有把握的东西。要挑起一场战争在任何时候都是容

易的，但是要想中止它，那却是一件十分困难的事情了，因为开始和结束不是同一个人所能控制的。任何人，即使一个怯懦的人，也可以挑起一场战争，但是只有在胜利者的同意下才能把它结束。因此摩尔人应当重视他自己的利益和他的王国的利益，而不应当把他自己的好运和朱古达的走投无路的困境结合在一起[①]。

对于罗马人传过来的这些话，国王作了一个相当带有和解味道的回答，他说他是期望和平的，但只是可怜朱古达的不幸；如果把同样的机会给予他的联盟者，协议便易于取得了。听了这回话之后，梅特路斯再次派出使节去反驳波库斯的要求，波库斯又部分地倾听并且部分地驳回了他的抗辩。使者继续不断这样地派来派去，时间就这样地过去了，而战争也就像梅特路斯所期望的那样，停顿下来了。

(84)我在前面已经说过，马略在民众的热情支持下当选为执政官。由于甚至在这次当选之前，他对权贵就是敌视的，因此一旦人民决定把努米底亚分配给他，他就坚持不懈、勇敢地攻击起权贵来：时而攻击的对象是个人，时而又是整个的显贵一派。他夸口说，他从权贵手里夺取的执政官职位是他的战利品，还有别的一些意在夸耀自己和激怒对方的话。在整个这段时期里，他最注意的一件事就是备战。他要求增强军团的力量，从国外的民族和国王那里召集辅助部队，此外还从拉丁姆和我们联盟者那里动员来了最勇敢的人们，对于这些人，他大多数是从实际的战斗中了解的，只有少数才只是凭着声誉而已。他还用特别说服的办法使得已经

① 意谓不要放着好日子不过而要受朱古达的牵累。——中译者

退役的老兵和他一道出征。

元老院虽然敌视他，却不敢反对他的任何措施；但是它却特别乐于作出给军团增加兵员的决定，因为人们都认为民众对兵役是不感兴趣的，这样一来，马略便只能有两种前途：或者是失去作战的人力资源，或者失去民众对他的爱戴。但是几乎每一个人都想随马略出征，结果元老院的希望便落空了。每个人都梦想自己会因战利品而发财致富或者作为胜利者返回家园，此外还有诸如此类的其他幻想。马略也用他的一篇演说在相当程度上激发了他们的情绪；原来当他要求的所有的法令都得到通过并且他期望征募士兵时，为了鼓励人们应征同时按照他的习惯为了戏弄权贵，于是他便把人民召集起来，讲了如下的一席话：

(85)“公民同胞们，我知道，大多数的人是通过非常不同的方法要求从你们手中取得权力并且在取得之后行使这一权力的；在开头，他们是勤勉、谦虚和有节制的，但是后来就过懒散和傲慢的日子了。但是在我看来，正当的行动方式恰恰与此相反。既然整个共和国比起一位执政官或一位行政长官的职位更有价值，那么治理共和国时表现的关切态度也就应当比追求这些职位时所表现的关切态度有价值得多了。在接受你们的极大的好意时，我不是不知道我自己身上担负的任务有多么重大：既要为战争作准备同时要节省国库的开支；迫使人们不愿去得罪的那些人去服兵役；要照料国内外的一切事务——在嫉妒、敌视和阴谋陷害的气氛中干所有这些事情，公民同胞，这是比你所能想象的更要难办的任务。而且，如果别人犯了错误，那他们的古老的显贵门第、他们祖先的显赫功业、他们的家人亲属的权势，他们的大群的门客对他们来说

都是十分现成的帮手。而我的希望全在我个人身上，而必须用我自己的品德和诚实正直的性格来维护我的希望，因为所有其他方面的支持都起不了很大的作用。

“公民同胞们，所有的人的目光都集中到我身上，正直诚实的人都拥护我，因为我做的事情对我们的国家是有利的，而另一方面，权贵却正在寻找机会攻击我，这些情况我也都了解。为此我必须更加认真地力求使你们不会受到欺骗，却会使他们感到失望。我一生从童年直到今天，我过的一直是这样一种习惯于一切劳苦和危险的生活。公民同胞们，至于我在得到你们的恩惠之前在没有报偿的情况下所作的努力，我并不想放松它们，因为它们已经给我带来了它们的回报。对于那些怀有野心而伪装公正廉洁的人们来说，要他们在行使权力时有所节制，那是一件困难的事情。对于我这样一个终生过着品德高尚的生活的人来说，习惯使得过诚实正直的生活已成为我的第二天性。

“你们已经把对朱古达作战的任务委托给我了，对于这一委托，权贵们感到极为恼火。我请你们好好考虑一下，如果你们改变主意，为这项或任何诸如此类的任务而从权贵当中选定一个门第古老、家里有许多祖先的塑像但是毫无作战经验的人是不是会更好一些呢？而毫无疑问，要选这样的人，对于这样一个职务应尽的责任一窍不通的人，那么他就会手忙脚乱起来并且从普通人民当中选定某一个人做他的顾问。老实说，往往会发生这样的事情：你们选出作为统帅的人还要寻求另外的一个什么人来领导他。公民同胞们，我个人就知道有这样一些人，他们在当选为执政官之后才开始首次诵读我们祖先的历史和希腊人的军事论文，他们真正是

一些反其道而行的家伙！要知道，虽然按时间先后的次序来说，要在当选之后才能行使职权，可是按照实践的次序，它是在当选之前的[①]。

“公民同胞们，请你们把我这个‘新人’拿来同那些高傲的权贵们比较一下吧。他们从别人的传述和阅读中才知道的东西，在我却是亲眼看到或亲身经历过的。他们从书本学到的东西，我却是从服军役中学到的。现在就请你们自己想一想，言语和行动哪一种更有价值呢？他们瞧不起我的卑微的出身，我还瞧不起他们的庸懦无能呢！人们嘲笑我过去的遭遇[②]，但是我要嘲笑他们的卑鄙无耻。从我这方面来说，我相信所有的人的本性都是相同的，但最勇敢的人才是生来最高贵的人。如果有人在今天能够问一下阿尔比努斯和贝斯提亚的祖先[③]，他们愿意有我这样的还是他们那样的后代，你们可以不用怀疑他们会怎样回答，他们将愿意选择尽可能优秀的子弟做他们的后代。

“但是如果他们有理由瞧不起我的话，那他们也应当瞧不起他们自己的祖先；他们的祖先和我本人的情况一样，他们的祖先的贵族身份是来自英勇的业绩。如果他们对我今天的地位心怀嫉妒，

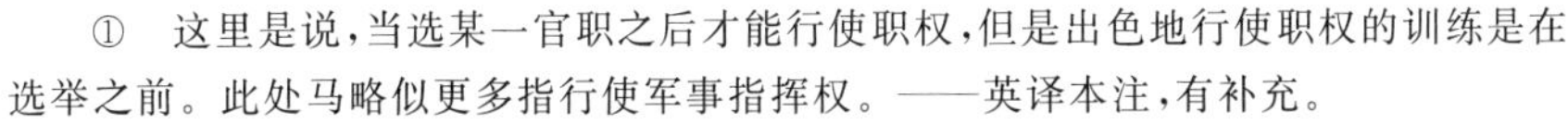

① 这里是说，当选某一官职之后才能行使职权，但是出色地行使职权的训练是在选举之前。此处马略似更多指行使军事指挥权。——英译本注，有补充。

② 这里指马略的卑微出身。——中译者

③ 阿尔比努斯属于波司图米乌斯家族（gens Postumia），这可能是起源于埃特路里亚的家族，从它中间产生过许多知名的执政官，如三度担任执政官的路奇乌斯·波司图米乌斯·阿尔比努斯（李维曾记述过此人的光荣业绩，参见他的《罗马史》第 23 卷第 24 章；第 24 卷第 2 章，第 28 卷第 28 章）。贝斯提亚属于卡尔普尔尼乌斯家族（gens Calpurnia），他们是努玛第三个儿子卡尔普斯的后裔。——法译本注，有删节。

那他们也应当嫉妒我的劳苦、我的诚实，甚至我经历的危险，因为我是通过那些东西才赢得了今天的地位的[①]。事实上，那些人妄自尊大到已经到了不知好歹的程度，因此他们才装出好像瞧不起你的荣誉的样子，但是另一方面，他们却又追求这种荣誉，好像他们自己的生活也是非常正派似的。当他们以同样的信心去追求根本互不相干的两件事——懒散的欢乐和德行的报偿——时，他们确实是错了。甚至当他们对你们讲话或在元老院发表演说时，他们的主题总是称颂他们的祖先；通过列举他们的祖先的功业，他们就以为他们自己也变得比较光荣了。实际上恰恰相反，他们的祖先的一生越是光荣，他们自己的卑鄙也就越是可耻。事情确实是这样的：祖先的光荣就仿佛是照在他们的后代身上的一道光，他们的后人的德行和缺点都逃脱不了它的照耀。我得承认我没有这样的光荣，公民同胞们；但是——这一点要光荣得多——我有权谈论我自己的功业。现在就来看一看那些人是多么不公平吧；由于别人的功业而他们自己取得的东西，他们却不允许我通过我自己的功业而取得；毫无疑问，这就是因为我家里没有祖先的塑像，因为在我家中我是第一个显贵的人。然而创造者较之继承随后又加以玷污的人肯定是更好的。

① 马略首先是一名普通士兵。在这方面他有健壮的体魄和坚定的精神。他是在西班牙，在小斯奇比奥同时也在他未来的敌人朱古达的麾下学会了作战的。他走的只能是唯一的这样一条道路，这条道路使得一个没有显赫的祖先和出身卑微但是有抱负的年轻人爬上夺取权力的阶梯并且使得贵族忘记了他卑贱的出身。公元前119年他任保民官，公元前115年他任行政长官，而在他治理西班牙时他有机会不仅表现他的军事才能，而且表现出他是一位廉洁和果敢有为的行政官吏，这使他获得了声名。——节自法译本

“当然我清楚地知道，如果他们想回答我，他们会使用十分动听和讲究的词句。但是既然在你们给了我巨大的荣誉之后，他们就千方百计地试图利用他们的咒骂来离间我们，因此我认为最好的办法是不保持沉默，因为我担心有人会把我的沉默说成是因为良心有愧①。事实上我深信任何言语都不能加害于我；要知道，如果他们讲老实话，那他们只能讲我的好话；如果他们讲谎话，那我的生平和我的品格对之会加以反驳的。但是，既然他们批评的是你们的这样一个决定，即你们把你们的最高官职和一项极为重要的任务交给了我，那么就请你们反复考虑考虑，你们的这些做法是否有可以反悔的地方吧！为了证明你们的信任是正确的，我不能摆出家族里祖先的塑像，也列举不出我的祖先的凯旋式或执政官职位；但是如果情况需要，我可以摆出长枪、旗帜、胸饰和其他战利品②给你们看。我还可以把我胸部的伤痕给你们看。这些就是我的塑像，这些就是我所以有权置身显贵之中的证据，这是通过我自己的无数劳苦与危险挣来的，不像他们的贵族身份是继承来的。

“我讲话并不是字斟句酌的，对这一点我毫不介意。德行本身就充分地表现了自己，它并不需要装饰。正是他们那些人才需要讲话的技巧，用毫无价值的语言来掩饰他们的可耻的行为。我也

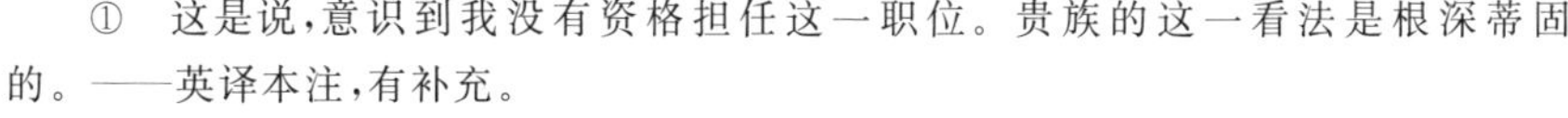

① 这是说，意识到我没有资格担任这一职位。贵族的这一看法是根深蒂固的。——英译本注，有补充。

② 这里的长枪当指没有铁头的投枪（hastae purae），旗帜（vexilla）指有金银装饰的各种颜色的小旗子，胸饰（phalerae）是有凸出的花纹的金属牌子，它可以系在带子上也可以系在马具上。至于其他战利品可以有带扣、镯子、颈锁等等。——法译本注，有改动。

没有研究过希腊的学问[①]。我并不十分想熟悉那种东西，因为它们并不曾使教这种文字的人成为有道德的人[②]。但是我却为了我的国家的利益学到了远为最重要的课程，这就是把敌人打倒在地，提高警惕坚守岗位，除去不好的名声之外一切都无所畏惧，能同样地忍受得了酷暑与严寒，在什么都不铺垫的地上睡觉，同时经受得住困苦和疲劳。这些就是我用来鼓励士兵的课程。我不想叫他们过苦日子而我自己却过优裕的生活，也不想通过他们的劳苦赢得我个人的荣誉。这样的领导才是有益的，这样的领导才是民主的。要知道，自己过着豪奢的生活却用惩罚的办法来控制自己的军队，这是奴隶的主人而不是统帅。你们的祖先正是通过这样的行为使得他们自己和他们的国家有了名的；但是权贵们仰仗这样的祖先——不过他们自己已经和那些祖先完全不是一类的人了——却还瞧不起我们这些想学古人榜样的人并且像讨债似地向你们要求他们配不上的一切荣誉。

“可是那些狂妄至极的人是大错特错了。他们的祖先把自己所能留给后人的东西全留给他们了——财富、胸像，关于他们自身的光荣的回忆；但是他们却没有给后人留下品德，而且他们也不可能做到这一点，只有品德是不能像礼品那样地授受的。权贵说我是一介平民，举止粗俗，因为我不能设精美的筵席款客，因为我

① 希腊语和希腊哲学、文学等是每一个有教养的罗马人所必学的，罗马人虽然是地中海的统治者，但是文化中心却在希腊，罗马的上层人物大多去过希腊从师学习。——中译者

② 不少有学问的希腊人在罗马上层人物的家中做家庭教师，一般希腊人在罗马则多属下九流的人物，但也相当活跃，这种情况到帝国时期也没有什么改变。——中译者

没有在任何一个优伶[①]身上花过钱，没有在任何厨子身上出过超过我的庄园管家[②]的价钱。这一点我乐于承认，公民同胞们。因为我从我的父亲和其他正直的人们那里听说文雅的事情交给妇女，但劳苦才是男人的事情；所有有道德的人应当多有一些好的名声，少要一些财富；使人获得荣誉的是武器而不是家具。

“好啦，让他们继续干他们喜欢的他们珍爱的事情去吧；让他们去做爱和饮宴吧；让他们在老年时还到他们度过青年时代的地方去过活吧；让他们的老年在宴会中，在沉湎于口腹之欲和淫欲的状态中度过吧。让他们把汗水、尘土和诸如此类的一切都留给我们吧，这些东西对我们来说比饮宴更加可爱。但是有了这些他们还不够；当他们那些人间最无耻的人用他们的罪行玷污了他们自己之后，竟还要夺取有道德的人们应得的报偿！因此便发生了极不公正的事情：他们的奢华与懒散、一切恶习中最可恶的两种恶习，绝不会对于已经沾染上了这种恶习的那些人有所伤害，可是却毁了他们的无辜的国家！

“现在，根据我的性格而不是他们的罪行所要求的那样作了答复之后[③]，就我们国家的情况我还要讲几句话。首先，公民们，在努米底亚的问题上请你们放心好了；要知道，你们已经消除了迄今

① 有高超技艺的男女奴隶身价惊人，不是一般的罗马公民买得起的。——中译者

② 罗马庄园上的农活大多由奴隶担任，奴隶的总管也是奴隶，但大多是主人比较信任的奴隶，总管后来赎身成为自由人的也不少。——中译者

③ “甚至提到他们的罪过，他感到这对他自己的品格都是一种伤害。”——英译本引萨摩斯语

对朱古达起保护作用的事物——贪欲[①]、无能[②]和妄自尊大[③]。而且，在阿非利加有一支熟悉当地情况的军队，但是，诸神明鉴！军队的确是勇敢的，只是运气不好；由于他们的统帅的贪欲或鲁莽无谋，他们的大部分已经牺牲了。因此，所有你们已经达到服军役的年龄的人们，为了共和国的事业把你们的努力和我的努力结合起来吧[④]；别人的悲惨遭遇或统帅的横傲不应当成为你们任何人感到畏惧的理由。无论在行军时还是在战斗中，我、马略，都要和你们在一起，在你们遇到危险时既是你们的顾问又是你们的同伴。在所有的方面，我将完全同样地对待我自己和对待你们。而肯定在诸神的帮助下，一切对我们来说时机均已成熟。这就是：胜利、战利品、光荣；而且即使这些还是不确定的和遥远的，所有正直善良的人仍然应当向他们的祖国伸出援助之手。确实，任何人都不曾因为怯懦而不朽，而任何一位家长也不会期望自己的孩子长生不死，而是期望他们的一生是崇高的和光荣的一生。公民们，如果言语能够使怯懦者勇敢起来，我还会有更多的话要说。但是我以为，对于有决心的人们，我的话已经说得够多了。”

(86)马略讲了上面一席话并且看到这些话已经把民众的精神激发起来之后，他赶忙把食品、金钱、武器和其他必需的物资装上了船，就命令他的副帅奥路斯·曼利乌斯押送着这些东西启程了。

① 暗示贝斯提亚。——法译本

② 暗示阿尔比努斯。——法译本

③ 暗示梅特路斯。——法译本

④ 关于马略的军事改革，参见拙译科瓦略夫：《古代罗马史》，第503—508页。——中译者

在这同时，他自己则征募军队，不过不是像我们的祖先那样按照阶级征募[①]，而是允许任何人自愿参加军队，而他们大多数是无产者[②]。有些人说他这样做是因为好人不足额[③]，还有人说，这是因为他想讨好，因为那个阶级正是给了他荣誉和地位的阶级。事实上，对于一个渴望权力的人来说，最贫苦的人是最有帮助的，因为既然他一无所有，所以他没有任何财产方面的顾虑，并且把他可以取得报酬的任何事物都看成是正当的。结果则是马略出发去阿非利加时，他带的军队比批准他带的要多得多。几天之后，他到达乌提卡，在这里仅次于统帅的副帅普布利乌斯·茹提利乌斯把军队交给了他。原来梅特路斯不愿会见马略，这样他就不会看到过去甚至听到心里都不能平静的事情。

(87)在补足了他的军团和他的辅助步兵中队的名额之后[④]，执政官就率领他们到一块肥沃而又可以取得许多战利品的地区去；在那里能够取得的一切都被他分给了士兵[⑤]，继而他便进攻那些地势不好或防御兵力不强的堡垒和城镇，在各处进行了多次无

① 这里所说的阶级据说是赛尔维乌斯·图利乌斯在财产资格的基础之上规定的。参见李维：《罗马史》，第1卷第43章。——英译本

② 赛尔维乌斯·图利乌斯分公民为五级。财产在10万阿斯以上的为第一级，75000阿斯以上的为第二级，5万以上的为第三级，25000以上的为第四级，12500(一说11000)以上的为第五级。capite censi是比赛尔维乌斯规定的最低的阶级还要低的人们，他们没有财产，也没有服兵役的义务。在监察官的调查表上只被视为他们个人(caput)。——英译本注，有补充。

③ 这里所谓好人就是有财产资格的人，不涉及品德问题。——中译者

④ 参见《喀提林阴谋》，第56章。——英译本

⑤ 战利品按规定都属于国家，出售所得的款项归入国库(aerarium)，但是从前面(本书第41章)我们看到这一惯例已无人遵守。——法译本

足轻重的小战斗。与此同时,新征募来的士兵却学会了无所畏惧地进行战斗,他们看到,那些临阵脱逃的士兵不是被俘便是被杀死,而另一方面,最勇敢的士兵反而是最有安全保障的士兵;他们认识到,保卫自由、祖国、双亲和其他一切的是武器,武器才争得到光荣和财富。这样,在一个短时期里,老兵和新兵便融为一体,他们变成同样勇敢的士兵了。

但两个国王[①]听到马略到来的消息之后,便分别撤退到同是自然形势险要的地方去,这是朱古达出的一个主意,他指望敌人的兵力不久便会被分散并受到攻击,而当罗马人不害怕任何危险时,他们会像大多数的士兵那样放松警惕和纪律的。

(88)就在这期间,梅特路斯返回了罗马,他在这里受到了十分热情的欢迎,这一点和他所料想的完全相反。当人们对他的嫉妒情绪消失了之后,他便发现自己无论在人民中间还是在元老院都同样是受欢迎的。但是马略则在这里坚持不懈地和明智地研究了同样是自己的士兵和敌人的形势,了解了双方的有利和不利之点,注视国王们的活动并且设法防止他们的阴谋诡计,他不容许自己的士兵在纪律方面有任何松弛的现象,也不给敌人任何喘息的机会。当盖土勒人和朱古达到我们的联盟者那里去打劫的时候,马略常常就对他们发动进攻,把他们打散,而在离奇尔塔不远的地方,他曾迫使国王本人抛掉自己的武器[②]。但是当他发现这种战功只给他带来光荣,却不能起结束战争的作用时,他便决定一个一

① 波库斯和朱古达。——法译本

② 这是说,他的军队抛弃了他们的武器并在混乱中逃散。——英译本

个地围攻所有那些有卫戍部队驻守或在地形方面最能对敌人能起支援作用，却对他自己的成功最有损害作用的城市。这样一来，他认为朱古达便只能有两条道路可供选择：如果他不抵抗的话，他便会被剥夺自己的防御力量，否则他就不得不出来作战。至于波库斯，他已不断派使者到马略那里去，表明他希望同罗马人民结成友谊并且要马略放心，不要害怕他这方面会有什么敌对的行动。他是伪装如此，以便发动出其不意的，因而是更沉重的打击，还是生来的性格就习惯于在和平与战争之间摇摆不定，这一点还不完全清楚。

(89)但是执政官这方面，却按照既定的计划，出现在那些设防的城镇和要塞面前，他在某些情况下是用武力，在另一些情况下用恐吓或行贿的办法从敌人手中夺取了这些城镇和要塞。起初他的企图是克制的，因为他认为朱古达为了保卫他的臣民也要展开战斗。但是当他得知国王在很远的地方并且正在专心考虑别的一些问题时，他认为进行更大规模和更艰苦的战斗任务的时机已经成熟了。

在幅员广大的沙漠的中心地带有一座拥有坚强工事的大城市卡普撒[①]。利比亚的赫邱利斯被认为是这座城市的创建者。由于在朱古达的统治下这里的公民并不向他纳贡而且朱古达对他们又是温和的，因此他们被认为对朱古达是最忠诚的。他们所以不受敌人的侵犯，不仅因为有城墙和士兵的保护，特别是因为他们占据

① 位于努米底亚东部，塔拉以南，后来称为比扎塞纳的地区，今天突尼斯的卡夫撒。——法译本

的地势极为有利。因为除了这座城市附近的地带之外，这整个地区都是无人居住的荒野，没有水，却有毒蛇为患，而且由于缺乏食物，毒蛇就和所有其他野兽一样变得更加凶恶。而且能致人死命的蛇毒由于人们口渴而变得特别厉害[①]。马略有一个想攻占这一城镇的伟大愿望，这还不仅是由于它在军事方面的重要性，而且还因为这一事业看来是冒险的，因为梅特路斯之攻克培拉曾给自己带来了巨大的荣誉。塔拉的形势和防守情况和这里有类似之处，不同之处只是在塔拉不远的地方有几处泉水，而卡普撒人民只是在城里才有一处活泉，否则就要依靠雨水了。在那里以及在阿非利加离海遥远的所有不大开化的部分，这种情况是比较容易忍受的，因为努米底亚人大都以奶和野兽为食，不用盐和其他刺激食欲的调味品；在他们看来，食品的目的在于缓和饥饿和口渴，无助于嗜欲和豪奢的风习。

(90)执政官在做了十分仔细的了解之后，就必然会依靠诸神的帮助了；因为单凭他个人的智慧，他不能提出足够的给养来应付如此巨大的危险。确实，他甚至受到缺粮的威胁，这既是因为努米底亚人更注重畜牧业而不大重视农业，也是因为那里的粮食已按照国王的命令运到设防的地点去了。而且，在那个季节里土地干燥，没有收成，因为夏天快结束了。尽管有这些困难，马略在当时的条件下还是做了尽可能充分的准备。他把前些日子虏获的全部

① 这里指的似是希腊人所说的利比亚最危险的一种毒蛇 διψάδες(意为“渴的”)；名称的来源可能像撒路斯提乌斯在正文中所说的那样，也可能是被这种蛇咬伤的人有一种难以遏制的口渴感。——法译本

牲畜给了辅助骑兵部队[①]去经管，并命令他的副帅奥路斯·曼利乌斯率领轻武装步兵中队[②]去拉里斯城[③]——他的钱财和粮食都收藏在那里——告诉他他[④]本人几天之后也要去那里搜索粮草。他这样地掩盖了自己的真正目标之后，他便向塔纳伊斯河[⑤]进发了。

(91)在这次进军时马略每大都把牲畜公平地分配给各百人团和骑兵队，并且注意到要他们用牲畜的皮制造盛水的袋子。这样，他不仅解决了粮食不足的问题，同时在没有揭示自己意图的情况下，提供了很快会派上用场的某种东西。当他们在第六天终于到达河流的时候，大量盛水的容器已经准备好了。他在河边设营并略加防卫[⑥]之后，便下令士兵用晚饭并且准备在日落时出发，出发时把他们的全部行李都抛到一旁，而他们和他们的驮畜只把水带在身上。随后，当他认为适当的时刻已经到来时，他便离开营地，在整夜的时间里进军到天明才停下来；在第二个夜里也还是这样，但是在第三个夜里，在天明之前很久的时候，他来到了一个丘陵地带，这里离开卡普撒多说也只有二哩。他和他的全部军队就等在那里，尽量把自己隐蔽起来[⑦]。当天已大亮并且根本不担心进攻

① 这些辅助骑兵部队都是从意大利以外的高卢、西班牙、色雷斯等地特别精于骑术的民族中征募来的。——法译本注，有删节。

② 指辅助部队的轻武装步兵中队。——法译本

③ 在努米底亚的西卡和扎玛之间，可能是今天的拉尔布尔斯(Larbourse)。——法译本

④ 指马略本人。——中译者

⑤ 未详。——法译本

⑥ 因为这是一种不过使用几小时的临时营地。——法译本注，有删节。

⑦ 这平原上有不少小丘和许多灌木丛，因此便于军队的隐蔽。——法译本

的努米底亚人大批地从城里出来时，他便突然下令全部骑兵和速度最快的步兵一道兼程奔赴卡普撒并攻打那里的城门。随后他自己也迅速地跟了上去，时刻注意着不许他的士兵打劫。当城中居民看到发生了什么事情的时候，他们陷入的混乱、他们的巨大惊恐情绪、他们的没有料到的灾难以及他们的一部分市民同胞还在城外并在敌人的控制之下这一事实都使他们不得不投降。尽管如此①，这座城还是被烧掉，而成年的努米底亚人也全部被杀死；所有其余的人都被卖掉而战利品则在士兵们中间分配了。执政官所以犯了违反战争法规的罪过，并不是因为贪欲或残酷，而是因为这个地方对朱古达有利而我们却难以接近；另一方面，这里的人民善变而不可信赖，并且在先前便已表明，无论恩惠还是恐吓都不能使他们俯首听命②。

(92)马略已经是一位伟大而著名的人物，但是在自己的人没有损失的情况下取得了这一重大的胜利之后，他就开始被认为更加伟大，更加著名了。所有他的冒失行动，甚至当它们是考虑得不周到的时候，都被认为是他的才能的证明。不受严厉军纪的约束同时又发了财的士兵把他捧上了天，而努米底亚人则害怕他，好像他不是一个凡人。简言之，所有的朋友③和敌人都同样相信，他具有一种超出常人的洞察力或者无论在什么事情上诸神都对他有所

① 按战争法规，对投降者是不应当杀死的。——法译本注，有删节。

② 这是古代使用胡萝卜加大棒的政策的大国代言人的口吻。实际上是给马略的残暴行为辩解。——中译者

③ 朋友不仅指罗马阿非利加行省的居民，而且也指努米底亚人中间倾向于罗马方面的人。——法译本

启示。

在卡普撒取得了胜利之后，执政官就向其他的城市进发了。对于一些城市，他不得不粉碎努米底亚人的反抗，但是在大多数的情况下，城市居民因为害怕遭到卡普撒居民那样的悲惨命运弃城而逃，他于是便把这些城市烧掉了[①]。整个努米底亚到处在流血，到处人们在痛哭流涕。最后，在不损一兵一卒而占领了许多地方之后，他才试图进行另一次不像攻打卡普撒时那样危险，但是同样困难的出征。

在离开穆路卡河[②]——这是朱古达的王国和波库斯的王国之间的界河——不远的地方，在一处平原的中心地方有一座石头小山，小山宽到上面可以修建一座中等大小的要塞，它并且很高而且只有一条狭窄的小道通上去。整个地方天然就是陡峭的，就好像它是经过特别设计后修造起来的。马略想尽最大的努力攻占这个地方，因为这里有国王的财宝，但是在当前这件事上，他的成功出自偶然而不是有什么巧妙的办法；原来这座要塞有充分的武器和人员，此外还有大量的粮食和一处泉水。它的形势是土丘、塔楼和其他围攻的器械都无法对付的；而另一方面，通向要塞的小道又极狭窄，而且两边都是峭壁。把活动雉堞推向前时要冒极大的危险而且毫无用处。因为只要它们向前移动一小段距离，便要为火或石块所摧毁。士兵由于山的陡峭而在工事面前根本无法站住脚，在活动雉堞的掩护下也不能免于危险；其中最勇敢的人不是战死

① 这是防止敌人再次回来把它们作为抵抗罗马人的据点。——法译本

② 今天是阿尔及利亚和摩洛哥之间的穆路雅河(Moulouya)。——法译本

就是负伤,这样其余的人也就逐渐丧失了勇气。

(93)在马略极为劳苦地度过了许多天之后,他已在焦急地考虑他是应当放弃这一无望的进攻企图,还是应当等待他曾多次享受过的好运的照顾。在许多白天和许多黑夜里他始终拿不定主意,恰巧这时有一个利古里亚人[①],他是辅助步兵中队的一个普通士兵;他在离开营地去取水时,就在要塞的离包围者最远的那一侧附近,他注意到有一些蜗牛在石头中间爬来爬去。他先是收集一两个,后来又想再收集一些,这样,在热心的收集中[②],他便一点点地几乎爬到山顶上去。当他发现只有他一个人在那里时,他有了一种想克服困难的愿望,而这是合乎人的常情的。恰好在那里的石头当中长着一株巨大的橡树,橡树稍稍向下倾斜,然后又向上生长,这乃是一切植物的本性。有时借助于这株橡树的枝干,有时借助于突出的石头,这个利古里亚人竟然爬到了要塞四周的高原上来,而这时所有的努米底亚人都在注视着人们的战斗。在他对他认为以后会有用的一切进行了仔细的观察之后,他便顺着原路返回,不过在返回时不是像爬上去时那样漫不经心,而是事事加以试验,事事留心观察。然后他便赶到马略那里去,把刚才所做的都告诉了他,并且劝他在他自己[③]攀登过的地方作进攻的尝试,并且自告奋勇愿意做爬山的向导和率先进行这次危险的进攻。

---

① 利古里亚人生在多山的地区,因此他们的登山的本领都是很高明的。——据法译本,有改动。

② 蜗牛是可供食用的,收集它不是为了好玩。现在在欧洲蜗牛仍是一种名菜。——中译者

③ 即利古里亚人。——中译者

马略于是派他身边的几个人和这个利古里亚人一道去，看一看他的建议是否可行，他们中间的每一个人都按照自己的性格提出自己的看法，有人认为这一行动难以实现，有人则认为容易。但总地说来，执政官多少得到了一点鼓舞。于是从他所有的号角手和喇叭手当中他选出了五名最灵巧的人并且有四名百人团长同行加以保护。他指示他们所有的人都要听从利古里亚人的指挥，并规定第二天便开始行动。

(94)当利古里亚人认为约定的时间[①]已到的时候，他便做了一切准备，到那个地点去了。那些准备攀登的人按照他们的向导先前的指示已经换了武器装备，不戴帽子也不穿鞋子，这样他们可以看得更清楚，也更易于在岩石中间攀援。他们把剑和盾牌背在背后，但是带的是努米底亚人的兽皮盾牌，因为这种盾牌比较轻，打在上面时声音也比较小[②]。然后利古里亚人便在前面带路，他把绳子系在石头或从石头里钻出来的老树根上，这样士兵们借助于它可以更好地攀登。有时他帮一下因攀登的路特别困难而被吓住的那些人，而在特别难登的地方，他便要同行的人不带武器一个一个地先走在前面，而他跟在后面给他们带着武器。在看来攀援时有危险的地方，他总是第一个试攀，并且他往往是攀登上去再由原路返回，然后立刻站到一旁以便让其余的人有攀上去的勇气。就用这个办法，经过很长一段时间并付出巨大的努力，他们终于来

① 和马略约定的时间。——英译本

② 罗马人的圆形盾牌(clipeus)是用金属做的，圆形，通常里面是凹进去的，因此碰撞时有响声，后来人们便用一种长盾(soutum)来取代它，这种盾用轻质的木头制作，上面包以牛皮，边上再包上铁。——法译本

到了要塞，而要塞的这一部分并没有人防守，因为所有的人，就和在前些天那样，都是面向着进攻的敌人的。

在整整一天里马略都极力使努米底亚人把注意力集中在战斗上。但是一旦他听到利古里亚人攀登成功的信号，他立刻开始激励自己的士兵。他本人也走出活动雉堞的掩护，组成了龟形阵[①]，向城墙方向推进，同时试图利用发射装置，弓手和投石手从远处恐吓敌人。努米底亚人由于在此之前常常把敌人的活动雉堞打倒或点着，所以自己不再躲在要塞的墙里，而是日夜都留在外面辱骂罗马人并且奚落马略，说他简直是发了疯。战斗中的胜利使他们的胆子大起来了，他们竟用受朱古达奴役这样的事情来威胁我们的士兵。

就在这期间，所有的罗马人和所有的敌人在进行一场激烈的斗争，他们双方都全力以赴，一方是为了取得荣誉与领土，另一方则是为了求得安全拯救自己。突然间这时喇叭在敌人的后方响了起来[②]。于是跑出要塞来观战的妇女和儿童首先逃跑，随后是离城墙最近的那些人，最后是所有的人，不管是带武器的还是不带武器的全都跑了[③]。对此罗马人便更加猛烈地向前逼进，把敌人击溃，但只是使敌人的大多数负伤而已。接着他们就迈过战死者而冲向前，他们急于求得光荣而每个人都力图第一个到达城墙那里

---

① 士兵把盾牌举在头顶上，相互重叠，形成一个连续不断的掩护装置。——英译本

② 这是派喇叭手和利古里亚人同去的原因。——中译者

③ 这里的叙述不甚清楚，作者没有说明对方是从唯一的通道跑下来，还是跑在岩石上城外的什么地方，也没有说明其余的罗马人是怎样上去的。——中译者

去。但没有一个人停下来打劫财富。这样一来,马略的无谋之勇便因为好运而得到了补偿,他的错误的判断反而使他得到了光荣。

(95)就在罗马人对要塞发动进攻期间,财务官路奇乌斯·苏拉[①]率领着一支骑兵大军来到了营地,这支骑兵是他在拉丁姆和联盟者那里征募来的,而苏拉就是为了这一目的给留在罗马的。

既然我叙述的事件使我们注意到了这一伟大人物,我以为在这里就他的生平和性格谈几句是适当的。如果是在别的地方,我们就无须再谈苏拉的事情了,因为路奇乌斯·西森纳[②]关于他的记述总的说来是最好的也是最精确的,只是依我看,他的意见讲得不够坦诚。

且说苏拉出身一个旧贵族世家,他的家庭由于祖先的堕落而几乎落到破灭的地步。他既精通希腊文学,也精通罗马文学;他是一个有高度智慧的人,他追求享乐但是更加追求光荣。在闲暇的时候他过放纵的生活,但是他的享乐绝不会影响他的本职工作,只

① 路奇乌斯·科尔涅利乌斯·苏拉〔他在战胜马略之后被加以“费利克斯”(Felix,意为“幸运者”)的名号〕出身于一个相当贫困的家庭(参见普鲁塔克:《苏拉传》,第1章),他生于公元前138年,从青年时代便致力于研究希腊的语言与文学,一直到他的老年。在他继承了小小的一份产业之后,他大大地放荡了一阵子。他受的教育再经过他同罗马贵族派优秀人物交往的熏陶似乎不会使他后来从事军事活动;他于公元前107年以当选财务官身份来到阿非利加时,马略对他是有些冷淡的。——法译本

② 科尔涅利乌斯·西森纳生于公元前119年,公元前78年任行政长官,公元前67年死于克里特岛,当时他正在以副帅身份辅佐庞培进行肃清海盗的战争。他因撰述12卷的《历史》而有史家之名,在此书中他记述了从同盟战争(公元前90年开始)直到苏拉独裁这一时期里的事件。此外他还给普劳图斯的作品作注并从希腊语翻译了米利都人阿里斯提德斯的寓言故事。西塞罗曾多次提到他。他的《历史》的片断曾由H.彼得加以搜集。他的文体是拟古的、做作的。——法译本

是作为一位丈夫，他的行为本来是应当更正派些才好[①]。他能言善辩、聪明伶俐，很快就能同别人交上朋友。在伪装自己的真正意图方面，其用心之深达到令人难以置信的程度。但是对于许多东西，特别是对于钱财，他出手十分大方。在他取得内战的胜利之前，他在所有的人当中是最幸运的，但是他的幸运从来不曾超过他的才干[②]。许多人都无法肯定到底他的幸运更多有赖于他的勇敢，还是有赖于他的有利的机遇。至于他后来的所作所为，我不知道人们在提到它时，是应当感到羞耻，还是应当感到悲痛[③]。

(96)正像我已经说过的，苏拉率领着他的骑兵来到阿非利加和马略的营地之后，虽然他先前没有作战的经验，也没有受过这方面的训练，但是很快他就成为全军当中一名最优秀的军人。而且，他对士兵使用礼貌的语言，对于有求于他的许多人，他都给以满足，他本人却不愿自动接受别人的恩惠，而在接受之后回报时却比还一笔债务还要迅速。他同最下层的人们开玩笑或一本正经地谈心，往往和他们一道执行公务、行军、值勤，而在这同时却又不像受卑鄙的野心所驱使的人们那样，试图从背后中伤执政官或任何好

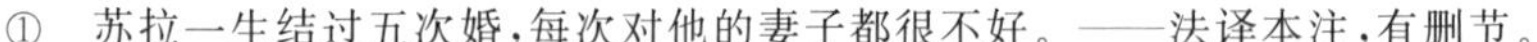

① 苏拉一生结过五次婚，每次对他的妻子都很不好。——法译本注，有删节。

② 这里是说，他的成功并非侥幸。——中译者

③ 这里指苏拉通过宣布不受法律保护而进行的大屠杀以及通过科尔涅利乌斯法取消平民的权利，恢复贵族的权利等做法。当他认为他为他的一派已做得足够的时候，他才放弃了自己的独裁权力(公元前79年年初)，却没有一个人敢于应他之邀请来向他提出解释他的行为的要求。他退休后住在普佐利斯的郊区，用希腊语写作他的回忆录(ὑπομνήματα)。他来不及最后编订此书，这工作是由他的被释奴隶科尔涅利乌斯·埃皮卡杜斯完成的。书的内容我们是通过普鲁塔克才知道的，后者写的许多传记都是从这部书中取得了大量材料。除去著述以及渔猎活动之外，他还向罗马介绍了亚里士多德的作品。他是在78岁时因中风而去世的。——法译本注，有删节。

人的声誉。他唯一想努力做到的是不使任何人在提出的见解或实际行动方面超过他，而事实上他是超过几乎所有人的。他的品格与行为既然如此，因此很快深受马略的赏识和士兵们的爱戴[①]。

(97)朱古达这方面在他失掉卡普撒和作为他的事业的依靠的其他设防地点以及大量财富[②]之后，便派遣使者到波库斯那里去，请他尽快率领军队开入努米底亚，因为战斗的时刻即将来到了。

但是，当他得知波库斯拿不定主意，并且不知道和与战哪一方面对他更有利的时候，他便再一次用礼物贿赂国王的亲信[③]并答应摩尔人本人[④]把努米底亚三分之一的国土让给他，条件是要把罗马人赶出阿非利加或在他不失掉自己的任何领土的情况下结束战争。在这一许诺的诱使之下，波库斯率领一支大军同朱古达结合起来。两位国王于是把双方的军队合并并且在白天还剩几乎不到十分之一的时间时向正在开向各营的马略展开了进攻；因为他们认为，如果他们进攻失败，即将到来的黑夜对他们会起保护作用；如果他们战胜，黑夜对他们也并无妨碍，因为他对这一地区是熟悉的。但另一方面，对罗马人来说，无论战胜或战败，黑暗对他们来说都是比较危险的。而就在执政官从自己方面的侦察兵得知敌人正在迫近的时候，敌军本身已经出现，并且在自己方面的军队得以列成战斗的队形或把行李堆起来之前[⑤]，事实上也就是在能

① 这同苏拉刚来到阿非利加时马略对他的冷淡态度形成鲜明的对照，同时也可以看出苏拉非同寻常的手腕。——中译者

② 参见本书第89章以次所发生的事件。——法译本注，有删节。

③ 参见本书第80章。——法译本

④ 即指国王波库斯。——中译者

⑤ 堆起行李便于战斗并防止敌人的掠夺。——中译者

以发出任何信号或命令之前，摩尔人和盖土勒人的骑兵已经蜂拥而至攻向罗马人，不过他们既没有作战的队形也没有作战的计划，而完全像是随便凑到一起的乌合之众。

我们的人被这没有料到的危险搞得晕头转向，不过尽管如此，他们并没有忘记自己应当勇敢战斗。有些人拿起了武器，而另一些人则使敌人不能接近他们的正在拿起武器的同伴。还有一部分人跨上了马向敌人展开进攻。这次战斗更像是匪徒的一次袭击，而不像是一场正规的战斗。在没有军标和毫无章法的情况下，骑兵和步兵混到一处，有些人后退，另一些人则斩杀自己的对手；许多对自己的敌人勇敢作战的人从背后受到了包围。面对人数占优势并且从四面八方攻来的这样一批敌人，勇气和武器都不能给我们足够的保护。终于罗马人，无论是新征募的兵还是老兵（这些老兵是精通战术的）——也许是地势或时机使他们不管是谁集合在一处——组成了一个圆圈，这样就既能在四面都能保卫自己，同时又能在敌人的进攻面前形成一道严整的防线。

（98）在如此危急的情况下，马略不但毫不畏惧而且和先前一样地信心十足，他率领着不是由他的最亲密的友人而是由最勇敢的士兵组成的骑兵亲卫队在战场上到处奔走，时而支援在战斗中遇到困难的士兵，时而在敌人以极大的人力优势向我方压来的地方向敌人展开进攻。他通过手势向士兵发布命令，因为在一团混乱中士兵根本听不到他说的话。现在白天已经过去了，蛮族的进攻的势头却一点也没有放松，因为正像国王们所说的那样，黑暗对他们是有利的，因此他们的进攻更加猛烈了。马略于是适应着形势调整了他的战术，想给他的士兵提供一个躲避的场所，于是他便

占领了附近的两个小山，其中的一个小到无法设营，但是却有一处大的泉水，而另一个小山则适合于他的目的，因为它的大部分既高且陡，因而不需要什么防卫措施。但是他命令苏拉和骑兵在夜里守在泉水旁，他自己则逐步地把分散的兵力集合起来，趁着敌人还是一团混乱的时候，把他们所有的人以加倍的速度率领到另一座小山上去。这样，由于他所占据的地位，两个国王不得不中止战斗。不过他们不允许自己的士兵到远的地方去，而是用他们的大军把两座山包围起来，他们是随随便便地设营的。

随后，蛮族在点起许多篝火——这是他们通常的习惯——之后，便把夜间大部分的时间用来寻欢作乐、高声呼叫[①]，而这时他们的领袖——这些人由于没有被打跑因而充满了信心——的举动也居然像是胜利者了。所有这一切被在黑暗中处于较高处的罗马人看得清清楚楚，从而使他们受到了很大的鼓舞。

(99)因看到敌人没有纪律而特别受到鼓舞的马略于是下令要绝对保持沉默，甚至在夜间换班时[②]也不许按惯例发出有声的信号。继而，当天色渐明而最后变得精疲力尽的敌人刚刚入睡的时候，突然间他下令哨兵，同时还有步兵中队[③]和骑兵队伍以及军团的号角手一道发出声音的信号，并命令士兵一声呼叫，然后就从他们的营地的各门冲了出去。突然为这一奇异的和可怕的声音所惊

---

① 参见塔西佗:《编年史》，第 1 卷第 65 章。——法译本

② 罗马人每夜分成四班，第一班开始于日没时，第四班结束于日出时，每班长短依季节而不同。在罗马军队中，由统帅指给士兵每班何时开始，具体的通知任务由喇叭手吹喇叭发出信号。——法译本注，有删节。

③ 这里指辅助步兵中队。——英译本

醒的摩尔人和盖土勒人[①]根本不能逃跑、不能把自己武装起来、不能干或准备任何事情。武器撞击声、呐喊声、孤立无援的情况、我们士兵的进攻、混乱和恐怖使他们陷入这样一种惊恐、一种几乎是发疯的状态。长话短说，他们全部被击溃，被打跑了，他们的大部分武器和军标被夺走，并且在那一场战斗中敌人阵亡者的人数比先前所有名次的阵亡人数还要多；要知道，睡眠和没有料到的危险阻止了敌人的逃跑。

(100)于是马略便继续向他的冬营前进，这是他本来要做的，因为他曾决定在沿海的城镇[②]过冬以便取得给养。不过他的胜利并没有使他有所疏忽，也没有使他变得过于自信，而是以方阵[③]的形式向前推进，就仿佛他是在敌人的注视之下行进似的。苏拉和骑兵配备在右手，在左手是奥路斯·曼利乌斯和弩石手、弓手和利古里亚人的步兵中队，而在前面和后面马略则安排了率领着轻武装步兵小队[④]的军团将领。那些最不受人重视，但是熟悉这一地

① 摩尔人(玛乌里人)最初由亚细亚迁移到阿非利加，居北非西部。他们的东边是努米底亚而以穆路查河为界。他们的南边是盖土勒人，西边是大西洋，北边是地中海。臣属于波库斯的盖土勒人散居于古利比亚西北部的广大地区。他们的西边是大西洋，北边是玛乌列塔尼亚和努米底亚，南边是尼日尔河。一些人认为他们和他们北边的玛乌里人和努米底亚人有血统关系；也有人认为他们是由土著利比亚人、亚细亚移民和在朱古达战争之前罗马从未听说过的野蛮的游牧民族混合而成。——法译本注，有删节。

② 主要是希波涅·扎里图斯(今天的比塞大)和乌提卡。——法译本注，有删节。

③ 这是说，把辎重放在中心，四周环以重武装士兵，前后和两翼则有骑兵和轻武装步兵加以保护。——英译本

④ 轻武装的士兵也可以理解为在军团前面展开战斗的 velites，他们是从最年轻和最贫苦的士兵当中选出来的；也可以理解轻武装的正规军团士兵，这里作者似指后者。步兵小队通常定额 120 人。——法译本注，有删节。

区的投过来的士兵则侦察敌人的进军路线。与此同时，执政官就好像没有安排任何军官辅佐他似的那样小心，他对一切都持戒备态度，出现于所有的地方，对每个人都给以应得的称许或责备。他本人是处于武装戒备状态的，并且他迫使士兵也学他的榜样。他和组织进军时一样细心地为营地设防，把一些步兵中队从军团分出来要他们守卫营门，并且安排辅助的骑兵部队在营地面前执行类似的任务。此外，在栅栏上方的壁垒上他也安排了岗哨。他亲自巡视值勤士兵，这与其说是因为他担心人们不执行他的命令，不如说因为要士兵看到统帅的不折不扣的榜样而甘愿忍受劳苦。显而易见，马略在当时以及在对朱古达作战的其他时期，他的治军原则是要士兵们知耻，而不是单纯使用惩办的方法。许多人认为他这样做是为了取得人们对他的好感，还说，对于他从童年时起便已经习惯了的劳苦以及对于其他人认为是痛苦的其他事物，他却能从中找到乐趣。不管怎么说，这种做法对国家作了既伟大而且光荣的贡献，就和通过最严格的纪律所达到效果一样。

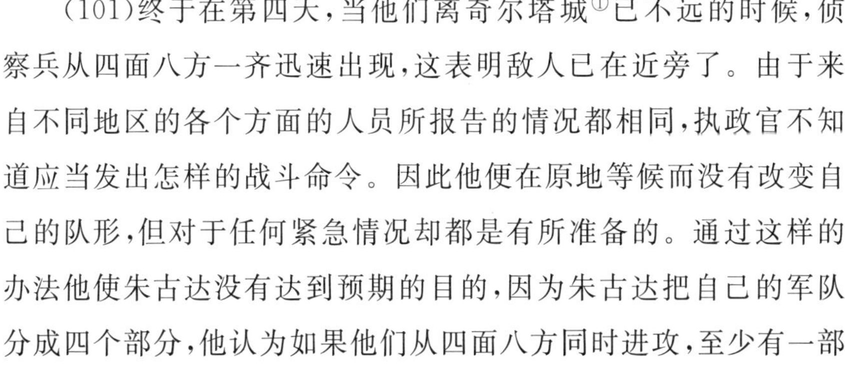

(101)终于在第四天，当他们离奇尔塔城[①]已不远的时候，侦察兵从四面八方一齐迅速出现，这表明敌人已在近旁了。由于来自不同地区的各个方面的人员所报告的情况都相同，执政官不知道应当发出怎样的战斗命令。因此他便在原地等候而没有改变自己的队形，但对于任何紧急情况却都是有所准备的。通过这样的办法他使朱古达没有达到预期的目的，因为朱古达把自己的军队分成四个部分，他认为如果他们从四面八方同时进攻，至少有一部

① 参见本书第 25 章。——法译本

分人可以抄罗马人的后路。但就在这同时，首先受到敌人冲击的苏拉在对自己的士兵进行鼓励之后便率领着自己的一部分士兵向摩尔人攻去，他是用骑兵队伍向敌人发动尽可能逼近的贴身进攻的。他的其余的队伍坚守自己的战斗岗位，一面保护自己不受从远处投过来的投枪的伤害，一面杀死得以逼近到他们身旁的所有敌人。正当骑兵这样地进行战斗时，波库斯和由他的儿子沃路克斯率领的步兵——沃路克斯由于路上的耽搁而未能参加前一次的战斗——向罗马人的背后发动了进攻。马略这时正忙于在前面作战，因为那里要对付的是朱古达和他的大部分兵力。但是这个努米底亚人得知波库斯已经到来时，便带领着自己的几个人偷偷地跑到国王的步兵那里去[①]。当他到达他们那里时他便用拉丁语（因为他在努曼提亚时学会了说拉丁语）喊叫说，我们的士兵[②]正在徒劳地战斗着，因为就在不久之前，他已经亲手把马略杀死了。他说这话时还举起一把带血的剑给人们看，这是他在战斗期间因为勇敢地杀死我们的一个步兵才把剑染红了的。当我们的士兵听到这个消息时，他们所以感到震惊与其说是因为相信这样一个消息，不如说是因为这一行动造成的恐怖。而就在这时，蛮族受到了鼓舞并且更加猛烈地向受到惊吓的罗马人发起了进攻。当苏拉在打败了敌人之后，又转回来进攻摩尔人的侧翼的时候，我们的士兵几乎就要逃跑了。波库斯立刻后退。至于朱古达，正当他试图要

① 这就是说，朱古达本来正带领着他的骑兵对马略作战，这时却偷偷离开前方而跑到罗马人的背后去，因为波库斯和他的步兵正在从后面向罗马人发动了进攻。——英译者

② 指罗马的士兵。——中译者

他的士兵坚持住并且夺取几乎到手的胜利时，他却受到了骑兵的包围；不过虽然他的右边和左边的所有的士兵都被杀死，他一个人还是在敌人有如雨点般打下来的武器当中杀出了一条活路。就在这同时，打跑了骑兵的马略正在赶来援助自己的士兵，因为他刚刚听说罗马士兵眼看就支持不住了。敌人最终全线溃败。于是在开阔的平原上出现了可怕的景象——追逐、逃跑、屠杀、俘获，倒在地上的马和人，许多受伤的士兵既不能逃又不能安静地留在原地，他们时而想挣扎着站起来，但立刻便又倒下去了。简而言之，不管你放眼到什么地方，大地都被鲜血所浸透，到处都是武器、战械和尸体。

(102)在这之后，肯定成了胜利者的执政官便来到了奇尔塔，这地方从一开头就是他的目的地。在蛮族第二次失败之后的第五天，波库斯又派使节到那里去，以国王的名义请求马略，要马略把自己最信赖的两名军官派到他那里去。他们说波库斯想同他们商讨有关他本人的利益以及罗马人民的利益的问题。马略立刻选定了路奇乌斯·苏拉和奥路斯·曼利乌斯两个人，他们虽然是被国王召请去的[①]，但是他们却决定也向国王讲话，目的在于改变他的打算，如果这打算对罗马不利的话，或者，如果他已经希望和平了，那么就进一步加强他的要求和平的信念。于是苏拉便作了如下简短的发言，而曼利乌斯所以让他讲话[②]并不是因为他年长，而是因为他的口才。

① 他们是被召请去听取国王的建议的，不是去发言的。——英译本

② 本来论官阶、论年纪都应当由曼利乌斯先发言。——中译者

“波库斯国王，使我们非常高兴的是，诸神终于使您这样一位如此伟大的人物希望和平而不是战争了；终于使您这样一位最优秀的人物不再同朱古达这样一个坏透了的人发生关系从而玷污了自己，同时终于使您解除了我们不得不采取的一项痛苦的措施，那就是对您的错误和他的罪行给以一视同仁的处理。我还可以补充说，罗马人民从他们统治的一开始，就更愿意寻求朋友而不是奴隶，并且一直认为通过协议而不是通过强制进行统治会更加安全。确实，对您来说，没有比同我们的友谊更值得想望的了。这首先是因为我们同你们距离遥远，这个条件比起如果我们挨得很近，便减少了发生摩擦的机会，但是我们的联盟仍然如近邻那样强大。而其次是因为我们都已经有了太多的臣民，然而不管是我们还是别的任何人都不曾有过足够多的朋友。我只希望从一开头您也有这样的看法！在那种情况下，这时您从罗马人民得到的好处会远远超过您所遇到的不幸。但是，既然人的际遇主要还是由命运支配的，既然看来命运乐于让您既体验我们的力量又体验我们的好意，那么现在就赶忙在它给您这样一个机会的情况下把您已开始的做法继续下去吧。您有大量的机会通过做好事轻易地弥补您的错误。最后，让这样一个想法在您的心里扎根吧：这就是任何人的仁慈都不能超过罗马人民，至于他们作战时的勇敢，您自己是领教过的了。”

对苏拉的这一席话，波库斯作了和解性的并且有礼貌的回答，同时又为自己的行为作了一个简短的辩解，说他拿起武器并不出于敌对的情绪，而是为了保卫自己的王国。他说，他从努米底亚的一部分土地上把朱古达赶跑，按征服的权利这就是他的领土了，因

此他不能允许马略再来蹂躏这块土地。而且他先前就曾派使节到罗马去,但是他的友好表示遭到了拒绝。不过过去的事情他不再提了,而如果马略允许他的话,他会再次派使节到罗马元老院去的。但是在马略答应了这位蛮族国王的请求之后,这个国王又改变了自己的主意,因为朱古达贿赂了波库斯的一些友人,而这些友人对波库斯发生了影响。原来朱古达听到了派苏拉和曼利乌斯去波库斯那里的消息,他担心这会有不利于他的后果。

(103)就在这时,马略把他的军队安顿在冬营之后,就率领着轻武装步兵中队[①]和一部分骑兵开进了沙漠,目的在于包围国王的一座要塞,国王只要跑过来的罗马士兵守卫这座要塞[②]。这时波库斯又有了一个新的念头[③]——他所以这样做或是因为想起了他在先前两次战斗中的遭遇或是由于受到了他那未被朱古达收买的其他友人的警告——他又从他的亲属当中选出五个他认为对他最忠诚并且具有突出才能的人来。然后他命令这些人以使节的身份到马略那里去,并且,如果马略认为可行的话,再到罗马去,并给予这些人以行动和同意的完全自由,以任何条件和罗马人缔结和约。这些使节准时出发去罗马的冬营,但是在路上他们受到了盖土勒人匪徒的袭击和掠夺,于是他们便惊恐而又很不光彩地跑到苏拉那里去;执政官开始出征时就要苏拉留在那里执行统帅任务。苏拉并不把他们作为说谎者和敌人——他本来是可以这样做

① 这是联盟者的步兵中队。——法译本

② 罗马对待叛逃士兵的措施是十分严厉的。——中译者

③ 按前章所谈的计划。——英译本

的[①]——而是以一种同情和宽厚的态度接待了他们，这使得蛮族认为，罗马人并不是像人们传言的那样贪得无厌，而对他们宽容大度的苏拉确实是他们的友人。因为甚至在那时，许多人也不知道慷慨大度的重要意义；任何慷慨大度的人都不会被人怀疑为不真诚，而所有的礼物都被认成是善意的表现。于是他们便把波库斯给他们的指令全都告诉了财务官[②]，同时请求他给予关照并提供意见。他们夸大了他们的国王的财富、正直和强大以及他们认为对他们会有所帮助或能以保证对方的善意对待的所有其他的一切。接着，在苏拉答应他们办到他们要求的一切并对他们应怎样向马略和元老院讲话这一点作了指示之后，他们和他又盘旋了大约 40 天[③]。

(104)马略在完成了给自己规定的任务之后[④]，就返回了奇尔塔。在那里他得知使节们的到来，就命令他们随苏拉从乌提卡前来；他还把行政长官路奇乌斯·贝利耶努斯[⑤]从乌提卡召来，还有在行省所有各地能找到的每一位元老级的成员。他便同这些人一道讨论波库斯的建议。在这些建议当中，有一项是要求执政官允许使节去罗马，而在这同时还要求一段停战时期[⑥]。大多数人其

① 他们的狼狈相会使人不相信他们是国王的使节。——英译本

② 即苏拉。财务官在军队中也是统帅的得力助手。——中译者

③ 从下文看他们显然是等待马略的到来。——英译本

④ 法译本因原文版本不同而译为“马略在没有成功地完成自己任务的情况下回到了奇尔塔”。此处取英译。——中译者

⑤ 此人仅见于此处，他可能是统帅后备部队的，也可能是驻节乌提卡并统帅驻军的。——节自法译本

⑥ 法译本的理解是执政官向军事会议提出在这期间停战。供参考。——中译者

中包括苏拉都同意这样做，但一些头脑发热的人反对这些建议，毫无疑问，他们没有注意到，不断变动的和无常的人间事物总是在向更好或更坏的方面变动的。

另一方面，当摩尔人得到了他们希望得到的一切时，他们之中的三个人便和财务官格涅乌斯·屋大维·茹索一道去罗马，茹索还有一项任务，那就是把士兵的饷银带到阿非利加来。其余的两个人便回到国王那里去了。波库斯听了他们的报告之后十分高兴，特别对苏拉的友好的关切态度更是如此。而在罗马，他的使节先是表示歉意，说他们的国王犯了一个错误并且因朱古达的邪恶而被引入歧途，然后便要求缔结一项友好条约，而他们得到的答复则是："对于一件好事和一件坏事，元老院和罗马人民一般都不会忘记的。但是既然波库斯有改悔之意，他们就原谅他的过错。当他表明他已有资格得到这项条约的时候，他是会有这样一项友好条约的。"

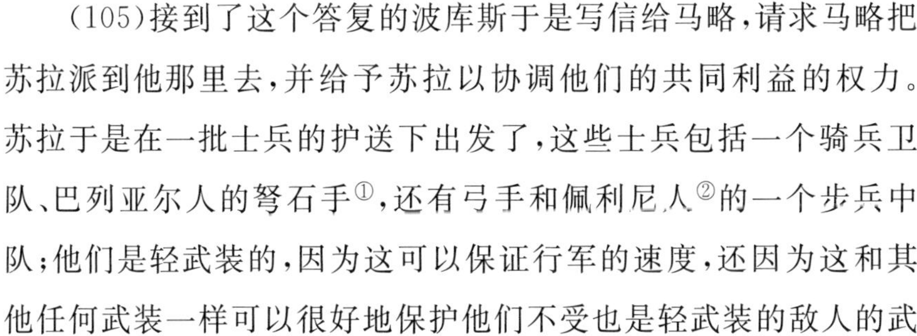

(105)接到了这个答复的波库斯于是写信给马略，请求马略把苏拉派到他那里去，并给予苏拉以协调他们的共同利益的权力。苏拉于是在一批士兵的护送下出发了，这些士兵包括一个骑兵卫队、巴列亚尔人的弩石手[1]，还有弓手和佩利尼人[2]的一个步兵中队；他们是轻武装的，因为这可以保证行军的速度，还因为这和其他任何武装一样可以很好地保护他们不受也是轻武装的敌人的武

① 弩石手是轻武装步兵的一部分，通常由巴列亚尔群岛的居民担任，因为他们最善于此道。——节自法译本

② 佩利尼人是意大利中部萨宾人的一支，他们东南是玛尔喜人北边是玛尔茹奇尼人，南边是萨姆尼乌姆。他们的主要城市是苏尔摩和科尔费尼乌姆。——法译本

器的侵犯。

在他们行进到第五天的时候，波库斯的儿子沃路克斯率领着大约1000名骑兵出现在开阔的平原之上；但由于他们没有列成队伍而是分散为一大片，所以在苏拉和所有其余的人看来人数要多得多，因而他们担心对方会向他们发动进攻。因此每个人自己便作了应战的准备，试验他们手中的各种武器并且采取了戒备的势态。人们是有一点担心，但更大却是信心，胜利者在屡次被他们击败的人们面前这种心情是很自然的。而就在这时，派出去进行侦察的骑兵报告说，新来的这些人并没有敌视的意图，而事实也证明是这样。

(106)当沃路克斯走过来时，他对财务官说他是被他父亲波库斯派来迎接他们并且负责护送的。于是在那天和随后的一天他们便结伴而行，并且没有任何惊恐不安的理由。在这天稍晚，当人们扎下了营而且晚间已经到临的时候，这个摩尔人突然带着不安的表情十分惶恐地跑到苏拉这里来告诉苏拉说，他从侦察兵那里得知朱古达就在不远的地方。与此同时他还恳请苏拉在夜间和他一道偷偷地逃跑。但是罗马人却勇敢地宣布说，他并不害怕多次被他打败的努米底亚人，并且表示他绝对相信他的士兵的勇气。他还表示，即使他注定会遭到毁灭的命运，他也宁肯坚持自己的战斗岗位，也不愿背叛自己手下的士兵，不愿通过怯懦的逃跑来保全也许不久他便会由于自然的原因而注定会失去的一条性命，但是，当沃路克斯建议在夜间他们继续行进的时候，苏拉同意了这个计划，他下令士兵立刻用晚餐，在营地里点起尽可能多的篝火，并且在夜间第一班的时候便悄悄地撤营离开了。

当所有的人现在因一夜的行军而疲惫不堪时，苏拉在日出之际正在给营地画线[①]。而就在这时，摩尔人的骑兵突然来报告说，朱古达的营地就在他们前面大约两哩左右的地方。听到这个消息罗马人终于感到十分害怕了。他们相信他们是被沃路克斯出卖了，他们被引入了一个预设的陷阱。有一些人说沃路克斯应当被处死，不应当要他逃脱因这样严重的罪行而应受的惩处。

(107)虽然苏拉也有这样的看法，但是他不许自己的士兵伤害这个摩尔人。他劝他的士兵要振作起来，他说先前就往往有这样的情况，即少数勇敢的人打败过大群的人，在战斗中他们越是不怕危险，他们也就越是安全。任何手里拿着武器的人却要求助于不拿武器的两只脚，并且在感到十分害怕的时刻把自己身体的没有防护也没有眼睛的那一部分转向敌人，那是有失体统的做法[②]。继而他便召请伟大的朱庇特神为波库斯的罪行和背叛行为作证，他下令要沃路克斯离开营地，因为他对罗马人采取敌视的态度。这个青年人含着泪恳求苏拉不要相信这样的说法；他坚持说，当时的形势并不是由于他出卖了罗马人，而是出于朱古达的狡计：他显然通过间谍已经得知他们这次行程。但是由于努米底亚人手中没有很多兵力，而他的全部希望和资源都寄托在波库斯身上，因此沃路克斯肯定地认为，在国王波库斯的儿子亲眼目睹的情况下，朱古达是绝不敢公开发动进攻的。因此他建议，他们应当无所畏惧地从朱古达的营地的中间穿过；他说不管他的摩尔人的队伍走在前

① 设营的准备工作。——中译者

② 参见色诺芬：《居鲁士的教育》，3，3，45。——英译本

面还是放在后面，他本人都要单独陪伴着苏拉。

在当时的情况下，这个计划可能是最好的了。他们于是立刻出发，并且由于他们的行动是出其不意的，朱古达徘徊观望不敢贸然从事，于是他们便安然地穿了过去，没有受到任何伤害。几天之后他们到达了目的地。

(108)在那里有一个名叫阿斯帕尔的努米底亚人，他同国王波库斯的关系极为亲密。原来朱古达在听到召请苏拉的消息之后，他便把阿斯帕尔派到那里去，这既是为努米底亚国王进行辩解，同时还可以巧妙地探听到波库斯的计划。波库斯身旁还有一个名叫达巴尔的人，他是玛苏格拉达[①](属玛西尼撒家族)的儿子，他的母系出身卑微(因为她的父亲是一个侍妾的儿子)，但由于他的许多优良品质而深受波库斯的喜爱。波库斯发现达巴尔先前在很多场合下对罗马人是忠诚的，因而他立刻把达巴尔派到苏拉那里去，要达巴尔报告说，他准备做罗马人民希望他做的任何事情。他建议由苏拉为一次会晤选定日期、地点和时间，并且告诉苏拉不要害怕朱古达的使节，他说他有意地同朱古达保持友好关系，这样他们就能够比较自由地讨论有关他们共同利益的问题。除此之外他没有任何别的办法防止朱古达的阴谋[②]。

但是我以为波库斯为他的行动所提出的理由不是真正的理由，他的行为正好表明了他的反复无常的本性：他用和平的希望既欺骗了罗马人，也欺骗了努米底亚人。我认为他曾考虑过很长一

① 此人无疑是玛西尼撒的私生子。——法译本

② 这是说，除非接纳朱古达的使节并且装作保持同国王的友好关系的样子。原文这里不甚清楚。——英译本

个时期，是把朱古达出卖给罗马人，还是把苏拉出卖给朱古达。我还认为他的倾向是反对罗马人的，但是他对罗马人的恐惧却对我们有利。

(109)于是苏拉对国王的建议回答说，他将要当着阿斯帕尔简单地讲几句话，但是有关其他事件，他要和波库斯进行秘密的会谈，或者没有别人任何人参加，或者只限于尽可能少数的人参加。同时他告诉使节应当对他作怎样的答复。当会晤按照他的意思做好了安排之后，苏拉表示他奉执政官之遣前来问一问波库斯，他是要和平还是要战争。随后国王按照事先的安排要他10天之后再回来，因为他说他还没有作出决定，但是到那时他是会给予答复的。接着他们双方便返回各自的营地。但是当黑夜过去了相当一部分之后，苏拉却在暗中受到波库斯的召请；和他们两人在一起的只有可靠的翻译，再加上作为调解人的达巴尔。达巴尔是受到双方信任的一个正直的人。国王于是立刻讲下如下的话：

(110)"我从来不曾相信过下面这样的事情是可能的：我这样一位在这些地区以及在我认识的所有国王当中最伟大的国王竟然会对一个私人表示感谢！苏拉，凭着赫邱利斯发誓，在我认识你之前，有许多人请求过我的帮助，我常常主动帮助请求帮助的人们，而我自己却不需要任何人的帮助。但现在我不能再说我谁也不依靠了，对于这一情况，别的人是容易产生悲痛情绪的，但是我却感到高兴。让我终于感到的需要成为为了同你的友谊而支付的代价吧[①]！因为

① 这是说，为了得到苏拉的友谊，他甘愿容忍失去先前的独立。——英译本

在我心中没有比你的友谊更珍贵的东西了。作为这一点的证据，请随便拿武器、人员、金钱，一句话，拿你喜欢的任何东西吧；请使用它们，并且只要你活在世上，就绝不要认为你已经得到了回报；要知道，我将永远对你有一种常新的感激之情。简言之，只要我知道你有什么愿望，我就绝不会使你所能期望的东西落空。因为对于一位国王来说，我认为在表示谢忱方面被人超过较之在战争中被打败更为可耻。

"关于你的国家——你是作为这个国家的代表被派到这里来的——我也要讲几句话。我不曾对罗马人民作战，而且我也绝不希望对罗马人民作战；我只是用武力反对武装侵略者以保卫我的国土。但现在即使这样的事我也不再做了，因为这是你所希望的。只要你认为这样做最好，那么就继续对朱古达作战吧。我将不渡过作为米奇普撒和我本人之间边界的穆路察河，我也不容许朱古达这样做。如果你还有对我们双方都值得提出的任何请求的话，那你是不会失望地离开的。"

(111)对于这些话，苏拉就他个人的问题作了简短和谦逊的回答；但是有关和平和他们共同利益的问题，他却讲得很详细。最后，他十分明确要国王了解到，元老院和罗马人民根本不会对他作出的保证表示感谢，因为他们表明自己在武力上对他是占据优势的。因此他必须做一件什么事情，这件事要清楚地表明它是为了元老院和罗马人民的利益而不是为了他个人的利益。这样做并不困难，因为他能够控制朱古达。如果他能把朱古达交到罗马人手里，他们将会对他深表谢意。那时他现在希望得到的友谊、联盟和努米底亚的一部分就可以毫不吝惜地给他了。

在开头的时候，国王拒绝了，他说他们是邻国的关系，又有亲属的关系[①]，而且他们还缔结了条约，这些都使他不能这样做。而且，他还担心，如果他表现出背叛行为，他就会使自己同自己的臣民疏远，因为他们是爱戴朱古达但是憎恨罗马人的。但是在苏拉的极力怂恿之下，他终于做出了让步，并答应按照苏拉所希望的一切做。他们还采取了必要的步骤，装作好像是缔结了和约的样子，而和约正是已倦于战争的朱古达所最希望的。他们把阴谋这样安排好了之后，便分手了。

(112)第二天，国王便召见朱古达派到他这里来的使节阿斯帕尔。他对阿斯帕尔说，他通过达巴尔从苏拉那里得知，可以安排缔结和约的条款。因此他想要达巴尔了解一下他的国王朱古达是什么想法。使节高兴地离开，去了朱古达的营地。八天之后他带着国王的详尽的指示赶回到波库斯这里来，并向波库斯报告说，朱古达愿意做波库斯希望他做的任何事情，但是却不信任马略。他说，先前同罗马统帅们已经缔结过多次和约，但是都没有用。不过波库斯，如果他想考虑双方的利益并且有一个持久和平的话，那他就应当在同意和约条件的托词之下安排各方的一次会见并当场把苏拉捉住交给他。当这样一位重要人物掌握在他手里时，元老院或罗马人民肯定会下令同他缔结和约的。要知道，罗马方面不会让这样一个贵族被控制在敌人手中，因为他不是由于自己怯懦，而是由于服务于国家而陷入敌人之手的。

① 参见本书第80章。——法译本

（113）经过长期的考虑，这个摩尔人终于答应了。他的踌躇观望是装出来的还是真的，这一点我说不定；但是国王们的愿望，即使是强烈的愿望，照例也是变来变去的并且往往是相互矛盾的。后来，当举行和谈的时间和地点由双方定下来时，波库斯才既向苏拉，又向朱古达的使节打招呼，他有礼貌地接待了双方并且向双方做了同样的保证。双方同样感到高兴，都满怀着成功的希望。

但是，就在约定会谈的那天的前一夜里，摩尔人召来了他的友人，接着立刻又改变主意，把所有其他的人都打发走了。随后据说他内心里很长期间进行了十分激烈的斗争，这时他思想中的冲突反映在他的表情和眼神上，他虽然不讲话，但他内心的秘密是可以从表情和眼神看出来的。但是最后他还是下令把苏拉召请来，同意苏拉的期望，为努米底亚人设下一个圈套。

约定那天到来了，人们告诉他说朱古达已经不远了，于是他就偕同几位友人和罗马财务官[①]到一座小山上去——那些伺伏着的人们可以清楚地看到这座小山——好像是出迎朱古达以示对他的尊重。按照约定，朱古达也来到了同一个地方，他只带着几名随从，但是没有带武器。约定的信号一经发出，伺伏的人们立刻从四面八方冲向他。和他同来的人都被杀死，国王本人被捆绑起来交给了苏拉，苏拉把他带给了马略。

（114）就在这同时，我们的统帅克温图斯·凯皮欧和格涅乌

① 即苏拉。——英译本

斯·曼利乌斯却败在了高卢人之手[①]。这件事引起的恐怖使整个意大利感到战栗。当时的甚至直到我们今天的罗马人都相信，对他们的勇气来说，所有其他一切都是容易对付的，只有对高卢人，他们是为了生存而不是为了光荣而战斗。但是当人们宣告说努米底亚的战争已经结束而被捉住的朱古达正在被带到罗马来时，马略尽管本人不在场，却再度当选为执政官，并且把高卢行省分配给他。在元旦那天[②]，他就任执政官之职并且十分隆重地举行了凯旋式[③]。当时我们国家的希望和幸福都掌握在他手里了[④]。

① 这里指的是公元前105年10月16日长官克温图斯·赛尔维利乌斯·凯皮欧和执政官格涅乌斯·曼利乌斯·玛克西姆斯在阿劳西欧(今天的奥兰治)附近对金布里人而不是对高卢人进行的战斗。金布里人是日耳曼人而不是凯尔特人。金布里人曾入侵高卢，后来又入侵意大利，他们曾击败六支罗马军队，从而在罗马引起如此大的恐怖，以致在后来马略和克温图斯·路图提乌斯·卡图路斯于公元前101年在维尔塞勒平原上歼灭他们之后多年人们在提起他们时还心有余悸。——法译本

② 公元前104年。——法译本

③ 在这一天，被上了镣铐的朱古达和他的两个儿子走在凯旋者的战车前面。他被剥下了衣服后投进了罗马的图利亚努姆地牢。据说当时他曾叫道："赫邱利斯啊，你的浴室是冷的！"(普鲁塔克:《马略传》，第12章)6天之后，马略下令把他在那里绞死(埃乌特洛佩)，也有人说，朱古达是饿死在那里的(普鲁塔克)，——法译本注，有删节。

④ 当马略击溃金布里人和条顿人从而挽救了罗马之后，他被称为"第三位罗慕路斯"。——法译本

参考年表

公元前157年(汉文帝元后七年)　罗马执政官为赛克斯图斯·优利乌斯·恺撒(Sextus Julius Caesar)和路奇乌斯·奥列利乌斯·欧列斯特斯(Lucius Aurelius Orestes)。

△盖乌斯·马略出生。

公元前149年(汉景帝中元元年)　罗马执政官为路奇乌斯·玛尔奇乌斯·肯索里努斯(Lucius Marcius Censorinus)和玛尔库斯·曼利乌斯(Marcus Manlius)。

△第三次布匿战争(至公元前146年)。

△玛尔库斯·波尔奇乌斯·加图去世(公元前234年生)。

△努米底亚国王玛西尼撒去世(约公元前230年生)。

公元前143年(汉景帝后元元年)　罗马执政官为阿皮乌斯·克劳狄乌斯·普尔凯尔(Appius Claudius Pulcher)和克温图斯·凯奇利乌斯·梅特路斯·马凯多尼库斯(Quintus Caecilius Metellus Macedonicus)。

△努曼提亚战争开始(一说开始于公元前144年)(至公元前133年)。

公元前138年(汉武帝建元三年)　罗马执政官为普布利乌斯·科尔涅利乌斯·斯奇比奥·纳西卡·赛拉比奥(Publius Cornelius Scipio Nasica)和德奇姆斯·尤尼乌斯·布路图斯(Decimus Junius Bruttus)。

△路奇乌斯·科尔涅利乌斯·苏拉出生。

公元前136年(汉武帝建元五年)　罗马执政官为路奇乌斯·福里乌斯·皮路斯(Lucius Furius Philus)和赛克斯图斯·阿提利乌斯·赛尔腊努斯(Sextus Atilius Serranus)。

△西西里爆发第一次奴隶起义(至公元前132年)。

公元前133年(汉武帝元光二年)　罗马执政官为普布利乌斯·穆奇乌

斯·司凯沃拉(Publius Mucius Scaevola)和路奇乌斯·卡尔普尔尼乌斯·皮索·福茹吉(Lucius Calpurnius Piso Frugi)。

△努曼提亚战争结束。

△提贝里乌斯·显普洛尼乌斯·格拉古任保民官并遇害(提·格拉古生于公元前163年,一说公元前162年)。

公元前121年(汉武帝元狩二年)　罗马执政官为路奇乌斯·欧皮米乌斯(Lucius Opimius)和克温图斯·法比乌斯·马克西姆斯·阿洛布罗吉库斯(Quintus Fabius Maximus Allobrogicus)。

△米奇普撒过继朱古达为继子。

△盖乌斯·显普洛尼乌斯·格拉古遇害(公元前153年生)。

公元前119年(汉武帝元狩四年)　罗马执政官为路奇乌斯·凯奇利乌斯·梅特路斯·达尔玛提库斯(Lucius Caecilius Metellus Dalmaticus)和路奇乌斯·奥列利乌斯·科塔(Lucius Aurelius Cotta)。

△马略任保民官。

公元前118年(汉武帝元狩五年)　罗马执政官为玛尔库斯·波尔奇乌斯·加图(Marcus Porcius Cato)和克温图斯·玛尔奇乌斯·列克斯(Quintus Marcius Rex)。

△米奇普撒死。继子朱古达杀死米奇普撒之幼子希延普撒尔,逐其长子阿多儿巴尔。

公元前116年(汉武帝元鼎元年)　罗马执政官为盖乌斯·李奇尼乌斯·盖塔(Caius Licinius Geta)和克温图斯·法比乌斯·马克西姆斯·埃布尔努斯(Quintus Fabius Maximus Eburnus)。

△玛尔库斯·提伦提乌斯·瓦罗出生。

公元前115年(汉武帝元鼎二年)　罗马执政官为玛尔库斯·埃米利乌斯·司考茹斯(Marcus Aemilius Scaurus)和玛尔库斯·凯奇利乌斯·梅特路斯(Marcus Caecilius Metellus)。

△马略任行政长官。

公元前113年(汉武帝元鼎四年)　罗马执政官为盖乌斯·凯奇利乌斯·梅特路斯·卡普腊里乌斯(Caius Caecilius Metellus Caprarius)和格涅乌斯·帕皮里乌斯·卡尔波(Cnaeus Papirius Carbo)。

△朱古达入侵阿多儿巴尔之领土。

公元前 112 年(汉武帝元鼎五年)　　罗马执政官为玛尔库斯·李维乌斯·杜路苏斯(Marcus Livius Drusus)和路奇乌斯·卡尔普尔尼乌斯·披佐·凯索尼努斯(Lucius Calpurnius Piso Caesoninus)。

△朱古达杀害阿多儿巴尔。

△玛尔库斯·李奇尼乌斯·克拉苏出生(推定)。

公元前 111 年(汉武帝元鼎六年)　　罗马执政官为普布利乌斯·科尔涅利乌斯·斯奇比奥·纳西卡·赛拉比奥(Publius Cornelius Scipio Nasica Serapio)和路奇乌斯·卡尔普尔尼乌斯·贝斯提亚(Lucius Calpurnius Bestia)。

△贝斯提亚至阿非利加,败于朱古达。

公元前 110 年(汉武帝元封元年)　　罗马执政官为玛尔库斯(《朱古达战争》正文中为克温图斯,疑误)·米努奇乌斯·茹福斯(Marcus Minucius Rufus)和斯普里乌斯·波斯图米乌斯·阿尔比努斯(Spurius Postumius Albinus)。

△奥路斯败于朱古达。

公元前 109 年(汉武帝元封二年)　　罗马执政官为克温图斯·凯奇利乌斯·梅特路斯·努米地库斯(Quintus Caecilius Metellus Numidicus)和玛尔库斯·尤尼乌斯·西拉努斯(Marcus Junius Silanus)。

△梅特路斯至阿非利加,马略任副帅。

公元前 108 年(汉武帝元封三年)　　罗马执政官为赛克斯图斯·苏尔皮奇乌斯·伽尔巴(Sextus Sulpicius Galba)(由玛尔库斯·奥列利乌斯·司考茹斯〈Marcus Aurelius Scaurus〉递补)和路奇乌斯·荷尔田西乌斯(Lucius Hortensius)。

△朱古达逃入沙漠腹地。

△喀提林出生。

公元前 107 年(汉武帝元封四年)　　罗马执政官为路奇乌斯·卡西乌斯·隆吉努斯(Lucius Cassius Longinus)和盖乌斯·马略(Caius Marius)。

△马略代替梅特路斯担任对朱古达作战之统帅并打败朱古达。

公元前 106 年(汉武帝元封五年)　　罗马执政官克温图斯·赛尔维利乌

斯·凯皮欧(Quintus Servilius Caepio)和盖乌斯·阿提利乌斯·赛尔腊努斯(Caius Attilius Serranus)。

△梅特路斯被召回罗马。

△玛尔库斯·图利乌斯·西塞罗(Marcus Tullius Cicero)出生。

△格涅乌斯·庞培(Gnaeus Pompelùs)出生。

公元前105年(汉武帝元封六年)　罗马执政官为普布利乌斯·茹提利乌斯·茹福斯(Publius Rutilius Rufus)和盖乌斯·玛利乌斯·马克西姆斯(Caius Mallius Maximus)。

△朱古达被擒。

公元前104年(汉武帝太初元年)　罗马执政官为盖乌斯·马略(再度当选)和盖乌斯·弗拉维乌斯·芬布里亚(Caius Flavius Fimbria)。

△朱古达被解至罗马并死于狱中。

△西西里爆发第二次奴隶起义(至公元前100年)。

公元前103年(汉武帝太初二年)　罗马执政官为盖乌斯·马略(三度当选)和路奇乌斯·奥列利乌斯·欧列斯特斯(Lucius Aurelius Orestes)。

公元前102年(汉武帝太初三年)　罗马执政官为盖乌斯·马略(四度当选)和克温图斯·路塔提乌斯·卡图路斯(Quintus Lutatius Catullus)。

△马略在阿克瓦埃·赛克斯提埃(Aquae Sextiae)打败条顿人。

公元前101年(汉武帝太初四年)　罗马执政官为盖乌斯·马略(五度当选)和玛尔库斯·阿克维利乌斯(Marcus Aquillius)。

△马略在维尔凯莱(Vercellae)附近击败金布里人。

△盖乌斯·优利乌斯·恺撒(Gaius Julius Caesar)出生(尚有公元前102年和公元前100年两说)。

公元前95年(汉武帝太始二年)　罗马执政官为克温图斯·穆奇乌斯·司凯沃拉(Quintus Mucius Scaevola)和路奇乌斯·李奇尼乌斯·克拉苏(Lucius Licinius Crassus)。

△玛尔库斯·波尔奇乌斯·加图·乌提肯西斯(Marcus Porcius Cato Uticensis)出生。

公元前86年(汉昭帝始元元年)　罗马执政官为路奇乌斯·科尔涅利乌斯·秦纳(Lucius Cornelius Cinna)和盖乌斯·马略(七度当选)

△马略死，执政官职位由路奇乌斯·瓦列里乌斯·弗拉库斯(Lucius Valerius Flaccus)递补。

△苏拉破米特拉达特斯军。

△盖乌斯·撒路斯提乌斯·克里斯普斯(Gaius Sallustius Crispus)出生(一说公元前 87 年)。

公元前 82 年(汉昭帝昭元五年)　罗马执政官为盖乌斯·马略(Gaius Marius)(小)和格涅乌斯·帕皮里乌斯·卡尔波(Gnaeus Papirius Carbo)(三度当选)。

△苏拉进入罗马，并被宣布为终身的独裁官(公元前 79 年自动交卸这一权力)。

公元前 73 年(汉宣帝本始元年)　罗马执政官为玛尔库斯·提伦提乌斯·李奇尼亚努斯·瓦罗·路库路斯(Marcus Terentius Licinianus Varro Lucullus)和盖乌斯·卡西乌斯·隆吉努斯(Caius Cassius Longinus)。

△斯巴达克起义(至公元前 71 年)。

公元前 68 年(汉宣帝地节二年)　罗马执政官路奇乌斯·凯奇利乌斯·梅特路斯(Lucius Caecilius Metellus)(由赛尔维利乌斯·瓦提亚〈Servilius Vatia〉递补)和克温图斯·玛尔奇乌斯·列克斯(Quintus Marcius Rex)。

△喀提林任行政长官。

△恺撒任财务官。

公元前 67 年(汉宣帝地节三年)　罗马执政官为盖乌斯·卡尔普尔尼乌斯·皮索(Caius Calpurnius Piso)和玛尔库斯·阿奇利乌斯·格拉布里欧(Marcus Acilius Glabrio)。

△喀提林出任阿非利加长官。

△伽比尼乌斯法授权庞培对海盗作战，历史学家西森纳任副帅。

公元前 66 年(汉宣帝地节四年)　罗马执政官为玛尔库斯·埃米利乌斯·雷比达(Marcus Aemilius Lepidus)和路奇乌斯·沃尔卡奇乌斯·图路斯(Lucius Volcacius Tullus)。

△喀提林返回罗马竞选执政官，未成。

△西塞罗任行政长官。

△玛尼利乌斯法授权庞培对米特拉达特斯作战。庞培战败米特拉达特斯。

公元前 65 年(汉宣帝元康元年)　　罗马执政官为路奇乌斯·奥列利乌斯·科塔(Lucius Aurelius Cotta)(与公元前 119 年的执政官同名。但并非一人)和路奇乌斯·曼利乌斯·托尔克瓦图斯(Lucius Manlius Torquatus)。

△喀提林被控在阿非利加有渎职罪行,但被宣告无罪。

△诗人贺拉斯(Quintus Horatius Flaccus)出生。

△恺撒任高级营造官。

公元前 64 年(汉宣帝元康二年)　　罗马执政官路奇乌斯·优利乌斯·恺撒(Lucius Julius Caesar)和盖乌斯·玛尔奇乌斯·费古路斯(Gaius Marcius Figulus)。

△喀提林再度竞选执政官失败。

△庞培整顿亚细亚的新领土(至公元前 61 年)。

公元前 63 年(汉宣帝元康三年)　　罗马执政官玛尔库斯·图利乌斯·西塞罗和盖乌斯·安托尼乌斯(Gaius Antonius)。

△喀提林和曼利乌斯被宣布为罗马的敌人。

△朗图路斯等人的阴谋被发觉并被处死。

△西塞罗在元老院并对人民发表演说四次,史称反喀提林演说(11 月至 12 月)

△奥古斯都出生。

△米特拉达特斯自杀。

公元前 62 年(汉宣帝元康四年)　　罗马执政官为德奇姆斯·尤尼乌斯·西拉努斯(Decimus Junius Silanus)和路奇乌斯·李奇尼乌斯·穆列纳(Lucius Licinius Murena)。

△恺撒任行政长官。

△喀提林的军队为安托尼乌斯的军队所击溃。喀提林本人战死。

公元前 61 年(汉宣帝神爵元年)　　执政官为玛尔库斯·普皮乌斯·皮索·佛茹吉·卡尔普尔尼亚努斯(Marcus Pupius Piso Frugi Calpurnianus)和玛尔库斯·瓦列里乌斯·梅撒拉·尼格尔(Marcus Valerius Messalla

Niger)。

△恺撒任西班牙长官。

△庞培凯旋罗马。

公元前 60 年(汉宣帝神爵二年) 罗马执政官为克温图斯·凯奇利乌斯·梅特路斯·凯莱尔(Quintus Caecilius Metellus Celer)和路奇乌斯·阿弗腊尼乌斯(Lucius Afranius)。

△克拉苏、庞培和恺撒结成私人的联盟(史称“前三头”)。

公元前 59 年(汉宣帝神爵三年) 罗马执政官为盖乌斯·优利乌斯·恺撒(Gaius Julius Caesar)和玛尔库斯·卡尔普尔尼乌斯·毕布路斯(Marcus Calpurnius Bibulus)。

△撒路斯提乌斯任财务官。

△历史学家李维(Titus Livius)出生。

公元前 58 年(汉宣帝神爵四年) 罗马执政官为路奇乌斯·卡尔普尔尼乌斯·皮索·凯索尼努斯(Lucius Calpurnius Piso Caesoninus)和奥路斯·伽比尼乌斯(Aulus Gabinius)。

△恺撒在高卢作战(至公元前 50 年)。

△西塞罗被放逐。

公元前 57 年(汉宣帝五凤元年) 罗马执政官为普布利乌斯·科尔涅利乌斯·朗图路斯·司宾提尔(Publius Cornelius Lentulus Spinther)和克温图斯·凯奇利乌斯·梅特路斯·涅波斯(Quintus Caecilius Metellus Nepos)。

△西塞罗返回罗马。

△恺撒平定高卢西北部。

公元前 56 年(汉宣帝五凤二年) 罗马执政官为盖乌斯·科尔涅利乌斯·朗图路斯·玛尔凯利努斯(Gaius Cornelius Lentulus Marcellinus)和路奇乌斯·玛尔奇乌斯·腓利普斯(Lucius Marcius Philippus)。

△“前三头”在路卡会面。

△恺撒在布列塔尼南岸击败味内提人,在高卢东南部击败阿克维塔尼人。

公元前 53 年(汉宣帝甘露元年) 罗马执政官为格涅乌斯·多米提乌斯·

卡尔维努斯(Gnaeus Domitius Calvinus)和玛尔库斯·瓦列里乌斯·梅撒拉·茹福斯(Marcus Valerius Mesalla Rufus)。

△克拉苏阵亡(公元前112年生)。

△西塞罗当选占卜官。

公元前52年(汉宣帝甘露二年)　罗马执政官为庞培(Gnaeus Pompeius Magnus)(三度当选,前两次是公元前70年和公元前55年)和克温图斯·凯奇利乌斯·梅特路斯·皮乌斯·斯奇比奥(Quintus Caecilius Metellus Pius Scipio)。

△恺撒在阿列西亚战胜维尔琴盖托里克斯。

△撒路斯提乌斯任保民官,因道德败坏的罪名被监察官奥路斯·克劳狄乌斯·普尔凯尔(Aulus Claudius Pulcher)开除出元老院。

△克洛狄乌斯在同米洛一伙的冲突中遇害。

公元前51年(汉宣帝甘露三年)　罗马执政官为赛克斯图斯·苏尔皮奇乌斯·茹福斯(Sextus Sulpicius Rufus)和玛尔库斯·克劳狄乌斯·玛尔凯路斯(Marcus Claudius Marcellus)。

△西塞罗出任奇利奇亚长官。

△元老院展开中止恺撒在高卢统帅权的活动。

△恺撒平定高卢。

公元前50年(汉宣帝甘露四年)　罗马执政官为路奇乌斯·埃米利乌斯·保路斯(Lucius Aemilius Paullus)和盖乌斯·克劳狄乌斯·玛尔凯路斯(Gaius Claudius Marcellus)。

△恺撒返回山南高卢(春天)。

△西塞罗自奇利奇亚返回罗马(冬天)。

公元前49年(汉宣帝黄龙元年)　罗马执政官为盖乌斯·克劳狄乌斯·玛尔凯路斯(Gaius Claudius Warcellus)(与前一年的同名执政官系兄弟,并非一人)和路奇乌斯·科尔涅利乌斯·朗图路斯·克茹斯(Lucius Cornelius Lentulus Crus)。

△恺撒渡过卢比康河南下,庞培东渡去巴尔干(年初)。

△恺撒自本年起每年都是罗马独裁官。

△西塞罗去庞培处(4月)。

公元前48年(汉元帝初元元年)　罗马执政官盖乌斯·优利乌斯·恺撒和普布利乌斯·赛尔维利乌斯·瓦提亚·伊扫里库斯(Publius Servilius Vatia Isauricus)。

△庞培在帕尔撒路斯一役败于恺撒,出奔埃及后遇害。

△西塞罗返回罗马(冬)。

公元前47年(汉元帝初元二年)　罗马执政官克温图斯·福费乌斯·卡列努斯(Quintus Fufius Calenus)和普布利乌斯·瓦提尼乌斯(Publius Vatinius)。

△恺撒安排了埃及克利奥帕特拉姊弟事后去叙利亚,后返回罗马。

△撒路斯提乌斯参加镇压坎佩尼亚的军事暴动并在恺撒的支持下任行政长官。

公元前46年(汉元帝初元三年)　罗马执政官为盖乌斯·优利乌斯·恺撒和玛尔库斯·埃米利乌斯·雷比达(Marcus Aemilius Lepidus)。

△恺撒在塔普苏斯一役打败庞培派,小加图在乌提卡自杀。

△恺撒自阿非利加返回罗马,举行了四重的凯旋式(高卢、亚历山大里亚、本都和阿非利加)。

△撒路斯提乌斯任新阿非利加(Africa Nova)长官。

公元前45年(汉元帝初元四年)　罗马执政官为盖乌斯·优利乌斯·恺撒。

△恺撒在孟达之役打败庞培派。

公元前44年(汉元帝初元五年)　罗马执政官为盖乌斯·优利乌斯·恺撒和玛尔库斯·安东尼(Marcus Antonius)。

△恺撒遇刺于元老院(3月)。普布利乌斯·科尔涅利乌斯·多拉倍拉(Publius Cornelius Dolabella)补缺。

△撒路斯提乌斯退出政治生活,从事著述。

公元前43年(汉元帝永光元年)　罗马执政官为盖乌斯·维比乌斯·潘撒·凯特洛尼亚努斯(Caius Vibius Pansa Caetronianus)和奥路斯·希尔提乌斯(Aulus Hirtius)。

△屋大维进军罗马,任执政官(补缺)。

△屋大维、安东尼和雷比达结成私人联盟(史称“后三头”)。

△西塞罗遇害(年底)。

公元前 41 年(汉元帝永光三年)　　罗马执政官为路奇乌斯・安东尼(Luciùs Antonius)和普布利乌斯・赛尔维利乌斯・瓦提亚・伊扫里库斯(再度当选)。

△撒路斯提乌斯撰《喀提林阴谋》。

△屋大维、雷比达对安东尼作战,后又言和。屋大维之姊妹屋大维娅嫁安东尼。

公元前 39 年(汉元帝永光五年)　　罗马执政官为路奇乌斯・玛尔奇乌斯・肯索里努斯(Lucius Marcius Censorinus)和盖乌斯・卡尔维西乌斯・撒比努斯(Caius Calvisius Sabinus)。

△屋大维、安东尼和赛克斯图斯・庞培缔结米赛努姆条约。

△安东尼对帕尔提亚作战。

△撒路斯提乌斯撰《朱古达战争》。

公元前 36 年(汉元帝建昭三年)　　罗马执政官为路奇乌斯・盖利乌斯・波普利科拉(Lucius Gellius Poplicola)和玛尔库斯・科凯乌斯・涅尔瓦(Marcus Cocceius Nerva)。

△撒路斯提乌斯撰《历史》。

△雷比达向屋大维投降。

公元前 35 年(汉元帝建昭四年)　　罗马执政官为赛克斯图斯・庞培(Sextus Pompeius)和路奇乌斯・科尔尼费奇乌斯(Lucius Cornificius)。

△撒路斯提乌斯去世(推定)。

△赛克斯图斯・庞培为安东尼的副帅玛尔库斯・提提乌斯(Marcus Titius)俘获并处死。普布利乌斯・科尔涅利乌斯・斯奇比奥(Publius Cornelius Scipio)递补为执政官。

(译者辑录)

要目索引

（按汉语拼音顺序排列。《喀提林阴谋》简为“喀”，《朱古达战争》简为“朱”，后面数字为原文章节。）

A

阿波里吉涅斯人（Aborigines，意大利土著居民的名称）喀：6。

阿多儿巴尔（Adherbal）朱：5、9、10、11、13、15、16、20、21、22、25、26、35、48。

阿尔比努斯，奥路斯·波斯图米乌斯（Albinus，Aulus Postumius，公元前110年至公元前109年的冬天，他代替他的兄弟斯普里乌斯·阿尔比努斯统率对朱古达作战的军队）朱：36、37、38、39、44。

阿尔比努斯，斯普里乌斯·波斯图米乌斯（Albinus，Spurius Postumius，公元前110年度执政官）朱：35、36、39、44、55、77、85。

亚美尼亚人（Armenii）朱：18。

阿尔列提乌姆（Arretium）喀：36。

阿尔皮努姆（Arpinum，沃尔斯奇人地区的一个城镇，马略和西塞罗的故乡）朱：63。

阿非利加（Africa）朱：5、13、14、17、18、19、20、21、22、23、25、27、28、30、36、39、44、46、48、79、86、89、96、97、104。

阿洛布罗吉斯人（Allobroges，高卢部族，居住地自日内瓦湖西南直到罗讷河）喀：40、41、44、45、49、50、52。

阿普利亚（Apulia，意大利东南部一个地区）喀：27、30、42、46。

阿斯帕尔（Aspar，朱古达雇用的努米底亚间谍）朱：108、109、112。

阿温提努斯山（Aventinus，罗马最南端的山）朱：31。

埃及（Aegyptus）朱：19。

埃涅阿斯（Aeneas）喀：6。

埃塞俄比亚人（Aethiopes）朱：19。

埃特路里亚(Etruria)喀:27、28。

埃特路里亚人(Tusci)喀:51。

安尼乌斯,盖乌斯(Annius, Caius,大列普提斯长官)朱:77。

安尼乌斯,克温图斯(Annius, Quintus,喀提林的友人)喀:17。

安托尼乌斯,盖乌斯(Antonius, Caius,公元前63年度执政官)喀:21、24、26、36、56、57、59。

奥特洛尼乌斯,普布利乌斯(Autronius, Publius、公元前75年和西塞罗一道任财政官,他当选为公元前65年度执政官但被发现有行贿行为,喀提林阴谋的参加者)喀:17、18、47、48。

B

巴埃比乌斯,盖乌斯(Baebius, Caiuse,公元前111年度保民官)朱:33、34。

柏尔修(Perses,马其顿国王,腓力普三世之子和继承者,公元前108年为罗马人所败)喀:51;朱:81。

保路斯,路奇乌斯·埃米利乌斯(Paulus, Lucius Aemilius,三头之一的雷比达的兄弟,公元前50年度执政官)喀:31。

贝利耶努斯,路奇乌斯(Bellienus, Lucius,公元前106年任阿非利加行省行政长官级长官)朱:104。

贝斯提亚,路奇乌斯·卡尔普尔尼乌斯(Bestia, Lucius Calpurnius,公元前111年度长官并在该年负责对朱古达作战事宜)朱:27、28、29、30、32、34、35、40、77、85。

贝斯提亚,路奇乌斯·卡尔普尔尼乌斯(Bestia, Lucius Calpurnius,同名前者的侄子,喀提林阴谋参加者)喀:17、43。

波库斯(Bocchus,玛乌列塔尼亚国王,朱古达的岳父)朱:19、62、74、80、83、88、97、101、102、103、104、105、106、107、108、109、112、113。

波米尔卡(Bomilcar,努米底亚人,朱古达的友人)朱:35、49、52、61、70、71、72、73。

波斯人(Persae)朱:18。

波斯图米乌斯,见阿尔比努斯。

布路提乌姆(Bruttium,意大利西南端布路提伊人的居住区)喀:42。

布路图斯,德奇姆斯·尤尼乌斯(Brutus, Decimus Junius,公元前77年度执政官、显普洛尼娅的丈夫)喀:40。

D

达巴尔(Dabar,玛苏格拉达之子、玛西尼撒之孙)朱:108、109、112。

达玛西普斯,路奇乌斯·李奇尼乌斯(Damasippus, Luciu Licinius,公

元前 82 年他任行政长官时，作为马略派，曾处死过苏拉派，因而在苏拉在科利努斯门一战取得胜利后，把他处死了）喀：51。
大洋（Oceanus，即大西洋）朱：17、18。

F

腓莱尼兄弟（Philaeni，迦太基人两兄弟，腓莱尼・阿莱即腓莱尼兄弟的祭坛由此得名）朱：19、79。
腓尼基人（Phoenices）朱：19。
费古路斯，盖乌斯・玛尔奇乌斯（Figulus，Caius Marcius，公元前 64 年度执政官）喀：17。
费祖莱（Faesulae，埃特路里亚的城镇，今天是佛罗伦萨附近的费佐列）喀：24、27、30。
弗拉库斯，路奇乌斯・瓦列里乌斯（Flaccus，Lucius Valerius，公元前 63 年度行政长官，后因受到西塞罗的辩护而知名）喀：45、46。
弗拉库斯，玛尔库斯・富尔维乌斯（Flaccus，Marcus Fulvius，格拉古兄弟派，公元前 121 年被杀害）朱：16、31、42。
弗拉米尼乌斯，盖乌斯（Flaminius，Gaius）喀：36。
福里乌斯，普布利乌斯（Furius，Publius，费祖莱人）喀：50。
富尔维乌斯，奥路斯（Fulvius，Aulus，元老之子，喀提林阴谋参加者）喀：39。
富尔维乌斯・诺比利欧尔，玛尔库斯（Fulvius Nobilior，Marcus，罗马骑士，喀提林派）喀：17。
富尔维娅（Fulvia）喀：23、26、28。

G

盖土勒人（Gaetuli，东北非洲的一个民族，在努米底亚人之南）朱：18、19、80、88、97、99、103。
高卢（Gallia）喀：40、56、57、58；朱：114。
高卢人（Galli）喀：45、47、52、53、114。
格拉古，盖乌斯・显普洛尼乌斯（Gracchus Gaius Sempronius，公元前 123 年与公元前 122 年度保民官，提贝里乌斯・格拉古之弟）朱：16、31、42。
格拉古，提贝里乌斯・显普洛尼乌斯（Gracchus，Tiberius Sempronius，公元前 133 年保民官，盖乌斯之兄）朱：31、42。
格拉古兄弟（Gracchi，指提贝里乌斯与盖乌斯兄弟）朱：42。
古鲁撒（Gulussa，玛西尼撒之子）朱：5、35。

J

加图・乌提肯西斯，玛尔库斯・波尔

奇乌斯，(Cato Uticensis, Marcus Porcius，监察官加图之重孙，恺撒在塔普苏斯战胜后，加图自杀于乌提卡)喀:52、53、54、55。
伽比尼乌斯见卡皮托。
伽乌达(Gauda, 朱古达之兄弟)朱:65。
迦太基(Carthago)喀:10；朱:18、19、41、79。
迦太基人(Carthaginienses)喀:51；朱:5、14、19、79、81。
金布里人(Cimbri，日耳曼部族，后为马略所征服)喀:59。
近西班牙(Hispania Citerior)喀:18、21。
居鲁士(Cyrus，波斯王国〈公元前559—公元前529〉的创立者)喀:2。
喀提林，路奇乌斯·赛尔吉乌斯(Catilina, Lucius Sergius)喀:4、5、14、15、16、17、18、20、21、22、23、24、26、31、34、35、36、37、39、42、43、44、48、51、52、56、57、60、61。
卡尔普尔尼乌斯，见贝斯提亚。
卡美里努姆(Camerinum, 翁布里亚的城镇)喀:27。
卡皮托，普布利乌斯·伽比尼乌斯(Capito, Publius Gabinius，罗马骑士，喀提林的追随者)喀:17、40、43、46、47、52、55。
卡皮托利乌姆(Capitolium, 罗马卡皮托利努斯山上朱庇特、朱诺和米涅尔瓦的神殿)喀:18、47。
卡普撒(Capsa, 努米底亚东南部的城镇，今天的伽法)朱:89、91、97。
卡普亚(Capua, 坎佩尼亚的古城)喀:30。
卡塔巴特莫斯(Catabathmos, 北阿非利加的一部分，位于库列奈卡和尼罗河之间)优:17、19。
卡图路斯，克温图斯·路塔提乌斯(Catulus, Quintus Lutatius, 公元前78年和雷比达一道任执政官，公元前101年战胜金布里人的那个卡图路斯的儿子)喀:34、35、49。
卡西乌斯见隆吉努斯。
凯帕里乌斯(Caeparius, 提拉乞那人、喀提林之友)喀:46、47、52、55。
凯皮欧，克温图斯·赛尔维利乌斯(Caepio, Quintus Servilius, 公元前106年度执政官，公元前105年被金布里人在阿劳西欧战败)朱:114。
凯提古斯，盖乌斯·科尔涅利乌斯(Cethegus, Gaius Cornelius, 喀提林阴谋参加者)喀:17、32、43、44、46、47、48、50、52、55、57。
恺撒，盖乌斯·优利乌斯(Caesar, Gaius Julius)喀:47、49、50、52、53、54。
恺撒，路奇乌斯·优利乌斯(Caesar,

Lucius Julius，公元前64年度执政官)喀:17。

科尔尼费奇乌斯，克温图斯(Cornificius，Quintus，西塞罗的友人，公元前63年竞选执政官)喀:47。

科尔涅利乌斯，盖乌斯(Cornelius，Gaius，自愿去刺杀西塞罗的罗马骑士)喀:17、28。

科塔，路奇乌斯·奥列利乌斯(Cotta，Lucius Aurelius，公元前65年度执政官)喀:18。

克拉苏，玛尔库斯·李奇尼乌斯(Crassus，Marcus Licinius，三头之一)喀:17、19、38、47、48。

克拉苏，普布利乌斯·李奇尼乌斯(Crassus，Publius Licinius)朱:37。

克罗顿(Croton，布路提乌姆沿岸大希腊之城市)喀:44。

库里乌斯，克温图斯(Curius，Quintus，喀提林阴谋参加者)喀:17、23、26、28。

L

拉凯戴孟(Lacedaemonii，即斯巴达人)喀:2、51。

拉里斯(Laris，努米底亚城市)朱:90。

拉丁姆(Latium)朱:69、84、95。

莱卡，玛尔库斯·波尔奇乌斯(Laeca，Marcus Porcius，元老，喀提林之友人)喀:17、27。

朗图路斯·斯宾特尔，普布利乌斯·科尔涅利乌斯(Lentulus Spinther，Publius Cornelius，西塞罗之友人，公元前63年度营造官和公元前57年度执政官)喀:47。

朗图路斯·苏拉，普布利乌斯·科尔涅利乌斯(Lentulus Sura，Publius Cornelius，喀提林阴谋参加者，公元前71年度执政官，公元前63年再度担任行政长官)喀:17、32、39、43、44、46、47、50、51、52、55、57、58。

利比亚人(Libyes)朱:18。

利古里亚人(单数)(Ligus)朱:93、94。

利古里亚人(Ligures，山南高卢居民，在今热那亚附近)朱:38、77、100。

利美塔努斯(Limetanus，Gaius Mamilius，公元前110年度保民官)朱:40。

列吉乌姆(Regium，意大利西南端的城市，今天的列吉欧)朱:28。

列克斯，克温图斯·玛尔奇乌斯(Rex，Quintus Marcius)喀:30、32、34。

雷比达，玛尔库斯·埃米利乌斯(Lepidus，Marcus Aemilius，公元前66年度执政官)喀:18。

列普提斯(Leptis或Lepcis，阿非利加北岸同名两座城市，有大小之分）朱：19、77。

列普提斯人（Leptitani）朱：77、79。

隆吉努斯，路奇乌斯·卡西乌斯（Longinus，Lucius Cassius，公元前111年度行政长官，公元前107年度执政官，本年在高卢对提古里尼人的战斗中阵亡）朱：32、33。

隆吉努斯，路奇乌斯·卡西乌斯（与前者同名，公元前66年度行政长官，喀提林阴谋参加者）喀：17、44、50。

罗得斯人（Rhodii）喀：51。

罗马（Roma）喀：6、18、27、30、31、32、34、36、37、39、40、43、47、52、53、56、58；朱：8、13、16、20、21、22、23、25、27、28、29、30、32、33、35、36、37、39、40、41、46、55、61、62、65、73、77、80、82、88、95、102、103、104、114。

罗马人（单数）（Romanus）朱：108。

罗马人（Romani）喀：6、53；朱：7、10、49、50、52、53、54、56、57、61、66、70、74、76、80、81、87、94、97、98、101、103、108、111、114。

M

马略，盖乌斯（Marius Gaius）喀：59；朱：46、50、55、56、57、59、60、63、64、65、73、82、84、86、87、88、89、92、93、94、96、97、98、99、100、101、102、103、104、105、112、113、114。

马其顿（Macedonia）朱：35。

玛尔奇乌斯，见（费古路斯）。

玛克西姆斯，克温图斯·法比乌斯（Maximus，Quintus Fabius，对汉尼拔采取拖垮策略的人，故有Cunctator之名）朱：4。

玛帕利亚（Mapalia，努米底亚农村的房舍）朱：18。

玛斯塔那巴尔（Mastanabal，玛西尼撒之私生子）朱：5、65。

玛苏格拉达（Massugrada，可能也是玛西尼撒之子）朱：108。

玛乌里人（单数）（Maurus，正文中译为摩尔人）朱：97、106、107、108、113。

玛乌里人（Mauri）朱：18、19、80、82、99、101、107。

玛乌列塔尼亚（Mauretania）喀：21；朱：16、19、62。

玛西利亚（Massilia，今天的马赛）喀：34。

玛西尼撒（Masinissa，努米底亚国王，公元前204年与罗马人结盟，公元前149年卒）朱：5、9、14、24、35、65、108。

玛西瓦（Massiva，古鲁撒之子、玛西尼撒之孙）朱：35、61。

曼利乌斯，奥路斯（Manlius，Aulus，

马略的副帅)朱:86、90、100、102。
曼利乌斯,盖乌斯(Manlius, Gaius,原苏拉部下百人团长,在费祖莱从事武装活动以响应卡提利那)喀:24、27、28、29、30、32、36、56、59、60。
曼利乌斯·(玛克西姆斯),格涅乌斯(Manlius〈Maximus〉Gnaeus,公元前105年度执政官)朱:114。
曼奇努斯,提图斯·曼利乌斯(Mancinus, Titus Manlius,公元前107年度保民官)朱:73。
梅特路斯·凯莱尔,克温图斯·凯奇利乌斯(Metellus Celer, Quintus Caecilius,公元前63年度行政长官)喀:30、42、57。
梅特路斯·克列提库斯,克温图斯·凯奇利乌斯(Metellus Creticus, Quintus Caecilius,公元前69年度执政官)喀:30。
梅特路斯·努米地库斯,克温图斯·凯奇利乌斯(Metellus Numidicus, Quintus Caecilius,公元前109年度执政官,公元前109年至公元前107年间对朱古达作战的统帅)朱:43、44、45、46、47、48、49、50、51、52、53、54、55、56、57、58、61、62、64、65、66、68、69、70、73、74、75、76、77、80、81、83、86、88、89。
美米乌斯,盖乌斯(Memmius, Gaius,公元前111年度保民官)朱:27、30、32、33。
米底人(Medi,亚洲居住在底格里斯河以东的民族)朱:18。
米努奇乌斯见茹福斯。
米奇普撒(Micipsa,努米底亚国王玛西尼撒之子和继承人)朱:5、6、7、8、9、11、14、16、22、24、65、110。
摩尔人见玛乌里人。
穆尔维乌斯桥(Mulvis pons,罗马北部越过第伯河引向弗拉米尼乌斯大道的桥)喀:45。
穆列纳,盖乌斯·李奇尼乌斯(Murena, Caius Licinius,公元前63年度任山北高卢长官)喀:42。
穆路卡河(Muluccha,努米底亚和玛乌列塔尼亚之间的界河)朱:19、92、110。
穆图尔河(Muthul,努米底亚河流)朱:48。

N

纳布达尔撒(Nabdalsa,努米底亚人)朱:70、71。
纳西卡见斯奇比奥。
尼禄,提贝里乌斯·克劳狄乌斯(Nero, Tiberius Claudius,皇帝提贝里乌斯的祖父)喀:50。
诺比利欧尔(Nobilior)见富尔维乌斯。

诺玛德人(Nom ades，希腊人对北阿非利加居民的称呼)朱:18。

努凯里亚(Nuceria，康帕尼亚的城市，离那不勒斯不远)喀:21。

努曼提亚(Numantia，西班牙北部城市，公元前133年为小斯奇比奥摧毁)朱:8、10、15、20、101。

努米底亚(Numidia)朱:8、13、14、16、18、19、20、24、27、28、29、32、33、35、38、39、43、46、48、54、61、62、65、78、82、84、85、97、102、111、114。

努米底亚人(单数)(Numida)朱:12、35、54、55、71、101、106、108、111、113。

努米底亚人(Numidae)朱:5、6、7、11、12、13、15、18、19、20、21、24、25、26、28、38、46、47、49、50、51、52、53、54、56、57、58、59、60、61、62、66、67、68、69、74、75、78、80、89、90、91、92、93、94。

O

欧列丝提拉，奥列莉娅(Orestilla，Aurelia 喀提林的第二个妻子)喀:15、35。

欧罗巴(Europa)朱:17。

欧皮米乌斯，路奇乌斯(Opimius，Lucius，公元前121年度执政官，镇压过盖·格拉古的运动)朱:16。

P

庞培，格涅乌斯(Pompeius，Gnaeus)喀:16、17、19、38、39。

佩特列乌斯，玛尔库斯(Peteius，Marcus，安东尼的副帅，在皮斯托里亚对喀提林的队伍作战)喀:59、60。

皮凯努姆(Picenum)喀:27、42。

皮斯托里亚(Pist oria)喀:57。

皮索，盖乌斯·卡尔普尔尼乌斯(Piso，Gaius Calpurnius，公元前67年度执政官，公元前66年至公元前65年间纳尔波高卢执政官级长官)喀:49。

皮索，格涅乌斯·卡尔普尔尼乌斯(Piso，Gnaeus Calpurnius，喀提林的追随者，公元前64年在西班牙任行政长官级财务官并在那里被杀害)喀:18、19、21。

彭普提努斯，盖乌斯(Pomptinus，Caius，公元前63年度行政长官)喀:45。

Q

奇尔塔(Cirta，努米底亚的首府，今天的君士坦丁)朱:21、22、23、25、26、35、81、82、88、101、102、104。

秦纳，路奇乌斯·科尔涅利乌斯(Cinna，Lucius Cornelius，公元前

87 年至公元前 84 年的执政官)喀:47。

R

茹福斯,克温图斯·米努奇乌斯(Rufus, Quintus Minucius, 公元前 110 年与斯普里乌斯·阿尔比努斯一道任执政官)朱:35。

茹福斯,克温图斯·彭佩乌斯(Rufus, Quintus Pompeius, 公元前 63 年度行政长官)喀:30。

茹索,格涅乌斯·屋大维(Ruso, Gnaeus Octavius, 马里乌斯的财务官)朱:104。

茹提利乌斯·茹福斯,普布利乌斯(Rutilius Rufus, Publius, 公元前 105 年度执政官,梅特路斯在努米底亚的副帅,用希腊和拉丁语写过回忆录)朱:50、52、86。

S

赛克斯提乌斯(Sextius, 对朱古达作战时的财务官)朱:29。

赛尼乌斯,路奇乌斯(Saenius, Lucius, 罗马元老)喀:30。

赛普提米乌斯,盖乌斯(Septimius, Gaius, 卡美里努姆人,喀提林阴谋参加者)喀:27。

桑伽,克温图斯·法比乌斯(Sanga, Quintus Fabius, 西塞罗时期阿洛布罗吉斯人在罗马的保护人)喀:41。

色雷斯人(Thraces)朱:38。

司考茹斯,玛尔库斯·埃米利乌斯(Scaurus, Marcus Aemilius, 公元前 115 年度执政官)朱:15、25、28、29、30、32、40。

司塔提利乌斯,路奇乌斯(Statilius, Lucius, 罗马骑士,喀提林阴谋参加者)喀:17、43、44、46、47、52、55。

斯奇比奥·阿非利卡努斯,普布利乌斯·科尔涅利乌斯(Scipio Africanus, Publius Cornelius, 即老斯奇比奥,汉尼拔的战胜者)朱:4、5。

斯奇比奥·埃米利亚努斯·阿非利卡努斯,普布利乌斯·科尔涅利乌斯(Scipio Aemilianus Africanus, Publius Cornelius, 即小斯奇比奥,他于公元前 146 年摧毁迦太基,公元前 133 年平定努曼提亚)朱:7、8、22。

斯奇比奥·纳西卡,普布利乌斯·科尔涅利乌斯(Scipio Nasica, Publius Cornelius)朱:27。

苏拉,路奇乌斯·科尔涅利乌斯(Sulla, Lucius Cornelius)喀:5、11、28、37、47、51;优:95、96、98、100、101、102、103、104、105、106、107、108、109、110、111、112、113。

苏拉,普布利乌斯·科尔涅利乌斯

(Sulla, Publius Cornelius, 当选为公元前 65 年度执政官,因被发现有行贿行为而取消其资格,西塞罗曾为他辩护)喀:18。

苏拉,普布利乌斯·科尔涅利乌斯(独裁者苏拉之侄,喀提林阴谋参加者)喀:17。

苏拉,赛尔维乌斯·科尔涅利乌斯(Sulla, Servius Cornelius, 前者之兄弟)喀:17、47。

苏拉,赛尔维乌斯·科尔涅利乌斯(前二者之父)喀:17。

苏图尔(Suthul, 努米底亚城市)朱:37、38。

T

塔尔克维尼乌斯,路奇乌斯(Tarquinius, Lucius, 喀提林阴谋参加者)喀:48。

塔拉(Thala, 努米底亚城市)朱:75、77、80、89。

塔纳伊斯河(Tanais, 努米底亚之河流)朱:90。

特洛耶人(Troiani)喀:6。

提尔米达(Thirmida, 努米底亚城镇)朱:12。

提拉乞那(Terracina, 拉提乌姆南部城镇)喀:46。

提腊(Thera)朱:19。

提伦提乌斯,格涅乌斯(Terentius, Gnaeus 罗马元老)喀:47。

提西狄乌姆(Tisidium, 努米底亚城镇)朱:62。

图尔皮利乌斯,提图斯·西拉努斯(Turpilius, Titus Silanus, 瓦伽卫戍部队指挥官)朱:66、67、69。

图利亚努姆(Tullianum, 地牢名)喀:55。

图路斯,路奇乌斯·沃尔卡提乌斯(Tullus, Lucius Volcatius, 公元前 66 年度执政官)喀:18。

托尔克瓦图斯,奥路斯·曼利乌斯(Torquatus, Aulus Manlius, 按奥路斯应为提图斯)喀:52。

托尔克瓦图斯,路斯乌斯·曼利乌斯(Torquatus, Lucius Manlius, 公元前 65 年度执政官)喀:18。

W

瓦尔恭泰乌斯,路奇乌斯(Vargunteius, Lucius, 元老,喀提林阴谋参加者)喀:17、28、47。

瓦伽(Vaga, 努米底亚城市)朱:29、47、48。

万民法(ius gentium)朱:22。

维司塔(Vesta, 罗马护灶女神)喀:15。

翁布列努斯,普布利乌斯(Umbrenus, Publius)喀:40、50。

沃尔图尔奇乌斯,提图斯(Volturci-

us，Titus，南意大利人，喀提林阴谋参加者）喀：44、45、46、47、48、49、50、52。

沃路克斯（Volux，玛乌列塔尼亚国王沃路克斯之子）朱：101、105、106、107。

乌提卡（Utica，阿非利加北岸城市，在迦太基附近）朱：25、63、64、86、104。

X

西班牙（Hispania）朱：7、10、18、19。

西班牙人（Hispani）喀：19；优：18。

西比拉预言书（Sibyllini libri）喀：47。

西顿人（Sidonii）朱：78。

西尔特斯（Syrtes，阿非利加北岸两个大而浅的海湾）朱：19、78。

西法克斯（Syphax，西努米底亚国王，公元前203年被罗马人打败后，罗马人把他的王国给了玛西尼撒）朱：5、14。

西卡（Sicca，努米底亚内地城市）朱：56。

西拉努斯，德奇姆斯·尤尼乌斯（Silanus，Decimus Iunius，当选为公元前62年度执政官）喀：50、51。

西拉努斯，玛尔库斯·尤尼乌斯（Silanus，Marcus，Iunius，和梅特路斯·努米地库斯同任公元107年度执政官）朱：43。

西塞罗，玛尔库斯·图利乌斯（Cicero，Marcus Tullius）喀：22、23、24、27、28、29、31、36、41、43、44、48、49、51。

西森纳，路奇乌斯·科尔涅利乌斯（Sisenna，Lucius Cornelius，历史学家）朱：95。

西提乌斯，普布利乌斯（Sittius，Publius，坎佩尼亚地方努凯里亚人，他在公元前63年在玛乌列塔尼亚指挥一队雇佣兵）喀：21。

西西里（Sicilia）朱：28。

希腊（Graecia）喀：2、51。

希腊人（Graeci）喀：53；朱：79、85。

希波（Hippo，阿非利加北岸迦太基以西的两个城市都有这个名字）朱：19。

希延普撒尔（Hiempsal，米奇普撒之子）朱：5、9、10、11、12、15、24、28。

希延普撒尔（玛西尼撒之重孙、伽乌达之子，朱巴之父）朱：17。

昔勒尼（Cyrene）朱：19。

昔勒尼人（Cyrenenses）朱：79。

显普洛尼乌斯法（Lex Sempronia，规定在执政官当选前便分配行省的法律）朱：27。

显普洛妮娅（Sempronia，德奇姆斯·尤尼乌斯·布路图斯之妻）喀：25、40。

协和神殿（Aedes Concordiae）喀：46、

49。

Y

雅典人(Athenienses)喀:2、8、51。

亚细亚(Asia)喀:2、11。

意大利(Italia)喀:24、52;朱:5、27、28、35、114。

意大利人(Italici)朱:26、67。

优利乌斯,盖乌斯(Iulius, Gaius,喀提林阴谋参加者)喀:27。

Z

扎玛(Zama,公元前202年斯奇比奥曾败汉尼拔于此地,今天的赛巴·比阿尔)朱:56、57、58、60、61。

朱庇特(Iuppiter)朱:107。

朱古达(Iugurtha)朱:5、6、7、8、9、10、11、12、13、14、15、16、19、20、21、22、23、24、25、26、27、28、29、31、32、33、34、35、36、38、46、47、48、49、50、51、52、54、55、56、58、59、60、61、62、64、66、69、70、72、73、74、75、80、81、82、83、85、87、89、91、97、101、102、103、104、106、107、108、110、111、112、113、114。

图书在版编目(CIP)数据

喀提林阴谋;朱古达战争/(古罗马)撒路斯提乌斯著;王以铸,崔妙因译.—北京:商务印书馆,2017
(汉译世界学术名著丛书:120年纪念版:珍藏本)
ISBN 978-7-100-14223-6

Ⅰ.①喀… Ⅱ.①撒… ②王… ③崔… Ⅲ.①历史事件—研究—古罗马 Ⅳ.①K545.305

中国版本图书馆CIP数据核字(2017)第137841号

汉译世界学术名著丛书
(120年纪念版·珍藏本)
喀提林阴谋　朱古达战争
附西塞罗:反喀提林演说四篇
〔古罗马〕撒路斯提乌斯　著
王以铸　崔妙因　译

商　务　印　书　馆　出　版
(北京王府井大街36号　邮政编码100710)
商　务　印　书　馆　发　行
北京通州皇家印刷厂印刷
ISBN 978-7-100-14223-6

2017年12月第1版　　开本710×1000　1/16
2017年12月北京第1次印刷　　印张25¾
定价:125.00元